HANDBOEK BIBLIOGRAFIE

HANDBOEK BIBLIOGRAFIE

een nieuwe gids naar bronnen van
gepubliceerde informatie

A.O. Kouwenhoven (red.)
J.J.M. de Haas
C.Th.J. Klijs
M.K.L. van der Linde-Wesly
P.A. Prins
G.J.A. Riesthuis
B. Zeeman

derde geheel herziene druk van
Inleiding tot de bibliografie

1995
VAN GORCUM, ASSEN

CIP-GEGEVENS KONINKLIJKE BIBLIOTHEEK, DEN HAAG

Handboek

Handboek bibliografie : een nieuwe gids naar bronnen van gepubliceerde informatie / A.O. Kouwenhoven [tevens] (red.) ... [et al.]. - Assen : Van Gorcum
Oorspr. titel: Inleiding tot de bibliografie : ten dienste van opleiding, onderzoek en practijk. - Assen : Van Gorcum, 1981.
NUGI 602
Trefw.: bibliografie

ISBN 90 232 3073 6

Layout en druk: Van Gorcum, Assen

WOORD VOORAF

Toen de vorige druk van dit boek verscheen (1989) werd in het voorwoord reeds gerefereerd aan de ingrijpende veranderingen die op bibliografisch terrein waren opgetreden in de jaren tachtig. De sindsdien verstreken periode heeft zo mogelijk nog grotere wijzigingen gebracht en het toch al hoge tempo ervan is alleen maar verder versneld. Geconstateerd kan worden dat de moderne informatietechnologie zich in brede sectoren van de bibliografie een dominante positie heeft verworven. Dat heeft veel voordelen gebracht, maar anderzijds is voor menigeen de overzichtelijkheid van de informatiewereld er niet groter op geworden. Een nieuwe uitgave van de *Inleiding tot de bibliografie*, bijgewerkt en aangevuld met de laatste gegevens, lijkt dan ook in een behoefte te kunnen voorzien.

Het spreekt vanzelf dat de meeste wijzigingen het tweede deel van dit boek betreffen, het overzicht van de bronnen en hulpmiddelen. Toch is ook in het eerste gedeelte het nodige veranderd. Om ruimte te bieden aan een nieuw inleidend hoofdstuk over bibliografieën in elektronische vorm (door J.J.M. de Haas, die ook de andere tekst van deel I amendeerde), werden enkele van de eerste hoofdstukken bekort en sommige afbeeldingen verwijderd.

De geconstateerde dominantie van moderne technologie blijkt ook uit het onstuitbaar oprukken van de daarbij behorende Engelse terminologie. De tijd zal leren of het Nederlands hier nog enig terrein terug kan winnen. Erg waarschijnlijk lijkt het niet.

Het team van medewerkers dat deze uitgave verzorgde is, op één uitzondering na, gelijk gebleven. Drs. D.J. de Heer (rubriek sociale wetenschappen in de tweede druk) kon helaas aan deze nieuwe uitgave niet meedoen. Zijn werk, waarvan nog wel sporen in de huidige tekst zijn terug te vinden, is overgenomen door dr. B. Zeeman van de UB-Amsterdam.
De inhoudelijke verantwoordelijkheid voor de hoofdstukken of rubrieken is nu als volgt:

I t/m VII	A.O. Kouwenhoven m.m.v. J.J.M. de Haas
VIII	J.J.M. de Haas
IX	A.O. Kouwenhoven m.m.v. P.A. Prins

X	P.A. Prins
XI 6	G.J.A. Riesthuis
XI 7	J.J.M. de Haas & Mw. M.K.L. van der Linde-Wesly
XI 8	B. Zeeman
XI 9	C.Th.J. Klijs

Alle veranderingen in informatieland ten spijt bleek het mogelijk en gewenst de opzet van het boek, zoals die was in vorige drukken, te handhaven. Er blijft een vrij sterke relatie bestaan tussen traditionele en nieuwere verschijningsvormen van de bibliografie. Een (enigszins modieuze) ondertitel van dit werk zou kunnen luiden: *Van kleitablet naar Internet*, waarmee de historische spanwijdte van het vak bibliografie is weergegeven.

De samenstellers van dit boek staan wederom open voor opmerkingen en aanwijzingen die tot een verdere verbetering zouden kunnen leiden van hun werk, dat primair een bijdrage wil zijn aan opleiding en zelfstudie in het veld van de informatieverzorging.

Zeist, 1 juli 1995 A.O. Kouwenhoven (red.)

INHOUD

Deel 1

BIBLIOGRAFIE IN THEORIE EN TOEPASSING

Drukkerij met houten handpers (16e eeuw)
Vergroting van het drukkersmerk van de Parijse drukker Badius, overgenomen uit *Theodori Bezae Vezelii*. Lutetiae: Ex off. Conradi Badii, 1548. (exemplaar UB-VU Amsterdam)

I INLEIDING

De vraag of gedrukte boeken en tijdschriften als media voor informatieverspreiding nog wel toekomst hebben, vooral op het gebied van wetenschap, techniek en bedrijfsleven, wordt al sinds de jaren zestig druk besproken. Niet alleen uitgevers en boekhandelaren, ook bibliothecarissen, informatiedeskundigen en tal van andere belanghebbenden of belangstellenden mengen zich in de discussies daarover. Een mogelijk einde van het boekentijdperk laat eigenlijk niemand onberoerd die met boeken enigermate vertrouwd is. Het wijst er op hoe sterk *bibliocentrisch* onze cultuur eeuwenlang geweest is.

Waarom zou het traditionele boek verdwijnen of in ieder geval sterk aan betekenis inboeten, terwijl het toch eeuwen lang zo veel heeft bijgedragen aan de verbreiding van kennis en kunde? De uitvinding van de boekdrukkunst was niet alleen een technische vernieuwing, maar betekende niet minder dan een culturele revolutie (Eisenstein, 1993). Zij was zo mogelijk nog ingrijpender dan zesduizend jaar eerder de uitvinding van het schrift en van het fonetisch alfabet, waarbij meer sprake was van een geleidelijke ontwikkeling. Op de uitvinding van de drukkunst (ca. 1440) werd bij wijze van spreken gewacht: er bestond een grote maatschappelijke behoefte aan. Deze hing onder meer samen met de inmiddels tot grote omvang toegenomen literatuur in handschrift, waarvan echter een te gering aantal kopieën in omloop was om aan de vraag te kunnen voldoen. Hoewel rond 1400 het grootste deel van de bevolking het nog zonder schoolonderricht moest stellen, waren lezen en schrijven toch vaardigheden die in toenemende mate ook buiten de kring van de geestelijkheid gevonden werden. Naast de adel was het vooral de stedelijke burgerij die in toenemende mate naar het geschreven woord vroeg. Kopieën van handschriften waren kostbaar tot zeer kostbaar, omdat het afschrijven lang duurde en omdat het perkament, als tekstdrager, relatief schaars en dus ook duur was. De techniek van het papiermaken, die in de veertiende eeuw tot ontwikkeling kwam, was een belangrijke voorwaarde voor de snelle toepassing van de boekdrukkunst. Weinig uitvindingen hadden zich ooit zo snel over Europa verspreid als deze laatste. Reeds omstreeks 1600 waren in elke stad van enige omvang drukpersen te vinden, die gezamenlijk al spoedig tot een grote produktie leidden. Ging het aanvankelijk in hoofdzaak om het nadrukken van bestaande handschriften in de klassiek talen, na verloop van tijd werd ook origineel werk uitgebracht, waarvan steeds meer in de volkstalen. De groeiende bevolking, meer nog de sterke toeneming van een lezende en schrijvende burgerij, bracht de vraag naar boeken en ander drukwerk met sprongen omhoog. Het was de boekdrukkunst die de verspreiding van schriftelijke informatie in onze cultuur een dominerende positie bezorgde. Niet alleen werd daardoor van het geschreven woord de geheugenfunctie aanzienlijk versterkt, tegelijk werd het bereik ervan in afstand en tijd verveelvoudigd. De communicatiemogelijkheden van grote aantallen ver van elkaar wonende en werkende geleerden werden door die drukkunst enorm verbeterd. Openbaarheid en controleerbaarheid van wetenschapsresultaten begonnen tot de mogelijkheden te behoren en het risico van het verloren gaan van teksten verminderde er door. Gedrukte publikaties hadden dus veel voordelen boven alle ooit eerder tot ontwikkeling gebrachte media.

Toch beginnen, buiten de recreatieve sector, boeken en tijdschriften terrein te verliezen als middelen van informatieoverdracht. Sommigen willen het boek radicaal afschaffen. Men vindt het procédé van boekvervaardiging te omslachtig, te langzaam. De tijd die verstrijkt tussen het schrijven van een tijdschriftartikel en de publikatie in druk ervan duurt velen ook te lang. Tevens wordt gesteld dat de hoeveelheid wetenschappelijke en andere informatie zo geweldig in omvang en variëteiten is toegenomen, dat conventionele boeken en periodieken niet langer de geëigende media zijn voor een zo ruim mogelijke verspreiding en voor een veelzijdige ontsluiting van de inhoud.

Inderdaad kan niet ontkend worden dat juist op het punt van de inhoudelijke ontsluiting de gedrukte publikatie een weerbarstig medium is. Licklider (1965), die indertijd de aandacht trok met een boek over bibliotheken van de toekomst, maakte onderscheid tussen de bladzijde van een boek enerzijds en boeken als geheel en boekencollecties anderzijds. De gedrukte bladzijde is, als informatiedrager, met het oog op verspreidbaarheid en toegankelijkheid, moeilijk te overtreffen. Bundeling van bladzijden tot boeken en het bijeenbrengen van boeken in bibliotheekcollecties doen echter die gunstige eigenschappen voor een groot deel teniet. De handzame maar passieve bladzijde, die overzichtelijke eenheid van informatie, verdwijnt in de vloed van andere bladzijden. De moderne elektronika verschijnt hier als oplossing. Waarom zouden wetenschappelijke en technische geschriften nog door druk vermenigvuldigd moeten worden als ze veel goedkoper en sneller gepubliceerd kunnen worden in gecomputeriseerde systemen? Deze zijn, als informatiedragers, in feite in staat hun eigen informatie te lezen en af te zoeken met een snelheid die nauwelijks in alledaagse tijd is uit te drukken. Elektronische transmissie door kabels en via satellieten kan elke gewenste bladzijde uit de 'elektronische bibliotheek' thuis op het scherm brengen, waar de lezer er desgewenst een kopie van kan maken door een simpele druk op de knop. Toen Licklider over dit alles schreef was veel ervan speculatie, vooruitlopen op een techniek die nog ontwikkeld moest worden. Thans zijn de vorderingen van die techniek zodanig dat zelfs wie de absolute onvervangbaarheid van het boek predikte door twijfel bevangen raakt (zie ook Licklider, 1984). De ontwikkeling en het gebruik van de 'elektronische snelweg' is van toekomstspeculatie overgegaan in dagelijkse realiteit.

Of inderdaad de wetenschappelijke publikatie in gedrukte vorm geheel verdrongen zal worden door elektronische informatiedragers is een vraag die nog geen definitief antwoord kent. Maar de opmars van de nieuwe elektronische en optische media is onomkeerbaar. De moderne technologie waaraan die media te danken zijn houdt ook de produktie van gedrukte werken op gang. Inmiddels bestaat van veel naslagwerken en bibliografieën zowel een gedrukte als een elektronische versie. De laatste ontwikkelingen laten echter een verschuiving zien: er zijn al enkele grote lopende bibliografieën waarvan alleen nog een elektronische versie verschijnt en de verwachting is dat deze trend zich zal voortzetten.

Voor de bibliograaf is overigens een andere vraag belangrijker. Zou een eventueel einde van het boekentijdperk ook het einde van de bibliografie betekenen? Indien men alleen bij oude begripsinhouden wil blijven is dat natuurlijk zo, al zou de bibliografie nog heel wat jaren kunnen werken aan de beschrijving en ontsluiting van wat reeds gepubliceerd is. Maar wat wordt eigenlijk bedoeld met het einde van het boekentijdperk? Een boek is niet alleen vorm, maar ook en vooral inhoud; niet alleen tekstdrager, maar ook tekst. Zullen beide ophouden te bestaan? Dat lijkt niet waarschijnlijk. Het is slechts de tekstdrager die in veel gevallen door de moderne technische ontwikkelingen vervangen wordt. Magneetband, magnetische en optische schijven, computer, beeldscherm en dergelijke samen zullen de rol van de bedrukte bladzijde grotendeels gaan overnemen bij het vasthouden en verspreiden (publiceren) van veel wetenschappelijke en technische informatie. Het boek als tekst, als samenhangend geheel van informatie, zal deze verandering van medium zonder twijfel doorstaan, zoals het ook eerdere mediumwisselingen (kleitablet, boekrol, microfiche) overleefde. Wel is duidelijk dat de nieuwe elektronische tekstdrager het boek als inhoud zal beïnvloeden. Dat behoeft geen verarming te zijn. Integendeel, het nieuwe medium kan niet alleen de volledige inhoud van het conventionele boek vasthouden en naar behoefte verspreiden, het biedt ook een aantal extra mogelijkheden, met name op het gebied van de illustratie door beeld en geluid. In het elektronische boek kunnen voor het eerst dynamische illustraties worden opgenomen, hetgeen voor de overdracht van bepaalde soorten informatie een verrijking en versnelling betekent. Hier blijken de voordelen van de *multimediale* toepassingen van het elektronische boek. Inmiddels ontwikkelt de techniek van elektronische en optische opslag en verwerking van teksten zich in een hoog tempo. Schijven met opslagcapaciteiten van 500 megabytes tot zelfs 6 gigabytes zijn in gebruik of worden alweer voorbij gestreefd. Daarmee kunnen grote encyclopedieën, speciale boekencollecties en omvangrijke bibliografische bestanden op een enkel schijfje worden vastgelegd en door middel van een computer worden geraadpleegd. De verwachting is dat op dit gebied nog veel meer zal volgen en dat het elektronisch publiceren een "toekomstvast en omvangrijk medium" zal worden (Van den Brink, 1987 p. 447).

De onmiskenbare opmars van de nieuwe publikatievormen roept ook de vraag op naar de toekomst van de wetenschappelijke bibliotheek. Zal er naast de klassieke bibliotheek een aparte elektronische versie opkomen die mogelijk de functie van de eerste gaat uithollen? Als die functie louter zou bestaan uit het verzamelen, bewaren en uitlenen van gedrukte informatie, dan is de kans daarop inderdaad groot (Mackenzie Owen, 1986, p. 213). Maar de werkelijke functie van de bibliotheek is sinds lang veel meer. Het meerdere ligt in de betekenis die de bibliotheek heeft als wetenschappelijk informatiecentrum, als schakel in het systeem van wetenschappelijke en culturele communicatie. Welnu, die functie wordt niet door de nieuwe media aangetast, maar krijgt er zelfs ongekende mogelijkheden tot verwezenlijking bij. Geen overvolle magazijnen meer, minder moeizaam boekentransport, geen omslachtige uitleenprocedures, geen last meer van minder betrouwbare of nonchalante leners, niet meer het dure inbinden van tijdschriften, kortom, veel meer aandacht en energie kunnen gericht worden op het langs elektronische weg bijeenbrengen, ontsluiten en doorgeven van wetenschappelijke informatie, waarmee de elektronische of virtuele bibliotheek een feit is. Zo wordt de moderne bibliotheek een wereldomspannend informatiecentrum, waarbij het de gebruiker veelal onverschillig laat of de hem geleverde informatie uit de lokale bibliotheekcollectie geput wordt of langs elektronische weg van elders ver weg gehaald wordt.

Treedt rond het conventionele boek al een vrij hechte verwevenheid op tussen uitgeverij, boekhandel en bibliotheek, bij de elektronisering van de publikatie geldt dit nog sterker. Voor de gemiddelde gebruiker, die thuis via het beeldscherm zijn elektronische informatie ontvangt, zijn de drie afzonderlijke sectoren nauwelijks van elkaar te onderscheiden. Meer en meer presenteert ook de auteur zich rechtstreeks met zijn geesteskinderen op het elektronisch netwerk. De bibliotheken, mits modern geoutilleerd en samenwerkend in grotere nationale en internationale verbanden, blijven bij dit alles een rol van betekenis vervullen. Daar hoort onder meer bij het zich te weer stellen tegen een dreigend machtsmonopolie van elektronische uitgevers (Kaltwasser, 1987, p.35).

Opgemerkt moet worden dat weliswaar de informatietechnologie zich zeer snel ontwikkelt, maar dat tal van andere factoren mede bepalen hoe de praktijk van de verspreiding en benutting van documentaire informatie er in de toekomst uit zal zien (zie vooral Mackenzie Owen, 1987). De deelnemers in het systeem van wetenschappelijke communicatie vertonen onmiskenbaar een ambivalent gedrag. Enerzijds wordt de nieuwe technologie met enthousiasme ontvangen, anderzijds blijft men hechten aan de geconsolideerde positie van het gedrukte woord in de vorm van boek en tijdschrift. Een verklaring voor dat laatste ligt onder meer in de superioriteit van de fysieke leesbaarheid van gedrukte tekst boven die van het beeldscherm (Ovink, 1982) en in de zichtbare zekerheid over de vastlegging en verspreiding van de intellectuele produktie. Naarmate echter ook bij elektronische publikaties 'peer reviewing' en redactionele evaluatie hun intrede doen, is er sprake van een geleidelijke verandering van attitude onder de deelnemers aan de intellectuele communicatie.

Het zal nu duidelijk zijn welk antwoord hier gegeven wordt op de vraag naar de toekomst van de bibliografie. Alle bibliografie die zich richt op de inhoud van het boek zal naar functie nauwelijks of niet veranderen, ook als de vorm van het boek ingrijpende wijzigingen ondergaat. Zoals later nog ter sprake komt, is er ook een wijze van bibliografiebeoefening die zich bij uitstek richt op de vormaspecten, op het boek als fysiek object, of als historisch fenomeen. Het werkterrein van die bibliografie zal door de nieuwe ontwikkelingen wellicht grotendeels beperkt blijven tot het traditionele gedrukte boek, waaraan overigens nog heel wat cultuur-historisch onderzoek te verrichten is. De opbloei van een wetenschappelijk beoefende boekhistorie in Nederland en daarbuiten bevestigt dit. Bovendien zal het drukken van boeken nog lang doorgaan, zij het juist met behulp van de nieuwe informatietechnologie, zodat het zeer waaarschijnlijk is dat er ook voor een op moderne produkten gerichte boekwetenschap een blijvende taak bestaat. De bibliografie waar het in deze inleiding hoofdzakelijk om gaat, de systematische, ontsluitende bibliografie, zal haar belangrijke taak in het elektronische tijdperk in ieder geval behouden. De naam 'bibliografie' behoeft dan geen plaats te maken voor een meer aan de nieuwe media aangepaste term, zolang maar bedacht wordt dat het gaat om het boek als inhoud, als samenhangend geheel van informatie. De beoefening van die bibliografie omvat het opsporen, beschrijven en toegankelijk maken van informatie- en kennisbestanden en het kunnen werken met en geven van inlichtingen over een ruime verscheidenheid aan bibliografische ontsluitingsmiddelen. Elektronische hulpmiddelen nemen daarbij tegenwoordig de eerste plaats in, hetgeen absoluut noodzakelijk is om de stromen van vraag en aanbod van informatie te beheersen.

De stof die in dit boek behandeld wordt weerspiegelt voor een deel het overgangstijdperk waarin zich het informatie- en communicatiestelsel bevindt. De traditionele publikatie is nog aanwezig, is voor de conservering en verspreiding van wetenschappelijke kennis, althans voor de humaniora, nog steeds het belangrijkste voertuig. Een groot deel van het ter sprake komende bibliografisch apparaat is dan ook gericht op de beheersing van die traditionele publikaties. Zoals echter zal blijken zijn er inmiddels ook al heel wat bibliografieën die mede of uitsluitend aandacht schenken aan nieuwere publikatievormen. Voor de bèta-wetenschappen is de traditionele publikatie lang niet altijd meer het belangrijkste medium voor verspreiding en uitwisseling van kennis: voorlopige resultaten van onderzoek worden via elektronische netwerken bekend gemaakt, door vakgenoten van de onderzoeker beoordeeld en van commentaar voorzien, waarna al snel een definitieve elektronische versie volgt. Soms, maar lang niet altijd, komt er daarna nog een 'officiële' versie in een gedrukt tijdschrift. Ook bestanden met feitelijke gegevens, waarmee zeer concrete vragen kunnen worden beantwoord, bij voorbeeld op het gebied van bankwezen, industriële processen, eigenschappen van stoffen en produkten en dergelijke, zijn in elektronische vorm beschikbaar. Hetzelfde geldt voor zeer veel geraadpleegde tekstbestanden, zoals wetsteksten en andere juridische informatie, parlementaire verslagen, sommige dag- en weekbladen en specifieke tijdschriften, encyclopedieën en grote handboeken. In het tweede deel van dit boek komen ze herhaaldelijk ter sprake.

GEBRUIKTE EN AANBEVOLEN LITERATUUR

Annual Review of Information Science and Technology (ARIST) New York/Chicago/Washington, 1 (1966)- .
In dit jaarlijkse voortgangsbericht wordt veel aandacht besteed aan computertoepassingen op het gebied van literatuurontsluiting en van de elektronische publikatie.

Belbenoit-Avich, P-M. (1993). 'La bibliothèque électronique: bibliothèque de demain ou d'aujourdui?' *Bulletin des Bibliothèques de France* 38 (6).

Boeckx, T. 'CD-ROM en bibliotheek: een ROMance in wording?'. *Het oude en het nieuwe boek. De oude en de nieuwe bibliotheek. Liber amicorum H.D.L. Vervliet.* red. J.van Borm en L. Simons. Kapellen, 1988. p. 621-38.

Braches, E. *Heeft de toekomst een verleden? Een terugblik op het boek van morgen t.g.v. de honderdste verjaardag van de Koninklijke Nederlandse Uitgeversbond.* 's-Gravenhage,1980.
"De uitvinding van de boekdrukkunst heeft de menselijke stem een nieuwe dimensie geschonken en verder doen reiken dan ooit tevoren"(12)

Brink, R.E.M. van den, *Economische structuur en ontwikkeling van de informatiemedia in Nederland 1938-1985, in het bijzonder die met betrekking tot de uitgeverij.* Leiden, 1987.

Burton, P.F. (1994). 'Electronic mail as an academic discussion forum.' *Journal of Documentation* 50 (2).

Casimir,H.B.G. *De bibliotheek en de toekomst van het boek.* Rede uitgesproken tijdens de bijeenkomst t.g.v. de herdenking van het 400-jarig bestaan van de Leidse UB, 30 oktober 1987. Leiden,1987.

Changes in scholarly communication patterns: Australia and the electronic library. Edited by John Mulvaney and Colin Steele. Canberra, 1993.

Eisenstein, E.L. *The printing revolution in early modern Europe.* new ed. Cambridge, 1993.
"Of all the new features introduced by the duplicative powers of print, preservation is possibly the most important."(78)

Fèbvre, L. and H.J. Martin, *The coming of the book. The impact of printing 1450-1800.* Transl. by D. Gerard. London,1976.

Harvey, R. (1994). 'Early printed book collections in the library of the electronic age: are they relevant?' *Australian Library Journal* 43 (1).

Johnson,E.D. *Communication. An introduction to the history of writing, printing, books and libraries.* Metuchen,N.J.1973
"Whatever forms the recorded knowledge of the future may take, there will always be the problem of preserving it, storing it, organizing it, and making it available for future

use. Whether it will be the librarian, the information scientist, or the members of some yet unnamed profession, the 'keepers of the books' will always be needed"(288)

Kaltwasser, F.G. 'Brauchen wir überhaupt noch Bücher?'. *Opening universiteitsbibliotheek Groningen.* Toespraken [...].Voordrachten op het symposium 'De wetenschappelijke bibliotheken in de komende decennia'. Groningen, 1987. p. 35-45.

Krummel, D.W. *Bibliographies: their aims and methods.* 2d pr. London, 1986.

Lancaster, F.W. et al., *The impact of a paperless society on the research library of the future.* A report to NSF Division of information science and technology. Urbana, Ill., 1980.

Licklider, J.C.R. *Libraries of the future.* Cambridge, Mass., 1965.

Licklider, J.C.R. (1984). 'The view from the half-way point on a journey to the future: a progress report on the interaction between libraries and information technology.' *Large libraries and new technological developments.* Ed. by C. Reedijk ...[et al.]. München, 1984, p. 13-32.

Mackenzie Owen, J.S. en J. van Halm, *Effecten van technologie op de informatieketen.* Rapport van een onderzoek naar ontwikkelingen in de overdracht van wetenschappelijke, technische en bedrijfsgerichte informatie, in opdracht van de Bibliotheekraad. 's-Gravenhage, 1987.

McGarry, K.J. *Communication, knowledge and the librarian.* London,1975.
"The book as we know it today has been a significant phenomenon for only a relatively short period of history, and it is a medium which has continually changed its form to adapt to new circumstance"(182)

McGarry, K.J. *Literary communication and libraries: a study guide.* London, 1991.

McGarry, K.J. *Changing context of information: an introductory analysis.* London, 1993.

Norman, S. (1994). 'Electronic copyright: the issues.' *IFLA Journal* 20 (2)

Online opsporen van informatie: theorie en praktijk van het gebruik van interactieve informatiesystemen. Onder eindred. van E.G. Sieverts en M.W. de Jong-Hofman. 5e, voll. herz. dr. Den Haag, 1994.

Otlet, P. (1911) 'l'Avenir du livre et de la bibliographie'. *Bulletin de l'Institut Intern. de Bibliographie* XVI.
Reeds bij Otlet treft men de centrale gedachte aan die ook het werk van Licklider beheerst: het boek als tekstdrager is van ondergeschikt belang; als de vorm niet meer voldoet kieze men een andere.

Ovink, G.W. *De hachelijkheid van toekomstspeculaties over het gedrukte woord.* College, gehouden bij het afscheid van het ambt van buitengewoon hoogleraar in de wetenschap van de geschiedenis en de esthetiek van de drukkunst en aanverwante grafische technieken [aan de Universiteit van Amsterdam] op 5 november 1982. Amsterdam, 1983.

Presser, H. *Das Buch vom Buch: 5000 Jahre Buchgeschichte.* 2. verb. Aufl. Hannover, 1978.

Steinbuch, K. *Die informierte Gesellschaft. Geschichte und Zukunft der Nachrichtentechnik.* Stutgart, 1966.
"das gesamte Wissen wird in riesigen, allen Menschen zugänglichen Informationsbanken gespeichert sein". (242)

Steinbuch, K. *Nachrichtentechnik.* 3., neubearb. Aufl. 3 Bd. Berlin, 1982.

Van Boeken naar Bytes. Wetenschappelijke informatie: de gebruiker centraal. o.r.v. W.J. van Gils [et al]. Amsterdam, 1995.
[bijdragen aan het gelijknamige congres KNAW op 18 mei 1995 te Amsterdam].

Vervliet, H.D.L. (1984). 'Gutenberg vaarwel? De invloed van technische vernieuwingen op wetenschappelijke bibliotheken'. *Bibliotheek- en archiefgids* 60 (3) p.148-161.

Wooliscroft, M. (1994). 'Acces and ownership: academic libraries' collecting and service responsibilities and the emerging benefits of electronic publishing and document supply.' *New Zealand Libraries* 47 (9).

II BIBLIOGRAFIE: BEGRIPPEN EN HUN BETEKENIS

INLEIDING

Tot op vandaag zijn er uiteenlopende opvattingen over de inhoud, de betekenis van het begrip bibliografie. Het woord is van Griekse oorsprong (*biblion*= boek en *graphein*= schrijven) en had betrekking op het afschrijven (overschrijven, kopiëren) van manuscripten, destijds de enige manier om teksten te vermenigvuldigen.

Eerst geruime tijd na de uitvinding van de boekdrukkunst kreeg de oude term bibliografie geleidelijk een nieuwe inhoud, die van het schrijven *over* boeken ofwel het beschrijven ervan. De beschrijvingen resulteerden in lijsten van boektitels die al dan niet vergezeld gingen van nadere gegevens over de auteurs en de inhoud. De Franse bibliothecaris Gabriel Naudé (1600-1653) behoorde waarschijnlijk tot de eersten die het woord in deze betekenis gebruikten toen hij in 1633 zijn *Bibliographia Politica* uitgaf. Daarvóór had men dergelijke werken steeds aangeduid met namen als *bibliotheca, catalogus, repertorium, index*. Een van de bekendste vroege bibliografieën, die van de Zwitserse humanist Conrad Gesner (1516-1565), kreeg als titel *Bibliotheca Universalis* (1545).

De betekenis die Naudé hechtte aan het begrip bibliografie werd lang niet algemeen overgenomen. Ging het bij hem en een aantal tijdgenoten om de aanduiding van een literatuuroverzicht, in het begin van de achttiende eeuw ontstond ook een ruimere betekenis van boekbeschrijving, die tevens de *kennis* over boeken en bibliotheken omvatte; bibliografie als een soort vakgebied. Een andere opvatting van bibliografie ontwikkelde zich voorts onder invloed van de opkomende bibliofilie, de liefhebberij voor fraaie of zeldzame en kostbare boeken. Het antiquariaat en de collectioneurs stelden andere eisen aan de boekbeschrijvingen dan de geleerde wereld. Ging het de laatste vooral om de inhoud van het boek, de bibliofielen toonden in hoge mate aandacht voor de gebruikte druktechnieken, voor de boekband, het papier, de illustraties en andere uitwendige aspecten. Men sprak, als het om die technisch-materiële aspecten van het boek ging, ook wel van 'typografische bibliografie'.

De inhoudelijke en de typografische boekbeschrijving zijn als twee interpretaties van het begrip bibliografie blijven bestaan, veelal in een bepaalde samenhang, soms echter ver van elkaar verwijderd. Het accent op de ene of andere interpretatie verschoof ook van tijd tot tijd en van land tot land. De ruimste opvatting van bibliografie gaat terug op Gabriel Peignot (1767-1849), die ook de term *bibliologie* gebruikte. Daaronder verstond hij niet alleen de kennis en beschrijving van boeken (bibliografie in engere zin), maar tevens de wetenschaps- en literair-historische voorkennis daarvan. Zijn *Dictionnaire raisonné de bibliologie* (1802-1804) was een soort literair-wetenschappelijke, bibliografische en typografische encyclopedie in drie delen. De term bibliologie kon zich, evenmin als bibliografie, blijvend in een eenduidige uitleg verheugen. Ook hierbij traden naar periode en land verschillende betekenissen op. De thans meest aangetroffen opvatting van bibliologie is die van Malclès (1986), die er de algemene wetenschap van het boek onder verstaat, waarvan de bibliografie een onderdeel is. Anderen echter stellen bibliologie min of meer gelijk met de eerder genoemde typografische bibliografie.

ENKELE OPVATTINGEN VAN BIBLIOGRAFIEBEOEFENING

Uit het voorgaande is al duidelijk geworden dat men bibliografie als vak, als activiteit, op verschillende wijzen en met verschillende doelstellingen kan beoefenen. Twee hoofdrichtingen worden veelal onderscheiden: bibliografie als de studie van boeken naar hun fysieke aspecten en bibliografie als de studie van boeken naar hun geestelijke inhoud (Shoemaker,1967,p.340) overeenkomend met het eerder genoemde tweetal van typografische en inhoudelijke bibliografie.

De studie van het boek als materieel of fysiek object is vooral in de Anglo-Amerikaanse traditie bekend als *analytische bibliografie* (analytical bibliography). Deze omvat het kritisch onderzoek (daarom ook wel 'critical bibliography' genoemd) van het boek als gedrukt werk. Met dit onderzoek, waarbij soms zeer moderne fysische en chemische analyses worden toegepast op het papier, de boekband, de gebruikte drukinkt en dergelijke, moet worden vastgesteld in hoeverre een bepaald boek verschillen vertoont met het 'ideale exemplaar' van dat boek (Stokes,1982). Nauwgezette vergelijking van exemplaren van eenzelfde druk en van verschillende drukken van eenzelfde tekst is de basis van de analytische bibliografie. Daarbij wordt steeds vooral gelet op de fysieke aspecten van het boek. Uitgaande van de ervaring dat "the transmission of texts might be affected by the process of printing" (Gaskell,1972,p.IX) wordt alle inspanning gericht op het vinden van een zo oorspronkelijk mogelijke versie van een tekst. Ook wordt gesteund op tekstgeschiedenis en tekstkritiek (textual bibliography). De resultaten van al deze onderzoekingen worden vastgelegd in uitvoerige beschrijvingen, volgens bepaalde regels (descriptive bibliography).

De grondslagen van de analytische bibliografie zijn gelegd door bekende incunabelvorsers als Henri Bradshaw (1831-1886), Robert Proctor(1868-1903) en Konrad Haebler (1857-1946). De bibliografische genootschappen

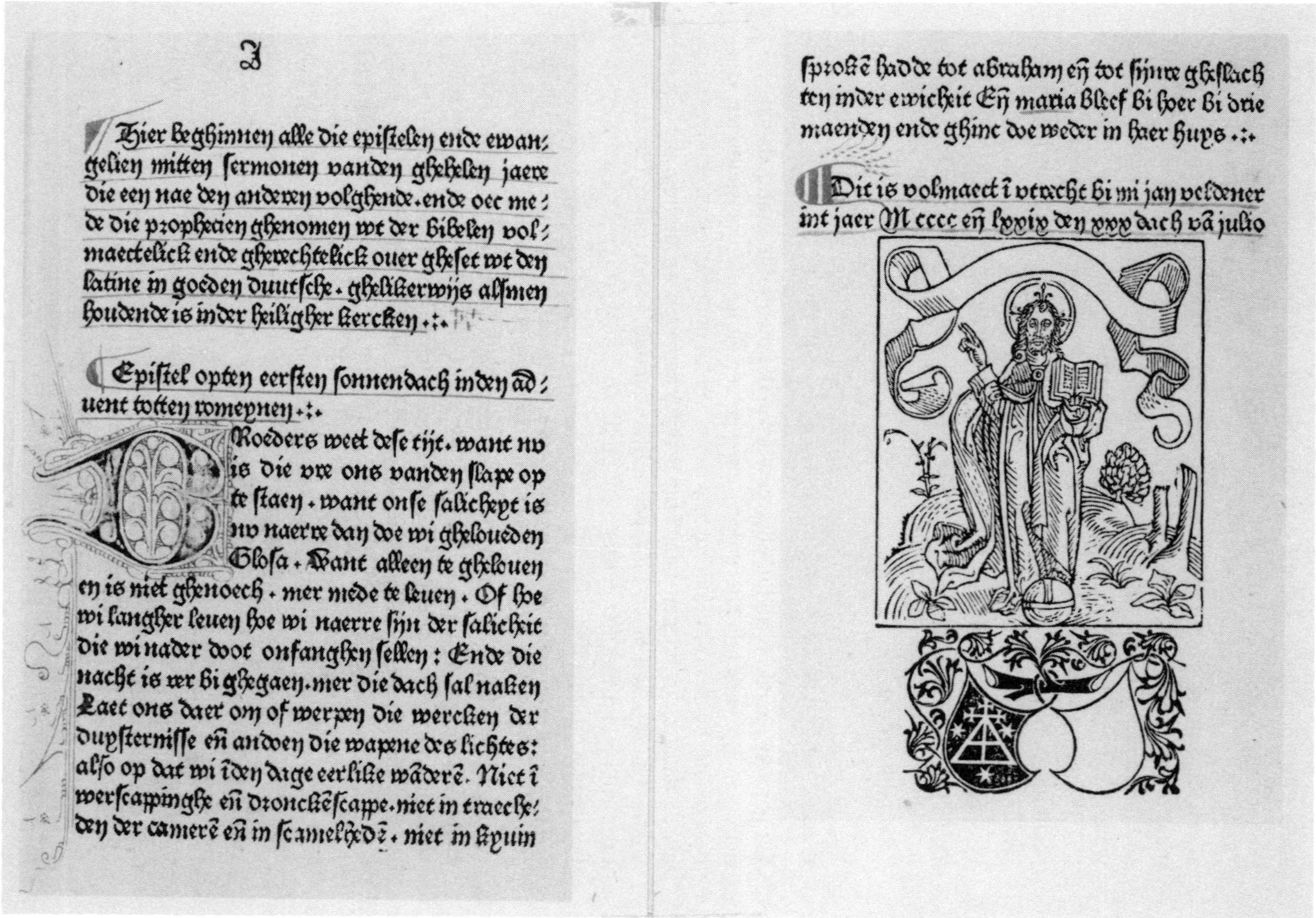

I

Hier beghinnen alle die epistelen ende ewan-
gelien mitten sermonen vanden ghehelen jaere
die een nae den anderen volghende. ende oec me-
de die prophecien ghenomen wt der bibelen vol-
maectelick ende gherechtelick ouer ghset wt den
latine in goeden duutsche. ghelikerwijs alsmen
houdende is inder heiligher kercken .:.

Epistel opten eersten sonnendach inden ad-
uent totten romeynen .:.

Broeders weet dese tijt. want nv
is die vre ons vanden slape op
te staen. want onse salicheyt is
nv naerre dan doe wi ghelouede̅n
Glosa. Want alleen te ghelouen
en is niet ghenoech. mer mede te leuen. Of hoe
wi langher leuen hoe wi naerre sijn der salicheit
die wi nader doot onfanghen sellen: Ende die
nacht is ver bi ghegaen. mer die dach sal naken
Laet ons daer om of werpen die wercken der
duysternisse en̄ andoen die wapene des lichtes:
also op dat wi i den dage eerlike wandere̅. Niet i
werscappinghe en̄ dronckescappe. niet in traeche-
den der camere̅ en̄ in scamelhede̅. niet in kyuin

sproke̅ hadde tot abraham en̄ tot sijnre ghesIacht
ten inder ewicheit En̄ maria bleef bi hoer bi drie
maenden ende ghinc doe weder in haer huys .:.

Dit is volmaect i vtrecht bi mi jan veldener
int jaer M cccc en̄ lxxix den xxv dach va̅ julio

EPISTELEN EN EVANGELIEN.

***30 July, 1479.**

(1) 1^{b}. Hier beghint die tafel vāden epistelē en̄ ewā||gelien vandē ghehelen jaer en̄ oec mede vandē || heilighē . . . 8^{b}. (2) Hier woleyndet die tafel vanden || Epistelen en̄ ewangelien vāden ghe||helē jaer en̄ oec mede vāden heiligē 10^{a}. (1) Hier beghinnen alle die epistelen ende ewan=||gelien mitten sermonen vanden ghehelen jaere || die een nae den anderen volghende. ende oec me=||de die prophecien ghenomen wt der bibelen vol=||maectelick ende gherechtelick ouer gheset wt den || latine in goeden duutsche. ghelikerwijs alsmen || houdende is inder heiligher kercken ·:· 280^{a}. Hier eynden (2) ende gaen wt alle die epistelen || ende die ewangelien mitten sermoenen vanden || ghehelen iaer vander tijt Ende hier nae beghin=||nen die Epistelen ende die Ewangelien vanden || ghehelen iaer vandenheilighen ·:· 281^{a}. Op sinte andries auont epistel int boec der || wijsheit ·:· 336^{a}, (3) COLOPHON: Dit is volmaect ī vtrecht bi mi jan veldener || int jaer M cccc en̄ lxxix den xxx dach vā julio || [cut] || DEVICE A^{2}.

(4) Quarto. [*; a–z A–L; M–S^{8}.] 336 leaves, the ninth blank, 10–336 numbered I–CCCxxvij. 12^{a}: 24 lines and foliation, 137 (154)×89 mm. Type: 114 B. Capital spaces. Campbell *688. Hain 6649.

A page-for-page reprint of the edition of 4 November, 1478 (IA. 47082), with the addition of the Table and, at the end, the Epistle and Gospel for the feast of the Visitation.

The cut (Salvator mundi) is that used originally in the Fasciculus temporum, printed at Louvain, 29 December, 1475 (IB. 49104).

(5) 190 × 134 mm. Rubricated. With the duplicate stamp of the Royal Library, The Hague. Bound in old vellum.

Bought in January, 1882. IA. 47085.

Nederlandse incunabel

Epistelen ende ewangelien ... [Utrecht: Jan Veldener, 30 juli 1497].

Afbeelding van het begin en het colofon (exemplaar UB-VU Amsterdam). Daarnaast de beschrijving van een ander exemplaar van deze druk zoals opgenomen in de *Catalogue of books printed in the XVth century now in the British Museum.* Part Holland-Belgium. London, 1967 p. 12. Incunabelen hadden nog geen titelpagina en vertoonden ook verder een sterke gelijkenis met laat-middeleeuwse handschriften. De beschrijving richt zich daarom op karakteristieke tekstgedeelten zoals het begin (incipit, 1) en het slot (explicit, 2) van de gehele tekst of onderdelen (zoals hier). Gegevens van het colofon (3) verhuisden later naar voren, als onderdeel van de titelpagina. Veel aandacht voor de collatie (4). In de annotatie bijzonderheden over het exemplaar: herkomst, band, datum van aankoop (5).

The eighteenth of

September being Mũday, 1581.

in the Tower of London, in the preſence of many worſhipfull, betwixt M.D.Fulke, M.D. Goade, and Campion the challenger. A conference as truely ſet downe as I could gather it, being allowed by Maſter Lieutenaunt to write, & comparing my writing with Maſter Charkes notes, which he tooke in writing at the ſame time, and others.

After that Maſter D. Fulke had made a godly prayer for direction in that action, that it woulde pleaſe God to confirme the faithfull, and to confound the obſtinate and wilfull, & that Campion denying to pray with them, had ſuperſtitiouſly all to be croſſed himſelfe, Maſter D. Fulke began with this preface in effect.

D. Fulke. Whereas there hath bene ſome proceeding with you before, and we are come by order to the third chapter of your booke, where you ſlaunder our Church of England & the whole Church of God, for the definition of the Catholike Church, for that we define it ſo, as it ſhould bee inuiſible: we come to prooue both by the Scriptures and Fathers, that it is inuiſible. But this I would haue knowen vnto you, that our purpoſe is not to deale by diſcourſe, but briefely by Logical arguments, according to the order of ſchooles, &c.

After he had inquired D. Fulkes name, Campion alſo ſpake after this maner.

Campion. The diſputation that I deſire, is yet behinde, for I deſire it might be in the Uniuerſities. This may bee called a conferẽce, but it is not the diſputation which I require. Beſides, theſe conferences are vnequal, both in reſpect of the ſuddainneſſe

G.iiii. of

Het boek als fysiek object

Eén van de details waarop de analytische bibliografie zich richt: een zo genoemde 'cancel', een misdruk die de binder had moeten vervangen door een gecorrigeerde bladzijde. Soms werd per abuis de misdruk met de vervangende bladzijde toch mee gebonden, zoals in deze Londense uitgave uit 1583. De boekdrukker merkte de misdrukken door er een scherpe snede in te slaan (exemplaar UB-VU Amsterdam).

in Groot-Brittannië en de Verenigde Staten hebben zich vrijwel uitsluitend beziggehouden met dit genre van bibliografiebeoefening, waaraan de namen verbonden zijn van o.a. W.W.Greg, F.Bowers, R.B.McKerrow en A.W.Pollard.
De eenzijdigheid van de bibliografische genootschappen heeft menigmaal felle kritiek opgeroepen van degenen (waaronder veel bibliothecarissen) die de studie van boeken naar hun geestelijke inhoud als het eigenlijke doel van de bibliografie zagen. Een van de scherpste woordvoerders onder hen was de Britse bibliothecaris J.D.Brown (1862-1914). Deze stortte in 1903 zijn gramschap uit over de bibliografen en hun genootschappen, die het met hun discussies over "blank leaves" en formaten van oude boeken zó druk hadden dat ze aan de inhoud van die boeken niet toekwamen. Brown zag hen meer als trekdieren van tweedehandsboek-verkopers en verzamelaars dan als dienaren van onbaatzuchtige wetenschap (Brown,1903, p.150). Het is niet moeilijk Brown op zijn beurt terecht te wijzen, zoals dan ook Pollard (1903) deed. De kritiek op de analytische bibliografie was ongenuanceerd en in feite moest ook Brown erkennen dat zeer oude boeken niet bevredigend beschreven konden worden zonder de door hem afgewezen werkwijze.

Onverlet blijft echter dat Brown een lans brak voor een andere, te lang verwaarloosde, opvatting: bibliografie als de beschrijving van boeken naar hun inhoud, ten dienste van allen die deze boeken voor studie, onderzoek of anderszins nodig hebben. Dat betekende vooral dat de bibliografie het accent zou moeten verleggen van het oude boek naar meer courante publikaties. In modernere termen gezegd: bibliografie in dienst van de informatie-zoekende mens. Deze tweede opvatting van bibliografiebeoefening, die aanzienlijk ouder is dan de vorige, wordt thans veelal aangeduid als *enumeratieve* of *systematische* bibliografie. Zij omvat de inventariserende beschrijving en rangschikking (naar een bepaald gezichtspunt) van allerlei publikaties. Haar functie is "to bring order out of chaos" (Shoemaker,1967, p.340). Het is deze opvatting van bibliografiebeoefening die het meest bekend is en de resultaten van de systematische bibliografie in de vorm van algemene of speciale bibliografieën zijn ook in aantal veruit in de meerderheid. Alle aandacht zal er in volgende hoofdstukken van dit boek op gericht zijn.

Naast de analytische en de systematische bibliografie wordt, met name wederom in het Angelsaksische taalgebied, nog de *historische bibliografie* (historical bibliography) onderscheiden. Deze richt zich op de geschiedenis van de produktie en verspreiding van boeken in het bredere kader van de sociale en culturele geschiedenis (Robinson, 1979; Stokes,1982). De betekenis van het boek in een cultuur, de maatschappelijke plaats van de boekhandel en de uitwendige verschijningsvorm van het boek in relatie tot andere daarmee samenhangende culturele verschijnselen, vormen de centrale thema's van de historische bibliografie, die daarmee tevens een onderdeel is van de cultuurgeschiedenis (Hellinga,1962, Introduction). In Nederland wordt in dit kader in toenemende mate de naam 'boekhistorie' gebezigd. Dat deze wijze van bibliografiebeoefening raakvlakken heeft met de eerder genoemde genres spreekt voor zichzelf.

Feather (1980,p.14) wijst erop dat boeken als tastbare of fysieke objecten alleen begrepen kunnen worden in de context van boekproduktie en boekhandel. Analytische en historische bibliografiebeoefening dienen elkaar dus aan te vullen. Er is echter ook een sterke relatie tussen het uitgeven en verhandelen van boeken en hun inhoud, hun cultuurwaarde, in welke laatste immers de belangstelling of informatiebehoefte van lezers weerspiegeld wordt. Derhalve is er tevens een complementaire relatie tussen de systematische en de historische bibliografie.

HET GEMEENSCHAPPELIJKE VAN ALLE BIBLIOGRAFIEBEOEFENING

Betekent de verscheidenheid in opvattingen over beoefening van de bibliografie – een verscheidenheid die in werkelijkheid groter is dan hiervoor geschetst werd – dat er ook sprake is van geheel verschillende doelstellingen? In de dagelijkse praktijk van het vak lijkt het daar wel eens op. Vooral de analytische bibliografie maakte op menigeen de indruk van een in zichzelf gekeerd en op zichzelf gericht wereldje. De systematische bibliografie daarentegen is wel verweten dat haar zucht naar volledigheid een eigen doel werd, "little more than a census of paper spoiled by being printed on" (Jast,1936,p.354).

Maar de beschrijving van boeken, op welke wijze dan ook, is geen doel in zichzelf. Op langere termijn en in breder verband gezien bestaan er tussen de verschillende genres hechte functionele relaties en gezamenlijk dienen zij doeleinden die onderling nauw verweven zijn. Reeds in 1896 merkte F.Campbell (waarschijnlijk niet als eerste) op dat "the final aim of bibliography is: to enable every person, in every country, to derive the fullest possible use and enjoyment from all the books of every country, for all time and on every subject" (Campbell,1896, p.245). Ook beoefenaren van de analytische bibliografie als Pollard (1903) en Dunkin (1975) erkennen dat het tenslotte primair gaat om een opsomming, een inventarisatie en identificatie, van wat er gepubliceerd is, opdat de informatiezoeker zijn weg kan vinden in "that great sea of literature which increases so alarmingly year by year" (Robinson,1979, p.11). De grote paraplu waaronder Pollard alle bibliografie bijeen wilde brengen (zie Hale,1970,p.2) is wellicht aangereikt in de vorm van de omvattende formulering van de Franse bibliografe L.-N.Malclès. Zij beschouwt bibliografie als een onderdeel van de bibliologie of wetenschap van het boek en rekent ertoe het opsporen, identificeren, beschrijven en klasseren van gedrukte of op andere mechanische wijze vermenigvuldigde teksten. Doel van dit alles is het samenstellen van repertoria ten dienste van het intellectuele werk (Malclès, 1986). Met deze omschrijving is dus zowel het kader gegeven – de wetenschap van het boek – als de inhoud en de doelstelling, welke laatste in wezen geheel identiek is aan die van Campbell. Enkele elementen uit de omschrijving van Malclès verdienen nadere aandacht.

Het *opsporen* is het zoeken en bijeenbrengen van de publikaties of titels die beschreven moeten worden. In hoofdstuk VI, handelend over het vervaardigen van bibliografieën, wordt hierop nader ingegaan. Het bibliografisch opsporen kan ook betrekking hebben op zogenoemd literatuuronderzoek, waarbij het gaat om het zoeken en samenvatten van literatuur die voor een bepaald wetenschappelijk onderzoek noodzakelijk is. Hierover volgt meer in hoofdstuk VII, waarin het werken met bibliografieën wordt behandeld.

Het *identificeren* is het vaststellen van het signalement van elke publikatie. In de meeste gevallen betreft dit het controleren of verifiëren in reeds bestaande bibliografieën, van auteur, titel, plaats en jaar van uitgave en dergelijke, maar bij bepaalde categorieën van boeken (incunabelen, oude drukken in het algemeen) kan ook onderzoek in de zin van de analytische bibliografie noodzakelijk zijn.

Het *beschrijven* vormt de kern van alle bibliografie. Malclès maakt onderscheid tussen externe en interne beschrijving. De eerste richt zich op de publikatie als tekstdrager, de tweede op de tekst zelf. De externe beschrijving blijft in vele gevallen beperkt tot eenvoudige uitwendige kenmerken, zoals formaat, aantal bladzijden, illustraties, bijlagen, aantal delen en dergelijke. Ze kan echter ook zeer uitvoerig zijn als daartoe aanleiding bestaat en zich dan tevens bezighouden met papiersoorten, drukkersmerken, typografie, bindwijze, karakteristieke drukfouten, kortom met uitwendige kenmerken die veelal te maken hebben met de ouderdom, de zeldzaamheid of esthetische waarde van het boek. Het zijn eigenschappen die vooral de boekhistoricus, de bibliofiel en de antiquaar interesseren. Deze uitvoerige externe beschrijving is met name het domein van de eerder genoemde analytische bibliografie. De interne beschrijving omvat samenvattingen, commentaren, beoordelingen en dergelijke, die licht werpen op de inhoudelijke betekenis en bedoeling van een gepubliceerde tekst. Het zijn eigenschappen die vooral de wetenschapsbeoefenaar of, ruimer, de gebruiker van informatie, interesseren. Het spreekt vanzelf dat ook de interne beschrijving, al naar de behoeften of bedoelingen van de bibliograaf, meer of minder uitgebreid kan zijn.

Het *klasseren* tenslotte betreft het ordenen van het verzamelde en beschreven materiaal volgens een bepaald principe, bij voorbeeld alfabetisch, chronologisch of systematisch. Voor het toegankelijk maken of ontsluiten van het materiaal, eventueel ook naar zijn externe aspecten, is het klasseren een uitermate belangrijk hulpmiddel. Identificeren, beschrijven en klasseren krijgen eveneens in de hoofdstukken VI en VII nog uitvoeriger aandacht.

De inhoud die Malclès aan het begrip bibliografie geeft integreert duidelijk de analytische en de systematische, opsommende bibliografie. Wel is het zo dat de eerste daarbij in dienst staat van de tweede, terwijl deze laatste, de systematische bibliografie, weer haar zin ontleent aan het intellectuele werk dat zij moet helpen verwezenlijken.

TERUGBLIK OP DE OORSPRONGEN VAN DE SYSTEMATISCHE BIBLIOGRAFIE

Dat de beoefening van de systematische bibliografie, dat wil zeggen het vervaardigen van (en ook het werken met) tot lijsten geordende boekbeschrijvingen, het oudste genre is, werd reeds opgemerkt. Vanuit dit primaat is het ook begrijpelijk dat het door vrijwel iedereen kortweg 'bibliografie' genoemd werd. Het adjectief 'systematische' is van veel recenter datum en ontstond pas om het van nieuwere genres, die zich ook van de naam bibliografie gingen bedienen, te onderscheiden. De praktijk van het maken van titellijsten, van overzichten van bestaande geschriften of teksten bestond overigens reeds lang voor de uitvinding van de boekdrukkunst. Gedeelten van zulke lijsten op kleitabletten en papyrusrollen zijn bekend (Totok,1984). De behoefte aan dergelijke opsommingen werd echter pas na de uitvinding van de boekdrukkunst veel groter. De kwantitatieve toename van de boekproduktie, het dalen van de prijs per exemplaar en de grotere verspreiding maakten het boek in korte tijd veel meer dan vroeger tot handelsobject (Eisenstein, 1993). Voor die handel was het kunnen beschikken over lijsten van voorradige titels een eerste behoefte en het is dan ook niet verwonderlijk dat de vroegste inventariserende boekenlijsten zijn voortgekomen uit boekdrukkers- en boekhandelskringen. Zo gaf in 1564 de Augsburgse boekhandelaar Georg Willer een lijst uit van door hem op de Frankfurter Buchmesse verhandelde boeken. In de 19 bladzijden tellende catalogus stonden 256 titels, gerangschikt op onderwerp. Deze uitgave werd jaarlijks, ook door zijn zoons, voortgezet tot 1627 (sinds 1598 onder toezicht van het stadsbestuur). De Messkataloge (ook in Leipzig verscheen een reeks) luidden een markante fase in van de geschiedenis van de bibliografie. Ze vormden als het ware het prototype van de later tot ontwikkeling gekomen nationale bibliografie. Hun oorspronkelijk internationale karakter ging namelijk allengs verloren door de isolerende invloed van de Dertigjarige Oorlog (1618-1648). De Messkatalog werd daardoor meer en meer een Duitse (nationale) bibliografie.

Het signalement van de boeken (boektitels) kwam in deze tijd op de eerste plaats bij de beschrijving, welke gemaakt werd door mensen uit het boekenvak. In de periode daarvóór stonden vooral de auteurs en hun ideeën op de voorgrond, terwijl het noemen van hun geschriften secundair was. Het waren meer bio-bibliografieën, zoals het *Liber de scriptoribus ecclesiasticis* (Basel,1494) van de Benedictijner abt Johannes Tritheim, waarin van bijna 1000 schrijvers biografische gegevens staan opgetekend, alsmede ongeveer 7000 titels. Dergelijke werken werden bovendien niet door boekhandelaren samengesteld, maar door schrijvers die zelf deel uitmaakten van de kring van geleerden waarover zij schreven. Het verrichten van zulke bibliografische arbeid, waarbij in hoge mate werd gesteund op de groeiende boekencollecties van de humanistenbibliotheken, werd als het ware beschouwd als een verantwoordelijkheid die geheel behoorde tot de wetenschapsbeoefening. Malclès (1989) noemt deze periode in de geschiedenis van de bibliografie daarom de *époque savante*. Ook de eerder genoemde *Bibliotheca universalis* (Zürich, 1545-1555) van Conrad Gesner behoort tot deze periode, maar deze bibliografie gaat toch al een stap verder doordat zoveel mogelijk is vermeld bij welke drukker en in welk jaar de boeken verschenen.

In Nederland, waar reeds vroeg een grote activiteit bestond van drukkers en boekverkopers, werden door verschillenden van hen belangrijke bibliografieën samengesteld en uitgegeven. Cornelis van Beughem (1638- 1710), die zijn loopbaan begon als bediende in de boekwinkels van Blaeu en Janssonius te Amsterdam, verzorgde speciale bibliografieën voor een aantal grote vakgebieden, zoals de *Bibliographia juridica* en de *Bibliographia medica et physica*. Hij oogstte later echter vooral lof voor zijn nauwgezette werk aan de eerste bibliografie van vijftiende-eeuwse drukken: *Incunabula typographiae*...(1668). Eerder nog had de Amsterdamse boekverkoper en courantier Broer Jansz (1579-1652) de aandacht getrokken met zijn uitgave van de *Catalogus universalis*, die tussen 1640 en 1652 periodiek de nieuwe titels van de Nederlandse boekenmarkt vermeldde.

Langzaam maar zeker zette het proces door waarin het boek steeds meer als een zelfstandige eenheid werd gezien, met een exacte titel, een impressum en andere gegevens die voor de identificatie noodzakelijk werden geacht. De gegevens over de auteur werden als het ware opgeofferd aan een “description complète et technique du livre”, zoals Malclès (1989) oordeelde. Het was een proces dat tenslotte zou uitmonden in de *époque technique*, de periode waarin de bibliografie zich thans bevindt en die gekenmerkt wordt door arbeidsverdeling, ver gaande specialisering, maar ook technische en organisatorische samenwerking.

Tal van ontwikkelingen hebben hun invloed doen gelden op bovenvermeld proces. Bestaande bibliografische behoeften werden erdoor versterkt, nieuwe gecreëerd. Enkele van die ontwikkelingen moeten hier vermeld worden. Zo was er natuurlijk een directe wisselwerking tussen de praktijk van de boekdrukkers en die van de bibliografen. Met name die boekdrukkers hadden een groot belang bij het identificeerbaar zijn van hun produkten. Vanaf omstreeks 1520 begonnen zij dan ook hun naam en insigne (drukkersmerk), een jaartal en ook wel hun adres, in het boek mee te drukken, waarmee tevens een bibliografisch belang gediend werd. Een krachtige impuls ging voorts sinds de zeventiende eeuw uit van de opbloei der wetenschappen, vooral van de natuurwetenschappen en de geneeskunde. Die opbloei was ten dele gevolg van de toenemende organisatiegraad van de wetenschap, terwijl omgekeerd de groei van de wetenschap een intensievere organisatie noodzakelijk maakte. Er waren meer factoren tegelijk in het geding en het is moeilijk aan te geven wat oorzaak was en wat gevolg.

Veeleer was ook hier sprake van wisselwerking, van factoren die elkaar versterkten in hun werking.

De boekdrukkunst gaf aan de verpreiding van wetenschappelijke en andere kennis een groter bereik en een hoger tempo, intensiveerde dus de wetenschappelijke communicatie. Opleiding en onderwijs profiteerden daar evenzeer van, hetgeen er weer toe leidde dat er niet alleen veel meer lezers kwamen, maar ook dat er een aanzienlijke groei ontstond in het aantal wetenschapsbeoefenaren, dus in het aantal potentiële boekenschrijvers. De kaders van de bestaande formele en informele wetenschapsorganisatie waren op die aantallen niet meer berekend. De aloude privé-correspondentie tussen geleerden was, als belangrijkste communicatiemiddel, niet langer toereikend. Een karakteristieke organisatievorm, het *geleerde genootschap* of de academie, in aanzet een renaissanceverschijnsel, kwam in de zeventiende eeuw tot grote bloei (Erkelenz,1968). Tot de belangrijkste doelstellingen van deze genootschappen behoorden het bevorderen van contacten tussen geleerden in verband met de uitwisseling van ideeën en onderzoeksresultaten en het gemeenschappelijk uitvoeren van wetenschappelijke experimenten. Bekende voorbeelden van zulke genootschappen of academies zijn de *Royal Society of London for the improvement of natural knowledge* (1662) en de *Académie des Sciences* (1666).

Voor de bibliografie is nu van belang dat deze genootschappen zich ook intensief gingen bezighouden met het vastleggen en verspreiden van informatie en eerder nog met het regelmatig attenderen op nieuwe boeken. De eerste periodieken ontstonden en deze hadden primair een bibliografische functie, namelijk het signaleren van nieuwe literatuur. Daarnaast werden ook ingezonden brieven van onderzoekers opgenomen, waardoor de eerdergenoemde privé-correspondentie overging van een informele naar een meer formele status en een veel groter bereik kreeg. Uit deze 'letters to the editor' zijn pas later de echte tijdschriftartikelen ontstaan, die in een aantal wetenschappen het boek als communicatiemiddel naar de tweede plaats verdrongen. Tot de oudste van deze wetenschappelijke tijdschriften worden gerekend de *Philosophical Transactions* (1665) en de *Journal des Sçavans* (1665).

Aldus werd de toenemende behoefte van de wetenschap aan systematische bibliografie enigermate bevredigd, maar met de groei van die wetenschap namen de wensen die zij op dit terrein deed horen toe in aantal en verscheidenheid. Groei betekent ook differentiatie en specialisatie. De wetenschappelijke kennis werd zo omvangrijk dat onderzoekers zich moesten gaan beperken; ze gingen een keuze doen uit vele mogelijke werkterreinen.

Op het allengs ontstaan van *vak-wetenschappen* speelde de bibliografie in door het vervaardigen van speciale of vakbibliografieën. Deze ontwikkeling deed zich vooral in de tweede helft van de negentiende eeuw voor, hetgeen onder meer blijkt uit de opkomst van steeds meer periodieke bibliografieën voor uiteenlopende vakgebieden. De natuurwetenschappen zijn hierin duidelijk voorgegaan. Ze vertonen globaal genomen een voorsprong van vijf en twintig jaren vergeleken met de andere wetenschappen, voornamelijk de humaniora. Dit geldt echter uitsluitend voor de *lopende* bibliografieën. Onder de belangrijkste negentiende eeuwse *afgesloten* speciale bibliografieën nemen die van de geestes- of cultuurwetenschappen met bijna 74% de grootste plaats in. Dit opvallend verschil is zonder twijfel toe te schrijven aan de anders gerichte informatiebehoefte bij de onderscheiden wetenschapssectoren. De natuurwetenschappen kwamen eerder in het stadium waarin zij voor hun voortgang afhankelijk waren van zeer recente informatie (vooral neergelegd in tijdschriftartikelen) dan vele van de geesteswetenschappen en zij kregen dan ook eerder hun lopende bibliografieën.

Nog een andere factor in de ontwikkeling van de systematische bibliografie was de opkomst van de *bibliofilie* of 'liefhebberij voor boeken'. In de achttiende eeuw kreeg deze een nieuwe impuls door de verzameldrift van Duitse barokvorsten en welgestelde burgers, waardoor de zogenoemde pronkbibliotheken ontstonden. Reeds werd gewezen op het verband tussen de bibliofilie en het genre van de typografische, later analytische, bibliografiebeoefening. De resultaten daarvan werden uiteraard ook in lijsten ondergebracht waardoor typische bibliofielen-bibliografieën ontstonden. Bij de keuze van het opgenomen materiaal en de wijze van beschrijving werd vooral gelet op de esthetische eigenschappen, de zeldzaamheid en de curiositeit van boeken. Meestal blijkt deze intentie al duidelijk uit de titels van zulke bibliografieën, zoals de *Bibliographie instructive ou Traité des livres rares et singuliers* (17631782) van de Parijse boekhandelaar G.F. de Bure. Hoogtepunten op dit gebied kwamen met name in de negentiende eeuw tot stand met de omvangrijke bibliografieën van respectievelijk J.Ch. Brunet (1780-1867) en J.G.Th. Graesse (1814-1885). Het belang van deze werken is niet beperkt tot het terrein van de bibliofilie: ze fungeren ook thans nog als belangrijke algemene bronnen voor de bibliograaf en zijn om die reden tot in recente jaren herdrukt. Een nadere beschrijving ervan is opgenomen in het tweede deel van dit boek.

Tenslotte wordt hier gewezen op de invloed die de technische ontwikkeling van de boekproduktie had op de systematische bibliografie. De versnelling die na omstreeks 1800 intrad in de jaarlijkse aanwas van nieuwe boeken en tijdschriften (een aanwas waarmee de bibliografie gelijke tred moest houden) laat zich slechts ten dele verklaren uit de groei van de wetenschappen. Een aantal ingrijpende uitvindingen maakte de sterk vergrote boekproduktie pas technisch mogelijk. Het handwerk kon het vereiste hoge tempo niet meer bijhouden. Door de uitvinding van de papiermachine (1799) verminderde de schaarste van het papier; de sneldrukpers (1814) en de rotatiepers (1870) vervingen de trage handpersen, terwijl letterzetmachines tegen het einde van de eeuw het zeer tijdrovende werken met de aloude zethaak begonnen te verdringen.

Gezamenlijk deden de hiervoor beschreven factoren een situatie ontstaan waarin de systematische bibliografie met enorme problemen werd geconfronteerd. Aan het eind van de negentiende eeuw voldeed de conventionele werkwijze – particulier eenmanswerk – niet meer voor het bibliografisch bijhouden van de grote stroom publikaties. Frank Campbell (1896, p.244) verzuchtte in die tijd "The press continues to pour forth its tons of books, but we have no mill to digest them...". Het ging allang niet meer alleen om boeken, ook de gigantische aantallen tijdschriftartikelen moesten geïnventariseerd en ontsloten worden door de systematische bibliografie. Deze laatste werd door de eis van wereldomvattende *bibliografische beheersing* in het centrum geplaatst van het moderne informatieprobleem. Alleen nationale en internationale organisatie en samenwerking, alsmede nieuwe technische vindingen, konden de systematische bibliografie toerusten voor de moderne uitdagingen waarvoor zij zich gesteld zag. In het volgende hoofdstuk wordt daarop verder ingegaan.

GEBRUIKTE EN AANBEVOLEN LITERATUUR

Balsamo, Luigi. *Bibliography: history of a tradition*. transl. from the Italian by W.A. Pettas. Berkeley, CA., 1990.
Vert. van: *La bibliografia, storia di una tradizione*. Florence, 1984.

Bartsch, E. *Die Bibliographie. Einführung in Benutzung, Herstellung, Geschichte*. 2. durchges. Aufl. München, 1989.

Blum, R. (1970). 'Bibliographia. Eine wort- und begriffsgeschichtliche Untersuchung.' *Archiv für Geschichte des Buchwesens*, Bd. X.
Een verkorte versie hiervan in: *Von der systematischen Bibliographie zur Dokumentation*. Hrsg.v.P.R.Frank, Darmstadt, 1978, p.3-98. Een vertaling in het Engels verscheen in 1980.

Blum, R. *Kallimachos: the Alexandrian library and the origens of bibliography*. Transl. form the German by H.H. Wellisch. Madison, WI., 1991.
Vert. van: *Kallimachos und die Literaturverzeichnung bei den Griechen*. Frankfurt am Main, 1977.

Brown, J.D. (1903) 'Practical bibliography'. *The Library*, 2d Series IV 14, p.144-51. Herdrukt in: *Von der systematischen Bibliographie* p.210-215.

Campbell, F. (1896) 'The bibliography of the future'. *The theory of national and international bibliography*. Section II/3 London, p.243-259. Herdrukt in: *Von der systematischen Bibliographie*, p. 124-142.

Davison, Peter Hobley. *The book encompassed: studies in twentieth-century bibliography*. Cambridge, 1992.

Dunkin, P.S. *Bibliography. Tiger or fat cat?* London, 1975.
De ondertitel refereert aan een vergelijking die F.Bowers in 1952 maakte.

Eisenstein, E.L. *The printing revolution in early modern Europe*. New edition. Cambridge, 1993.

Erkelenz, P. *Der Akademiegedanke im Wandel der Zeiten*. Bonn, 1968.

Esdaile, A.J. *Esdaile's manual of bibliography*. 5th rev. ed. Metuchen, N.J., 1981.

Feather, J. (1980) 'Cross-Channel currents: historical bibliography and l'histoire du livre'. *The Library*. Transactions of the Bibliographical Society, 6th series, III, p. 1-15.

Fèbvre, L. and H.J. Martin, *The coming of the book: the impact of printing 1450-1800*. Transl. by D. Gerard. Ed. by G. Nowell-Smith and D. Wootton. London, 1984. Oorspr. *L'Apparition du livre*. 1958.
Een fraai specimen van historische bibliografie.

Fontaine Verwey, H.M. de la, *De wereld van het boek.* [Rede, Universiteit van Amsterdam]. Haarlem, 1954.
"Geen wetenschap van het boek is mogelijk zonder een volledige blbliografie als uitgangspunt en voedingsbodem." (21)
Gaskell, Ph. *A new introduction to bibliography.* Oxford,1972.
In de lijn van R.B.McKerrow, *An introduction to bibliography for literary students.* 1927; behandelt echter ook de machinale druktechnieken van de negentiende en twintigste eeuw.
Hale, B,M. *The subject bibliography of the social sciences and humanities.* Oxford, 1970.
Voor dit gedeelte is vooral hoofdstuk 4 over de theorie van de bibliografie van belang; het bevat ook interessante historische passages.
Harvey, R. (1994). 'Early printed book collections in the library of the electronic age: are they relevant?' *Australian Library Journal* 43 (1).
Handelt onder meer over de gevolgen van verhoogde toegankelijkheid en de vereisten om het boek als fysiek object te conserveren.
Hellinga, W.Gs. *Copy and print in the Netherlands. An atlas of historical bibliography.* With introd. essays by H. de la Fontaine Verwey and G.W. Ovink. Amsterdam, 1962.
Jast, L.S. (1936) 'Bibliography and the deluge: I accuse' *The Library Association Record,* 38 p.353-360. Herdrukt in: *Von der systematischen Bibliographie* p. 223-238.
Kist, J. *The role of print on paper in the publishing house of the future.* Cambridge, MS., 1993.
Malclès, L.N. *Manuel de bibliographie.* 4. éd. Paris,1986
Bevat uitvoerige theoretische en historische inleidingen.
Malclès, L.N. *La bibliographie.* 5. éd. Paris,1989 (Que sais-je, no.708).
Een klein boekje, dat een schat aan gegevens bevat over de geschiedenis van de systematische, enumeratieve bibliografie.
Meulen, R. van der, *Het boek in onze dagen, beschreven en afgebeeld.* Leiden, 1892.
"In onzen tijd, nu bijna ieder de pers wel eens doet zweeten, zullen eenige practische wenken kunnen strekken om het verkeer van het publiek met den boekhandelaar, uitgever of drukker wederzijds gemakkelijker, aangenamer en voordeliger te maken." (VI). In 1896 kwam een vervolg: *Over de liefhebberij voor boeken,* dat vooral het oude boek behandelt.
Pollard, A.W. (reactie op J.D.Brown) in: *The Library,* 2d series IV (1903)14 p.152-162.
Robinson, A.M.L. *Systematic bibliography.* 4th ed. London, 1979.
Schauder, D. (1994). 'Electronic publishing of professional articles: attitudes of academics and implications for the scholarly communication industry.' *Journal of the American Society for Information Science* 45 (2).
Schneider, G. *Einführung in die Bibliographie.* Leipzig, 1936.
Is inmiddels een klassieke inleiding tot de theorie van de bibliografie.
Shoemaker, R.H. (1967). 'Bibliography'. *Library Trends,* 15 p.340-346.
Stokes, R. *The function of bibliography.* 2nd ed. Aldershot, Hants, 1982.
Een verhandeling over de verschillende genres van bibliografie-beoefening.
Theodore Besterman, bibliographer and editor: a selection of representative texts. ed. F. Cordasco. Metuchen, N.J., 1992.
Totok, W. und R. Weitzel, *Handbuch der bibliographischen Nachschlagewerke.* 6. völlig neubearb. Aufl. 2 Bde. Frankfurt am Main, 1984, 85.
Besteedt in een inleiding ruime aandacht aan begrip, object, doel en geschiedenis van de bibliografie.
Vaucaire, M. *La bibliophilie.* 2e éd. Paris, 1980 (Que sais-je, 1406).
Von der systematischen Bibliographie zur Dokumentation. Hrsg. P.R.Frank. Darmstadt, 1978 (Wege der Forschung,144).
Een verzameling fundamentele artikelen uit de periode 1821-1969 van bekende auteurs. Bevat een uitvoerige keuzebibliografie.

III BIBLIOGRAFISCHE BEHEERSING

INLEIDING

Naarmate het aantal publikaties toenam, groeide de behoefte aan overzichten van wat verschenen of beschikbaar was. De wens om 'de greep op de literatuur' te behouden is een steeds weer terugkerend thema in de geschiedenis van de boekproduktie en van de wetenschapsbeoefening. Wat tegenwoordig bibliografische beheersing wordt genoemd duidt een oud ideaal aan waarvan, niettegenstaande vele mislukte pogingen, nooit blijvend afstand is gedaan. Bibliografische beheersing, ook wel bibliografische controle genoemd in de betekenis van het onder controle hebben van de publikatiestroom (naar het Engelse 'bibliographic control'), is wel omschreven als "the mastery over written and published records which is provided by and for the purpose of bibliography" (Davinson, 1975, p.7).

Nu is, zoals eerder werd opgemerkt, bibliografie geen doel in zichzelf. Bibliografische beheersing is er dan ook uiteindelijk op gericht gepubliceerde informatie door middel van bibliografieën voor gebruik toegankelijk te maken. Indien het gaat om documentaire informatie die ooit, waar ter wereld dan ook, over allerlei onderwerpen gepubliceerd is, spreekt men van *universele bibliografische beheersing* of controle. In de moderne versie van bibliografische beheersing wordt aan het begrip documentaire informatie een zeer ruime inhoud toegekend, zoals nog zal blijken. In hoofdzaak echter betreft het altijd de beheersing van wetenschappelijke, technische en andere literatuur. Daarbij kan over de aard van die beheersing nog zeer verschillend gedacht worden. Zo is het mogelijk van de overweldigende literatuurstroom een gedeelte op bepaalde gronden buiten beschouwing te laten: bibliografische beheersing door selectie of uitsluiting. Dat is volgens velen echter het bewandelen van een gevaarlijke weg, want selectiecriteria zijn moeilijk te objectiveren (Davinson, 1975, p.11). Algemener is daarom de opvatting volgens welke de beheersing betrekking heeft op een volledige systematische registratie van de literatuurproduktie. De bibliografische kant van het informatieprobleem moet – althans aan de basis – niet door selectie worden opgelost, maar door een combinatie van techniek en organisatie.

In de loop der tijden zijn heel wat initiatieven genomen om het ideaal van volledige registratie van gepubliceerde literatuur te verwezenlijken. Geen daarvan leidde zelfs maar bij benadering tot het gestelde doel. Tot de eerste pogingen om alle in het Grieks, Latijn en Hebreeuws geschreven werken in een bibliografie bijeen te brengen behoort de *Bibliotheca Universalis* (Zürich, 1545-1555) van Conrad Gesner. De ongeveer vijftienduizend werken die daarin genoemd worden omvatten waarschijnlijk slechts 20-25% van de destijds in de genoemde talen bestaande boeken. Zelfs een universeel geleerde als Gesner kende ze niet of slaagde er niet in ze in handen te krijgen. In 1592 deed Nicolas Bassé, een uit Valenciennes afkomstige boekdrukker te Frankfurt, een poging om op basis van de gegevens uit de verschenen *Messkataloge* een overzicht te geven van de boeken die sedert 1564 in alle landen en over alle onderwerpen waren verschenen. In Frankrijk was het Jean-Pierre Niceron die in een 43-delig werk, verschenen tussen 1727 en 1743, trachtte een omvattend overzicht te geven van de produkten uit de 'république des lettres'. In diezelfde tijd (1742) begon de Leipziger boekhandelaar Theophil Georgi met de uitgave van zijn *Allgemeines europisches Bücher-Lexikon*, dat echter onvoltooid bleef. Enkele negentiende eeuwse bibliografen deden bij de samenstelling van hun universele bibliografieën bewust al afstand van het volledigheidsprincipe door een selectie op de door hen te beschrijven boeken toe te passen, op grond van literaire, wetenschappelijke of bibliofiele criteria. Zo verscheen in 1810 de eerste druk van J.Ch. Brunet, *Manuel du libraire et de l'amateur des livres*, een erudiet werk, in latere drukken steeds verder geperfectionneerd en ook thans nog een waardevol bibliografisch hulpmiddel. Dit geldt eveneens voor F.A.Ebert, *Allgemeines bibliographisches Lexikon* (1821-1830) en vooral voor J.G.Th.Graesse, *Trésor des livres rares et précieux* (1859-1869). Voor de bibliografische beheersing van oudere literatuur zijn deze monumentale werken nog altijd van grote betekenis, ook al dekken ze bij lange niet de werkelijke boekproduktie.

Met deze universele keuze-bibliografieën, alle nog eenmanswerk en getuigend van een geweldige inzet en toewijding, werd een tijdperk afgesloten in de geschiedenis van de algemene internationale bibliografie. De steeds sneller toenemende publikatieproduktie riep initiatieven tot bibliografische beheersing op waarbij coöperatie en organisatie voor het eerst op de voorgrond kwamen.

Een nieuwe fase begon tegen het einde van de negentiende eeuw en werd ingeluid door wat wel genoemd is het *Brussels experiment*. In 1895 werd door de Belgische advocaten Paul Otlet (1868-1944) en Henri La Fontaine (1853-1943) in Brussel het *Institut International de Bibliographie* (IIB) opgericht. Met steun van de Belgische regering streefde dit ernaar het centrale orgaan van een wereldomvattende federatie van instellingen en wetenschap-

BIBLIOTHECA

Vniuerſalis, ſiue Catalogus omni-
um ſcriptorum locupletiſſimus, in tribus linguis, Latina, Græca, & He-
braica: extantium & non extantiū, ueterum & recentiorum in hunc uſq;
diem, doctorum & indoctorum, publicatorum & in Bibliothecis laten-
tium. Opus nouum, & nō Bibliothecis tantum publicis priuatiſue in-
ſtituendis neceſſarium, ſed ſtudioſis omnibus cuiuſcunq; artis aut
ſcientiæ ad ſtudia melius formanda utiliſſimum: authore
CONRADO GESNERO Tigurino doctore medico.

TIGVRI APVD CHRISTOPHORVM
Froſchouerum Menſe Septembri, Anno
M. D. XLV.

Titelblad van Conrad Gesner, *Bibliotheca Universalis ...* (1545)

pelijke verenigingen te worden. Het instituut stelde zich ten doel een kartoteek aan te leggen van alle ooit verschenen boeken en tijdschriften (later ook andere documenten), ongeacht over welke onderwerpen zij handelden of in welke talen ze gesteld waren. Het werk werd uitgevoerd door uit allerlei bibliografieën, gedrukte bibliotheekcatalogi, uitgeverslijsten en dergelijke, titels over te nemen op fiches. Toen in 1914 de wereldoorlog uitbrak – er waren toen ongeveer 15 miljoen titels geregistreerd – strandde het te groots opgezette project spoedig en dat niet alleen door de verbroken internationale verbindingen. Het ontbreken van standaardizering van bibliografische procedures en technieken speelde hierbij evenzeer een rol, evenals toenemende scepsis aangaande de uiteindelijke haalbaarheid van het project. Steeds duidelijker werd het dat het naieve idealisme van de initiatiefnemers maar weinig te maken had met de werkelijke behoeften van de gebruikers. Het grootste deel van de vooraanstaande wetenschappelijke wereld distancieerde zich van de onderneming, zo ook de bibliothecarissen. De door het IIB verzamelde titels werden aanvankelijk volgens het Dewey Decimale Systeem opgeborgen, maar al spoedig bleek dit ontoereikend bij de omvang en verscheidenheid van het bestand. Otlet en La Fontaine ontwikkelden daarom de Universele Decimale Classificatie (UDC) die het project overleefde en die thans nog in de documentatiewereld gebruikt wordt voor de ontsluiting op onderwerp. De verdere ontwikkeling en voortdurende aanpassing van dit systeem behoort tot de taken van de *Fédération Internationale de Documentation* (FID, opgericht 1938), die te beschouwen is als de omgevormde opvolger van het Brusselse instituut.

Een soortgelijk lot als het IIB was beschoren onderging de *International Catalogue of Scientific Literature*, waartoe in 1894 de Royal Society in Londen het initiatief had genomen en die geheel op de natuurwetenschappelijke wereld gericht was. Volgens Schneiders (1982, p.131), die de bibliografische ondernemingen uitvoerig beschrijft, was er "niet de minste behoefte" bij diegenen voor wie deze catalogus bedoeld was en hij acht dat de belangrijkste oorzaak van het falen.

HET UBC-PROGRAMMA

Het uiteindelijk mislukken van de in oorsprong negentiende eeuwse projecten leidde echter niet tot het opgeven van het oude ideaal. Wel rees de vraag of er nog langer gestreefd moest worden naar het op één plaats en in één systeem bijeenbrengen van gegevens over de "world's entire stock of records". Steeds weer opnieuw is gebleken dat de bibliograaf die zich daaraan zette uiteindelijk faalde en dat met name wetenschapsbeoefenaren weinig behoefte hebben aan een onkritische opeenhoping van allerlei titels. Pogingen om het kwantitatieve aspect van de publikatieproduktie te onderzoeken zijn al vroeg ondernomen, maar erg nauwkeurig zijn de oudere cijfers niet (Kouwenhoven, 1971, p.52) terwijl ook aan de moderne statistiek nog veel mankeert. Naast de groei van het totale aantal publikaties doen zich nog twee andere ontwikkelingen voor die een centrale volledige registratie in de weg staan. Ten eerste neemt de verscheidenheid aan talen waarin gepubliceerd wordt nog steeds toe, naarmate meer landen een eigen bijdrage in de boek- en tijdschriftproduktie gaan leveren. Ten tweede zijn er veel alternatieve publikatiemethoden bijgekomen, noodzakelijk door capaciteitsproblemen en kostenstijgingen bij de traditionele methoden en tegelijk mogelijk gemaakt door de technische vooruitgang. De ontwikkeling van elektronische netwerken, zoals Internet, heeft inmiddels al tot een aanzienlijke uitbreiding van het elektronisch publiceren geleid. Ook in dit verband is bibliografische beheersing dringende noodzaak. De vraag is of hier eveneens een soort 'wettelijk depot' als basis zou kunnen dienen.

De jaarlijkse boekproduktie steeg volgens het *Unesco Statistical Yearbook* van 314 000 titels in 1960 naar 842 000 in 1990. Het gaat hierbij weliswaar om tamelijk grove cijfers, maar ze zullen in ieder geval niet te hoog zijn daar ze alleen betrekking hebben op de (traditionele) produktie van de erkende of commerciële uitgeverijen. In de jaarlijkse cijfers van de boekproduktie in de Verenigde Staten en een aantal andere landen zijn bij voorbeeld geen overheidspublikaties opgenomen, evenmin als vele universitaire uitgaven. In beide gevallen gaat het jaarlijks om vele duizenden titels, een aantal dat gedurende de laatste decennia geweldig gegroeid is door de vereenvoudiging en kostendaling van vermenigvuldigingstechnieken, waardoor allerlei universitaire en andere wetenschappelijke instituten uitgaven 'in eigen beheer' verzorgen. Door de grote publikatiedrang onder wetenschappelijke (vooral universitaire) onderzoekers enerzijds en de beperkte ruimte in bestaande wetenschappelijke tijdschriften (lange wachttijden; veel afwijzingen) anderzijds, is er een toename van *grijze literatuur*, dat wil zeggen literatuur die niet via de geijkte uitgevers- en boekhandelskanalen verspreid wordt en die derhalve ook moeilijker te achterhalen is (Lagerwaard,1983). Juist hier rukt de elektronische publikatie op. Ook de sector van het bedrijfsleven produceert een groot maar moeilijk te schatten aantal publikaties, zowel op het gebied van de techniek en de toegepaste wetenschappen als op dat van de economie (jaarverslagen, gedenkboeken, marktanalyses, e.d.). Vrij algemeen geldt van deze publikaties dat ze niet opgenomen zijn in de statistiek van de boekproduktie. Derhalve zijn dus de genoemde cijfers van Unesco te beschouwen als minima; de werkelijke groei van het aantal zelfstandige publikaties is veel groter. De jaarlijkse aanwas wordt geschat op 4% (Mackenzie Owen 1987, App. 11).

Bij de onzelfstandige publikaties, met name tijdschriftartikelen, verloopt de groei nog weer sneller. Naar schatting (Houghton,1975,p.106) steeg het jaarlijks aantal *artikelen* gepubliceerd in wetenschappelijke en technische tijdschriften van 800 000 in 1964 naar 1 600 000 in 1974, een verdubbelingstijd van tien jaar. Hoewel er nu al enige tijd een kleine terugval in de jaarlijkse groei van het aantal gedrukte *tijdschriften* valt waar te nemen, is de groei van het aantal artikelen onverminderd doorgegaan. Door teruglopende aanschafbudgetten hebben veel wetenschappelijke bibliotheken abonnementen op dure tijdschriften op moeten zeggen. Uitgevers trachten dit thans te compenseren door 'maatwerk' aan te bieden: van een aantal tijdschriften kunnen de afzonderlijke artikelen op aanvraag elektronisch worden geleverd. Ook grote bibliotheken begeven zich trouwens in toenemende mate op die weg van elektronische 'documentleverantie', soms in samenwerking, maar ook in concurrentie met de uitgevers. Het is duidelijk dat dit alles bevorderlijk is voor een klimaat waarin het direct op elektronische wijze publiceren van artikelen meer en meer gangbaar wordt en ook is duidelijk dat hierdoor aan de groei van de totale literatuurproduktie nauwelijks grenzen zijn gesteld. Bij conservatieve schatting van een gemiddelde verdubbelingstijd van twintig jaar voor de produktie van monografieën en artikelen samen, kan geconcludeerd worden dat in de periode 1975-1995 de aanwas van wetenschappelijke literatuur even groot is geweest als het volume van alles wat vóór 1975 gepubliceerd werd. Het *bibliografisch universum* blijft uitdijen in een moeilijk te beheersen tempo.

De ontwikkeling van de Nederlandse boekproduktie in de laatste decennia blijkt uit cijfers die Van den Brink (1987,p.508) vermeldt. Het aantal nieuwe titels (dus zonder herdrukken) bedroeg in 1960 ruim 4.500 en steeg daarna gestaag tot ruim 9.000 in 1985. In 1992 was het 11.500 (Bron: Koninklijke Bibliotheek / Stichting Speurwerk). Ook hier betreft het alleen de jaarlijkse produktie van de reguliere uitgeverij. Dat dit slechts een ondergeschikt deel is blijkt uit de aantallen boeken die jaarlijks door het Depot van Nederlandse Publikaties worden ontvangen: bijna 33 000 in 1985, opklimmend tot 37 500 in 1987. Daarnaast werden in 1985 ook bijna 16 000 tijdschrifttitels ontvangen, in 1987 circa 18 000 (Koopman,1988,p.117).

De vraagstukken die samenhangen met de sterke aanwas, alsmede met de verzwakking van de bibliografische greep op dit geheel, deden al in het begin van de jaren zestig de term *informatieprobleem* ontstaan. Goed beschouwd blijkt de grootste moeilijkheid aan de bibliografische kant van dit probleem niet zozeer in het technische als wel in het organisatorische vlak te liggen. Tussen bibliografische organisatie en bibliografische beheersing bestaat een nauwe relatie; voor sommigen zijn het zelfs vrijwel identieke begrippen (Davinson,1975,p.8). Bibliografische organisatie omvat onder meer een stelsel van afspraken, regels, overeenkomsten in verband met de uniforme registratie en ontsluiting van documentaire informatie en het scheppen van instituten en organen die speciaal met de taak van bibliografische beheersing belast worden. In dit verband is in het bijzonder te denken aan bibliografische centra, netwerken van bibliotheken en andere informatiecentra, waaronder tegenwoordig vooral die voor de exploitatie van elektronisch vastgelegde bibliografische bestanden.

Een werkelijk Universele Bibliografische Controle (UBC) is alleen op gedecentraliseerde wijze te verwezenlijken. Dit houdt in dat elk land afzonderlijk verantwoordelijk moet zijn voor de volledige, uniforme en snelle bibliografische registratie van publikaties die binnen zijn grenzen geproduceerd worden, een overtuiging die al geuit werd tijdens een internationaal bibliografisch congres dat in 1901 te Brussel gehouden werd. Gecombineerd met het principe van vrije uitwisseling van informatie tussen alle landen geeft deze registratie een basis voor universele bibliografische beheersing in de ware zin van het woord. Het is duidelijk dat de ontwikkeling en verbetering van de nationale bibliografieën hierin een centrale plaats inneemt. Vooral organisaties als UNESCO (*United Nations Educational Scientific and Cultural Organization*) en IFLA (*International Federation of Library Associations and Institutions*) beijveren zich om de UBC te bereiken door middel van nationale bibliografieën. Indrukwekkend zijn de programma's om in alle landen de nationale bibliografie te verbeteren of van de grond te krijgen. Van de vorderingen wordt regelmatig rekenschap afgelegd in onder meer de Unesco-publikatie *Bibliographical services throughout the world* (sinds 1955).

Een van de belangrijkste organen van de UNESCO voor het bibliografisch werk in het algemeen en voor de UBC in het bijzonder is het in 1953 gevormde *International Advisory Committee on Bibliography*. Dit coördineert en stuurt het werk van nationale bibliografische groepen, waarin ook de National Corresponding Members zitting hebben. De IFLA, een van de vele door de UNESCO gesteunde organisaties, is eveneens een belangrijke schakel in het streven naar UBC, omdat deze zonder medewerking van het totale bibliotheekwezen nooit tot realisering zal komen. In 1974 opende de IFLA te London een *International Office for Universal Bibliographic Control* en in hetzelfde jaar kwam een nauwe samenwerking rond de UBC-gedachte tot stand tussen UNESCO en IFLA.

De hoofdlijnen van het UBC-programma, zoals door beide organisaties onderschreven, zijn:

- bibliografische informatie dient zo dicht mogelijk bij de produktiebron (=land van publikatie) te worden vastgelegd;
- zij dient zo vroeg, snel en volledig mogelijk ter vrije beschikking van alle belanghebbenden te komen;
- deze doelen kunnen het best bereikt worden door middel van nationale bibliografieën, die volledig moeten zijn en waarvan de afleveringen in voldoende hoge frequentie moeten verschijnen;
- volledigheid en snelheid zijn te bereiken door instelling van een wettelijk depot in alle landen en door vestiging van nationale bibliografische bureaus (bij voorkeur bij de nationale bibliotheken) die de beschrijving verzorgen. In het belang van snelle internationale uitwisseling en van integratie en cumulatie dienen de nationale bibliografieën tevens machine-leesbaar te worden gemaakt.
- gestreefd moet worden naar het opzetten van projecten voor cataloguing-

in-publication (CIP), waarbij reeds geruime tijd vóór de publikatie van een boek catalogusgegevens worden verstrekt als hulpmiddel voor o.a. bibliotheken.

Universeel houdt ook in dat er uniformiteit moet zijn. Standaardizering van de beschrijvingen is noodzakelijk, mede in verband met computertoepassingen. Het doel is het tot stand brengen van een *International Standard Bibliographic Description* (ISBD), die zowel in de nationale bibliografie als in bibliotheekcatalogi gebruikt wordt. Het *International Standard Book Number* (ISBN) en het *International Standard Serial Number* (ISSN), die zijn voortgekomen uit respectievelijk de wereld van uitgeverij en boekhandel en die van UNISIST, hebben zeker een functie bij de UBC, maar hun bruikbaarheid voor de ontsluiting in bibliotheekcatalogi en bibliografieën wordt onvoldoende geacht. De ISBD is derhalve een noodzakelijke aanvulling (Van Wesemael,1984,p.248). De hier geschetste organisaties en procedures beogen op de eerste plaats de alles omvattende beschrijving van de *actuele* produktie van documentaire informatie, dat wil zeggen behalve alle in de handel zijnde boeken, brochures, tijdschriften, ook die welke buiten de gebruikelijke handelskanalen om gepubliceerd worden, zoals vele dissertaties en andere academische geschriften, overheidspublikaties en dergelijke, veelal aangeduid als *grijze literatuur*.

De UNESCO rekent tot de bibliografische beheersing mede het beschrijven van 'niet-boekmaterialen' (zoals films, geluidsopnamen, machineleesbare gegevens en multimediale produkten), het maken van indexen op belangrijke artikelen uit tijdschriften en nieuwsbladen, het geven van overzichten van uitgevers en boekhandelaren, van geleerde genootschappen, wetenschappelijke verenigingen, instituten, bibliotheken en dergelijke instellingen. Hoewel het ideaal van die alles omvattende beschrijving van de actuele produktie nog lang niet verwezenlijkt is, zijn er in de laatste jaren goede vorderingen gemaakt. De organisatorische basis van nationale bibliografische centra, gecombineerd met grote technische ontwikkelingen, biedt ook verder goede vooruitzichten.

Wat ons land betreft kwam na een lange voorgeschiedenis in 1983 het *Nederlands Bibliografisch Centrum* (NBC) tot stand door een samenwerkingsverband van de bibliotheekwereld, uitgeverij en boekhandel. De belangrijkste doelstelling van het NBC, gevestigd in de Koninklijke Bibliotheek in Den Haag, is de formalisering van het sedert 1974 al bestaande vrijwillig depot (bij het uitblijven van een echt Wettelijk Depot) en op basis hiervan de uitgave van de nationale bibliografie. In 1982 waren de rechten op de uitgave van *Brinkman's Catalogus* reeds overgedragen aan de Staat der Nederlanden, in de praktijk dus aan de Koninklijke Bibliotheek. In samenwerking met het Centraal Boekhuis wordt de wekelijks verschijnende CIP-lijst samengesteld, waarbij ook een ISBN wordt toegekend. Nieuwe tijdschriften krijgen via de bij het NBC ondergebrachte afdeling van het *ISSN international centre* (hoofdzetel in Parijs) een ISSN. Het NBC werkt samen met het geautomatiserende catalogiseersysteem (GGC) van PICA. Tal van regelmatig uitkomende publikaties, die samen de Nederlandse Bibliografie vormen, worden door het NBC verzorgd. Men beoogt ook niet-boekmaterialen, zoals grammofoonplaten, dia's, films, CD's, video's, software e.d. te verzamelen en daarover bibliografische informatie te verspreiden (Koopman, 1988,p.119). Bij de Koninklijke Bibliotheek loopt een project voor de bibliografische beheersing van elektronische documenten.

ELEKTRONISCHE VERWERKING VAN BIBLIOGRAFISCHE GEGEVENS

Zoals reeds werd opgemerkt spelen in de nationale – en vervolgens in de universele – bibliografische beheersing computers een overheersende rol. Voor snelle verwerking en uitwisseling van bibliografische informatie is dit, gezien de gigantische hoeveelheden waarom het gaat, een absolute voorwaarde.

De ervaring die inmiddels is opgedaan in de Verenigde Staten (Library of Congress), Groot-Brittannië (British National Bibliography) en de Bondsrepubliek Duitsland (Deutsche Bibliographie) heeft grote betekenis voor verdere uitbreiding in de rest van de wereld. Het bibliografische werk van de Library of Congress en van de BNB is gebaseerd op gebruik van het uit de Verenigde Staten stammende MARC-format (= Machine Readable Cataloguing). De operationele versie, vooral door de BNB beïnvloed, heet MARC-II. UNIMARC is door IFLA speciaal ontwikkeld om internationale uitwisseling van bibliografische bestanden te vergemakkelijken. Dit systeem is door zijn flexibiliteit niet alleen bruikbaar voor bibliografieën, maar ook voor allerlei bibliotheekcatalogi en biedt voor verdere ontwikkeling in de bibliotheek- en informatiewereld veel perspectief. Zo maakt bij voorbeeld ook het Nederlandse PICA (oorspronkelijk: Project voor geïntegreerde catalogus automatisering, thans 'Centrum voor bibliotheekautomatisering') voor een deel gebruik van MARC-tapes. Overigens blijkt uit de ontwikkeling van dit project (dat in oorsprong bedoeld was om te komen tot een geïntegreerd totaal bibliotheeksysteem met een geautomatiseerde centrale catalogus als basis; het is nu gesplitst in het centrale Gemeenschappelijk Geautomatiseerd Catalogiseersysteem (GGC) en de decentrale processystemen) hoe bibliografie en catalogus naar elkaar toegroeien (Baas, 1978; Costers,1986). Grote voordelen van de machinale gegevensverwerking zijn de gemakkelijke rangschikking, sortering en cumulatie van bibliografische eenheden (titels) en de veelzijdige terugzoekbaarheid. De verdere ontwikkeling van opslagmedia als harddisc en compact disc, waarvan de opslagcapaciteit en snelheid steeds groter worden, hebben invloed op de organisatie van de bibliografische beheersing.

Het bovenstaande heeft met name betrekking op de verwerking van de lopende *actuele* bibliografie. Er is ook een toenemende behoefte ontstaan aan de verwerking van oudere titels in het geautomatiseerde bibliografische bestand. Voor deze retrospectieve verwerking wordt gebruik gemaakt van de gegevens die aanwezig zijn in de collecties en catalogi van een aantal zeer grote bibliotheken. Deze laatste zijn ook op dit punt tot samenwerking gekomen. Verschillende onderzoeksprojecten werden in dit kader reeds ter hand genomen, waarvan het RECON (*Retrospective Conversion*) Pilot Project van de Library of Congress een van de bekendste is. In Nederland wordt bij het NBC gewerkt aan de retrospectieve invoer van oudere jaardelen van *Brinkman's Catalogus*. Vanaf publikatiejaar 1984 is deze raadpleegbaar op CD-ROM. De STCN (*Short Title Catalogue Netherlands*) beschrijft het oude bezit van de universiteitsbibliotheken en de KB, om aldus te komen tot een nationale bibliografie van oude drukken tot 1800.

Niet alleen op het gebied van de algemene bibliografische beheersing zijn grote, door moderne techniek en organisatie mogelijk gemaakte, ontwikkelingen gaande. Ook – en in sommige opzichten sterker nog – de speciale of vakbibliografie maakt voor de meeste disciplines of onderwerpen intensief gebruik van geautomatiseerde, online raadpleegbare, gegevensbestanden. Naar aantal en diversiteit groeien ze in hoog tempo. Alleen al de zuiver bibliografische bestanden op het terrein van de natuurwetenschappen, de techniek, de sociale en economische wetenschappen namen van 1975-1978 toe van 422 tot 533. Opmerkelijk is dat in diezelfde tijd de feitelijke (veelal cijfermatige) bestanden en de bestanden met volledige teksten van documenten een nog grotere sprong maakten, namelijk van 268 naar 568. Sindsdien heeft de groei zich steeds sneller ontwikkeld. Het totale aantal beschikbare geautomatiseerde bestanden, online, op CD-ROM of via nog andere media, bedroeg eind 1993 al meer dan 7000. Het aantal in die bestanden opgenomen records is sinds 1975 toegenomen van 52 miljoen tot ruim 4,5 miljard (Online opsporen, 1994). Bij deze snelle groei is de kans op toenemende divergentie, duplicering en verbrokkeling niet denkbeeldig. Vele van de geautomatiseerde bibliografische bestanden zijn gevormd door het overbrengen op magnetische banden van conventionele referaattijdschriften en indexen, zoals *Chemical Abstracts, Physics Abstracts, Engineering Index* en dergelijke. Van deze en andere bladen was reeds bekend dat ze soms een vrij sterke onderlinge overlapping vertonen (Houghton,1975 p.87) terwijl ook lacunes optreden.

Naast de online raadpleegbare bestanden komen sinds 1986 optische geheugenschijven (vooral CD-ROM) met volledige bibliografische bestanden in toenemende aantallen op de markt. Ze kunnen met een speciaal afspeelapparaat, gekoppeld aan of in een microcomputer, vrij gemakkelijk geraadpleegd worden. Deze wijze van raadplegen heeft voor een deel het, in het algemeen duurdere, online zoeken overbodig gemaakt (De Haas,1994,p.30). Een interessant perspectief is de documentverschaffing ('document delivery') vanaf 'servers' met volledige tekstbestanden. Voor Nederland is vooral de *Online Contents/RAPDOC* van belang. Deze bevat de bibliografische gegevens van alle artikelen die jaarlijks verschijnen in een groot aantal via het IBL veel gevraagde tijdschriften. De produktie is in handen van Swets & Zeitlinger. Er is een koppeling met documentleverantie, verzorgd door het samenwerkingsverband RAPDOC (*RAPid DOCuments*) van ruim 20 bibliotheken, waaronder alle universiteitsbibliotheken (Spikman, et al. 1995, p.84).

Weliswaar heeft de elektronische verwerking van bibliografische gegevens de scherpe kanten van het informatieprobleem in kwantitatief opzicht gedeeltelijk weggenomen, kwalitatief zijn de problemen in recente jaren er niet kleiner door geworden. De oorzaak daarvan ligt bij de ontwikkeling van de wetenschap zelf en van de relatie tussen wetenschap en maatschappij. Voor de negentiende en vroeg-twintigste eeuwse wetenschap was een opdeling ervan in steeds nauwer omgrensde afzonderlijke disciplines en specialismen een gebruikelijk en geaccepteerd verschijnsel. Op deze verbrokkelde wetenschap is nog altijd een groot deel van de systematische bibliografie gebaseerd. In recente jaren echter is het onderzoek geconfronteerd met omvangrijke en gecompliceerde maatschappelijke vraagstukken, veelal op wereldwijde schaal, die niet meer door geïsoleerde specialismen kunnen worden opgelost. De maatschappij, die thans het wetenschappelijk onderzoek met gigantische bedragen ondersteunt, eist daarom van die wetenschap een andere aanpak. Wetenschappelijk onderzoek moet niet langer disciplinegericht zijn, maar probleemgericht. Onderwerpen als de energievoorziening, het wereldvoedselvraagstuk, de bevolkingsgroei, volksgezondheid, milieu, en vele andere zijn alleen vruchtbaar te bestuderen langs inter- of multidisciplinaire weg.

Integratie is dus geboden en deze zal vooral ook gebaseerd moeten zijn op geïntegreerde informatie. Het is duidelijk dat de bibliografische beheersing van wetenschappelijke en technische informatie zich daarom niet mag beperken tot de kwantitatieve zijde van het informatieprobleem. De automatisering van de vakbibliografie zou enerzijds de compartimentalisering van de wetenschap kunnen bevestigen en versterken. Zij zou kunnen leiden tot toenemende desintegratie, mede door een ongecoördineerde keuze van formats, ontsluitingstalen en dergelijke. Anderzijds ligt in deze automatisering een unieke kans om tot veel grotere integratie van informatiebenutting te komen, indien tijdig organisatorische maatregelen genomen worden. Dit is onder meer gesignaleerd door instellingen als UNESCO en ICSU (*International Council of Scientific Unions*) die in 1967 hun krachten bundelden in plannen voor een wereldomvattend systeem van wetenschappelijke informatie (UNISIST). In het programma van UNISIST is juist de coördinatie, de onderlinge samenwerking, de inter-connectie van verschillende (meest nationale en op gebruik van computers gebaseerde) systemen van bibliografische informatie een hoofdpunt. Ook via dit programma wordt dus een weg naar UBC geopend. In nauw verband hiermee staat het NATIS-programma, dat zich de bevordering, stichting of verbetering van nationale informatiesystemen ten doel stelt. In dit programma voor de lange termijn krijgen de landen van de derde wereld hoge prioriteit. Of de gestelde doelen, zowel van UNISIST als van NATIS, bereikt zullen worden hangt voor een belangrijk deel af van de bereidheid bij de ontwikkelde landen tot samenwerking en het brengen van materiële offers. Van de vorderingen in het kader van deze programma's en van de publikaties erover wordt regelmatig verslag gedaan in *General Information Programme UNISIST Newsletter* (sinds 1979; daarvóór in *Bibliography, Documentation, Terminology*). Inmiddels is onder het General Information Programme al een groot aantal *Guidelines* verschenen, betrekking hebbend op de standaardizering van allerlei procedures en activiteiten op het terrein van de bibliografie, het documentatie- en informatiewezen.

In het voorgaande werd reeds enkele keren geattendeerd op het probleem van de *grijze literatuur*. De bibliografische beheersing daarvan krijgt nu georganiseerde aandacht, zoals in SIGLE (*System of Information on Grey Literature in Europe*) en NTIS (*National Technical Information Service*, USA). De Nederlandse bijdrage hierin wordt onder meer verzorgd door SALINFO (*Samenwerkingsverband voor de nationale literatuur- en informatievoorziening in de bèta-sector*), SWIDOC (*Sociaal- wetenschappelijk Informatie- en Documentatiecentrum*) en DNP (*Depot Nederlandse Publikaties*). In het Online Retrieval System van PICA bevindt zich het bestand GLIN *(Grijze Literatuur in Nederland).* Internet biedt een *Grey literature network service* (zie ook hoofdstuk VIII).

BESCHIKBAARHEID VAN PUBLIKATIES

Hoe belangrijk ook de universele bibliografische beheersing op zichzelf is, terecht kan gevraagd worden of die volledige en veelzijdige registratie van publikaties niet tot irritatie of frustratie leidt als de beschreven documenten nergens of slechts met grote inspanning en kosten verkregen kunnen worden. Alsof men wel de menukaart, maar niet de daarbij behorende maaltijd zou kunnen krijgen (M.B.Line,1980,p.356). De beschikbaarheid van publikaties is dan ook van minstens zoveel belang als de bibliografische beheersing ervan. Voor de informatiegebruiker is het in handen krijgen van bepaalde gepubliceerde documenten maar al te vaak een onmogelijke opgave. Van land tot land bestaan er in dit opzicht grote verschillen.

De beschikbaarheid wordt primair bepaald door de gezamenlijke activiteiten van uitgeverij, boekhandel en bibliotheekwezen. In landen waar deze voorzieningen nauwelijks of schaars aanwezig zijn (de derde-wereldlanden vooral) is de beschikbaarheid van publikaties voortdurend een schrijnend probleem. Maar ook in beter bedeelde landen, met een lange traditie van boekproduktie, boekhandel en bibliotheekservice, zijn beschikbaarheidsproblemen aan de orde van de dag. In zekere zin vormen deze problemen de keerzijde van de universele bibliografische controle. Deze immers laat zien hoeveel en welke informatie er bestaat en accentueert daarmee de discrepantie ten opzichte van wat werkelijk verkrijgbaar is. Hoeveel boekhandels en bibliotheken er ook zijn, geen enkel land kan zelf geheel in zijn totale informatiebehoefte voorzien. Ook op dit punt zijn nationale en internationale maatregelen nodig. Het is daarom even vanzelfsprekend als belangrijk dat de IFLA, wederom met steun van UNESCO, aan het UBC- programma een logisch verlengstuk toevoegde in de vorm van een beleidsplan voor de *Universal Availability of Publications* (UAP). Het voornaamste onderdeel van het plan bestaat uit het doen van vergelijkend onderzoek naar nationale en internationale leenverkeersystemen, patronen van nationale en internationale beschikbaarheid van publikaties, coöperatieve aanschafprogramma's van bibliotheken, commerciële documentlevering en dergelijke meer. De steun van zoveel mogelijk nationale overheden is voor het welslagen van de plannen een belangrijke voorwaarde. De hoeksteen van UAP zal zijn dat elk land zijn eigen publikaties volledig verzamelt (hetgeen een wettelijk depot noodzakelijk maakt) en deze door middel van interbibliothecair leenverkeer, nationaal en internationaal, ter beschikking houdt van gebruikers. Hoewel na 1980 overal in de sectoren van bibliotheek- en informatieverzorging grote bezuinigingen moesten worden doorgevoerd, zijn er wel vorderingen gemaakt (Plassard,1987). Voor Nederland kan gewezen worden op het tot stand komen van het samenwerkingsverband NCC (*Nederlandse Centrale Catalogus van boeken, periodieken en congressen*) in 1984, waarin, als een begin, drie van de reeds lang bestaande centrale catalogi (CCP, CTC, CLC) op machineleesbare wijze zijn samengebracht en waarmee vooral het interbibliothecair leenverkeer (IBL) ondersteund wordt.

GEBRUIKTE EN AANBEVOLEN LITERATUUR

AACR, DDC, MARC and friends: the role of CIG in bibliographic control. Ed. by John Byford, Keith V. Trickey, Susi Woodhouse. London, 1993.

Anderson, D. *Universal bibliographic control. A long-term policy – a plan for action*. München-Pullach, 1974.

Anderson, D. (1991). 'Selections of bibliographic standards and the processes of standardization.' *Standards for the international exchange of bibliographic information*. Edited by I.C. McIlwaine. London, 1991.

Instructief overzicht van de belangrijkste vorderingen, met aandacht voor de onderliggende stromingen en strijdpunten.

Baas, L.J.C. en C.I.Th. Bierlaagh-Lucas, *Depot van publikaties, nationale bibliografie en catalogusautomatisering bij wetenschappelijke bibliotheken in Nederland*. Inventarisatierapport opgesteld d.[...] 's-Gravenhage, 1978. (Publikaties Bibliotheekraad, nr.2)

Biedt veel informatie over PICA en andere systemen van catalogusautomatisering.

Battin, P. (1991). 'Bibliographic control and access to microforms.' European Research Libraries Cooperation 1 (1).

Bearman, D. (1993/4). 'Managing electronic records.' *Archives and Museum Informatics* 7 (4).

Bibliographical services throughout the world.

Op deze per land geordende vijfjaars-inventarissen (sinds 1955) verschijnen regelmatig aanvullingen: tot en met 1978 in het tijdschrift *Bibliography, documentation, terminology* (Unesco), daarna als bijlage van *General Information Programme/Unisist Newsletter*

Bibliography in an age of science. Bijdragen van L.N. Ridenour, R.R. Shaw en A.G. Hill. Urbana,Ill.,1952.

Met name de bijdrage van Ridenour trok zeer de aandacht: "... a library should no longer necessarily be regarded as a place where books are stored". (28)

Bourdon, F. *International cooperation in the field of authority data: an analytical study with recommendations*. Transl. from the French by Ruth Webb. München, 1993

Vert. van: La coopération internationale en matière de données d'autorité auteurs.

Bourne, R. (1994). 'Bridging the gap: technological differences in the production of current national bibliographies.' *International Cataloguing and Bibliographic Control* 23 (1).

Brink, R.E.M. van den, *Economische structuur en ontwikkeling van de informatiemedia in Nederland 1938-1985, in het bijzonder die met betrekking tot de uitgeverij*. Leiden/ Antwerpen, 1987.

Cabral, Maria Louisa. (1990). 'Copyright on bibliographic records.' *IFLA Journal* 16 (1).

Costers, L. (1986) 'De ontwikkeling van de operationele principes en beleidsuitgangspunten van het Samenwerkingsverband PICA'. *Boek, bibliotheek en geesteswetenschappen: opstellen door vrienden en collega's van dr.C.Reedijk geschreven ter gelegenheid van zijn afscheid als bibliothecaris van de Koninklijke Bibliotheek te 's-Gravenhage.*/red. W.R.H. Koops ...[et al.]. Hilversum,1986. p.54-66.

Costers, L. (1991). 'The new PICA Library Network.' PICA (Project for Integrated Catalogue Automation). *Inspel* 25 (2).

Davinson, C.F. *Bibliographical control*. London,1975.

'Electronic texts: where next?' (1994). *Information Technology and Libraries* 13 (1).

Fagerli, H.M. *Legal deposit of electronic documents*. BLRD Report. London, 1993.

General report of the conference on the improvement of bibliographical services. Paris,1950.

Deze conferentie, voorgezeten door L.Brummel, markeert het begin van Unesco's activiteiten op bibliografisch gebied.

Hagler,R. and P.Simmons, *The bibliographic record and information technology*. 2nd. ed. Chicago,1991.

Hopkinson, A. (1991). 'Information transfer and exchange formats.' *Standards for the international exchange of bibliographic information*. Edited by I.C. McIlwaine, London, 1991.

Beschrijft: UNIMARC, UNISIST Reference Manual, en UNESCO Common Communication Format.

Houghton, B. *Scientific periodicals; their historical development, characteristics and control*. London, 1975.

International cataloguing and bibliographic control: quarterly bulletin of the IFLA UBCIM programm. London, 1988-...

International congress on national bibliographies. Unesco/IFLA, Paris. 12- 15 september 1977. Final Report. Paris, 1978.

International congress on universal availability of publications. Paris, 3-7 may 1982. Final report. Paris, 1982.

Iwinsky, M.B. (1911) 'La statistique internationale des imprimés. Resultats généraux'. *Bulletin de l'Institut International de Bibliographie* , 16, p.1-139.

Een van de eerste grootscheepse statistische onderzoeken betreffende de boek- en tijdschriftproduktie in de wereld.

Kaltwasser, F.G.(1972) 'Universal Bibliographical Control (UBC)'. *Open,* 4, 6.

Koopman, Sj.(1988) 'Vijf jaar Nederlands bibliografisch centrum'. *Open,* 20, 4.

Kouwenhoven, A.O. *Wetenschap en bibliotheek*. Assen, 1971.

In hoofdstuk 4 worden kwantitatieve en kwalitatieve aspecten van het informatieprobleem, met name de groei in de publikatieproduktie, onderzocht.

LaFontaine, H. et P. Otlet, (1895) 'Création d'un Répertoire Bibliographique Universel.' *Bulletin de l'Institut International de Bibliographie* , 1, p.15-44.

Lagerwaard, H. *Een vloed van inkt. Beschouwingen over grijze literatuur.* Leiden,1984.
Line, M.B. (1980). 'Universele beschikbaarheid van publikaties – een IFLA-project'. *Open*, 12, 7/8.
Vertaling van een lezing op het 50ste bibliotheekcongres, dat geheel aan 'beschikbaarheid van publikaties' was gewijd.
Loosjes, Th.P. *On documentation of scientific literature.* London, 2nd. ed.1973.
Behandelt het vraagstuk van de bibliografische beheersing voor verschillende publikatiecategorieën.
Lund, H. (1994). 'Electronic documents and authorship: who did it?' *New Library World* 95 (1115).
Mackenzie Owen, J.S. en J. van Halm, *Effecten van technologie op de informatieketen.* Rapport van een onderzoek naar ontwikkelingen in de overdracht van wetenschappelijke, technische en bedrijfsgerichte informatie... 's-Gravenhage,1987.
Manual on bibliographic control. Paris: IFLA/UNESCO, 1983.
Marle, G.A.J.S. van (1994). 'Electronic serial publishing and its effect on the traditional information chain.' *Serials* 7 (1).
NCC/IBL-nieuws: uitgave van het NCC-samenwerkingsverband. Den Haag,1983- .
Norman, S. (1994). 'Electronic copyright: the issues.' *IFLA Journal* 20 (2).
Paper presented at the 59th IFLA Council and General Conference, Barcelona, 22-28 Aug 93.
Beschrijft de activiteiten van de IFLA Section on Bibliography inzake de verbetering van bibliografische beheersing en vooral de bevordering van nationale bibliografieën.
Online opsporen van informatie: theorie en praktijk van het gebruik van interactieve informatiesystemen. Onder eindred. van E.G. Sieverts en M.W. de Jong-Hofman. 5e, voll. herz. dr. Den Haag, 1994.
Oppenheim, C. (1993). 'Recent EC initiatives on copyright.' *Information Management Report* Feb.
Plassard, M-F. [et al.], (1994). 'IFLA Core Programme for Universal Bibliographic Control and International MARC (UBCIM) and Division of Bibliographic Control. Reports on activities 1992-1993'. *International Cataloguing and Bibliographic Control* 23 (1).
Plassard, M.-F.,(1987) 'UAP: a ten-year overview'. *IFLA Journal*, 13, 4.
Prospects for change in bibliographic control. 38th. Ann.Conf.graduate Libr.School, Univ.of Chicago (1976), ed. by A.Bookstein ...[et al.] London,1977.
Belangrijke bijdragen over stand, theorie, organisatie, technologische basis, beheersing per vakgebied, e.d.
Reedijk, C. (1984) 'Tien jaar Depot van Nederlandse Publikaties, en verder.' *Open* 16, 4.
Schneiders, P. *De bibliotheek- en documentatiebeweging 1880-1914; bibliografische ondernemingen rond 1900.* Amsterdam,1982.
Seminar on bibliographic records: proceedings of the seminar held in Stockholm, 15-16 August 1990. Ed. by Ross Bourne. München, 1991.
Spikman, G. [et al.] (1995). 'Elektronische titelattenderingssystemen.' *Open*, 27, 3.
Swigchem, P.J.van, *IFLA and the library world: a review of the work of IFLA, 1981-1985.* The Hague: IFLA, 1985.
Tell,B. *Design and planning of national information systems* (NATIS) – A paper for government planners. Paris, 1976.
Over achtergronden, ontwikkelingen en organisatie van NATIS.
Toward international descriptive standards for archives: papers presented at the ICA Invitational Meeting of Experts on Descriptive Standards, National Archives of Canada, Ottawa, 4-7 October 1988. München, 1993.
UNISIST, Synopsis of the feasibility study on a World Science Information System. Paris: Unesco/ICSU, 1971.
Vervliet, H.D.L. *Wetenschappelijk publiceren: problemen, tendenzen, alternatieven.* Brussel, 1980. [Mededelingen van de Koninklijke Academie van wetenschappen, letteren en schone kunsten van België, Klasse der Letteren 42(1980)3].

Wesemael, A.L. van, (1984) 'Internationale normalisatie'. *Bibliotheek en documentatie: handboek t.d.v. de opleidingen.* 3e herz. dr. /o.r.v. P.Schneiders ...[et al.]. Deventer, 1984. p. 240-249.

Wooliscroft, M. (1994). 'Access and ownership: academic libraries' collecting and service responsibilities and the emerging benefits of electronic publishing and document supply.' *New Zealand Libraries* 47 (9).

Wootton, Ch.B. *Trends in size, growth and cost of the literature since 1955.* London, 1977.

Zelst, E.van, *Geschiedenis en huidige stand van de universele bibliografische beheersing.* Een bibliografie. Uithoorn,1981. (Bibliografische Bijdragen, nr. 25).

IV HET MEERVOUDIG BELANG VAN DE BIBLIOGRAFIE

INLEIDING

In eerdere hoofdstukken werd opgemerkt dat de beoefening van de bibliografie en in het bijzonder het samenstellen van bibliografieën geen doel in zichzelf zijn. In het geheel van menselijke bedrijvigheid zijn verschillende sectoren aan te wijzen die in hoge mate belang hebben bij de bibliografie, die er als het ware bij uitstek de gebruikers van zijn. Hoewel in een aantal opzichten de behoeften van deze gebruikers parallel lopen, zijn er toch ook duidelijke verschillen aan te wijzen die bijgedragen hebben aan het ontstaan van uiteenlopende soorten of typen van bibliografische hulpmiddelen.

In het volgende wordt aan die belangen en behoeften van respectievelijk de sector boekhandel en uitgeverij, de sector wetenschapsbeoefening en de sector bibliotheekwezen en informatieverzorging enige aandacht besteed.

MODERNE BOEKHANDEL EN UITGEVERIJ

Boeken worden in het algemeen alleen gedrukt als de uitgever de verwachting heeft dat hij er geen verliezen mee zal lijden. Dat betekent dat er minimaal een aantal exemplaren aan de man gebracht moet worden dat voldoende is om de produktiekosten te dekken. Om deze minimale afzet (en zo mogelijk natuurlijk meer) te bereiken is reeds in een vroeg stadium van de produktie bibliografische activiteit noodzakelijk. Boeken worden aangekondigd; de inhoud wordt samengevat in een prospectus, waarin veelal ook gegevens over de auteur zijn opgenomen. Er kunnen advertenties geplaatst worden en intekenlijsten worden uitgestuurd, met als beloning voor de intekenaar vaak een lagere prijs voor het bestelde werk. Ook de boekhandel is hierbij meestal ingeschakeld: de aankondiging wordt overgenomen in boekhandelscatalogi, de uitgeversfolders liggen in de boekwinkel of worden meegestuurd met andere leveranties aan de klant. De aldus verspreide bibliografische gegevens, die aan het verschijnen van een publikatie voorafgaan, zijn te rangschikken onder de term *prospectieve bibliografie*. Voorzichtigheid bij later gebruik van deze gegevens is altijd geboden. Het komt meer dan eens voor dat het aangekondigde werk toch niet verschijnt, dan wel onder een andere titel, in een andere vorm of bij een andere uitgever.

Naast deze prospectieve bibliografie heeft de boekhandel vooral behoefte aan bibliografische hulpmiddelen waaruit snel zakelijke en nauwkeurige gegevens over het courante boek of tijdschrift zijn te putten (auteur, titel, uitgever, prijs, leverbaarheid, e.d.), Hierin voorzien vooral de lopende algemene nationale bibliografieën, die trouwens menigmaal als activiteit van boekhandel en uitgeverij zijn ontstaan en nog wel als zodanig verschijnen. Voor de boekhandel is het eveneens van belang om te weten welke publikaties op een bepaald moment leverbaar zijn (in voorraad) bij uitgevers of centrale boekendepots. Behalve de fondscatalogi van de uitgevers, bestaan voor dit doel de lijsten van leverbare boeken, zoals *Books in print* (VS), *British books in print* (UK), *Verzeichnis lieferbarer Bücher* (BRD), *Boekdata: Voorraad Catalogus Centraal Boekhuis* (Nederland), *Répertoire des livres de langue française disponibles* (Frankrijk). Het spreekt vanzelf dat ook in boekhandel en uitgeverij de computer als hulpmiddel bij bibliografisch speurwerk is doorgedrongen. Zo hebben de meeste grote Nederlandse boekhandels thans een online verbinding met het Centraal Boekhuis, waarmee eventueel ook onmiddellijk bestellingen zijn te plaatsen. Inmiddels zijn de meeste grote titelbestanden van leverbare boeken ook op CD-ROM verkrijgbaar. De in 1994 uitgegeven CD-ROM van *International books in print* bevat ruim 246.000 leverbare titels van publikaties in de Engelse taal die buiten de VS en het VK zijn uitgegeven. Regelmatig worden deze schijven geactualiseerd.

De toeneming van het aantal herdrukken van oudere werken, mogelijk geworden door moderne fotomechanische reproduktietechnieken, deed de speciaal voor deze categorie ontwikkelde bibliografieën ontstaan, zoals *Bibliographia Anastatica* (1964-1973) en *Bulletin of reprints* (1974-1981). In dit kader past ook een uitgave als *Books on demand* (1977-) met titels die speciaal op bestelling worden gereproduceerd. De dikwijls omvangrijke fondscatalogi van een aantal gespecialiseerde uitgevers van 'reprints' zijn hiernaast veel gebruikte bronnen.

Uit de organisaties van uitgeverij en boekhandel komen tal van publikaties voort die voor de bibliografie van betekenis zijn. Vele van hun periodieken bevatten rubrieken met titelvermeldingen die als het ware de eerste fase van de nationale bibliografie vormen, zoals *Publishers' Weekly* (VS), *The Bookseller* (UK), *Börsenblatt für den deutschen Buchhandel* (BRD) en *Boekblad* (voorheen: *Nieuwsblad voor de boekhandel*).

HET ANTIQUARIAAT

Is voor de moderne boekhandel en uitgeverij vooral de lopende actuele bibliografie van betekenis, het antiquariaat, de handel in het 'oude boek' (in Nederland rijkelijk vertegenwoordigd) steunt juist op de afgesloten en retrospectieve bibliografie. De vakbekwame antiquaar levert daaraan ook een eigen bijdrage door de vaak minutieuze beschrijvingen en verhelderende annotaties in zijn antiquariaatscatalogi. Hetzelfde gebeurt veelvuldig in de catalogi van gerenommeerde boekenveilingen. Een aantal van deze catalogi heeft zich een zekere faam verworven door de kwaliteit van de erin opgenomen beschrijvingen en ze worden door bibliografen, antiquaren en bibliofielen bewaard en geraadpleegd.

Het behoeft geen nadere toelichting dat de belangen van het antiquariaat, de bibliofilie en de boekwetenschap, zeker inzake de periode vóór 1800, elkaar ver gaand overlappen. De analytische bibliografie, met haar grote aandacht voor het boek als een fysiek-materieel object en dus met haar nadruk op de uitwendige, zichtbare aspecten van het boek, alsmede de historische bibliografie, staan bij alle drie hoog genoteerd. Een overzicht van een aantal wetenschappelijke studies op dit terrein geeft Van Goinga (1989, p.8).

BIBLIOGRAFIE EN WETENSCHAPSBEOEFENING

Wetenschapsbeoefening is nauwelijks denkbaar zonder het vastleggen en verspreiden van wetenschappelijke informatie. Dat gebeurt niet alleen om te voorkomen dat de verworven informatie verloren gaat, maar ook omdat die informatie bouwstenen bevat voor actuele onderzoekingen en een belangrijke rol speelt in nieuwe kennisvorming. Zeker draagt daartoe ook bij een meer informele uitwisseling van informatie (mondeling of via elektronische discussielijsten) maar dat vermindert niet het belang van de formele.

Het is bovendien van belang dat door het vastleggen en verspreiden een ruimere mogelijkheid tot kritiek (de 'forumfunctie') ontstaat, een functie die ten nauwste samenhangt met de eis tot openbaarheid van wetenschappelijke informatie. Breder gezien zijn dit enkele centrale bestanddelen van de samenspraak in de wetenschap, ook wel aangeduid als wetenschappelijke communicatie. Deze berust al eeuwenlang op geschreven en gedrukte (documentaire) informatie, waaronder boeken, tijdschriften, rapporten, verslagen en dergelijke de grootste plaats innemen. Hierin komt nu het belang naar voren van de bibliografie voor de wetenschapsbeoefening.

Zowel voor het bewaren als voor het verspreiden van documentaire informatie is het noodzakelijk dat er wordt geïnventariseerd en geregistreerd wat er is en wat er bij komt. Alleen al de grote hoeveelheid afzonderlijk gepubliceerde informatie dwingt hiertoe. Voor de wetenschappelijke onderzoeker is het niet slechts nodig om te weten wat er aan nieuwe informatie en publikaties verschijnt (een taak van de lopende bibliografie), maar ook wat er vroeger over zijn onderwerp geschreven is. Hij moet kunnen terugzoeken (*research* in de meest letterlijke zin) en terugvinden (*retrieve*) wat hij zoekt. Voor dit kunnen bijblijven en terugzoeken is de bibliografie, als activiteit en als instrument, van het hoogste belang. De zorg ervoor moet gerekend worden tot de eigen verantwoordelijkheid van de wetenschap, naast die voor onderzoek en onderwijs, ook al zullen nationale en supranationale overheden daarbij de helpende hand moeten bieden (Stokes,1969,p.38). Daar komt bij dat de wetenschappelijke onderzoeker in het algemeen niet alleen geïnteresseerd is in wat er 'tot op vandaag' op zijn terrein verschenen is, maar dat hij daarnaast vaak nog meer belang stelt in wat er gaat komen. Voor hem is de prospectieve bibliografie dan ook minstens zo waardevol als voor de boekhandelaar. De laatste decennia heeft zich een vorm van indirecte prospectieve bibliografie ontwikkeld die tegemoet komt aan die belangstelling. Informatie over *lopend onderzoek* was aanvankelijk voornamelijk beperkt tot het informele circuit: in de nog kleine kringen van onderzoekers kende en ontmoette men elkaar, wist men van elkaars lopend onderzoek, had men nog overzicht. Met het toenemen van de aantallen onderzoekers per vakgebied en door het multidisciplinair worden van veel onderzoek, moest wel formalisering optreden. Er ontstonden registers en inventarissen van lopend onderzoek, waarin met talrijke details is vastgelegd wie op welke plaats met welk onderzoek bezig is, hoe lang het waarschijnlijk gaat duren en op welke wijze erover gepubliceerd zal worden. Deze gegevens bieden de onderzoeker o.m. de mogelijkheid om in een vroeg stadium van zijn onderzoek contacten te leggen met vakgenoten en tot eventuele uitwisseling van informatie of tot samenwerking te komen. In Nederland kwamen bij voorbeeld overzichten als *Current research in the Netherlands* (sinds 1968 uitgegeven door de Nederlandse organisatie van [zuiver]wetenschappelijk onderzoek, NWO, voorheen ZWO) en het *Register van lopend onderzoek in de sociale wetenschappen* (sinds 1964 uitgegeven door het Sociaal-wetenschappelijk Informatie- en Documentatiecentrum, SWIDOC). In de loop der jaren zijn daar tal van eenmalige en periodieke overzichten bijgekomen, ook over kleinere onderzoeksgebieden.

Een belangrijke organisatorische verbetering in het wat verbrokkelde geheel van deze registraties was de oprichting in 1988 van het *Nederlands Bureau voor Onderzoeksinformatie* (NBOI). De NOD (Nederlandse Onderzoeks Databank) verleent online toegang tot het gemeenschappelijk bestand van lopend onderzoek, waarin projectgegevens van universiteiten en andere onderzoeksinstellingen in Nederland en Vlaanderen worden ingevoerd (Van 't Veen, 1995). De toegang geschiedt via het SURF-net, een elektronisch netwerk van de samenwerkende universiteiten en tal van andere instituten. Er zijn ook aansluitingen op buitenlandse en internationale netwerken, zodat informatie over lopend onderzoek in de hiervoor meest relevante landen thans mogelijk is. Een ander belangrijk aspect, dat deze registers (zowel gedrukt als online) trouwens delen met vele andere bibliografieën, is de mogelijkheid die ze bieden om ongewenste multiplicering van onderzoek te voorkomen. Onnodige herhaling van onderzoek door ontbrekend of gebrekkig bibliografisch vooronderzoek is helaas geen onbekend verschijnsel.

Retro- en prospectieve bibliografie samen zijn, voor de deskundige waarnemer, ook in staat om te onthullen op welke terreinen nog maar weinig of geheel geen onderzoek gedaan is, waar nog witte plekken op de researchkaart voorkomen. Er kan op die wijze een duidelijk stimulerende, nieuw onderzoek bevorderende, werking van de bibliografie uitgaan. In het verlengde hiervan ligt zelfs de mogelijkheid de goede bibliografie een functie te geven als instrument van onderzoeksplanning en wetenschapsbeleid.

SPECIALISATIE

Juist de grote hoeveelheid wetenschappelijke informatie heeft ertoe geleid dat de wetenschapsbeoefening steeds meer gesegmenteerd en gespecialiseerd is. De bibliografie heeft als dienende activiteit die weg natuurlijk gevolgd. Daardoor is de speciale of vakbibliografie voor de wetenschapsbeoefenaar al vele jaren belangrijker (wordt althans meer gebruikt) dan de algemene bibliografie. Allengs heeft zich voor de meeste vakwetenschappen of groepen van verwante wetenschappen een min of meer zelfstandig arsenaal van bibliografische hulpmiddelen ontwikkeld, gericht op verschillende niveau's van ontsluiting (bij voorbeeld: signaleren, analyseren, refereren) of op verschillende categorieën van documenten (boeken, tijdschriften, onderdelen daarvan, rapporten, congresverslagen, kaarten).

Vergelijking van de bibliografische ontwikkeling bij de verschillende wetenschappen laat zien dat deze nogal uiteen kan lopen. Zo weerspiegelt de speciale bibliografie de eigenaardigheden van de afzonderlijke disciplines. Men kan zelfs zover gaan de vakliteratuur van een wetenschap of specialisme als een eenheid te zien met geheel eigen karakteristieken, die te herleiden zijn tot het communicatiegedrag van de beoefenaren van die wetenschap. Fairthorne (in Donohue, 1973, p.X) heeft onder meer gewezen op het belang van de kwantitatieve (statistische) bestudering van het 'bibliografische gedrag' in een wetenschap. Er is bij voorbeeld mee aan te tonen waar zich researchfronten beginnen te ontwikkelen, wie de meest produktieve auteurs en welke de meestgenoemde tijdschriften zijn, welke barrières in de wetenschappelijke communicatie bestaan en dergelijke. Het zijn gegevens die in het kader van de oplossing van het informatieprobleem hun waarde hebben. De naam *bibliometrie* (of statistische bibliografie) voor deze benaderingswijze heeft een vaste plaats gekregen in het vocabularium van de wetenschappen.

De hiervoor aangeduide specialisering in de wetenschapsbeoefening, met een parallelle ontwikkeling in de vakliteratuur en de speciale bibliografie, heeft ook geleid tot een toenemende desintegratie van de wetenschap. Steeds duidelijker is gebleken dat vele problemen niet afdoende vanuit slechts één specialisme zijn op te lossen, omdat de werkelijkheid der verschijnselen gecompliceerd is en samengesteld uit elementen die tegelijk object van verschillende disciplines zijn. Als reactie daarop kwam een steeds dringender vraag naar inter- of multidisciplinair onderzoek. Het spreekt vanzelf dat ook de bibliografie op deze ontwikkeling dient in te spelen met de produktie van multidisciplinaire bibliografische hulpmiddelen. Heel sterk wordt daaraan de behoefte gevoeld in de menswetenschappen, waar communicatie over de enge grenzen van het eigen vak heen vaak nodig is om een analyse van het studie-object te bereiken die de werkelijkheid geen geweld aandoet. De elektronische verwerking van bibliografische gegevens heeft inmiddels nieuwe wegen geopend om, met behoud van flexibiliteit, tot grotere integratie te komen.

BIBLIOGRAFIE EN WETENSCHAPSGESCHIEDENIS

Naast de tot nu toe genoemde functies die de bibliografie voor de actuele wetenschap heeft – en niet los daarvan – is er ook een relatie tot de geschiedschrijving van de wetenschappen. Bibliografie is, als registratie van wat geschreven en gepubliceerd is, een neerslag van alle wetenschapsontwikkeling en daarmee een zelfstandige bron voor de wetenschapsgeschiedenis. Elke tijd heeft zijn eigen visie op het verleden. Het belang dat gehecht wordt aan bepaalde historische gebeurtenissen en verschijnselen wisselt naar plaats, tijd en situatie van de beschouwer. Dat geldt in zekere zin ook voor de bibliografie als beschreven geschiedenis van de wetenschap. Elke periode heeft behoefte aan een andere (eigen) opbouw, samenstelling en ontsluiting van het bibliografisch apparaat. De accenten in de belangstelling voor oudere literatuur zijn niet gefixeerd. Ze verschuiven afhankelijk van de tijd, de plaats (zowel geografisch als naar vakgebied) en de wetenschapstheoretische omstandigheden. De bibliografie zal ook hierin moeten volgen. Al klinkt het paradoxaal, de retrospectieve bibliografie zal nooit voltooid zijn: steeds is er behoefte aan nieuwe ordening van oude informatie en aan het verplaatsen van ontsluitingsaccenten. Het is weer een ander aspect van het informatieprobleem dat de bibliografie, inzake dit flexibele volgen van de veranderende wetenschap, gekenmerkt wordt door een opvallende traagheid. Bij de conventionele methoden kon dit ook moeilijk anders. Het gebruik van computers in de bibliografie heeft echter ook in dit opzicht al tot merkbare verbeteringen geleid.

Recapitulerend kan gesteld worden dat de wetenschapsbeoefenaar dankzij de bibliografie in staat is om:

- een overzicht te krijgen van de stand van zaken in zijn vak of in rand- en nevengebieden;
- bij te blijven inzake actuele onderzoeksresultaten;
- contacten te leggen met vakcollega's;
- geattendeerd te worden op onnodige duplicering van onderzoek en op niet of nauwelijks bestudeerde onderwerpen;
- te beschikken over een belangrijke bron voor de wetenschapsgeschiedenis.

Uit het bovenstaande volgt dat voor elke wetenschapsbeoefenaar kennis van de bibliografie, in het bijzonder die van zijn eigen vak, van onschatbare waarde is.

BIBLIOGRAFIE, BIBLIOTHEEK EN CATALOGUS

De betrekkingen tussen bibliografie en bibliotheek zijn sterk, veelzijdig en hebben een lange geschiedenis. De bibliografie *beschrijft* boeken, de bibliotheek *bewaart* ze, zo wordt wel gesteld. In beide gevallen is daarmee een oorspronkelijke, maar toch voor thans te smalle betekenis gegeven. De verwantschap in beide termen is zo groot dat de naam *bibliotheca* wel gebruikt werd om er een bibliografie mee aan te duiden, zoals in *Bibliotheca Universalis* (1545) van C.Gesner.

Vrijwel elke bibliotheek heeft bibliografieën in haar collectie en menige bibliografie is in en dankzij bibliotheken tot stand gekomen. Volgens Davinson (1975, p.13) moeten de oorsprongen van de systematische bibliografie zelfs gezocht worden in sommige kleitabletten van de voormalige grote bibliotheek van Nineveh. Gedrukte en gepubliceerde catalogi van zeer grote bibliotheken als de Library of Congress in Washington, het British Museum te Londen, de Bibliothèque Nationale te Parijs, of van groepen van bibliotheken (bij voorbeeld: de *National Union Catalog*; de *World List of Scientific Periodicals*) worden veelvuldig als bibliografie gebruikt. Ze hebben betrekking op zulke omvangrijke of zulke gespecialiseerde collecties, dat ze een eigen waarde gekregen hebben als bibliografisch hulpmiddel.

Drie relaties tussen bibliografie en bibliotheek moeten hier in het bijzonder genoemd worden. Bibliografieën vormen in bibliotheken in de eerste plaats een belangrijke bron ten dienste van collectievorming en een instrument voor de verificatie van te bestellen en te beschrijven titels. In het hoofdstuk over het werken met bibliografieën wordt hierover meer meegedeeld. In de tweede plaats vormen bibliografieën in de bibliotheek een zeer noodzakelijke aanvulling op de informatie die de catalogus van de eigen collectie te bieden heeft. Geen enkele bibliotheek bezit alles wat ooit gepubliceerd is; de meeste bibliotheken hebben slechts een fractie daarvan. Die beperkte collecties zijn door selectie tot stand gekomen. Belangrijke titels kunnen er in ontbreken. Wat wel aanwezig is, behoeft nog niet representatief te zijn voor wat aan informatie bestaat. Zo kan voor een argeloze gebruiker de catalogus van een bibliotheek – indien hij zich daartoe beperkt – zelfs misleidend zijn als informatiebron. Het is nu juist de functie van een weloverwogen gekozen bibliografieënverzameling in de bibliotheek om die misleiding te voorkomen, om, over de beperkingen van de eigen collectie heen, te kunnen verwijzen naar het vele dat wel bestaat, maar dat door allerlei oorzaken niet ter plaatse aanwezig is. Met andere woorden: de catalogus verwijst naar de onmiddellijk bereikbare collectie, bibliografieën verwijzen naar de universele collectie. Op het belang van de bibliografieënverzameling, haar samenstelling en plaatsing, wordt nader ingegaan in hoofdstuk V. Het behoeft geen betoog dat de eerder behandelde thema's van universele bibliografische beheersing en universele beschikbaarheid elkaar in de bibliotheek ontmoeten.

De derde relatie tussen bibliografie en bibliotheek, die met de voorgaande samenhangt, is van recenter datum. Zij heeft betrekking op het naar elkaar toegroeien, gedeeltelijk zelfs samensmelten, van (centrale) bibliotheekcatalogi en (nationale) bibliografieën. Technisch wordt hiertoe weer de mogelijkheid geboden door de elektronische verwerking van bibliografische gegevens, terwijl op organisatorisch gebied nogal ver gaande voorzieningen noodzakelijk zijn, waarbij overheidsinitiatieven niet kunnen ontbreken. Dit laatste geldt met name het creëren van nationale bibliografische centra die op basis van een in te stellen of reeds aanwezig wettelijk depot de landelijke literatuurproduktie op internationaal gestandaardizeerde wijze verwerken. Een nationale bibliografie vormt op die wijze als het ware een catalogus van het depot. Deze catalogus (op magnetische band of CD-ROM) kan worden ingebracht in een geautomatiseerde centrale catalogus, waarmee bibliotheken online in verbinding staan. Voor Nederland is deze situatie in beginsel ontstaan door de ontwikkelingen van PICA, NCC en NBC. Op hun beurt kunnen bibliotheken hun signatuur hechten aan die beschrijvingen in het bestand die publikaties betreffen waarvan zich ook in hun eigen collectie een exemplaar bevindt. Ook kunnen bibliotheken die als eerste een nog niet in het bestand aanwezige titel beschrijven, het resultaat hiervan invoeren in het systeem: ze zijn zowel leverancier als afnemer van het GGC (*Gemeenschappelijk Geautomatiseerd Catalogiseersysteem*). Dit betekent een geweldige kostenbesparing, omdat daarmee een eind gekomen is aan het op vele plaatsen beschrijven van dezelfde titels. Het betekent ook, als de nationale bibliografische centra hun werk goed doen, een enorme versnelling in het actualiseren van centrale catalogi. In deze lijn verder gaand is het vervaardigen van algemene bibliotheekcatalogi op den duur niet anders dan het hechten van de eigen bibliotheeksignatuur aan titels uit het centrale geautomatiseerde bestand. De verwantschap tussen bibliografie en catalogus blijkt daarmee aanzienlijk groter te zijn dan de verschillen die vroeger bestaan hebben. Dat het naar elkaar toegroeien van bibliografie en catalogus geheel past in de UBC- en UAP-conceptie (zie hoofdstuk III) behoeft geen nadere toelichting.

DE INVLOED VAN NIEUWE MEDIA OP DE BELANGENGROEPEN

Regelmatig is in het voorgaande geattendeerd op de invloed van 'de computer' (hier genoemd als pars pro toto van de moderne informatietechnologie) op de bibliografie en de daaraan door belangen verbonden partijen. Juist door de technologische veranderingen zijn die partijen in elkaars domeinen of territoria geïnfiltreerd, volgens sommigen zodanig dat in de toekomst de verschillen tussen bij voorbeeld bibliothecaris en uitgever zullen verdwijnen en veelal ook die tussen uitgever en wetenschappelijk auteur. Ook nieuwe

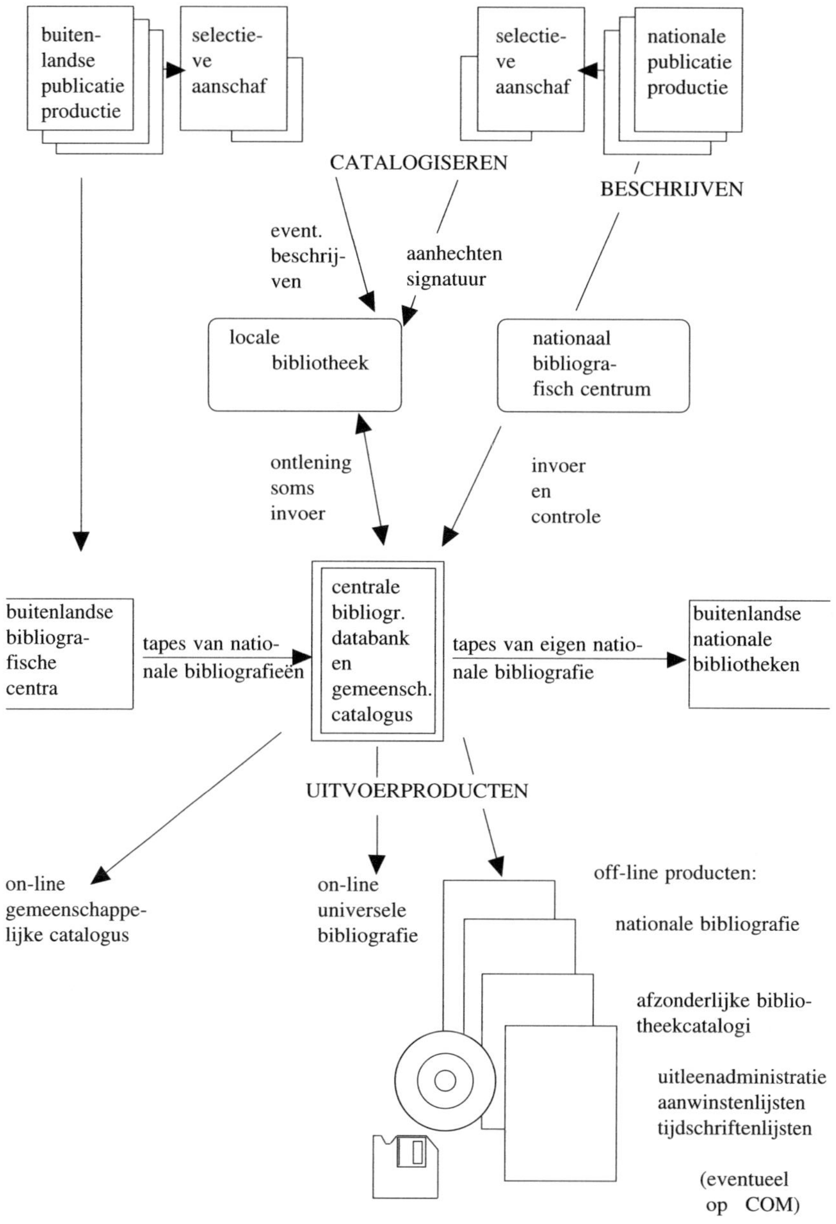

Bibliografie en catalogus

In overeenstemming met de UBC-idealen zijn bibliotheekcatalogi en (vooral nationale) bibliografieën steeds meer geïntegreerd. Catalogiseren in afzonderlijke bibliotheken is veelal niet meer dan het hechten van de lokale signatuur en eventuele andere kenmerken aan de uit de centrale bibliografische gegevensbank geselecteerde titels.

belanghebbenden zijn als gevolg van de technologische vernieuwingen op het toneel verschenen, soms met exotische namen: informatiemakelaars, information (resources) managers, database-exploitanten en dergelijke. Het is nog te vroeg om te kunnen vaststellen hoe ingrijpend de onderlinge verhoudingen zullen veranderen. Belangentegenstellingen van economische en auteursrechtelijke aard hebben een remmende werking op die verandering. Höglund (1984,p.137) waarschuwt tegen het gevaar dat met elkaar concurrerende informatiediensten, die in de plaats van bibliotheken zouden willen treden, zowel de bewaarfunctie gaan verwaarlozen als weigeren diensten te verlenen aan niet tot betalen in staat zijnde gebruikers. De toegang tot in principe openbare informatie zou daardoor voor veel gebruikers belemmerd worden.
In hoofdstuk VIII, geheel handelend over bibliografieën in elektronische vorm, wordt nader op een aantal van deze onderwerpen ingegaan.

GEBRUIKTE EN AANBEVOLEN LITERATUUR

Automatisering van catalogi en nationale bibliografie. Advies uitgebracht aan de minister van Onderwijs en Wetenschappen op 15 juni 1979. 's-Gravenhage, 1980. (Publikaties Bibliotheekraad, 3)

Davinson, D. *Bibliographic control*. London,1975.

Donohue, J.C. *Understanding scientific literatures; a bibliometric approach*. Cambridge, Mass.[etc.],1973.

Goinga, H.van (1989) 'Boekgeschiedenis in Nederland. Twee recente proefschriften: Van Selm en Hoftijzer'. *Open*, 21, 1.

Hale, B.M. *The subject bibliography of the social sciences and humanities*. Oxford,1970.

Heslin, J.J. (1964) 'Historical research and bibliography'. *Papers of the Bibliographic Society of America*, nr.2.

Höglund,L. and O.Persson, (1984) 'The library in the academic information market'. *The use of information in a changing world*./ A.van der Laan ...[et al.] eds. Amsterdam,1984.

Kist, J. (1992). 'The publishing house of the future: nine emerging principles.' *Logos* 3 (3).

Kouwenhoven, A.O. (1980) 'Brug of barrière. De universiteitsbibliotheek in het systeem van wetenschappelijke communicatie'. *Een vrije universiteitsbibliotheek. Studies over verleden, bezit en heden van de bibliotheek der Vrije Universiteit*. Assen,1980.

Krummel, D.W. *Bibliographies. Their aims and methods*. 2d. ed. London,1986.

Krummel, D.W. (1988). 'The dialectics of enumerative bibliography: observations on the historical study of the practices of citation and compilation.' *Library Quarterly* 58 (3).

Libraries and the future: essays on the library in the twenty-first century. F.W. Lancaster, editor. New York, 1993.

MacKenzie Owen, J.S. (1991). 'De bibliotheek van verbeelding en verzet: technologiebeleid en informatiegedrag – gaat de cultuur aan informatie ten onder?' *Bibliotheek en Samenleving* 19, (2).

Shera, J.H. *Libraries and the organization of knowledge*./ Ed. and with introduction by D.J.Foskett. London,1965.
Een verzameling eerder verschenen, maar nog steeds inspirerende, bijdragen van Shera, w.o. 'Foundations of a theory of bibliography'.

Stokes, R. *The function of bibliography*. 2nd rev. ed. London,1982.

Veen, Matzy van 't. (1995). 'Wegwijzer in onderzoek: Nederlandse Onderzoeks Databank.' *CRI-Bulletin* 29/7.

V HET BIBLIOGRAFISCH APPARAAT

INLEIDING

Het bibliografisch apparaat is het geheel van bibliografieën en daarmee verwante hulpmiddelen waaruit gegevens over gepubliceerde informatie kunnen worden verkregen. Die gegevens kunnen betrekking hebben op een enkel werk (bij voorbeeld voor identificatie en verificatie) of op een gehele verzameling van publikaties (zoals over een bepaald onderwerp of vakgebied). Behalve in algemene zin wordt de term bibliografisch apparaat ook veelvuldig gebruikt om er de gezamenlijke onsluitingsmiddelen van de literatuur van een bepaald vakgebied mee aan te duiden, bij voorbeeld: *Apparaat voor de studie der geschiedenis.*

Het totale apparaat bestaat uit een grote verscheidenheid van bibliografieën en andere naslagwerken. Het doel van dit hoofdstuk is te laten zien in welke globale categorieën dit apparaat is te verdelen, welke kenmerken die onderdelen bezitten en welke mogelijkheden ze in principe bieden voor het bibliografisch werk. Het vormt daarmee tevens een algemene toelichting op het overzicht van bibliografische hulpmiddelen dat in het tweede deel van dit boek is opgenomen.

SAMENSTELLING, KENMERKEN, MOGELIJKHEDEN

In ander verband werd reeds opgemerkt dat specifieke behoeften op het terrein van de documentaire informatie doorgaans resulteren in het ontstaan van daarop afgestemde soorten ontsluitingsmiddelen. Juist vanuit die specifieke behoeften is dan ook in de grote verscheidenheid van die ontsluitingsmiddelen een zekere orde aan te brengen. Een zuivere indeling ervan is echter niet te geven, daar de grenzen tussen de verschillende categorieën niet steeds scherp te trekken zijn. Het volgende overzicht dient als uitgangspunt van een verdere verkenning.

Onderdelen van het bibliografisch apparaat

1 literatuurgidsen
2 bibliografieën van bibliografieën
3 internationale bibliografieën

3a universele
3b speciale
4 nationale bibliografieën
5 (centrale) catalogi
6 bibliografieën van bijzondere publikatiecategorieën
6a handschriften, incunabelen, oude drukken
6b overzichtsartikelen
6c tijdschriften, series
6d tijdschriftartikelen
6e congresverslagen
6f academische geschriften, dissertaties
6g overheidsuitgaven
6h vertalingen
6i herdrukken en microvormen
6j boekbesprekingen
6k biografische geschriften
6l anoniemen en pseudoniemen
6m verboden boeken
7 algemene hulpmiddelen
7a encyclopedieën, woordenboeken
7b handboeken
7c overzichten van organisaties, instellingen, adresboeken
7d inventarissen van lopend onderzoek
7e verklaringen van afkortingen, acroniemen
7f documentatie- en informatiediensten, netwerken
7g toonaangevende tijdschriften

Op elk der genoemde categorieën volgt hierna een toelichting.

Literatuurgidsen (1) geven een oriënterend overzicht van de belangrijkste bibliografische bronnen en andere naslagwerken van een bepaald vakgebied of onderwerp. Vooral voor hen die in het desbetreffende vakgebied niet deskundig zijn bieden ze veelal een goede mogelijkheid om met de opbouw en de karakteristieke eigenschappen van een vakliteratuur kennis te maken en om een startpositie voor verder bibliografisch onderzoek te vinden. Hoewel er enkele algemene literatuurgidsen bestaan, heeft het merendeel toch betrekking op afzonderlijke disciplines.

Het verschil met *bibliografieën van bibliografieën* (2) is dat de laatste zich grotendeels beperken tot de opname van zuiver bibliografisch materiaal en daarbij binnen gekozen grenzen een zekere volledigheid nastreven. Ze bestaan als algemene en als speciale, als afgesloten en als lopende bibliografie. Tezamen vormen ze een onmisbaar instrument om te kunnen nagaan of tot in recente jaren over een bepaald onderwerp of soort publikaties reeds een bibliografie verschenen is.

Universele bibliografieën (3a) komen per definitie alleen voor als algemene, daar ze geen beperking naar onderwerp kennen. Bovendien zijn ze internationaal, dat wil zeggen dat ze publikaties uit alle landen en in allerlei talen opnemen. Volledigheid werd oorspronkelijk nagestreefd doch nooit bereikt. Tot in de negentiende eeuw werden ze samengesteld als universele *keuze*bibliografie, waarbij op grond van bepaalde criteria een selectie uit het materiaal werd toegepast. Ze zijn voor gegevens over oudere werken (boeken) nog steeds van belang.

Internationale vak- of speciale bibliografieën (3b) vormen een vanzelfsprekende categorie. Wetenschappelijke communicatie dient internationaal te zijn en de vakbibliografie moet daartoe mede de voorwaarden scheppen. In een aantal gevallen betreffen de speciale bibliografieën bijzondere publikatiecategorieën (6) die in de desbetreffende rubriek verder toegelicht worden. Hier zijn met name bedoeld de centraal, bij voorbeeld door een wetenschappelijk genootschap, georganiseerde bibliografieën, die in elk vakgebied voorkomen en waarin beschrijvingen van boeken, tijdschriftartikelen, rapporten en dergelijke zijn opgenomen. De meeste verschijnen periodiek en bieden een redelijk betrouwbare lopende registratie van de belangrijkste vakpublikaties. Niet zelden vormen ze een onderdeel van jaarboeken of tijdschriften waarin ze een vaste rubriek hebben. Volledigheid moet ook bij deze categorie niet verwacht worden: meestal vertoont de dekking een zekere voorkeur voor publikaties in bepaalde talen of in bepaalde tijdschriften.

De *nationale bibliografieën* (4) zijn het meest bekend als nationale *algemene* bibliografieën. Ze beogen per land of taalgebied een volledige opsomming van de boekproduktie te geven. Vaak wordt ook ander materiaal vermeld, zoals grammofoonplaten, films, kaarten, echter geen tijdschriftartikelen. Door hun volledigheid en doordat de titels erin uit de eerste hand beschreven zijn (het zijn primaire, op autopsie berustende, beschrijvingen) gelden ze als het fundament van alle bibliografie. Voor de verificatie van titels zijn ze de gezaghebbende bron. Daarnaast worden nationale algemene bibliografieën veel gebruikt als bron voor collectievorming in bibliotheken en ten behoeve van literatuurrecherche. De systematische en/of trefwoordenordening die er veelal in wordt toegepast biedt deze mogelijkheid. Moderne nationale bibliografieën verschijnen periodiek en kennen een cumulatiesysteem dat de zoektijd bekort. In toenemende mate zijn ze op elektronische dragers vastgelegd en online toegankelijk. In het kader van het eerder besproken UBC-programma nemen ze een centrale plaats in. Ook nationale vakbibliografieën komen voor, al zijn die meestal beperkt tot wetenschapsgebieden waarin bij uitstek gebieds-, cultuur- of taalgebonden onderwerpen voorkomen, zoals bij geschiedenis, letterkunde, rechtswetenschap, ruimtelijke ordening en dergelijke.

Catalogi van grote bibliotheken (5). Door de verscheidenheid aan onderwerpen die ze bestrijken kunnen ze gerekend worden tot de algemene bibliografieën. Daar nationale bibliotheken bij uitstek als taak hebben de publikaties van het eigen land uit heden en verleden te verzamelen, zijn ze, mede door de kwaliteit van de titelbeschrijvingen, tevens te beschouwen als aanvullingen op de nationale bibliografie. Voor de perioden vóór de aanvang van de regelmatige nationale bibliografie (vóór circa 1800) vervangen ze deze zelfs. Gepubliceerde *centrale catalogi* van groepen algemene bibliotheken hebben door hun geweldige omvang en door de verscheidenheid in herkomst van de opgenomen publikaties een zekere verwantschap met universele keuzebibliografieën. Bij veel bibliografisch werk vormen ze een rijke informatiebron. Tijdschriftartikelen zijn er echter niet in te vinden. Door de overwegend alfabetische ordening op hoofdwoorden zijn ze vooral geschikt als gezocht wordt naar werken van bepaalde auteurs. Van enkele bibliotheken verschijnen ook onderwerpscatalogi die bruikbaar zijn bij systematische literatuurrecherche. In veel sterkere mate geldt dit echter voor de gepubliceerde catalogi van gespecialiseerde bibliotheken of collecties. Deze vormen een zeer waardevolle aanvulling op de vakbibliografie. Vooral waar deze catalogi door lopende aanwinstenlijsten actueel gehouden worden. De waarde wordt mede bepaald door de volledigheid waarnaar gespecialiseerde bibliotheken (van instituten, genootschappen, laboratoria, bedrijven e.d.) streven, ook ten aanzien van veel literatuur die moeilijk langs normale boekhandelskanalen verkrijgbaar is, alsmede door de deskundigheid waarmee de classificaties in deze catalogi worden toegepast en bijgehouden.

Door de intrede van de geautomatiseerde *online toegankelijke bibliotheekcatalogus*, met zijn veelzijdige zoekmogelijkheden, is een eind gekomen aan de uitgave van gedrukte catalogi. Dit geldt ook voor centrale catalogi. Zolang de retrospectieve invoer van het totale bezit nog niet is gerealiseerd zal echter in een aantal gevallen de catalogus in kaart- of boekvorm een belangrijke bibliografische functie blijven vervullen. De interimsituatie van de nog onvolledige OPAC's betekent in de praktijk dat onervaren gebruikers onbewust oudere, maar soms zeer belangrijke, literatuur negeren.

De *bibliografieën van bijzondere publikatiecategorieën* (6) omvatten een grote verscheidenheid. In het algemeen kan hierover worden opgemerkt dat ze hun ontstaan danken aan het feit dat de hiervóór behandelde bibliografieën op bepaalde punten verstek lieten gaan. Inzake *handschriften, incunabelen en andere oude drukken* (6a) ontbraken vaak voldoende gegevens over de fysieke kenmerken die juist voor de cultuurgeschiedenis van het boek, voor bibliofielen en het antiquariaat van groot belang zijn.

Overzichtsartikelen (6b) zijn door vakspecialisten geschreven kritische beschouwingen waarin reeds gepubliceerde informatie over een onderwerp of thema is bijeengebracht, geanalyseerd en becommentarieerd. Alle publikaties die wezenlijk hebben bijgedragen aan de voortgang van het onderzoek in een bepaalde periode dienen daarin te zijn genoemd. Soms gaat het om incidentele overzichten, vaak echter verschijnen ze in speciaal daartoe opgerichte tijdschriften, met titels als 'Advances in...', 'Trend reports', 'Reviews in...', 'Fortschrittsbericht', 'Compte rendu'. Naar hun aard behoren de overzichtsartikelen tot de speciale bibliografie. Ze bieden een snelle, intensieve manier om over de stand van zaken rond een bepaald onderzoeksthema te worden ingelicht. Wel dient men bij gebruik ervan te letten op de representativiteit van de opgenomen publikaties naar taalgebied: de talenkennis van de auteur is veelal bepalend. Belangrijke overzichtsartikelen worden meestal in literatuurgidsen en in bibliografieën van bibliografieën genoemd. Bij een aantal natuurwetenschappen en bij de geneeskunde zijn ze ook in afzonderlijke uitgaven geïnventariseerd.

Tijdschriften (periodieken) en *series* (6c) worden wel vermeld in de meeste nationale bibliografieën, soms in een afzonderlijke rubriek, maar ze zijn moeilijk terug te vinden als niet het jaar van eerste uitgave bekend is. Daarom zijn aparte bibliografieën van tijdschriften ontwikkeld waarin, onafhankelijk van het verschijningsjaar, op de titel en/of op het onderwerp gezocht kan worden. Bij deze categorie behoren ook de gepubliceerde bibliotheekcatalogi van periodieken. De vermelding daarin van de vindplaatsen van bepaalde tijdschriften maakt nader bibliografisch onderzoek in de genoemde bibliotheken mogelijk.

Tijdschriftartikelen (6d) worden, daar ze geen zelfstandig gepubliceerde eenheden vormen, vrijwel niet in de voorgaande categorieën (met uitzondering van 3b en 6b) geregistreerd. In verband met hun belang voor de wetenschapsbeoefening, zowel naar inhoud als naar aantal, heeft de bibliografie hiervoor echter verschillende afzonderlijke ontsluitingsmiddelen ontwikkeld, van het breedste signalerende niveau tot het meer selectieve analytisch-kritische niveau. Enkele ervan zijn algemeen, de meeste echter beperken zich tot een specialisme of tot een groep van met elkaar verwante vakgebieden. De automatisering van de bibliografie is juist in deze sector het eerst aangevat. De eenvoudigste en snelste wijze van ontsluiten zijn de elektronische *inhoudsopgaven* van de nieuwste afleveringen van tijdschriften (vgl. *Current Contents* online of op diskette). In de vakgebieden waarvoor ze geproduceerd worden vormen ze een zeer gewaardeerd middel om enigszins een overzicht te behouden over het gehele front van onderzoek en om een eerste selectie te maken van nader te raadplegen artikelen. Eenzelfde functie hebben de *indexen*, die echter minder frequent verschijnen en derhalve ook een grotere omvang hebben. Bovendien heeft hier al een zekere bewerking plaats gevonden: de titels uit een groot aantal tijdschriften, verschenen in een bepaalde periode, zijn volgens een classificatie of onder trefwoorden gerangschikt. Enigszins gericht zoeken, waartoe de grote omvang noodzaakt, is dus mogelijk, mits men zich vertrouwd maakt met de gehanteerde indeling, het indexeringssysteem of de indexeertaal. Wil men veel gedetailleerder de inhoud van een bepaald tijdschrift afzoeken dan is men aangewezen op de *jaarregisters* van dat tijdschrift, die niet zelden gecumuleerd zijn in *meerjarige registers*. De enorme omvang van de jaarlijkse produktie van tijdschriftartikelen in veel vakgebieden heeft de introductie van computers als hulpmiddel bij het indexeren sterk bevorderd. Bovendien gaf de computer de mogelijkheid het op magnetische banden verzamelde titelmateriaal op variabele wijze te rangschikken. Nieuwe indextypen deden daarmee hun intrede, zoals de KWIC- en de KWOC-indexen (respectievelijk Keyword in context en Keyword out of context). Deze indexeringen op sleutelwoorden uit de titel leveren alleen dan een bevredigend zoek-instrument als de titels een goede indicatie van de inhoud geven in een eenduidige terminologie. Ze komen dan ook vooral voor bij de natuurwetenschappen, geneeskunde, landbouwkunde en techniek.

Veel geavanceerder en eveneens op de verwerking in elektronische informatiesystemen berustend, zijn de *citatie-indexen*. Deze gaan uit van geciteerde publikaties en signaleren daarbij alle nieuwere artikelen uit de bewerkte tijdschriften waarin een dergelijke bronpublikatie een of meer keren wordt aangehaald. Een voordeel is dat de relevantie in vele gevallen duidelijk is, omdat er een inhoudelijke relatie tussen bron en citerend artikel gezien kan worden. Bovendien werkt men op deze wijze, in tegenstelling tot de meeste andere bibliografische systemen, van oudere naar recentere publikaties. Als nadeel van citatie-indexen moet genoemd worden het onvolmaakte citeergedrag van veel auteurs dat erin doorwerkt, in de vorm van verkeerde, overbodige of onvolledige verwijzingen.

Een niveau hoger in de bibliografische pyramide staan de *referaatbladen* of *-tijdschriften* (abstract journals). Hierin wordt per artikel een kleinere of grotere samenvatting van de inhoud gegeven, soms door de oorspronkelijke auteur, terwijl bovendien trefwoorden of descriptoren kunnen zijn toegevoegd waarop geïndexeerd wordt. Aldus ontstaat een lopend en systematisch overzicht van de wetenschappelijke tijdschriftenliteratuur op een vakgebied. Sommige referaatbladen bestrijken een zeer breed gebied, andere zijn juist sterk gespecialiseerd. Het grote voordeel van referaatbladen is dat ze een veel diepgaander en nauwkeuriger ontsluiting van de vakliteratuur geven dan de indexen. Op grond van de samenvattingen is een gebruiker beter in staat te beoordelen of een artikel voor hem relevant is. Wel moeten hierbij enkele kritische kanttekeningen gemaakt worden. De kwaliteit van de opgenomen referaten kan zeer ongelijk zijn; ook de kwaliteitsverschillen tussen de referaatbladen onderling zijn vrij groot. Het dekkingspercentage (dat is het gedeelte van het totaal aantal tijdschriften dat erin verwerkt is) is ook ongelijk en komt zelfs bij de beste referaatbladen niet boven de 80%, terwijl de selectiemaatstaven nogal eens dubieus zijn. Referaatbladen zijn ook niet bepaald geschikt om er de nieuwste literatuur mee te vinden. Achterstanden van een tot enkele jaren zijn meer regel dan uitzondering. Een bijzondere functie hebben referaten van artikelen in (voor ons) moeilijk toegankelijke talen. De samenvatting (meestal in het Engels) is dan de enige mogelijkheid voor een eerste kennismaking met de inhoud. Op grond daarvan kan een geïnteresseerde onderzoeker eventueel besluiten een vertaling van het oorspronkelijke artikel te laten vervaardigen (zie ook 6h). Referaatbladen zijn er in zulke grote aantallen dat het nuttig werd er speciale overzichten van te maken. In wezen vallen deze weer onder de categorie bibliografieën van bibliografieën. De toegankelijkheid van gedrukte referaatbladen, die primair systematisch geordend zijn, wordt verhoogd door indexen op auteurs en trefwoorden. Bij de samenstelling wordt thans uitsluitend gebruik gemaakt van computers. Meer en meer trouwens komt de produktie van indexbibliografieën en referaatbladen betreffende eenzelfde vakgebied in één hand, waarbij gegevens op magnetische banden het gemeenschappelijk uitgangsmateriaal vormen. Die magnetische banden worden ook los van of in combinatie met de gedrukte indexen en referaatbladen op de markt gebracht of voor de gebruiker rechtstreeks (online) raadpleegbaar gemaakt, waardoor aan meer individuele informatiebehoeften kan worden voldaan. Te verwachten is dat de gedrukte indexen en referaatbladen binnen enkele jaren geheel door elektronische versies vervangen zullen zijn. Voor retrospectief zoeken in sommige van deze bestanden zijn nu ook cumulaties op CD-ROM beschikbaar, zoals van LISA (*Library and Information Science Abstracts*; vanaf 1967) en van SOCIOFILE (*Sociological Abstracts*; vanaf 1974).

Congresverslagen (6e) zijn in veel vakgebieden van belang, maar vormen in bibliografieën, zowel algemene als speciale, een verwaarloosde en moeilijk beheersbare categorie. Er zijn thans verschillende algemene en speciale overzichten waarin vooral internationale congressen en hun publikaties vermeld worden. Veel bibliotheken hebben in hun catalogi ook speciale rubrieken van congresverslagen. Gezien de betrekkelijke schaarste aan goede overzichten verdient het aanbeveling deze bibliotheekcatalogi ook op dit punt te benutten.

Dissertaties (6f) of proefschriften vormen een niet geheel eenduidig gedefinieerde categorie publikaties. In een aantal landen (w.o. Nederland) wordt er het wetenschappelijk werkstuk mee bedoeld op grond waarvan de maker de doctorsgraad behaalt aan een instelling voor wetenschappelijk onderwijs. De Angelsaksische *thesis* heeft meer het niveau van een doctoraalscriptie (voor de bachelor's of master's degree), daarnaast bestaat er de *doctoral dissertation*. In het Franse taalgebied kan *thèse* niet alleen een proefschrift aanduiden, maar elke wetenschappelijke verhandeling. De toevoeging '*de doctorat*' geeft hier uitsluitsel. In de Duitstalige landen bestaat naast de dissertatie (*Doktorarbeit*) ook het *Habilitationsschrift*, een wetenschappelijke verhandeling die verlangd wordt van beginnende docenten aan universiteiten en hogescholen. Van al deze geschriften geldt dat ze veelal slecht vertegenwoordigd zijn in de nationale bibliografie, vooral waar deze (nog) door boekhandelsorganisaties verzorgd wordt. De oorzaak hiervan is dat vele proefschriften niet in de handel gebracht worden (in sommige landen worden ze zelfs niet gedrukt en liggen ze alleen in getypte vorm ter inzage bij de desbetreffende onderwijsinstelling). Dit geldt tevens voor een aantal andere *academische geschriften* (jaarboeken, redevoeringen, prijsvragen, e.d.) die door de instellingen in eigen beheer gedrukt worden. Men rekent dit materiaal vaak tot de categorie grijze literatuur. Daar dissertaties en overige academische geschriften doorgaans een belangrijke plaats in de wetenschappelijke communicatie innemen zijn er afzonderlijke, zowel afgesloten als lopende, bibliografieën voor ontwikkeld in verschillende landen en vakgebieden. Hun aantal en verscheidenheid maakte de uitgave van overzichten van deze bibliografieën noodzakelijk.

Overheidsuitgaven (6g). Hiertoe worden gerekend alle ambtelijke publikaties op gezag van nationale en supranationale overheidsinstanties, veelal ook van lagere overheden (provincies, districten, departementen, gewesten, gemeenten, e.d.) en een aantal door de overheid bekostigde instellingen en organisaties (semi-overheidsuitgaven). Sinds de sterke uitbreiding van de bestuursapparaten van moderne staten zijn ook de ambtelijke drukwerken, meestal afkomstig uit lands- of staatsdrukkerijen / uitgeverijen, enorm toegenomen in aantal en verscheidenheid. Het niet alom in de handel zijn van veel van deze publikaties, alsmede hun onoverzichtelijke heterogeniteit, zijn steeds een belemmering geweest voor regelmatige opname in nationale bibliografieën. Ook hier werden dus, ter aanvulling, speciale lijsten noodzakelijk. In de Verenigde Staten bestaat al sinds 1891 een lopende bibliografie van overheidsuitgaven, terwijl retrospectieve lijsten een volledig overzicht geven tot zelfs 1774. De meeste andere landen beginnen pas veel later met regelmatige registratie (Nederland in 1929). In grote bibliotheekcatalogi, met name van overheidsbibliotheken (departementen, parlementen) kunnen daar voor de oudere jaren echter nog wel de belangrijkste gegevens worden aangetroffen.

Vertalingen (6h). Internationale overzichten van gepubliceerde vertalingen beginnen pas na de eerste wereldoorlog (invloed Volkenbond) op enige schaal te verschijnen. Nog steeds echter is deze bibliografische categorie onderontwikkeld. Weliswaar worden vertalingen reeds lang opgenomen in de nationale bibliografieën van landen waarbinnen die vertalingen verschijnen, maar ze zijn daarin zelden gemakkelijk als vertaald werk te herkennen. De internationale algemene overzichten van vertalingen (zoals de *Index Translationum*) zijn vooral opgezet om mondiale uitwisseling van nationaal cultuurbezit te bevorderen, in het belang van een betere verstandhouding tussen de naties. Er bestaan ook nationale bibliografieën van vertalingen – een genre waar vooral Unesco voor pleit - en overzichten van vertalingen in afzonderlijke vakgebieden. De laatste beogen de taalbarrière in de wetenschappelijke communicatie te slechten. Ze worden grotendeels samengesteld in een aantal vertalingencentra in West-Europa, zoals het International Translations Centre te Delft, en de Verenigde Staten (National Translations Centre in Chicago) en hebben vooralsnog hoofdzakelijk betrekking op de natuurwetenschappelijke en technische literatuur. Ook niet-gepubliceerde vertalingen worden toegankelijk gemaakt.

Herdrukken en microvormen (6i). De snelle ontwikkeling van fotomechanische reproduktietechnieken tijdens en na de tweede wereldoorlog maakte het ongewijzigd herdrukken (reprinten) of sterk verkleinen (microfilm, micro-fiche, microkaart) van uitverkochte werken technisch gemakkelijk, goedkoop en visueel acceptabel. De vervaardiging van herdrukken en microvormen nam dan ook een ongekende vlucht. Reeds lang uitverkochte oudere werken konden daardoor opnieuw op de markt gebracht worden. Soms betrof het eenzelfde werk dat door meerdere elkaar beconcurrerende firma's werd aangeboden. De bibliografische beheersing van deze categorie is nog verre van ideaal. Ook de nationale bibliografieën schieten tekort op dit terrein, dat lange tijd een nogal chaotische indruk wekte. De oudste bibliografie van reprints dateert van 1940. In 1961 verscheen voor het eerst een overzicht van microvormen. In toenemende mate nemen nu nieuwe optische/elektronische opslagmedia, zoals de multimediale CD-ROM en CD-I, de plaats in van microvormen.

Boekbesprekingen (6j) of recensies kunnen op drie manieren worden opgespoord. De eerste bron vormen de vaktijdschriften, waarin meestal een speciale rubriek met recensies is opgenomen (ook in de jaar- en meerjarenregisters). Zekerheid dat een boek in een bepaald tijdschrift is besproken bestaat echter niet, zodat men nogal eens vergeefs zal zoeken. Meer kans biedt een tweede bron, de indexen op de tijdschriften van een geheel vakgebied. Ook deze attenderen meestal op verschenen recensies. Een groot voordeel is dat langs deze weg van eenzelfde boek meerdere recensies in verschillende tijdschriften gevonden kunnen worden. De ruimste toegang bieden de afzonderlijke bibliografieën van boekbesprekingen. Deze bestaan als afgesloten en als lopende, als algemene en als speciale bibliografie. De oudste verschenen in het begin van deze eeuw.

Biografische geschriften (6k). Deze categorie omvat bibliografieën die een overzicht geven van publikaties met een biografische inhoud. Het betreft de zogeheten objectieve persoons- of bio-bibliografie. N.B. De subjectieve persoonsbibliografie, die vóór de opkomst van de nationale algemene bibliografie een veel voorkomend type was, somt de geschriften *van* een bepaalde auteur op, de objectieve die *over* een auteur. Mengvormen van objectieve en subjectieve persoonsbibliografieën bestaan ook. De bibliografische beheersing van biografische geschriften – die veelal onzelfstandig verschijnen – moet als zeer belangrijk worden aangemerkt. Biografische gegevens vormen immers een waardevolle aanvulling bij bibliografische naspeuringen, bij voorbeeld ter onderscheiding van twee verschillende auteurs met dezelfde naam. De biografieën zelf, verschenen als monografie of als onderdeel in biografische of andere verzamelwerken, behoren niet tot de bibliografie in eigenlijke zin, maar zijn wel te beschouwen als bibliografisch hulpmiddel. De meeste bibliografische afdelingen in bibliotheken hebben dan ook een plaats ingeruimd voor een aantal grotere biografische naslagwerken, zowel algemene (internationaal en nationaal) als speciale, welke laatste levensbeschrijvingen van personen uit een bepaald vakgebied geven. Een niet te verwaarlozen bron van levensbeschrijvingen zijn ook de algemene en gespecialiseerde encyclopedieën, alsmede handboeken, jaarboeken van instellingen, gedenkboeken, dag- en weekbladen, algemeen culturele en wetenschappelijke tijdschriften (necrologieën, jubilea!). De beschrijving van heiligenlevens of *hagiografie* wordt wel als een apart genre aangeduid.

Verklaringen van *anoniemen en pseudoniemen* (6l) vallen weliswaar niet onder de biografische geschriften maar hebben daarmee enige verwantschap in zoverre zij beogen personen (auteurs) te identificeren die naamloos of onder een schuilnaam publiceren. Vooral in de zeventiende en achttiende eeuw verschenen veel anonieme of onder een pseudoniem geschreven werken, veelal uit politieke, religieuze of persoonlijke overwegingen. In het algemeen geldt dat er een toename van dit soort werken ontstaat in tijden of landen met beperkte vrijheid van drukpers, met censuur. Reeds in het midden van de zeventiende eeuw verschenen de eerste overzichten van deze "verkleidete Literatur". De moderne nationale bibliografie tracht waar mogelijk direct anoniemen en pseudoniemen in haar beschrijvingen te ontsluieren.

Censuur van kerkelijke of wereldlijke overheden heeft ook menigmaal geleid tot een verbod op het verspreiden of in het bezit hebben van bepaalde reeds gepubliceerde geschriften. Deze *verboden boeken* (6m) zijn in tal van lijsten, meestal door de verbiedende instantie uitgegeven, opgesomd. Het bekendst is de rooms-katholieke *Index librorum prohibitorum*, waarvan reeds in 1559 te Rome de eerste uitgave verscheen. Voor een uitvoeriger overzicht zij verwezen naar D. Bécourt, *Livres condamnés, livres interdits* (Paris,1962).

De rubriek *algemene bibliografische hulpmiddelen* (7) omvat geen bibliografieën in eigenlijke zin, maar naslagwerken en andere publikaties of organen die aanvullende gegevens kunnen verschaffen.

Encyclopedieën (7a) van goede kwaliteit hebben naast hun hoofdfunctie (het bieden van zakelijke informatie over allerlei onderwerpen) een uitgesproken bibliografische nevenfunctie. Behalve een eerste oriëntatie over een onderwerp, zoals aan het begin van een literatuuronderzoek of bij het samenstellen van een bibliografie over dat onderwerp, geven ze meestal ook aan het eind van elk trefwoordartikel een aantal literatuurverwijzingen. Deze bieden een waardevol aanknopingspunt voor verder onderzoek. Een van de kenmerken van een goede encyclopedie is juist gelegen in zo recent mogelijke bronvermelding. De meeste grote encyclopedieën zijn ook rijkelijk voorzien van biografische artikelen, die voor de bibliograaf al evenzeer van betekenis kunnen zijn. Vrijwel alle ontwikkelde landen kennen een of meer grote algemene encyclopedieën, die aan erkende wetenschappelijke kwaliteitseisen voldoen. Een algemene encyclopedie bestrijkt alle gebieden van wetenschap. Het beroemdste voorbeeld en tevens monumentaal manifest van het achttiende eeuwse Verlichtingsdenken is de 28-delige *Encyclopédie ou dictionnaire raisonné* (1751-1772) van Diderot en d'Alembert. Er zijn ook vak-encyclopedieën, die zich beperken tot de kennis uit een wetenschapsgebied of die betrekking hebben op een bepaald onderwerp, bij voorbeeld de 10-delige *Encyclopedia of language and linguistics* (1994).

Informatie betreffende onderwerpen die een duidelijke relatie met een bepaald land hebben (historisch, biografisch, geografisch en dergelijke) wordt in het algemeen bij voorkeur in de encyclopedie van het betreffende land gezocht. De oudste encyclopedieën – ze bestonden reeds in de klassieke oudheid – waren systematisch ingericht. Vooral sinds de achttiende eeuw is de alfabetische ordening op trefwoorden ver op de voorgrond gekomen. Daar bij de produktie van nieuwe drukken van grote encyclopedieën veel actuele informatie moet worden toegevoegd en de uitgevers toch meestal de totale omvang constant proberen te houden, komen ook gedeelten uit de oude drukken te vervallen. Daaraan kleven bepaalde nadelen. Niet elke nieuwe druk is wetenschappelijk beter dan de voorgaande; het omgekeerde komt niet zelden voor. Oude drukken van encyclopedieën behouden dan ook in een aantal gevallen een grote informatieve waarde. Bibliotheken die deze waarde onderkennen zullen daarom van de goede encyclopedieën ook oudere drukken paraat houden. Een aantal encyclopedieën wordt lopend actueel gehouden door de uitgave van supplementen en/of van encyclopedische jaarboeken. Inmiddels zijn er ook verschillende encyclopedieën op CD-ROM verschenen.

Woordenboeken (7a) zijn er in grote menigte en verscheidenheid. Het verklarende woordenboek neemt een tussenpositie in tussen de encyclopedie, met min of meer uitvoerige uiteenzettingen per onderwerp, en de pure woordenlijst, die slechts de in een taal voorkomende woorden en hun schrijfwijze vermeldt; vergelijk bij voorbeeld de '*van Dale*' en de *Herziene woordenlijst van de Nederlandse Taal*. Er bestaan algemene verklarende woordenboeken en die welke zich tot de vakterminologie van een bepaald wetenschapsgebied beperken. Voor de bibliograaf zijn ze primair van belang om de juiste betekenis of omschrijving van een term te kunnen opzoeken. De behoefte daaraan treedt veelvuldig op tijdens literatuuronderzoek, bij de classificatie en bij het analyseren van titels. Ook de zogenoemde vreemdetalenwoordenboeken, die de equivalenten van woorden in twee of meer talen geven, voorzien in die behoefte, met name als descriptoren, trefwoorden of een gehele thesaurus vertaald moeten worden. In sommige vakgebieden bestaan multilinguale woordenboeken, die zowel vertalend als verklarend zijn.

Handboeken (7b) bevatten een stelselmatige samenvatting van de bereikte en getoetste kennis van een bepaald wetenschapsgebied. Ze geven, als het goed is, een stand van zaken die bijgewerkt is tot een moment dat zo dicht mogelijk bij de publikatiedatum ligt. Ook de ontwikkelingen in een vak die tot echte vooruitgang ervan geleid hebben worden erin vermeld. Daar dit laatste gepaard gaat met het noemen van individuele onderzoekers en hun publikaties (de mijlpalen van de betreffende discipline) kan de bibliograaf er veel aan hebben. Veel vakgebieden zijn overigens zo omvangrijk geworden dat de kennis ervan niet meer door een enkele auteur kan worden overzien.

Grote, vaak meerdelige, handboeken moeten door coöperatie van meerdere deskundigen tot stand worden gebracht. De moeizame organisatie die dit met zich meebrengt veroorzaakt nogal eens vertragingen in de produktie, zodat een opgenomen tekst reeds bij publikatie op sommige punten verouderd kan zijn. Dit nadeel heeft tot gevolg gehad dat de belangstelling voor het meewerken aan grote handboeken daalde. Veeleer worden nu beperktere handboeken gemaakt over deelterreinen van een wetenschap of zelfs over een enkel gespecialiseerd onderwerp. Ze krijgen dan het karakter van monografieën. Handboeken zijn vooral van belang in de oriënterende fase van een bibliografisch onderzoek (literatuurrecherche en samenstellen van een bibliografie), als de bibliograaf de aard en de grenzen van zijn onderwerp moet vaststellen. Evenals bij woordenboeken is de verscheidenheid en het aantal bij handboeken zo uitgebreid dat in dit boek geen poging gedaan wordt er een opsomming van te geven, op enkele uitzonderingen na. Per vakgebied besteden de bestaande literatuurgidsen er ruime aandacht aan.

Kennis van de *organisatie van de wetenschap* (7c) in het algemeen en van die der vakwetenschappen in het bijzonder is voor het bibliografische werk van centrale betekenis. Die organisatie is geconcretiseerd in een bont geheel van wetenschappelijke genootschappen, verenigingen, onderwijs- en onderzoeksinstellingen, researchlaboratoria en dergelijke, verspreid over de gehele wereld. Hun aantal is in de laatste honderd jaar door de groei en differentiatie van de wetenschap sterk uitgebreid. Tal van *inventarissen, lijsten, adresboeken*, eerst algemene, later meer gespecialiseerde, zijn gepubliceerd om aan belanghebbenden een hulpmiddel te bieden bij het vinden van namen en adressen, organisaties, medewerkers, correspondenten, bestuurders en dergelijke. In deze publikaties worden ook vaak gegevens vermeld over de aard, de geschiedenis (stichtingsjaar, bijzondere gebeurtenissen) en ontplooide activiteiten (o.a. congressen, conferenties) van de betreffende instellingen of verbanden. Veel wetenschappelijke organisaties verzorgen eigen publikaties, doorgaans van periodieke aard. Voor de bibliografie ligt daarin een direct belang. Maar ook het kunnen lokaliseren van organisaties of personen (deskundige onderzoekers) is voor het bibliografisch werk van grote betekenis, als in laatste instantie informatie bij de bron gezocht wordt. Goede literatuurgidsen besteden ook aan deze categorie aandacht. In het titeldeel van dit boek is slechts een aantal grotere werken genoemd.

Inventarissen van lopend onderzoek (7d) beogen een doorlopende registratie van gegevens betreffende het nieuwste, nog niet afgesloten, wetenschappelijk onderzoek. Die gegevens behelzen informatie over het onderwerp, doelstellingen, gebruikte methoden en technieken, geplande onderzoeksduur, namen van onderzoekers en betrokken instellingen, reeds verzorgde (deel-)publikaties over het onderwerp, te verwachten eindrapporten en dergelijke. Primair zijn deze inventarissen bedoeld om een vroegtijdig contact te bevorderen tussen onderzoekers die zich met eenzelfde onderwerp bezighouden. Ze maken het mogelijk informatie van het zogenoemde researchfront, waarover nog betrekkelijk weinig gepubliceerd is, uit te wisselen. Ook beogen ze te voorkomen dat kostbare doublures in het onderzoek optreden. Een regelmatig bijgehouden inventaris van lopend onderzoek is daarnaast een onmisbaar instrument in het kader van het onderzoekbeleid. Bibliografisch ligt het belang ervan in het vooruit wijzen naar komende publikaties. Het zijn in die zin prospectieve bibliografieën. Daarbij dient echter niet uit het oog te worden verloren dat heel wat geregistreerd onderzoek niet voltooid wordt, mislukt of vastloopt en derhalve niet resulteert in de aangekondigde publikatie. Omgekeerd geldt dat er nog heel wat lopend onderzoek, vooral het niet-institutionele en vooral in de humaniora, niet geregistreerd wordt.

Lopend onderzoek wordt uiteraard tevens in verschillende eigen publikaties van organisaties en instellingen vermeld (zie 7c), maar in deze rubriek zijn de gecentraliseerde nationale of (soms) internationale inventarissen bedoeld. Ze bestaan voor afzonderlijke wetenschapsgebieden, zowel als voor groepen van wetenschappen, zoals sociale wetenschappen, informatiewetenschappen, aardwetenschappen en dergelijke. De registratie van lopend onderzoek is nog sterk in ontwikkeling. De noodzaak tot onderzoeksplanning op verschillende niveau's, in verband met verdeling van schaarse middelen, geeft aan deze ontwikkeling duidelijke impulsen. Naar coördinatie en samenwerking (van lokale tot internationale) wordt naarstig gestreefd. In Nederland werd bij voorbeeld in 1976 door de minister van wetenschapsbeleid de *Coördinatiegroep informatiesystemen lopend onderzoek* (CILO) ingesteld, die tenslotte in 1988 uitmondde in het NBOI, het Nederlands Bureau voor Onderzoeksinformatie. Circa 25.000 projectgegevens over lopend onderzoek in Nederland en Vlaanderen zijn nu online te raadplegen in de NOD (*Nederlandse Onderzoeks Databank*).

Verklaringen van afkortingen en acroniemen (7e) zijn onmisbare hulpmiddelen in de bibliografie. Het kan daarbij gaan om lijsten die de (standaard)afkortingen van tijdschrifttitels verklaren, om overzichten van de afkortingen van organisaties en instellingen, van initialen en hun betekenis, van afgekorte vaktermen of andere aanduidingen. In vele gevallen zijn standaardafkortingen ontwikkeld, vooral door de ISO (*International Organization for Standardization* te Genève), waaraan ook de bibliograaf zich bij voorkeur dient te houden. Behalve de afzonderlijke publikaties op dit gebied bevatten ook veel bibliografieën en andere naslagwerken in een bijlage of aparte rubriek een overzicht van gebruikte afkortingen en hun volledige betekenis.

Tot de *documentatie- en informatiediensten* (7f) behoren in ruimste zin alle instellingen en georganiseerde activiteiten die gericht zijn op het verzamelen, bewaren, ontsluiten en verspreiden van documentaire informatie. Daartoe kunnen dus vanouds vooral de bibliotheken met hun catalogi en - later – centrale catalogi gerekend worden. Deze catalogi werden al eerder besproken. Ze ontsluiten in het algemeen geen onderdelen van publikaties, zoals tijdschriftartikelen of hoofdstukken uit verzamelwerken. Deze documentatie in engere zin werd veelal als een aparte taak gezien die wel door bibliotheken – meestal gespecialiseerde – verricht kon worden, maar ook daarbuiten in zogenaamde documentatiecentra. Door samenwerking van gespecialiseerde instellingen ontstonden de laatste decennia tal van nationale en zelfs internationale documentatiepools. Daarbij werd getracht door middel van coördinatie en taakverdeling van het documentatiewerk een hoger dekkingspercentage te bereiken en meervoudige herhaling van dezelfde arbeid te voorkomen. Vooral in de sector van het toegepast wetenschappelijk onderzoek (techniek, gezondheidszorg, sociale zorg, landbouw en dergelijke) zijn op deze wijze omvangrijke systemen ontstaan die in bepaalde centra elektronisch of op traditionele wijze zijn te raadplegen of waarop men zich kan abonneren. Van de zeer vele documentatiediensten en -centra is niet in kort bestek een overzicht te geven. Er zijn speciale wegwijzers ontwikkeld die in grote lijnen aangeven welke documentcollecties en documentaties zich waar bevinden. Zo is er voor Nederland de *Nederlandse Bibliotheek- en documentatiegids,* voor Nederlandstalig België de *Vlaamse archief-, bibliotheek- en documentatiegids*, voor beide gebieden samen de *Gids informatiesector*, die een algemeen overzicht bieden, terwijl daarnaast tal van speciale gidsen voor vakgebieden of voor centra met geautomatiseerde gegevensbestanden (zogenaamde *hosts*) bestaan. Enkele belangrijke zijn opgenomen in het titelgedeelte bij de onderscheiden disciplines. Dat documentatiearbeid tot bepaalde bibliografische, meestal periodieke, publikaties kan leiden is reeds uitvoerig toegelicht bij de categorie *indexen en referaattijdschriften.* Zie verder hoofdstuk VIII voor de informatisering die vooral in deze sector plaats vindt.

Met *toonaangevende tijdschriften* (7g) worden die wetenschappelijke periodieken bedoeld die een centrale plaats innemen in de literatuur van een vakgebied. Ze worden ook wel aangeduid als stertijdschriften. Anders dan in rubriek 6c, waar de bibliografieën van tijdschriften worden behandeld, gaat het hier om de belangrijkste van die tijdschriften zelf, als bibliografische bronnen. Er moge hier aan herinnerd worden dat de hoofdfunctie van de allereerste wetenschappelijke tijdschriften een bibliografische was. Houghton (1975, p.13) omschrijft het voornaamste doel van *Journal des Scavans* (1665) als "to catalogue and give useful information on books published in Europe and to summarise their works ...". Regelmatige kennisneming ervan is voor elke vakbeoefenaar, die zijn wetenschap wil blijven volgen, vereist. Het goede tijdschrift levert meestal niet alleen onderzoeksverslagen van hoge kwaliteit, maar ook tal van gegevens die een grote bibliografische waarde kunnen hebben. In een aantal gevallen hebben deze tijdschriften vaste bibliografische rubrieken, soms te beschouwen als lopende speciale bibliografieën. Daarnaast zijn te noemen: referenties bij de opgenomen artikelen, incidentele of periodieke review-artikelen (progress-reports), rubrieken met recensies en/of boekaankondigingen, lijsten van ontvangen en eventueel te bespreken publikaties, overzichten van de inhouden van andere tijdschriften (een soort 'current contents'), advertenties van uitgevers en boekverkopers. In toenemende mate vergemakkelijken tijdschriften het documentatiewerk door bij elke aflevering een titelbeschrijving en een referaat van de opgenomen artikelen (*cataloguing-in-source* en *abstracting-in-source*) op te nemen. Door de gevarieerdheid van de bibliografische informatie die tijdschriften te bieden hebben zal ook hun gebruik voor bibliografische doeleinden vrij sterk kunnen wisselen. Vaste rubrieken bij voorbeeld kunnen bij systematisch literatuuronderzoek al in een vroeg stadium gebruikt worden. De incidentele daarentegen zullen meestal pas in de afsluitende fase aan de orde komen. Bij literatuuronderzoek is het vrijwel steeds noodzakelijk de jongste jaargangen van belangrijke tijdschriften door te nemen om eventuele relevante artikelen op te sporen die nog niet in lopende bibliografieën of computerbestanden zijn opgenomen. Achterstanden komen veel voor en zijn niet beperkt tot de gedrukte uitgaven. Hoe overigens de bibliografische functie in (nu nog schaarse) elektronische tijdschriften zal worden gerealiseerd moet worden afgewacht.

TOEGANKELIJKHEID

Het bibliografisch apparaat dient zodanig toegankelijk te zijn dat zijn functies zoveel mogelijk tot recht komen. In de periode van de traditionele bibliotheek was die toegankelijkheid vaak ver van optimaal. Centrale bibliografische afdelingen, die zowel voor interne als externe bibliotheekgebruikers van groot belang zijn, werden pas relatief laat ontwikkeld. Voor de veel geraadpleegde grote algemene en ook speciale bibliografieën hebben ze inmiddels aan betekenis ingeboet, omdat deze elektronisch (online en/of op CD-ROM) toegankelijk zijn via elke PC die op het juiste netwerk is aangesloten. Dit betekent echter niet dat daarmee de bibliografische afdeling overbodig is geworden. Integendeel, er is namelijk nog zeer veel kleiner maar waardevol bibliografisch materiaal dat *niet* elektronisch beschikbaar is en dat daarom in gedrukte vorm in de bibliografieëncollectie moet zijn opgenomen. Een te sterke accentuering van de elektronische toegang vergroot zelfs de kans dat belangrijke informatie onopgemerkt blijft. Vooral voor de humaniora en de sociale wetenschappen zal de collectie van gedrukte bibliografieën voorlopig nog onmisbaar zijn. Een overzichtelijke opstelling en een goede toegankelijkheid zijn dan ook niet minder belangrijk dan voorheen.

BIBLIOGRAFIEËN: TYPOLOGIE EN TERMINOLOGIE

Bij de beschrijving van het bibliografisch apparaat werden al verschillende termen gebezigd voor de onderscheiden soorten of typen. Het is goed hier nog nader in te gaan op de orde die in het geheel van bibliografieën naar verschillende gezichtspunten is aan te brengen en op de daarbij passende terminologie. Eenzelfde bibliografie kan soms onder verschillende typen en termen vallen, al naar het gezichtspunt van de beschouwer of al naar de eigenschap van de bibliografie die de aandacht krijgt. De terminologie is niet in alle opzichten sluitend of eenduidig en vertoont van land tot land nuances. In het volgende is een aantal van de belangrijkste typen onderscheiden, waarbij zoveel mogelijk de terminologie van Blum (1965) is aangehouden.

Indelingen kunnen gebaseerd zijn op de eigenschappen van de bibliografieën zelf (zoals ordening, beschrijvingsniveau, beschrijvingsvorm, frequentie) of op de eigenschappen van de literatuur die in de bibliografie is opgenomen (zoals herkomst, inhoud, soort). Als basisindeling geldt de tweedeling van algemene en speciale of vakbibliografie. Een *algemene bibliografie* discrimineert niet naar de inhoud van de opgenomen literatuur, zij somt geschriften op over allerlei onderwerpen, afkomstig uit allerlei vakgebieden. Een *speciale* of *vakbibliografie* noemt geschriften over één onderwerp of over onderwerpen die met elkaar in verband staan; zij discrimineert naar vakgebied. Ook interdisciplinaire bibliografieën worden tot de speciale gerekend.

Het adjectief *speciale* is hier dus uitdrukkelijk en uitsluitend gebruikt in verband met de inhoud van de opgenomen literatuur. Dit is een lastige beperking, want bibliografieën kunnen ook literatuur bevatten die om andere redenen als bijzonder, dus als speciaal, beschouwd kan worden. Zo is een bibliografie als de *Index Translationum* op grond van de inhoud van de opgenomen literatuur een algemene bibliografie (de vertalingen gaan over allerlei onderwerpen) maar op grond van haar eigen inhoud (alleen vertalingen) is sprake van specialisatie. Toch kan dan niet de term speciale bibliografie gebruikt worden. Malclès, die dit probleem ook signaleert, heeft voorgesteld ter onderscheiding te spreken van *gespecialiseerde* en *speciale* bibliografieën ['bibliographie spécialisée' en 'bibliographie spéciale'] (Malclès, 1970 p.14). Verwarring kan echter beter voorkomen worden door slechts de laatste van deze op elkaar lijkende termen te hanteren en wel uitsluitend voor de vakbibliografieën. Alle andere bijzondere bibliografieën worden dan bij voorkeur met een andere toepasselijke soortnaam aangeduid. Zo is de *Index Translationum* te brengen onder de term 'algemene bibliografie van vertalingen'. Een andere tweedeling naar eigenschappen van het opgenomen materiaal stoelt op de *herkomst* van de vermelde geschriften, naar de taal waarin ze gesteld zijn of naar het land waarin ze zijn geproduceerd: *nationale bibliografieën* omvatten geschriften in één taal en/of uit één land of natie (N.B.: Sommige landen zijn twee- of meertalig; sommige taalgebieden omvatten meer landen), *internationale bibliografieën* noemen geschriften in meerdere talen, afkomstig uit meerdere landen. De beide tweedelingen zijn nu met elkaar in verband te brengen, waardoor het volgende schema ontstaat:

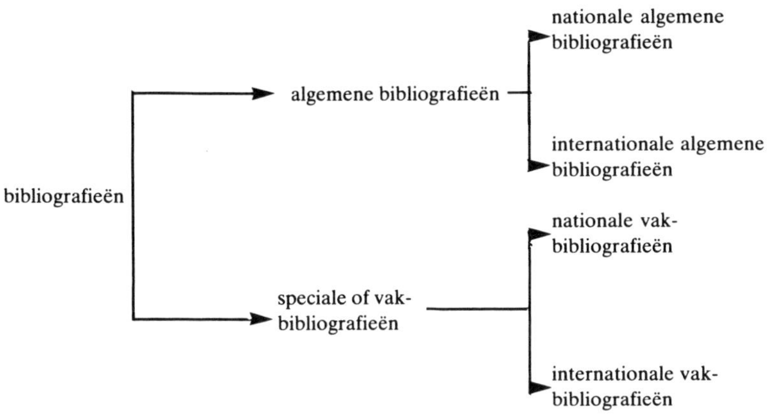

OVER ELK VAN DE VIER TYPEN VOLGEN HIER ENKELE OPMERKINGEN.

Nationale algemene bibliografieën omvatten alle geschriften, ongeacht hun onderwerp, voorzover geschreven in een bepaalde taal en/of voorzover uitgegeven in een bepaald land. Dit type is het meest bekend onder de kortere aanduiding 'nationale bibliografie', zoals de *British National Bibliography*. De verkorting is in alle landen ingeburgerd, maar strikt genomen niet juist. Er zijn immers ook andere soorten nationale bibliografieën, bij voorbeeld die welke de geschriften in één taal over een bepaald onderwerp beschrijven, zoals Arnim, H. *Bibliographie der geographischen Literatur in deutscher Sprache* (1970). Om geen misverstand te wekken is het daarom goed de laatste altijd aan te duiden als *nationale vakbibliografie*. Vakbibliografieën zijn echter vaker internationaal dan nationaal. Dit strookt ook meer met de opvatting dat wetenschapsbeoefening een aangelegenheid is van de internationale gemeenschap van vakbeoefenaars. Alleen in vakgebieden waarvan het onderzoeksobject sterk nationaal bepaald is, zoals nationale geschiedenis, landbeschrijving, taal- en letterkunde, zijn nationale vakbibliografieën gebruikelijk en zinvol. Bij de internationale vakbibliografieën moet wel rekening gehouden worden met een vaak optredend gebrek aan representativiteit. Er is dan veelal een overwaardering van literatuur in één of enkele talen.

Internationale algemene bibliografieën beschrijven publikaties over allerlei onderwerpen, gesteld in meerdere talen. Is er zowel naar taal als naar onderwerp en periode een maximale dekking, dan is sprake van een *universele bibliografie*. De meeste internationale algemene bibliografieën beperken zich echter tot publikaties in slechts enkele talen, meestal in twee of drie van de moderne wereldtalen.

Naast nationale komen ook *regionale* en *lokale* bibliografieën voor. In principe zijn ze geheel van dezelfde aard, alleen de schaal van het gebied waaruit de beschreven publikaties afkomstig zijn verschilt. Regionale bibliografieën noemen publikaties die in één streek of provincie uitgegeven zijn (bij voorbeeld een regionale bibliografie van Friesland). Lokale bibliografieën noemen publikaties die in een stad of plaats zijn uitgegeven (bij voorbeeld een bibliografie van Leidse drukken). De termen regionale en lokale bibliografie worden tegenwoordig echter meer gebruikt ter aanduiding van opsommingen van publikaties *over* respectievelijk een land, een streek of een plaats. Om verwarring te voorkomen duidt men deze laatste wel aan als *objectieve* regionale of lokale bibliografie, terwijl de eerste (m.b.t. publikaties *uit* een streek of plaats) *subjectief* genoemd worden (Blum, 1965). De bibliografieën van land-, streek- of plaatsbeschrijvingen (de laatste heten ook wel topo-bibliografieën) dienen strikt genomen onder de speciale bibliografieën te worden gerekend daar de beschreven publikaties slechts vanuit één (zij het breed) vakgebied afkomstig zijn.

Een belangrijk onderscheid is dat tussen *afgesloten* en *lopende* bibliografieën. De eerste vormen een voltooid geheel waarbij voortzetting niet beoogd is; het gaat om eenmalige bibliografieën. Lopende bibliografieën verschijnen in afleveringen die de actuele publikatieproduktie als het ware op de voet volgen, zoals de meeste nationale algemene bibliografieën doen. Verschijnen de afleveringen met een zekere regelmaat, met een vaste interval, dan gaat het om periodieke bibliografieën. Ten onrechte worden afgesloten bibliografieën door velen gelijkgesteld met *retrospectieve* bibliografieën. Bij deze laatste is echter bepalend dat de periode waarin de beschreven publikaties geproduceerd werden al enige tijd geleden is afgesloten (bij voorbeeld een bibliografie van incunabelen of van achttiende eeuwse drukken). De retrospectieve bibliografie zelve behoeft daarbij nog niet afgesloten te zijn. Zo is de *Gesamtkatalog der Wiegendrucke* wel een retrospectieve, maar nog geen afgesloten bibliografie. Bij de retrospectieve bibliografie heeft de afgesloten periode betrekking op het tijdperk waarin de opgenomen publikaties verschenen. Een periode kan echter ook *onderwerp* zijn van studies die in een bibliografie zijn opgenomen. Daarmee is dan nog geen retrospectieve bibliografie ontstaan, maar een *periode-bibliografie* ('Epochenbibliographie'). Zo is de *International Medieval Bibliography* een lopende bibliografie van studies *over* de middeleeuwen (afgesloten periode), een lopende periode-bibliografie dus.

Naar de wijze waarop zij tot stand komen wordt onderscheid gemaakt tussen *primaire* en *secundaire* bibliografieën. Een primaire bibliografie bevat beschrijvingen uit de eerste hand, de samensteller ervan heeft de beschreven publikaties zelf onder ogen gehad, zijn werk berust op autopsie. Het spreekt vanzelf dat de primaire bibliografie in het algemeen de meest betrouwbare beschrijvingen bevat. Nationale algemene bibliografieën behoren tot dit type. Een secundaire bibliografie bevat geen beschrijvingen uit de eerste hand, maar maakt gebruik van het materiaal uit de primaire bibliografieën.

Een *uitputtende* of *complete* bibliografie beoogt alle publikaties over een onderwerp op te nemen, een *selectieve* of *keuzebibliografie* daarentegen legt bepaalde criteria voor opname aan, zoals publikatiejaar, taal, waarde, vorm en dergelijke. Bij een keuzebibliografie dienen de selectiecriteria steeds duidelijk te zijn verantwoord.

Naar de intensiteit van de beschrijving onderscheidt men: *signalerende* bibliografieën, die zich beperken tot het opsommen van elementaire titelbeschrijvingen, en *annoterende* bibliografieën, die aan de titelbeschrijving nog min of meer uitvoerige gegevens over de beschreven publikaties toevoegen. Korte annotaties kunnen bestaan uit een of meer trefwoorden, descriptoren of classificatienotaties. Langere annotaties zijn bij voorbeeld samenvattingen van de inhoud (referaten, abstracts) of kritische commentaren. In het laatste geval wordt ook wel gesproken van een *analytische* of *kritische bibliografie*.

Naar de verschijningsvorm tenslotte wordt onderscheid gemaakt tussen *zelfstandige* en *onzelfstandige* of *verborgen* bibliografieën. De eerste vormen op zichzelf staande uitgaven, met een eigen titelblad, de tweede zijn opgenomen in een reeks of maken deel uit van een andere publikatie, zoals een tijdschrift, een feestbundel, een dissertatie.

GEBRUIKTE EN AANBEVOLEN LITERATUUR

Bartsch, E. *Die Bibliographie. Einführung in Benutzung, Herstellung, Geschichte*. 2. durchges. Aufl. München, 1989.

Berger, S.E. *The design of bibliographies: observations, references and examples*. London, 1991.

Blum, R. [et al.] (1965). 'Entwurf einer bibliographischen Terminologie'. *Zeitschrift für Bibliothekswesen und Bibliographie* 12 p. 224-231.

The book encompassed: studies in twentieth-century bibliography. Ed. by Peter Davison. Cambridge, 1992.

Gale directory of databases. Detroit, MI., 1993- ...

Verschijnt 2x per jaar. Bestaat uit 2 delen: Vol. 1: *Online databases*. Vol. 2: *CD-ROM, diskette, magnetic tape, handheld and batch access database products*.

Harmon, Robert B. *Elements of bibliography: a simplified approach*. Metuchen, N.J., 1989.

Houghton, B. *Scientific periodicals. Their historical development, characteristics and control*. London, 1975.

Kingma, J. (1984) 'Persoonsbibliografieën'. *Open*, 16, 12.

Kouwenhoven, A.O. (1989) 'De regionale bibliografie: metamorfose van een soort'. *Open*, 21, 9.

Loosjes, Th.P. *On documentation of scientific literature*. London, 1973.

Malclès, L.N. *Manuel de bibliographie*. 2me ed. Paris, 1970.

Online information retrieval bibliography. 13th update, ed. by D.T. Hawkins. Suppl. to *Online Review* 14(1990)4.

Passman, S. *Scientific and technological communication*. Oxford, 1969.

Simon, K.R. *Bibliographische Grundbegriffe und Fachtermini*. Leipzig, 1972.

Spikman, G. en F.A. Gooskens. 'Bibliografische bestanden.' In: *Online opsporen van informatie: theorie en praktijk van het gebruik van interactieve informatiesystemen*. Onder eindred. van E.G. Sieverts en M.W. de Jong-Hofman. 5e, voll. herz. dr. Den Haag, 1994.

Stokes, Roy. *A bibliographical companion*. Metuchen, N.J., 1989.

Williams, M.E., E. Sutton, B. Sutton. (1994). 'New database products: social science, humanities, news and general (Issue 3).' *Online and CD-ROM Review*, 18 (2).

VI HET VERVAARDIGEN VAN BIBLIOGRAFIEËN

INLEIDING

Voor het samenstellen van een bibliografie bestaat geen vast patroon. Er zijn altijd meerdere wegen die naar het doel leiden en de keuze van de weg die begaan wordt is mede afhankelijk van persoonlijke voorkeuren. Wel is een aantal richtlijnen te geven, regels waaraan men zich beter houden kan in het belang van de kwaliteit van het eindresultaat.

In dit hoofdstuk wordt aandacht besteed aan deze richtlijnen, die achtereenvolgens betrekking hebben op:

- de keuze en begrenzing van het onderwerp
- het doel van de bibliografie
- het opsporen, verzamelen en selecteren van het materiaal
- het beschrijven van de op te nemen publikaties
- het rangschikken en ontsluiten
- de vormgeving
- de verantwoording

Beschouwt men deze opsomming tevens als een aantal etappes in het produktieproces van een bibliografie, dan is het goed daarbij te bedenken dat in de praktijk tijdens dit proces wel eens een stap teruggedaan moet worden voor men weer verder kan. Zo is het bij voorbeeld mogelijk dat in het stadium van het opsporen en verzamelen van publikaties zal blijken dat de begrenzing (definiëring) van het onderwerp veel nauwkeuriger moet geschieden dan aanvankenlijk was aangenomen.

De hier te bespreken richtlijnen hebben hoofdzakelijk betrekking op de systematische (enumeratieve) bibliografie, het genre dat voor de wetenschapsbeoefening in het algemeen het belangrijkste is. De meer gespecialiseerde genres als analytische en historische bibliografie blijven ook in dit hoofdstuk goeddeels buiten beschouwing.

DE KEUZE EN BEGRENZING VAN HET ONDERWERP

In lang niet alle gevallen kan de bibliograaf zijn onderwerp vrij kiezen. Vaak wordt een bibliografie in opdracht samengesteld en dan is het de opdrachtgever die (uiteindelijk) verantwoordelijk is voor de onderwerpskeuze. Ook dan echter zal de bibliograaf zijn eigen verantwoordelijkheid houden. Belangrijke vragen die hij (mede) moet beantwoorden zijn:

- is er behoefte aan een bibliografie over het voorgestelde onderwerp?
- is er over het onderwerp wellicht al eerder een bibliografie gemaakt en zo ja, behoeft deze dan aanvulling of uitbreiding?

De beantwoording van de eerste vraag veronderstelt een gedegen kennis met betrekking tot het vakgebied waartoe het onderwerp behoort. Veelal zullen daarom deskundigen geraadpleegd moeten worden. De tweede vraag kan alleen beantwoord worden vanuit een grondige kennis van het bibliografisch apparaat en de ervaring om daarmee om te gaan.

Het maakt veel verschil of er een algemene of een speciale bibliografie moet worden gemaakt. Een bibliograaf zonder vakwetenschappelijke deskundigheid zal zich meestal wel zonder grote problemen aan de produktie van een algemene of weinig gespecialiseerde bibliografie kunnen wagen. Gaat het echter om de vervaardiging van een typische vakbibliografie over een gespecialiseerd onderwerp, dan zal hij in vele gevallen op moeilijkheden stuiten die hij zonder uitgebreide hulp van een deskundige niet kan oplossen. En het is zeer de vraag of zulke hulp op het juiste moment en in voldoende mate verkregen kan worden. Zeker het samenstellen van een vakbibliografie die uitgaat boven het louter signalerende niveau, kan beter worden overgelaten aan een gespecialiseerde bibliograaf. Eventueel is het mogelijk om als algemeen bibliograaf samen te werken met een deskundige vertegenwoordiger van het vakgebied waarop de bibliografie zich richt, zodat zowel de bibliografische als de vakwetenschappelijke bekwaamheid in een team verenigd zijn. Misschien ligt in deze teamvorming juist een oplossing van het probleem dat zo weinig beoefenaren van de vakwetenschappen zich met het samenstellen van bibliografieën bezighouden. Dit voor de betreffende vakwetenschappen nadelige verschijnsel komt niet alleen voort uit gebrek aan interesse voor bibliografisch werk, maar ook uit gebrek aan vaardigheid op dit terrein.

In ieder geval zal de bibliograaf zich bij zijn definitieve keuze of aanvaarding van een opdracht terdege in het onderwerp moeten verdiepen. Daaruit moet blijken of hij het aan kan, zowel bibliografisch als inhoudelijk, terwijl er ook een eerste inzicht ontstaat in de omvang van de op te nemen taak. De definiëring van het onderwerp, die tegelijk een voorlopige en globale begrenzing inhoudt, moet dan worden vastgesteld.

Voor een allereerste oriëntatie kan een goede encyclopedie zeer bruikbaar zijn (zie hoofdstuk X). De literatuurverwijzingen (een van de kenmerken van een goede encyclopedie) bij het gezochte trefwoord leiden naar meer informatie. Veelal komt men daardoor al enkele belangrijke handboeken, klassieke werken en wellicht een bibliografie op het spoor. In het laatste geval mag niet geconcludeerd worden dat verder werken overbodig is. Integendeel, de gevonden bibliografie kan immers van veel oudere datum zijn, uit een zeer specifieke gezichtshoek zijn samengesteld of berusten op een eenzijdige selectie van materiaal, waardoor een aanvulling of correctie in een nieuwe bibliografie juist bijzonder zinvol kan zijn. Zorgvuldige afweging van de beslissing om een vervolg- of aanvullende bibliografie te maken is echter onder alle omstandigheden gewenst. Het is overigens lang niet zeker dat een eventueel bestaande bibliografie reeds in de oriënterende fase ontdekt wordt. Heel vaak zal dit pas gebeuren in het stadium van het systematisch opsporen van materiaal. De vraag betreffende het wel of niet doorgaan met of het eventueel verschuiven van het accent binnen het gekozen onderwerp is dan opnieuw aan de orde.

Definiëring en begrenzing van het onderwerp in een zo vroeg mogelijk stadium zijn van belang om tijd en energie verantwoord te kunnen besteden. Er moet niet te veel, maar ook niet te weinig verzameld worden. Een factor van beslissende betekenis daarbij is hoeveel tijd er beschikbaar is en welk type bibliografie men beoogt. De belangrijkste mogelijkheden tot begrenzing van het onderwerp hebben betrekking op de volgende aspecten:

Het *classificatieniveau* van het onderwerp. Vrijwel alle onderwerpen (verschijnselen, zaken, thema's) vormen een deel van 'hoger' te classeren omvangrijker onderwerpen en bestaan zelf weer uit deelonderwerpen van 'lagere' orde (vergelijk de verschillende hiërarchisch opgebouwde classificatiesystemen). Hierin ligt een belangrijke, logische en daarom veel toegepaste mogelijkheid tot zinvolle beperking of uitbreiding van het onderwerp van de bibliografie. Zo kan bijvoorbeeld het thema 'luchtverontreiniging' beperkt worden tot 'emissie van zwaveldioxide' en nog verder tot 'emissie van zwaveldioxide bij de petrochemische industrie'. Veel sterker nog wordt de begrenzing als een relatie wordt ingevoerd, bij voorbeeld: 'emissie van zwaveldioxide en het vóórkomen van ademhalingsstoornissen'. Verruiming van het onderwerp treedt in dit voorbeeld op als 'luchtverontreiniging' wordt vervangen door 'milieuverontreiniging'.

De *discipline* of de *gezichtshoek*. De meeste verschijnselen zijn op meerderlei wijze te beschouwen of te bestuderen. Het gaat dan om de gezichtshoek waaronder of de discipline van waaruit die bestudering geschiedt. Zo kan men zich bij het thema 'luchtverontreiniging' beperken tot één aspect (het chemische, meteorologische, medische, economische, of juridische) of enkele hiervan. Het spreekt vanzelf dat een bibliografie op deze wijze zowel sterk uitgebreid als ingeperkt kan worden.

De *geografische* beperking. Een thema kan veelal naar zijn mondiale, regionale of lokale uitgebreidheid bestudeerd worden. Gebruikelijk zijn vergelijkingen van eenzelfde thema in verschillende lokaties of regio's (bij voorbeeld: luchtverontreiniging in Vlissingen en Delfzijl, of: de gezondheidszorg in China en Chili).

N.B. Sommige thema's zijn bij uitstek lokaal of regionaal gebonden (bij voorbeeld historische gebeurtenissen als: de overwintering op Nova Zembla, de uitbarsting van de Krakatau, of: de verwoesting van Jerusalem). Andere zijn juist typisch mondiaal of universeel en lenen zich niet of nauwelijks voor een geografische beperking, zoals onderwerpen uit de kernfysica, de moleculaire biologie, de boldriehoeksmeting.

De *historische* of *temporele* beperking. Hierbij geldt m.m. wat werd opgemerkt over de geografische beperking. Veel onderwerpen kunnen bestudeerd worden naar hun genetisch aspect ('hoe is het geworden?') en naar hun historische aspect ('hoe was het?' of 'hoe was het in die periode?'). Zodra een periodisering kan worden aangebracht is het ook mogelijk in een bepaalde periode de beperking te kiezen (bij voorbeeld: luchtverontreiniging voor de aanvang van de industriële revolutie, of: gezondheidszorg in de middeleeuwen).

N.B. Zowel de geografische als de historische beperking kan ook worden toegepast ten aanzien van de *herkomst* van het op te nemen materiaal, dus naar land of periode van uitgave: het zogenoemde subjectieve uitgangspunt. Met de begrenzing van het onderwerp (= inhoudelijk) heeft dit in principe niets te maken.

Een voorbeeld ter verduidelijking:

De bibliografische afdeling van een grote algemene bibliotheek publiceert een eigen serie bibliografieën over actuele onderwerpen. De keuze van die onderwerpen is afgestemd op de vragen van een rijk geschakeerde gebruikerskring. Een toenemend aantal vragen naar literatuur over buitenlandse werknemers leidt tot het besluit om over dit onderwerp een bibliografie samen te stellen. Uit een korte discussie tussen medewerkers van de betreffende afdeling wordt duidelijk dat het verschijnsel van de 'gastarbeid' zeer veel aspecten vertoont, zoals economische, juridische, sociale, politieke, religieuze, en dat het in alle industrieel ontwikkelde landen van de wereld op gevarieerde wijze voorkomt. Het vermoeden dat er zeer veel over gepubliceerd is wordt reeds na een summiere oriëntatie in enkele moderne encyclopedieën bevestigd. Daarbij blijkt al direct dat er een hechte relatie bestaat met trefwoorden als: werkgelegenheid, arbeidsmarkt, migratie, huisvesting, minderheden, discriminatie. De begrenzing zal scherp en zinvol moeten zijn. In de serie passen alleen geannoteerde bibliografieën. Aan de samenstelling van een aflevering mag maximaal dertig mensdagen gewerkt worden. Men overweegt verder, mede na analyse van ontvangen vragen, dat in de te maken bibliografie aan alle aspecten van het vraagstuk aandacht besteed moet worden en dat enige internationale vergelijking gewenst is.

Daarom wordt besloten tot het samenstellen van een interdisciplinaire bibliografie, echter beperkt tot de situatie in Nederland en West-Duitsland in de periode na 1965. Mocht na de eerste fase van het literatuurzoeken blijken, zo wordt vastgesteld, dat het gevonden titelmateriaal te omvangrijk wordt, dan zal verdere beperking gezocht worden in een scherpere kwalitatieve selectie aan de hand van nader te formuleren criteria. (Zie voorts de opdrachten aan het einde van dit hoofdstuk).

HET DOEL VAN DE BIBLIOGRAFIE

Het is niet onbelangrijk om, eveneens in een vroeg stadium, te overwegen wat men eigenlijk beoogt met het samenstellen van een bibliografie over het gekozen en afgegrensde onderwerp. Daarbij gaat het om de vraag voor wie, voor welke gebruiker, de bibliografie primair bestemd is. Het antwoord op die vraag is in hoge mate bepalend voor de omvang en selectie van het te verzamelen materiaal, voor het niveau van de beschrijvingen en voor de wijze van ordenen en ontsluiten. Enkele voorbeelden kunnen dit verduidelijken:

Een retrospectieve bibliografie van de Nederlandse boekproduktie tussen 1788 en 1790 kan primair bedoeld zijn om een hiaat op te vullen in de bestaande nationale bibliografie. Daarmee richt deze bibliografie zich op een algemene gebruikerskring: er is geen beperking naar onderwerp en er wordt gestreefd naar volledigheid. De aard van dit type bibliografie brengt mee dat aan de beschrijving voor identificatie- en verificatiedoeleinden hoge eisen gesteld worden, zodat hoofdzakelijk daarop de energie van de samensteller gericht is en in veel mindere mate op de inhoudelijke ontsluiting van de opgenomen publikaties. Het is echter ook denkbaar dat deze bibliografie speciale aandacht wil besteden aan typografische bijzonderheden, aan externe kenmerken van de fraaiste en opmerkelijkste exemplaren van die boekproduktie en zich daarmee meer richt op de behoeften van de boekwetenschap en het antiquariaat. Volledigheid behoeft dan niet voorop te staan, wel nauwkeurige en uitgebreide externe beschrijving, gebaseerd op analytisch-bibliografisch onderzoek van de geselecteerde titels.

Een ander voorbeeld betreft het maken van een vakbibliografie. Deze kan gericht zijn op beginners in het vak en op onderzoekers uit nevengebieden of op meer gespecialiseerde vakbeoefenaren. In het ene geval zal bij het op te nemen materiaal de nadruk liggen op inleidende publikaties die het gehele gebied omvatten, zoals de *Guide to historical literature*. In het andere geval zal de selectie vooral gericht kunnen zijn op publikaties over een kleiner deelgebied van het vak, zoals E.v.Berchum, *Heraldische Bibliographie*. Bij een inleidende bibliografie zullen eventuele annotaties vooral een algemene karakteristiek van de beschreven werken geven, een aanwijzing over hun begrenzing en gebruik. Bij de meer gespecialiseerde bibliografie zijn vooral annotaties gewenst die het karakter hebben van korte samenvattingen (referaten, abstracts) die de deskundige en gespecialiseerde gebruiker snel over de waarde en bruikbaarheid van een bepaalde publikatie kunnen informeren.

Opgemerkt worde nog dat een sterk gespecialiseerde vakbeoefenaar buiten zijn specialisatie in andere onderdelen van zijn vakgebied veelal nauwelijks meer is dan een beginner, zodat ook voor hem inleidende vakbibliografieën van tijd tot tijd belangrijk kunnen zijn. In één persoon kan zowel een belangstellende amateur als een hooggespecialiseerde deskundige schuilgaan. Het hangt er maar van af om welk onderwerp het gaat. In het algemeen geldt dat naarmate een bibliografie meer gespecialiseerd is het aantal (potentiële) gebruikers ervan kleiner is. Er zijn zelfs bibliografieën (vrijwel nooit gepubliceerd) die 'op maat' zijn samengesteld. Dit doet zich bij voorbeeld voor bij het begin van een diepgaand gespecialiseerd onderzoek, als werkbibliografie in de vorm van een kaartsysteem of computerbestand, soms ook uitgewerkt tot een literatuurrapport of tot een overzichtsartikel. Automatisering heeft dit maatwerk minder kostbaar, want minder tijdrovend, gemaakt dan het in het verleden was.

Elk gebruiksdoel vraagt om een geëigende opzet van de bibliografie, met een aangepaste selectie, verwerking en presentatie van het materiaal. Het spreekt voorts vanzelf dat de potentiële gebruiker over de mogelijkheden die een bibliografie hem kan bieden zo duidelijk mogelijk moet worden ingelicht via de titel en eventuele ondertitel. Het gebruiksdoel moet hierin als het ware zijn vastgelegd. Daarbij moet worden opgemerkt dat een definitieve titel en ondertitel het beste pas in het laatste stadium van vormgeving van het manuscript kunnen worden geformuleerd. Eerst dan immers beschikt de bibliograaf over alle benodigde gegevens.

OPSPOREN, VERZAMELEN EN SELECTEREN

In de eerder genoemde oriënterende fase, waarin de bibliograaf zich met het onderwerp vertrouwd maakt, zal zonder twijfel reeds enige literatuur gevonden zijn. Deze vondsten zijn echter meestal tamelijk toevallig. Het is nu tijd om op systematische wijze, volgens een zoekplan of zoekstrategie, zo mogelijk alle relevante publikaties op te sporen. De hierbij te volgen werkwijze is vrijwel identiek met die welke in het volgende hoofdstuk, over het werken met bibliografieën, is beschreven. Alleen de grote lijnen ervan worden hier in een aantal punten genoemd.

1 Ga na of er wellicht al een of meer bibliografieën over het gekozen onderwerp bestaan. Raadpleeg daartoe bibliografieën van bibliografieën. Vergeet daarbij niet de lopende varianten, waarin eventueel recente vermeldingen te vinden zijn.
2 Stel vast welke de belangrijkste afgesloten en lopende bibliografische hulpmiddelen zijn voor het vakgebied waartoe het onderwerp behoort. Denk daarbij aan de categorieën zoals opgesomd in hoofdstuk V. (N.B.

Vergeet niet ook de algemene nationale bibliografieën met onderwerpsontsluiting te raadplegen. Ze behoren tot de belangrijkste *primaire* bronnen, waarin vooral recente zelfstandige publikaties gevonden kunnen worden).

3 Probeer zo snel mogelijk een indruk te krijgen van de hoeveelheid materiaal die gevonden zal worden. Op grond daarvan dient overwogen te worden of de begrenzing van het onderwerp verandering behoeft of dat de selectiecriteria wellicht gewijzigd moeten worden, teneinde bij de beschikbare middelen een voltooibare bibliografie als doel te behouden.

4 Werk op systematische wijze de onder 2 vermelde lijst af, rekening houdend met de gekozen selectiecriteria (zie daarvoor verder in deze paragraaf). Relevant bevonden titels worden zo volledig mogelijk, met vindplaats, genoteerd op voorlopige lijsten, fiches of in een computerprogramma (database). Het laatste is voor bewerking en rangschikking het gemakkelijkst.

5 Tracht in het bijzonder zogenoemde sleutelpublikaties te vinden. Dit zijn publikaties over het onderwerp die kennelijk als gezaghebbend gelden en waarnaar dan ook door vele andere auteurs verwezen wordt. Veelal geven deze sleutelpublikaties een stand van zaken met betrekking tot het onderwerp, waarbij ook op kritische wijze de literatuur genoemd wordt die van wezenlijk belang is voor de voortgaande bestudering er van. Centraal daarbij staan de zogeheten overzichtsartikelen, voortgangsrapporten, literatuurrapporten. Soms zijn deze eenmalig, maar in vele gevallen bestaan er ook lopende series op dit gebied, te herkennen als de titel begint met: 'Progress in...', 'Advances in...', Yearbook of ...', Reviews of...', 'The year's work in ...', alsmede equivalenten daarvan in andere talen.

Inmiddels kan door het raadplegen van enkele gevonden recente artikelen ook het zogenoemde sneeuwbalsysteem worden toegepast. De in deze artikelen genoemde literatuur wordt dan geraadpleegd om ook de daarin vermelde publikaties te noteren, die weer te raadplegen, enzovoort. Men werkt als het ware terug in de publikatiegeschiedenis rond het onderwerp en komt steeds meer publikaties op het spoor. Aan deze methode, die wel snel een aantal literatuurgegevens oplevert, kleven enkele ernstige bezwaren. Hoe populair het sneeuwbalsysteem ook is bij de gemiddelde onderzoeker, het mag niet in de plaats komen van systematisch bibliografisch onderzoek. Het grootste bezwaar is wel, dat de auteur van het uitgangsartikel door vooringenomenheid, beperkte talenkennis of andere oorzaken eenzijdig geweest kan zijn in de selectie van opgegeven publikaties. Een ander bezwaar is, dat men alleen oudere literatuur op het spoor komt, veelal minstens twee jaar ouder dan de publikatiedatum van het uitgangsartikel. [N.B. Bij de categorie *citatie-indexen*, zoals de *Science Citation Index*, wordt juist, uitgaande van een bepaalde publikatie, in de tijd vooruit gewerkt, zodat men steeds nieuwere publikaties vindt.]

Moest de bibliograaf vroeger voor het raadplegen van catalogi nog diverse bibliotheken bezoeken, door het online beschikbaar komen is dat niet langer nodig. Ook voor de ontsluiting van tijdschriften op artikelniveau, door *Online Contents* en CD-ROMs in netwerken, behoeft hij in principe nog maar één moderne bibliotheek te bezoeken. Evenwel moet er rekening mee worden gehouden dat vooral oudere collecties nog niet volledig in de geautomatiseerde catalogi zijn ontsloten en dat men dus nog wel eens op een traditionele bibliotheekcatalogus zal moeten terugvallen. Zie voorts vooral hoofdstuk VIII over bibliografieën in elektronische vorm.

Na, maar ook wel gedurende, de opsporingsfase, die er op gericht is zoveel mogelijk relevante titels in een voorlopig kaartsysteem of in een gemakkelijk te bewerken database bijeen te brengen, komt de fase van het *verzamelen*. Voor een goede bibliografie moet het uitgangspunt zijn, dat de samensteller zijn materiaal met eigen ogen gezien heeft, dat de beschrijving berust op autopsie. Daartoe moeten de opgespoorde titels, voorzover niet in eigen bezit aanwezig, ter leen of ter inzage worden gevraagd bij een of meer bibliotheken. Ook al is het gezamenlijke bezit van de Nederlandse bibliotheken aanzienlijk, in een aantal gevallen zal niettemin blijken dat bepaalde titels niet in openbare collecties in eigen land aanwezig zijn. Het is dan echter mogelijk om via de Koninklijke Bibliotheek of een universiteitsbibliotheek een leenaanvraag naar het buitenland te sturen. Gaat het om grote bestanden die alleen in een ander land aanwezig zijn, dan doet de bibliograaf er verstandig aan zelf naar dat land te reizen en ter plaatse zijn onderzoek voort te zetten. Een introductiebrief van een officiële instantie (departement, ambassade, universiteit, bibliotheek) kan de toegang tot buitenlandse collecties enorm vergemakkelijken en dient dan ook altijd te worden meegenomen.

Wat Nederland betreft zal vooral gebruik gemaakt worden van de wetenschappelijke en speciale bibliotheken. De belangrijkste Nederlandse wetenschappelijke bibliotheken zijn:

- de Koninklijke Bibliotheek (den Haag)
- de universiteitsbibliotheken met hun instituutsbibliotheken (Leiden, Utrecht, Groningen, Amsterdam-GU., Amsterdam-VU., Nijmegen, Rotterdam, Tilburg, Maastricht)
- de technische universiteitsbibliotheken (Delft, Eindhoven, Enschede) en die van de Landbouwuniversiteit (Wageningen)
- bibliotheken van geleerde genootschappen, zoals die van de Koninklijke Nederlandse Akademie van Wetenschappen (Amsterdam) en van Teyler's Stichting (Haarlem)
- de grote provinciale en stadsbibliotheken (zoals te Leeuwarden, Middelburg, Deventer, Haarlem, Rotterdam, Maastricht)

- de seminarie- en kloosterbibliotheken (thans grotendeels geconcentreerd in Tilburg, Eindhoven, Heerlen, Amsterdam en Utrecht) en bibliotheken van andere theologische opleidingen (Kampen, Apeldoorn)
- overige wetenschappelijke bibliotheken, zoals die van het Vredespaleis (den Haag), van het Koninklijke Instituut voor de Tropen en het Internationaal Instituut voor Sociale Geschiedenis (beide in Amsterdam).

De speciale bibliotheken zijn verbonden aan en staan primair ten dienste van een bedrijf (bedrijfsbibliotheken), een departement of ministerie (overheidsbibliotheken), een gespecialiseerd wetenschappelijk instituut of laboratorium (zoals TNO), maar stellen hun bezit ook wel aan anderen ter beschikking.

Meer gegevens over deze en vele andere bibliotheken zijn te vinden in de *Nederlandse bibliotheek- en documentatiegids* (Den Haag,1994) en de *Vlaamse archief-, bibliotheek- en documentatiegids* (Antwerpen, 1993/95). Behalve gegevens als het stichtingsjaar van een bibliotheek, het adres, de openingstijden, vermelden deze gidsen ook bijzonderheden over de aard en omvang van aanwezige collecties. Van bijzonder belang voor het bibliografische onderzoek is dat de alfabetisch ingerichte registers de onderwerpen vermelden die de onderscheiden bibliotheken als hun speciale collectiegebied beschouwen. Dergelijke gegevens over bibliotheken worden tegenwoordig ook online aangeboden door de zogeheten 'CWIS-en' (Campus Wide Information Systems), via Gopher- of WWW-servers.

De meeste van de genoemde bibliotheken participeren in een netwerk van interbibliothecair leenverkeer. Een centrale plaats hierbij wordt ingenomen door de Koninklijke Bibliotheek. Hier worden enkele belangrijke centrale catalogi bijgehouden, waarin het bezit van aangesloten bibliotheken in Nederland is geregistreerd. Er wordt onderscheid gemaakt tussen de CC (= Centrale Catalogus van Boeken), de CCP (= Centrale Catalogus van Periodieken), de CCC (= Centrale Catalogus van Congresverslagen). Een Centrale Technische Catalogus (CTC) bevindt zich bij de bibliotheek van de TU-Delft, een Centrale Landbouw Catalogus (CLC) bij de Landbouwuniversiteit te Wageningen. De technische universiteiten van Delft en Eindhoven hebben hun catalogus ook op CD-ROM uitgebracht. In 1984 kwam een samenwerkingsverband tot stand voor de concentratie van de CC's in een machineleesbare Nederlandse Centrale Catalogus (NCC) die via PICA te raadplegen is en die nu een vitale rol speelt in het interbibliothecair leenverkeer (IBL). Niet alleen neemt elke goede bibliotheek aanvragen voor materiaal uit andere bibliotheken in behandeling, tegenwoordig kunnen gebruikers via STEP (Snelle Toegang Eindgebruikers naar Pica) zelf via een PC in de bibliotheek IBL-aanvragen indienen na een IBL-rekening geopend te hebben. De kosten van de aanvraag worden automatisch afgeschreven.

Zowel voor het opsporen als het ter inzage krijgen van bepaalde publikaties kan het nuttig zijn in contact te treden met een of meer deskundigen op het terrein van het onderwerp waarmee de bibliografie zich bezighoudt of met instellingen die hun onderzoek of andere activiteiten daarop richten. Het zo vroeg mogelijk registreren van het 'wie en waar' (niet geheel juist aangeduid respectievelijk als de biografie en de geografie van het onderzoek) is daarom van groot belang en kan verrassende uitkomst bieden als men onverhoopt via de bibliotheken niet verder meer komt. Het contact moet echter ook weer niet te vroeg gezocht worden. De bibliograaf moet zich eerst terdege in het onderwerp verdiepen en verschillende zoekwegen verkend hebben. Ook de tijd van de deskundige is kostbaar en het vragen 'naar de bekende weg' zal hem niet tot grote hulpvaardigheid stimuleren. Wil men als bibliograaf zinvolle contacten opbouwen met in het veld van onderzoek opererende instellingen en personen, dan lukt dit meestal het beste op reciprociteitsbasis. Dat kan door tussentijds gevonden zeldzame literatuurgegevens naar hen door te sturen en ook door hen in kennis te stellen van de eindresultaten van het bibliografisch onderzoek.

Het bijeenbrengen van het materiaal, via bibliotheken of anderszins, is niet alleen nodig om tot een goede, op autopsie berustende, beschrijving te kunnen komen. Het is ook nodig omdat slechts door directe waarneming een goede *selectie* tot stand kan komen. Selectie is in het geheel van het bibliografische werk een uitermate belangrijke zaak, waaraan dan ook op deze plaats uitvoeriger aandacht besteed moet worden. In zekere zin moet de bibliograaf voortdurend tijdens zijn arbeid bezig zijn met afwegen, kiezen, weer afwegen en eventueel verwerpen van bijeengebracht materiaal. Het vaststellen van wat wel en wat niet in de bibliografie zal worden opgenomen dient te geschieden aan de hand van een aantal duidelijk omschreven maatstaven of *selectiecriteria.* Het belangrijkste selectiecriterium wordt natuurlijk reeds door de onderwerpskeuze gegeven en hoe duidelijker het onderwerp is afgegrensd, hoe scherper de selectie in dit opzicht kan plaats vinden. In hoeverre een gevonden publikatie verband heeft met het gekozen onderwerp is een kwestie van relevantie. Vandaar dat ook gesproken kan worden van het *relevantie-criterium.* Hoe beter men thuis is in het onderwerp, hoe scherper men dit criterium zal kunnen hanteren. Hier blijkt hoe belangrijk het is dat de bibliograaf zich ook inhoudelijk vertrouwd maakt met zijn onderwerp. Soms is er sprake van schijnrelevantie. Een aanvankelijk genoteerde titel kan later, na controle van de publikatie zelf, blijken een andere inhoud te dekken dan werd aangenomen. Titel en ondertitel kunnen helaas zeer misleidend zijn ten aanzien van de werkelijke inhoud en betekenis van een boek of artikel. Bij een oppervlakkige selectie op titels dient altijd rekening te worden gehouden met daarin voorkomende woorden die een dubbele of meervoudige betekenis hebben, de *homoniemen.* (Ga bij voorbeeld na welke onderwerpen bedoeld kunnen zijn bij de titel "Verwaarloosde banden"', "Banken in Amsterdam" of "Een vreemde streek").

Is eenmaal de relevantie van een publikatie vastgesteld dan hangt het af van het type bibliografie en van het doel dat men ermee beoogt of er nog verder geselecteerd zal worden. Is gekozen voor een volledige of uitputtende bibliografie dan is alleen de relevantie bepalend voor opname. Meestal echter zal naar verdere beperking gezocht moeten worden, vooral bij onderwerpen waarover zeer veel geschreven is. Tot de meest gebruikte overige selectiecriteria behoren:

- De *taal* waarin de op te nemen publikaties gesteld zijn. Er bestaan helaas hoge taalbarrières, waar veel wetenschapsbeoefenaren zich niet zelden vrij gemakzuchtig bij neerleggen, hoewel wetenschap een zaak van internationale informatie-uitwisseling behoort te zijn. Een bibliografie die zich al te zeer conformeert aan de beperkingen van haar gebruikers mist een belangrijke kans en helpt het zogenoemde wetenschappelijke compartimentalisme (c.q. nationalisme) in stand houden. Het is misleidend (zij het misschien ongewild) als het selectiecriterium van de taal niet expliciet in de titel, het woord vooraf of de inleiding van de bibliografie genoemd is. Naarmate een onderwerp internationaler is (= van belang voor onderzoekers in meer landen), zal de inspanning des te groter moeten zijn om wetenschappelijke bijdragen erover uit alle landen onder de aandacht van alle vakgenoten te brengen. Deze eis kan gesteld worden aan vrijwel alle bibliografische bijdragen op het gebied van de natuurwetenschappen, de techniek en de geneeskunde, tenzij er voor een eenzijdige selectie naar taal gegronde redenen zijn die door de bibliograaf ook duidelijk moeten worden geformuleerd. Zulk een geval doet zich bij voorbeeld voor als de bibliografie juist een aanvulling beoogt te geven op een eerdere onvolledige bibliografie. Bij de humaniora, waar het onderwerp veelal een sterkere gebondenheid toont aan plaats, tijd en cultuur (inclusief de taal!), zal een selectie naar taal van de publikatie wel zinvol kunnen zijn. In deze sector zijn veel bibliografieën bewust als nationale bibliografie opgezet. Een compromis kan wel eens gevonden worden door bij voorbeeld voor publikaties in het Frans, Duits en Engels naar volledigheid te streven en van publikaties in (althans voor de potentiële gebruikers) minder toegankelijke talen alleen de sleutelpublikaties, aangevuld met een vertaalde titel en een referaat. Ook dan echter geldt dat over deze werkwijze duidelijk verantwoording moet worden afgelegd.

- De *regio*, het gebied, land of plaats waaruit de op te nemen publikaties afkomstig zijn. Daarbij kan het zowel om meer als minder dan één taal gaan. Hier gelden m.m. dezelfde of soortgelijke opmerkingen als bij de taal als selectiecriterium. N.B. Publikaties óver een bepaalde regio (plaats, landstreek, werelddeel) zoals land- en plaatsbeschrijvingen, 'area studies', zijn uiteraard op geheel andere gronden geselecteerd. Hierbij is weer sprake van het relevantie-criterium zoals dat uit het onderwerp kan worden afgeleid. Op nog weer andere wijze functionneert het regionale selectecriterium als het gaat om een bibliografie van publikaties die in een bepaald gebied aanwezig, gelokaliseerd, zijn. Dit doet zich voor bij al of niet in boekvorm uitgegeven centrale catalogi, die het gezamenlijke bezit van een aantal bibliotheken in een bepaald gebied omvatten.

- De *periode* waarin publikaties verschenen zijn. Hierin kan een zeer zinvolle selectiemogelijkheid gevonden worden. De bibliograaf kan zich bij voorbeeld beperken tot publikaties die niet ouder zijn dan vijf of tien jaren of die verschenen zijn na voltooiïng van een bepaalde sleutelpublikatie of oudere bibliografie. Nadruk op de meest recente publikaties is, in het algemeen gesproken, voor de natuurwetenschappen, techniek en geneeskunde belangrijker dan voor de humaniora, terwijl sommige sociale wetenschappen een tussenpositie innemen. Met de uitdrukking 'verouderde literatuur' moet men overigens wel oppassen. Vaak wordt hieronder verstaan niet meer gebruikte of niet meer genoemde (geciteerde) literatuur. Niet-noemen werkt niet-gebruiken in de hand. Toch kan deze niet-gebruikte literatuur belangrijke informatie bevatten. De bibliograaf kan door zijn werk de herontdekking van bepaalde publikaties bevorderen. N.B. Publikaties óver een periode (Middeleeuwen, Gouden Eeuw, Eeuw van de Verlichting) zijn bepaald door hun onderwerp. Vergelijk m.m. hetgeen is opgemerkt over de regionale selectiecriteria.

- *Vormcriteria.* Het is betrekkelijk eenvoudig om te selecteren op eigenschappen die samenhangen met de publikatievorm, zoals bij voorbeeld pamfletten, brochures, tijdschriften, congresverslagen, rapporten, monografieën. Wel zal een bepaalde vorm steeds goed gedefinieerd moeten worden als men hem als selectiecriterium wil gebruiken. Ook hier zal voorts de keuze goed beredeneerd moeten worden. Het wel of niet opnemen van tijdschriftartikelen kan bij voorbeeld afhangen van de traditie in een bepaald vak om belangrijke artikelen tot monografieën uit te werken of om ze in verzamelbundels te herdrukken. Ook kan een vorige bibliograaf over een onderwerp alleen boeken hebben opgenomen, waardoor het zin krijgt een aanvullende bibliografie van tijdschriftartikelen over dat onderwerp samen te stellen. Bij algemene bibliografieën (die dus alle onderwerpen of vakgebieden bestrijken) is de publikatievorm soms het enige selectiecriterium, bij voorbeeld een algemene bibliografie van tijdschriften. Veelal gaat het echter om een combinatie van het vormcriterium en een bepaald onderwerp, zodat het een speciale bibliografie betreft, zoals een bibliografie van landbouwkundige tijdschriften.

- *Inhoudelijke criteria.* Veel moeilijker wordt de selectie als de criteria meer betrekking hebben op de inhoud van de publikaties, zoals de kwaliteit, de beschouwingswijze, de toegepaste methoden en technieken. De bibliograaf zal, als hij een dergelijke selectie wil toepassen, in ieder geval vertrouwd moeten zijn met het onderwerp en hij zal over zijn maatstaven zeer duidelijk verantwoording moeten afleggen in de betreffende bibliografie. Het oordelen over kwaliteit is een subjectieve aangelegenheid. Om dit te ondervangen wordt wel de gebruiksfrequentie van publikaties als een meer objectieve maatstaf gebruikt. Op grond daarvan worden bij voorbeeld lijsten of bibliografieën opgesteld van 'ster-tijdschriften' (= meest geciteerde). Ze zijn meestal een nevenprodukt van de moderne citatie-indexen, waaruit gemakkelijk gegevens over de gebruiksfrequentie van publikaties kunnen worden geput. Men dient echter te bedenken dat de gebruiksfrequentie meer onthult over de intensiteit en de richting in de wetenschappelijke communicatie dan over de inhoudelijke kwaliteit. Deze kan alleen van geval tot geval, na deskundige kennisneming, worden beoordeeld. De kwaliteit van een publikatie kan trouwens zeer gedifferentieerd zijn. Zo kan deze hoog zijn op het punt van de wetenschappelijke inhoud (opzet, probleemstelling, bewijsvoering) en tegelijk ondermaats voor wat betreft de leesbaarheid of de bibliografische verantwoording. Het omgekeerde komt ook voor. Een publikatie kan rijk zijn aan feitelijke informatie, maar arm aan methodologie en conclusies. Er kan in dit verband niet uitvoeriger op de kwalitatieve selectie worden ingegaan. Een vuistregel is dat zij alleen aanvaardbaar is als de kwaliteitsmaatstaven duidelijk omschreven zijn. Dit gebeurt bij voorkeur in een toelichtende annotatie bij de beschreven publikatie. De selecterende bibliograaf dient zich er voortdurend van bewust te zijn dat uitsluiting van publikaties op onduidelijke subjectieve gronden verwerpelijk is (Robinson, 1971, p.19).

Tenslotte zij herhaald dat selectie als het ware in verschillende rondes plaats vindt: bij de definiëring en begrenzing van het onderwerp, bij het bepalen van het type bibliografie dat men beoogt, bij het opsporen van titels, bij het raadplegen van de publikaties, bij het beschrijven, ordenen en ontsluiten. De selectie tijdens de drie laatstgenoemde activiteiten komt nog in de volgende paragraaf aan de orde.

HET BESCHRIJVEN VAN OP TE NEMEN PUBLIKATIES

Raadpleging van verschillende bibliografieën leert al spoedig dat er op het punt van het beschrijven (een van de belangrijkste onderdelen van het bibliografische werk) weinig uniformiteit bestaat. Naarmate de behoefte aan universele bibliografische beheersing groter wordt, wegen de nadelen van niet genormaliseerde beschrijvingen zwaarder. Zo is bij voorbeeld cumulatie van bibliografieën of bibliografische bestanden van verschillende herkomst door middel van computers (maar ook op manuele wijze) een moeilijke en soms onmogelijke taak als de beschrijvingen niet volgens vaste en uniforme regels zijn vervaardigd. Dit geldt uiteraard in het bijzonder voor bibliografieën waarin de opgenomen publikaties gegroepeerd zijn op basis van een of meer elementen uit de eigenlijke beschrijving. Daar de meeste bibliografieën de alfabetische rangschikking op hoofdwoorden hanteren als primaire of secundaire ontsluiting van het titelmateriaal, gaat het hier om een belangrijke zaak. Het is dan ook alleszins begrijpelijk dat thans op steeds ruimere schaal de *International Standard Bibliographic Description* (ISBD) ingang vindt. Zowel de beschrijving van monografieën (ISBD.M) als van periodieken en seriewerken (ISBD.S) is hierdoor in principe geregeld (Hoexum, 1984, p.202). Overigens moet in dit verband worden opgemerkt dat in de wereld van de bibliografie lang niet iedereen gelukkig is met deze ontwikkeling. De ISBD zou primair ontworpen zijn op de mogelijkheden van de machine en voor catalogiseerdoeleinden. Dunkin stelt zelfs dat "as the cataloger adopts ISBD he moves dangerously away from all other bibliographers, and, indeed, dangerously away from the user because he seeks first to accomodate the capabilities of the machine" (P.S.Dunkin, 1975, p.32). Nu gaat het hierbij vooral om kritiek vanuit de hoek van de analytische bibliografie, die zich tot taak stelt boeken als fysieke objecten te beschrijven en te interpreteren. Het laat zich begrijpen dat de behoeften van deze tak van bibliografie lang niet in alle opzichten passen in een tamelijk rigide regelstelsel als de ISBD. Waar echter in dit boek de systematische of enumeratieve bibliografie centraal staat, mag geconstateerd worden dat de ISBD een welkome en nuttige basis vormt voor de eigenlijke titelbeschrijvingen, ook in bibliografieën. Het naar elkaar toegroeien van catalogus en bibliografie in het kader van de UBC betekent immers dat de problemen van het titelbeschrijven bij beide een sterke wederzijdse overlapping vertonen. Ook de Nederlandse regels voor de titelbeschrijving sluiten aan bij de ISBD (Regels ...1978, 1982, 1990). Ze bevatten alle essentiële aanwijzingen voor een gestandaardizeerde, consequente identiteitsbeschrijving van publikaties en sinds 1990 ook van computerbestanden. Met een verwijzing ernaar kan hier verder volstaan worden. Of men deze regels steeds tot in alle details moet volgen hangt onder meer af van de soort van de opgenomen publikaties, van het onderwerp en van het doel van de bibliografie.

Veelal worden aan de eigenlijke titelbeschrijving ter nadere informatie over de inhoud of andere bijzondere aspecten van de publikatie *annotaties* toegevoegd. Dit kan geschieden in de vorm van zeer korte aanduidingen (trefwoorden, descriptoren, eventueel in code), maar ook in de vorm van een samenvatting van de inhoud (referaat, abstract). Bij de laatste gaat het meestal om een zo getrouw en neutraal mogelijke weergave van de hoofdzaken. Herhaling van hetgeen al in de titel besloten ligt is overbodig. De bibliografie kan echter ook een kritische functie hebben, in welk geval de referaten duidelijk van commentaar (lovend of afwijzend) zijn voorzien. Het spreekt vanzelf dat deze wijze van annoteren alleen en dan nog met de nodige reserves kan worden toegepast door bibliografen die ook met gezag over hun onderwerp kunnen schrijven. Waardeoordeel en samenvatting moeten duidelijk onderscheiden worden (Krummel, 1986, p.75). In alle gevallen is voor het geven van inhoudelijke annotaties nodig dat de bibliograaf het door hem opgenomen werk leest.

Of men annotaties toevoegt, in welke omvang en van welke aard, hangt enerzijds af van de deskundigheid van de bibliograaf, anderzijds van de aard en de beoogde functie van de bibliografie. Ligt de nadruk op het zo volledig mogelijk inventariseren van bepaalde categorieën publikaties dan zal veelal volstaan kunnen worden met een signalerende beschrijving. Gaat het er ook of uitsluitend om de gebruiker een instrument voor inhoudelijke selectie in handen te geven of om hem de inhoudelijke samenhang van een aantal geschriften te tonen, dan zullen min of meer uitvoerige annotaties niet mogen ontbreken. In het algemeen is het een goede stelregel dat annotaties proportioneel moeten zijn ten opzichte van de omvang en het belang van de beschreven publikatie.

Soms kan uitvoerigheid van annotaties ook gewenst zijn omdat een beschreven publikatie moeilijk verkrijgbaar is. In dergelijke gevallen kan een annotatie, meestal een uitvoerig referaat, de oorspronkelijke publikatie vervangen. Ook bij het annoteren echter verdient het de voorkeur om regelmaat en evenwichtigheid te betrachten. De gebruiker moet kunnen wennen aan een vaste, herkenbare, werkwijze.

Het is niet nodig om alle mogelijke variaties die zich bij het beschrijven kunnen voordoen hier te behandelen. Ze zijn in principe even talrijk als het aantal verschillende soorten publikaties waarop de bibliografie zich richt of de verschillende doeleinden waarvoor zij wordt samengesteld. Hoofdzaak is steeds dat binnen een bibliografie consistentie in de wijze van interne en externe beschrijving wordt nagestreefd. Wel verdienen nog de volgende punten aandacht:

a) *Onzelfstandige publikaties*, zoals tijdschriftartikelen of bijdragen in een feestbundel, worden zoveel mogelijk met de eigenlijke auteur als hoofdwoord beschreven, met een verwijzing naar de zelfstandige eenheid. Bij voorbeeld (tijdschriftartikel): Costers, L. (1995) 'WebDoc'. *Open* 27, 5, p. 166-168. en (verzamelbundel): C.Koeman, 'De kaartenverzamelingen van de universiteitsbibliotheek te Utrecht'. In: *Uit bibliotheektuin en informatieveld.* Opstellen aangeboden aan dr.D.Grosheide bij zijn afscheid als bibliothecaris aan de Rijksuniversiteit te Utrecht. o.r.v. H.F.Hofman ...[et al.], Utrecht, 1978. p. 358-372.

b) *Afkortingen* in de beschrijving zijn toelaatbaar als het gaat om herhaaldelijk voorkomende woorden of titelelementen (blz., p., ill., fig., dl., enz.,). Voorwaarde is wel dat de afkortingen in een speciale tabel op een goed vindbare plaats in de bibliografie verklaard worden. Bijzondere aandacht dient besteed aan de afkortingen van veel voorkomende titels van tijdschriften of series. Gebruik van standaardafkortingen verdient hier de

voorkeur. Zie: *International code for the abbreviation of periodicals* (ISO/R4-1972). Ook de *World List of Scientific Periodicals* bevat een lijst van standaardafkortingen (Zie voorts: Davinson, 1975, p.115 en Houghton, 1975, p.74).
De vermelding van jaargang, aflevering en bladzijden kan op verschillende manieren gebeuren. Een artikel in de eerste aflevering van de jaargang 52 uit 1935 van het *Zentralblatt für Bibliothekswesen* kan bij voorbeeld als volgt worden genoteerd: ZfB.Jg.52(1935), Heft 1/2, S.525-533 of: ZfB.1935,Jg.52, H.1/2. S.525-533 of: ZfB.52(1935) p.525-533. De laatste notatie was in wetenschappelijke geschriften de meest voorkomende. Tegenwoordig wordt bij artikelen het jaartal vaak direct achter de auteursnaam geplaatst. Het weglaten van het afleveringsnummer is uiteraard alleen geoorloofd als vaststaat dat de paginering binnen de jaargang doorloopt. Bij seriewerken en bijzondere afleveringen van tijdschriften komt namelijk ook afzonderlijke paginering voor. Bij artikelen uit dag- of weekbladen wordt doorgaans volstaan met vermelding van de datum, bij voorbeeld: NRC 1/11/1949. Ook hier echter kan beter het nummer van de desbetreffende bladzijde worden toegevoegd. Hoe de afkortingen en notaties ook gekozen worden, hoofdzaak is dat binnen een bibliografie op dit punt regelmaat en duidelijkheid bestaat.

c) Bij opneming van een *gedeelte van een boek* (hoofdstuk, paragraaf) wordt bij de beschrijving uitgegaan van het gehele werk indien de auteur dezelfde is. In de annotatie komt dan een verwijzing naar het betreffende gedeelte. Is dit gedeelte geschreven door een andere auteur, dan wordt gehandeld als bij onzelfstandige publikaties (zie a).

d) Een publikatie die geheel over het onderwerp van de bibliografie handelt, maar *bijdragen van verschillende auteurs* bevat, kan naar keuze als een geheel beschreven worden (onder één nummer) met in de annotatie een nadere specificatie van de onderdelen en hun auteurs, of op de auteurs afzonderlijk onder aparte nummers (eveneens als a). De tweede manier is omslachtiger dan de eerste, maar kan soms nodig zijn als voor een systematische indeling van het opgenomen materiaal gekozen is. Bij de eerste manier is het gebruikelijk de auteursnamen die in de annotatie zijn genoemd op te nemen in een alfabetische index of, als verwijzing, elders in de bibliografie.

e) Indien van een op te nemen publikatie *meerdere drukken* zijn verschenen wordt meestal de laatste vermeld. Het jaartal van de eerste druk kan eventueel in een annotatie worden opgenomen, evenals mededelingen over opmerkelijke verschillen tussen diverse drukken.

f) Bij beschrijving van *zeldzame publikaties* kan het nuttig zijn om in een annotatie te vermelden waar (bibliotheek, museum, etc.) zich een exemplaar bevindt. Bevat de bibliografie veel van zulke verwijzingen naar een beperkt aantal bibliotheken (catalogusfunctie!) dan kan daarvoor een code gebruikt worden. Evenals bij afkortingen worden de codes in een afzonderlijk op te nemen lijst verklaard.

g) Kunnen bepaalde titels *niet uit de eerste hand beschreven* worden omdat de betreffende publikaties ondanks de nodige moeite niet verkregen konden worden, dan dient waar mogelijk de officiële beschrijving in de nationale bibliografie als grondslag te worden genomen. Dergelijke niet op autopsie berustende beschrijvingen dienen dan in de bibliografie voorzien te worden van een speciaal merkteken (een asterisk b.v.). Bij voorkeur wordt dan ook de bron van de gevonden titel vermeld. Ook als autopsie wel kan worden toegepast zullen problemen bij de beschrijving van zelfstandige werken veelal kunnen worden opgelost met behulp van de nationale bibliografie waarin het werk is opgenomen. Enkele van de belangrijkste nationale bibliografieën zijn beschreven in het tweede gedeelte van dit boek (hoofdstuk X).

Als de beschrijving van een publikatie voltooid is wordt deze op een definitieve kaart of record in de database overgebracht. Een definitieve kaart of record bevat:

- een volledige, exacte en geverifieerde titelbeschrijving
- de bron(nen) waaraan de titel werd ontleend
- de vindplaats (eventueel met signatuur) waar de publikatie geraadpleegd werd
- overige bijzonderheden, die voor latere rangschikking en ontsluiting van belang kunnen zijn (bij een database verschillende 'velden' van een record).

Het is niet noodzakelijk uiteindelijk alle gegevens op te nemen in de bibliografie.

RANGSCHIKKEN EN ONTSLUITEN

De toegankelijkheid van een bibliografie is in hoge mate afhankelijk van de wijze waarop het verzamelde en beschreven materiaal is gerangschikt of geordend. Er kan daarbij uit verschillende mogelijkheden gekozen worden. De keuze kan weliswaar beïnvloed worden door persoonlijke smaak, maar er dient toch altijd een logische samenhang te zijn met het gebruiksdoel of de functie van de bibliografie en met de aard van het opgenomen materiaal. In het algemeen kan worden gesteld dat naarmate de omvang van een bibliografie groter is, de behoefte aan een rangschikking van het materiaal naar meerderlei gezichtspunt stijgt. De grote bibliografische bestanden online kunnen naar eigen wens worden gesorteerd. Standaard zijn de meest recente publikaties vooraan geplaatst. Bij de gedrukte bibliografieën zijn de volgende ordeningen te onderscheiden:

De alfabetische ordening

Het gebruik van het alfabet als middel voor het rangschikken van gegevens moge eenvoudig lijken, er zijn toch heel wat problemen aan verbonden (Harmsen, 1982). Het alfabet heeft bij voorbeeld niet in alle talen dezelfde volgorde of evenveel letters. Translitteratie- en transcriptieregels zijn nog niet volledig internationaal gestandaardizeerd, al is er met de bestaande ISO-normen al veel bereikt (zie het overzicht in deel 3 van *Regels voor de titelbeschrijving*, 1983). De bibliograaf zal in dit kader vaak zelf beslissingen moeten nemen. Een goede basis daarvoor biedt, naast het genoemde derde, ook het zesde deel van de *Regels*, namelijk de *Sorteerregels: regels voor het sorteren van catalogustitels* (1981), die in verband met de eisen van automatisering nogal afwijken van de vroeger gangbare *Regels voor de alfabetische rangschikking van catalogustitels* (12e dr. Den Haag, 1978), die overigens voor traditioneel bibliografisch werk nog goed te gebruiken zijn.

De alfabetische ordening kan worden toegepast op verschillende elementen (*ingangen*) van de opgenomen publikaties zoals:

- alfabetische ordening op *hoofdwoorden*. De naam van de auteur of bij anoniemen het eerste woord (geen lidwoord) uit de titel zijn hiervoor maatgevend. Deze hoofdordening wordt veelvuldig gebruikt in bibliografieën die over een duidelijk begrensd, niet nader ingedeeld, onderwerp handelen. Bijzondere oplettendheid is geboden in verband met het mogelijk gevarieerd voorkomen van de naam van eenzelfde auteur (vgl.Dostojevski, Dostoievski, Dostoyevsky, etc.).
- alfabetische ordening op *trefwoorden*. Hierbij moet elke beschrijving voorzien zijn van een of meer trefwoorden die indicatief zijn voor de inhoud van de publikatie en die relevant zijn voor het onderwerp van de bibliografie. Deze ordening is erg zinvol als de bibliografie een breed terrein beslaat dat zich in een veelheid van kleine, nauw begrensde onderwerpen laat verdelen.
- alfabetische ordening op *titelwoorden*. Deze wordt vooral toegepast indien de bibliografie veel anonieme en corporatieve uitgaven bevat of wanneer met weinig moeite (veelal automatisch met computerprogramma's, vgl. de KWIC-index) iets van de inhoud van de publikaties in de hoofdindeling moet worden ingevoerd. Daarbij kunnen meerdere accentwoorden uit een titel gebruikt worden.
- alfabetische ordening op *drukkers- of uitgeversnamen*. In het algemeen staat hierbij het typografische aspect van de opgenomen publikaties (kostbare, zeldzame, oude boeken) op de voorgrond. Een dergelijke orde-

ning dient vooral het belang van de analytische bibliografie, van de geschiedenis van het boek als fysiek object en van de boekhandel. Ook wordt wel alfabetisch geordend op de *plaatsen van uitgave*.

- *gemengde alfabetische rangschikking*. Deze veel voorkomende ordening op hoofdwoorden en trefwoorden (soms tevens op titelwoorden) is gebaseerd op het zogeheten dictionary-principe. Hierin zijn de titelbescshrijvingen, evenals bij de kruiscatalogus, in één alfabet ondergebracht op auteur, trefwoord en eventueel titel. Deze ordening is voor de gebruiker in het algemeen zeer efficient maar leidt of tot veel verwijzingen of tot meervoudige opname van titels. De waarde ervan bewijst zich vooral bij bibliografieën die omvangrijk zijn en een zeer breed scala van onderwerpen dekken.

De systematische ordening

Evenals de alfabetische trefwoordenordening is de systematische ordening een rangschikking van publikaties naar de onderwerpen die ze behandelen. De systematische ordening tracht daarbij echter zoveel mogelijk de logische samenhang van onderwerpen en subonderwerpen in een (meestal hiërarchische) indeling of classificatie te bewaren. De titels worden op grond van hun inhoud verdeeld over een aantal rubrieken die hetzij ontleend zijn aan een van de bestaande classificatiesystemen, zoals de UDC (Universele Decimale Classificatie), de Colon Classificatie, de Library of Congress Classificatie, hetzij aan een door de bibliograaf speciaal voor zijn doel ontworpen systeem. Het laatste veronderstelt een zeer goede kennis van het onderwerp waarop zich de bibliografie richt. Mist men deze kennis dan is het veiliger te kiezen voor een trefwoorden- of hoofdwoordenordening. Een systematische ordening is ook alleen maar zinvol bij grote bestanden die een naar onderwerp voldoende gevarieerde inhoud vertonen.

De chronologische ordening

Een rangschikking van publikaties volgens hun datum of jaar van uitgave kan verkozen worden als aan de publikatiedatum grote waarde wordt toegekend. Dit kan zich voordoen bij onderwerpen waarvan het onderzoek zeer snel voortschrijdt (het allernieuwste wordt dan eventueel vooraan geplaatst) of als een ontwikkelingsgang moet worden weergegeven, zoals onder meer in de bibliografie van de werken van een bepaalde auteur (de persoonsbibliografie) of van een instituut. Zij wordt als primaire ordening zelden op omvangrijke bibliografieën toegepast. Een voorbeeld is M. Benton *The literature of space science and exploration* (Washington, 1958). Onder chronologische ordening kan ook worden verstaan een rangschikking naar de jaren of perioden die onderwerp zijn van de opgenomen publikaties. Men spreekt hier ook wel van periode-bibliografie, waarbij het per definitie om historische studies gaat. Strikt genomen is deze ordening te beschouwen als een speciale variant van de systematische rangschikking.

De geografische of regionale ordening

De opgenomen publikaties worden hierbij gerangschikt naar landen van uitgave (subjectief) of naar de landen, gebieden of plaatsen die het onderwerp zijn van hun inhoud (objectief). Ook de indeling naar taalgebieden valt hieronder. Het is een zeer veel toegepaste rangschikking, vooral in bibliografieën over onderwerpen waarin geografische, regionale of lokale verschillen een grote rol spelen. Evenals bij de periode-bibliografie kan deze ordening op landen, streken of plaatsen als onderwerp een variant van de systematische ordening genoemd worden.

De formele of categorale ordening

De rangschikking wordt hierbij gemaakt op grond van de vorm of van de soort (genre, categorie) van de opgenomen publikaties, zoals boeken, brochures, pamfletten, tijdschriften, congresverslagen, microvormen, primaire en secundaire literatuur, vertaalde en oorspronkelijke werken, bloemlezingen. De achtergrond van deze wijze van ordenen is de gedachte dat elke publikatievorm en -soort een eigen functie heeft. Het meest geëigend is deze indeling voor bibliografieën die een inventarisatie geven van het literatuurbestand van een geheel vakgebied, dus literatuurgidsen en bibliografische inleidingen.

Wordt uit een van de bovengenoemde mogelijkheden een zogenaamde primaire of *hoofdordening* gekozen, dan is het veelal mogelijk en gewenst daarbinnen nog een secundaire of zelfs een tertiaire ordening aan te brengen. Bij een systematische indeling kan bij voorbeeld binnen elke rubriek een alfabetische of chronologische volgorde nuttig zijn. Bij een alfabetische trefwoordenrangschikking kan per (ruim) trefwoord een eventuele systematische secundaire indeling worden toegepast. De secundaire en tertiaire indelingen moeten de toegankelijkheid of ontsluiting van het geheel bevorderen en dienen een logische complement van de primaire ordening te zijn.

REGISTERS

Registers of indexen bedoelen eveneens een extra toegang te geven tot het opgenomen materiaal. Ze zijn welhaast van nog meer belang dan de eerder genoemde secundaire en tertiaire rangschikking. Alleen in zeer kleine bibliografieën mogen ze ontbreken. Ook voor registers geldt dat ze een logisch complement moeten zijn van de primaire ordening die is toegepast. Zo is een alfabetisch auteursregister uitermate zinvol als de primaire indeling van de

Keyboarding
See Data preparation
Keyword-in-context indexing (KWIC)
434, 1147, 1153 — (1)
Keyword-in-title indexing (KWIT)
See KWIC indexing — (2)
Keyword-out-of-context indexing (KWOC)
2479, 3698
Keywords
Comparison with Term control: On-line information retrieval 501
File organisation: Searching: Computerised subject indexing 1225
In-house indexing: *Comparison with* External information services 970
Numerical coding: Computerised subject indexing 3088
— (3)
Kibbutz libraries (Israel)
76
Kiev (USSR): Higher education institute (VUZ) libraries: Arrangement by types of user: Layout: Interior design: Buildings *and* Shelf arrangement 856, 1234

(4) — Abstracting
Keenan, Stella. Abstracting and Indexing Services in Science and Technology. **4**, p273
(4) — Activities
Adams, Scott; Werdel, Judith A. Cooperation in Information Activities through International Organizations. **10**, p303
(5) — Adams, Scott
Adams, Scott; Werdel, Judith A. Cooperation in Information Activities through International Organizations. **10**, p303
ADI
Cuadra, Carlos A. Introduction to the ADI Annual Review. **1**, p1
(6) — Adkinson, Burton W.
Berninger, Douglas E.; Adkinson, Burton W. Interaction between the Public and Private Sectors in National Information Programs. **13**, p3

Title Keyword Index

Chilo, Ohio, Clermont County., Flood insurance stu	**81-247**	(7)
China, signed at Beijing July 7, 1979., Trade rela	**81-819**	
" , signed at Taipei and Washington September 1	**81-748**	
Chittenden County., Flood insurance study :town of	**81-309**	
" ., Flood insurance study :village	**81-310**	
chlorine dioxide /, Effect of particulates on disi	**81-46**	
chlorophyll a /, Airborne laser fluorosensing of s	**81-91**	
Choosing a career :useful information to help you	**81-510**	(8)
chromium in the United States :superalloys and cas	**81-601**	
chromosomes /, Current cancer research :effect of	**81-542**	
cigarettes accorded duty-free treatment :report (t	**81-913**	
citizenship., Immigration, naturalization, and	**81-521**	

```
/OOR BEHANDELING VAN AROB-BEZWAARSCHRIFTEN
N WELKOM WETSVOORSTEL MET BEZWAREN
                ETHISCHE BEZWAREN TEGEN ONDERZOEK VAN HULP
OSE" KIN RELATIONS OF THE BGU OF WEST IRIAN
S VAN HET ONTWERP VAN WET BIJZONDERE OPNEMINGEN IN PSYCHIA
/AN OPZOOMER, (1821-1892, BINNEN DE NEDERLANDSE FILOSOFIE
/AN COMPUTERKOSTEN: KORTE BIBLIOGRAFIE
                          BIBLIOGRAFIE VAN JOHAN VALKHOFF
       EVALUATIE VAN HET BIBLIOGRAFISCH BEZIT VAN EEN GAMM
KADER VAN EEN NEDERLANDS BIBLIOGRAFISCH CENTRUM        E
         EEN NEDERLANDS BIBLIOGRAFISCH CENTRUM?
MPUTER-LEESBARE VORM VOOR BIBLIOGRAFISCHE DOCUMENTATIE
ERLANDS BIBLIOG          BIBLIOGRAFISCHE INFORMATIEVERZORG
LECTIES IN UNIVERSITEITS-BIBLIOT HEKEN
AMBTENAAR ALS INSTITUUTS- BIBLIOTHECARIS
AMBTENAAR ALS INSTITUUT-S-BIBLIOTHECARIS,II
DE LEIDSE UNIVERSITEIT-S-BIBLIOTHEEK
       DE CENTEN VAN DE BIBLIOTHEEK
   OP WEG NAAR EEN NIEUWE BIBLIOTHEEK
OUWEN WERK IN DE OPENBARE BIBLIOTHEEK
UNIVERSITEIT EN OPENBARE BIBLIOTHEEK

                              1

                 DE STADSVERNIEUWING IN DE AMSTERDAMSE DAPF
     WONERS KANS OM AAN STADSVERNIEUWING TE WENNEN'        GE
2    T ONTWERP-RAAMNOTA STADSVERNIEUWING TE AMSTERDAM
                        STADSVERNIEUWING VRAAGT OM NOODWET DE (
           WETSONTWERP STADSVERNIEUWING VRIJWEL ONGEWIJZIGD
                        STADSVERNIEUWING-S-CORPORATIES IN DE PF
     IEK TEN BEHOEVE VAN STADSVERNIEUWING-S-OP DRACHTEN
      HET ZUIDHOLLANDSE STADSVERNIEUWING-S-TEAM
                        STADSVERNIEUWING, EEN SOCIAAL, DUS EEN
                        STADSVERNIEUWING, EEN GEOGRAFISCH PERSF
                        STADSVERNIEUWING, EEN SOCIAAL, DUS EEN
        IN WEESP KOMEN STADSVERNIEUWINGEN EN OPBOUWWERK MAAR N
                  MODEL STADVERNIEUWING-S-PROJECT IN DORDREC HT
     DE HORIZONTALE (STAF)ONTWIKKELING VAN DE ORGANISATIE
                        STAGE - DE PROEF OP DE SOM
                     DE STAGE ALS ONDERWIJS'FENOMEEN'
                        STAGE EN KURSUS ALGEMENE VORMING EN BEF
   E INDRUKKEN RONDOM STAGE IN HET EDUKATIEF INSTITUUT
  ROWTH IN THE FINAL STAGE OF A PIONEER FRONTIER
```

Indexen
LISA (linksboven) heeft een alfabetische index op trefwoorden die niet in de titel van de gerefereerde publikatie behoeven voor te komen. Verwijzing naar referaatnummers (1), naar andere trefwoorden (2) en differentiatie van ruime trefwoorden (3). Daaronder: ARIST heeft een KWOC-index; de titel blijft intact, accentwoorden uit de titel worden uitspringend verdubbeld (4), ook auteurs (5) en co-auteurs (6). Het voorbeeld daaronder toont eveneens een KWOC-index, echter worden hierbij de titels 'gebroken' om het indexwoord naar voren te halen (= out of context), zie (7) en (8). Rechtsboven: fragmenten van een KWIC-index. De woorden uit de titel waarop geïndexeerd is worden in hun verband gelaten (in context) en gecentreerd (1). Soms moet de context vanwege de lengte worden afgebroken (2). Overige bibliografische gegevens (hier niet zichtbaar) staan links of rechts in de marge.
Citatie-indexen vormen een betrekkelijk recente methode van bibliografische ontsluiting. De voorgeschiedenis ervan begon in de negentiende eeuw, de eerste grootschalige toepassing kwam in 1963 met de uitgave van de *Science Citation Index*. Het hier gegeven voorbeeld

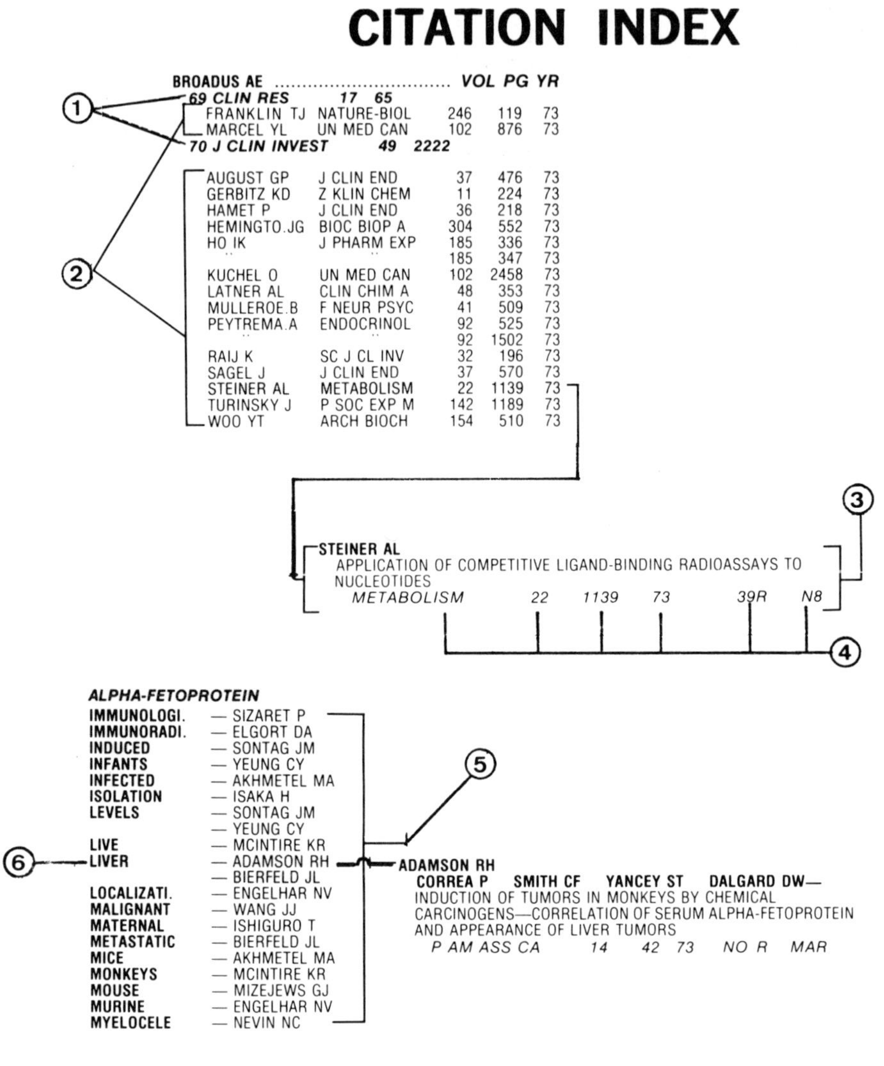

(jaargang 1973) toont het principe: een eerder gepubliceerd artikel van een bepaalde auteur (1) wordt opgezocht in de 'citation index'. Daar zijn vermeld de auteurs (met vindplaats) die in het lopende jaar het eerstgenoemde artikel citeerden (2). In de 'source index' is van de citerende publikaties de volledige beschrijving te vinden (3), waarbij de bron vermeld is met: deelnummer, bladzijde, publikatiejaar, aantal literatuurverwijzingen en afleveringsnummer van het tijdschrift (4). Is geen uitgangspublikatie bekend dan kan via de 'permuterm subject index' (5) gezocht worden. Hier is elk betekenisvol woord uit de titel van elk opgenomen artikel gekoppeld met elk ander woord in die titel en in alfabetische volgorde geplaatst. Daarachter is de auteur vermeld wiens publikatie over (eventueel onder meer) het desbetreffende koppel handelt (6). In de 'source index' kan dan wederom een volledige beschrijving worden gevonden. Het gevonden artikel kan in volgende afleveringen van de citatie-index weer als uitgangspublikatie worden gebruikt, en zo voort.

bibliografie systematisch, geografisch of chronologisch is, maar betrekkelijk overbodig bij een primaire alfabetische rangschikking op hoofdwoorden. Bij deze laatste past wel weer een alfabetische register op trefwoorden en/of titelwoorden. Zinvol is het ook om bij een primair alfabetische rangschikking op trefwoorden een zogenoemd systematisch register op te nemen, waarin alle gebruikte trefwoorden in een systematisch verband geplaatst zijn, dat wil zeggen trefwoorden die met elkaar samenhangen zijn daarin ondergebracht in één rubriek. De meer systematisch ingestelde gebruiker zal daardoor geholpen worden snel de juiste trefwoorden te kiezen. Gemengde alfabetische registers (van het dictionary type) worden zeer veel toegepast: hoofdwoorden en trefwoorden staan dan in één alfabet, zoals ook in dit boek. Een dergelijk register wint nog aan overzichtelijkheid en bruikbaarheid als tussen de verschillende categorieën typografisch onderscheid wordt gemaakt, bij voorbeeld auteursnamen cursief of onderstreept. Gemengde registers worden in het algemeen verkozen boven gescheiden auteurs-, zaak-, plaats- en andere registers (H.Kunze, 1992).
Het verantwoord samenstellen van een register wordt vaak sterk onderschat. Toch gaat het hierbij om een hulpmiddel dat veelal bepalend is voor de bruikbaarheid van een bibliografie.
Moderne tekstverwerkingsprogramma's hebben een faciliteit om automatisch registers te genereren, mits in de ingevoerde tekst bij namen of begrippen die in het register moeten worden opgenomen codes zijn geplaatst. Soms is het beter de voor een register geselecteerde namen en termen, met hun nauwkeurige vindplaats (bladzijde, kolom of volgnummer in de bibliografie) te bewerken in een eenvoudig databaseprogramma. Dat geeft meer mogelijkheden om verwijzingen, synoniemen, subtermen, relaties en dergelijke in te voeren. Voor de traditionele handmatige werkwijze, die nog maar weinig wordt toegepast, moge verwezen worden naar de vorige druk (1989) van dit boek.

Het tijdrovende en tamelijk mechanische deel van het registermaken is door de automatisering zeer vergemakkelijkt en bereikt veelal ook een hogere graad van nauwkeurigheid. Met behulp van computers worden ook de zogeheten KWIC-indexen gemaakt, dat zijn indexen die zich beperken tot woorden uit de titel, waarbij de woorden ervoor en erna in het register zijn opgenomen (KWIC=Key Word In Context). Ook het permuteren (omzetten, verwisselen) van termen uit een titel of tekst kan met de computer snel en gemakkelijk gebeuren. Toepassing van dit procédé is te zien in de permuterm index van de *Science Citation Index*.

INHOUDSOPGAVE

De inhoudsopgave van een bibliografie is in wezen een bepaald type register en voor de ontsluiting van het werk van soortgelijke betekenis. Meestal voorin geplaatst (bij bibliografieën uit het romaanse taalgebied veelal juist achterin) biedt de inhoudsopgave een eerste mogelijkheid voor de gebruiker om in grote lijnen te verkennen wat de bibliografie hem te bieden heeft. Vooral bij systematisch ingerichte bibliografieën ligt voor het toegankelijk maken de nadruk op de inhoudsopgave, die de verschillende onderwerpsrubrieken nauwkeurig en met vermelding van de bladzijden waarop ze voorkomen, moet aangeven. Niet alleen hoofdrubrieken of titels van hoofdstukken worden in de inhoudsopgaven vermeld, maar ook rubrieken, subrubrieken en (soms) paragrafen, inleidingen, verantwoordingen, registers, lijsten van gebruikte afkortingen en bijlagen (met hun titels).

VORMGEVING

Met de vormgeving van de bibliografie (lay out, lettertypen, formaat) is een aspect aan de orde waar persoonlijke smaak een grote rol speelt. Gaat het om een gedrukte bibliografie dan zal de drukker c.q. uitgever hierin veelal een belangrijke invloed doen gelden. Wordt vermenigvuldiging in kleine oplage met eenvoudige middelen beoogd, dan is het meestal de bibliograaf zelf die de vormgeving geheel en al bepaalt. Met de moderne computergestuurde laserprinters zijn zeer bevredigende resultaten te bereiken. Hoofdzaak is dat de vormgeving de toegankelijkheid en overzichtelijkheid moet dienen. Met typografische originaliteiten zij men zeer terughoudend. Logica en consequentie in een eenmaal gekozen vorm dienen voorop te staan.

VERANTWOORDING EN EVENTUELE INLEIDING

Elke bibliografie berust op een aantal principes, bronnen, keuzen, die in het hoofdwerk meestal niet direct duidelijk blijken. Ze dienen daarom steeds op een afzonderlijke plaats tegenover de gebruiker verantwoord te worden, opdat deze weet wat hij wel en niet verwachten mag. Een dergelijke verantwoording, bij voorkeur geplaatst voorin de bibliografie, kan bij voorbeeld betrekking hebben op de volgende zaken: keuze en formulering van de titel, doel van de bibliografie, beperkingen en selectiecriteria ten aanzien van onderwerp en opgenomen materiaal, keuze en kwaliteit van de gebruikte bronnen (deze bronnen worden ook steeds opgesomd, eventueel in een afzonderlijke lijst), toelichting op de wijze van beschrijven en annoteren, keuze van materiaalrangschikking, functie van de toegevoegde registers en dergelijke. In een aantal gevallen kan het nuttig zijn om bij de verantwoording van de bronnen ook een zoekplan en de bevindingen bij het zoeken op te nemen. Daarin kan tevens vermeld worden in voorkomende gevallen welke personen of instanties op enigerlei wijze behulpzaam zijn geweest. Is de bijdrage van derden bijzonder substantieel dan wordt dit meestal (opvallender) vermeld in een ‘woord vooraf’.

In sommige gevallen, met name als de bibliografie betrekking heeft op een duidelijk begrensd onderwerp en als de bibliograaf inzake dit onderwerp ook een inhoudelijke deskundigheid bezit, kan een inleiding worden toegevoegd. Deze geeft dan in grote lijnen een samenhangend overzicht van de inhoud van opgenomen titels, een soort stand van zaken, waaruit zo mogelijk ook de progressie in de ontwikkeling van de kennis over het onderwerp blijkt (literatuurrapport, review).

BIBLIOGRAFIE ALS ONDERDEEL VAN EEN PUBLIKATIE

Veelvuldig worden bibliografieën samengesteld die niet zelfstandig gepubliceerd worden, maar als onderdeel van een tijdschrift of seriewerk, van een gedenkbundel, van een monografie of standaardwerk over een bepaald onderwerp. In principe gelden, wat de produktie betreft, hiervoor natuurlijk dezelfde regels als ten aanzien van zelfstandig verschijnende bibliografieën. Alleen de mogelijkheid voor inleidingen, toelichtingen, registers, en dergelijke zijn hierbij doorgaans klein en meestal ook minder noodzakelijk. De bibliograaf dient zich dan te beperken tot uiterst bondig en duidelijk geformuleerde aanwijzingen. De mogelijkheid van participatie in het register op het gehele werk dient altijd benut te worden.

ILLUSTRATIEVE OPDRACHTEN EN VRAGEN

1 Geef begrenzings- of uitbreidingsmogelijkheden aan van de volgende onderwerpen voor een bibliografie:
   - De autobiografie als literair genre
   - Industriële ontwikkeling en loonbeleid
   - Opvoeding en religieuze beleving
   - De veranderende positie van het wetenschappelijk tijdschrift
   - Luchtverontreiniging in het begin van de negentiende eeuw
   - Economische aspecten van de bevolkingspolitiek
   - Documentleverantie door bibliotheken
   - Computernetwerken en bibliografische beheersing
   - De techniek van de moderne boekproduktie
   - Het Europese informatiebeleid
   - Catalogusautomatisering

2 Welke verschillende doeleinden kan men beogen bij het samenstellen van een bibliografie van congresverslagen op het gebied van de ontwikkelingsproblematiek? Welke consequenties kan die verscheidenheid hebben voor de inrichting van die bibliografie?

3 Welke selectiecriteria zijn zinvol en verantwoord bij het samenstellen van een bibliografie over internationale regelingen van het auteursrecht? Beredeneer de gemaakte keuze.

4 Hoe zou het titelmateriaal gerangsschikt en ontsloten kunnen worden in een omvangrijke bibliografie over de geschiedenis van de ontdekkingsreizen?

5 Welke hoofdordening van het materiaal heeft de voorkeur bij een bibliografie van bibliografische hulpmiddelen op het gehele terrein van de sociale wetenschappen?

6 Ontwerp een inhoudsopgave voor een bibliografie over de Nederlandse bibliotheekgeschiedenis.

7 Maak een register op hoofdstuk IV van dit boek.

EEN SAMENVATTEND SCHEMA VOOR HET VERVAARDIGEN VAN EEN BIBLIOGRAFIE

Het proces van het samenstellen van een bibliografie, zoals in het voorgaande beschreven en toegelicht, is vastgelegd in het afgebeelde stroomschema. Elke stap is in het schema vertegenwoordigd door een genummerde figuur met beschrijvende inhoud. Rechthoeken representeren acties, ruiten duiden op vragen waarvan de antwoorden bepalend zijn voor de voortgang en richting van het proces. De stopcirkels geven aan waar het proces voltooid is of waar het voortijdig moet worden afgebroken, omdat doorgaan geen zin heeft of te kostbaar wordt. Goed is te zien waar soms stappen terug gezet moeten worden tijdens het werkproces.

Het schema is niet alleen van toepassing bij de traditionele werkwijze (gebaseerd op gedrukte bronnen en met manuele verwerking), maar ook in een geautomatiseerde omgeving. In het laatste geval dient bij een aantal van de genummerde acties de beschrijving enigszins te worden aangepast. Het betreft de volgende nummers:

nr. 5: ook OPAC's en CD-ROM
nr. 14: ook online bestanden en CD-ROM
nr. 23: zet titels in een database met goed gestructureerde records
nr. 36: idem
nr. 43: sorteer in database
nr. 47: merk de betreffende records, eventueel een apart veld
nr. 48: maak beschrijvingen in database, een titel per record
nr. 50: per record annotaties toevoegen in annotatieveld
nr. 56: completeer database
nr. 58: sorteer naar wens
nr. 60: voeg secundaire sorteervelden toe
nr. 62: breng indextermen per record in indexveld(en)
nr. 64: maak van database een afdruk in gewenste vorm. Bij presentatie op diskette een duidelijke handleiding bijvoegen!

Het samenstellen van een bibliografie
Schematische werkwijze

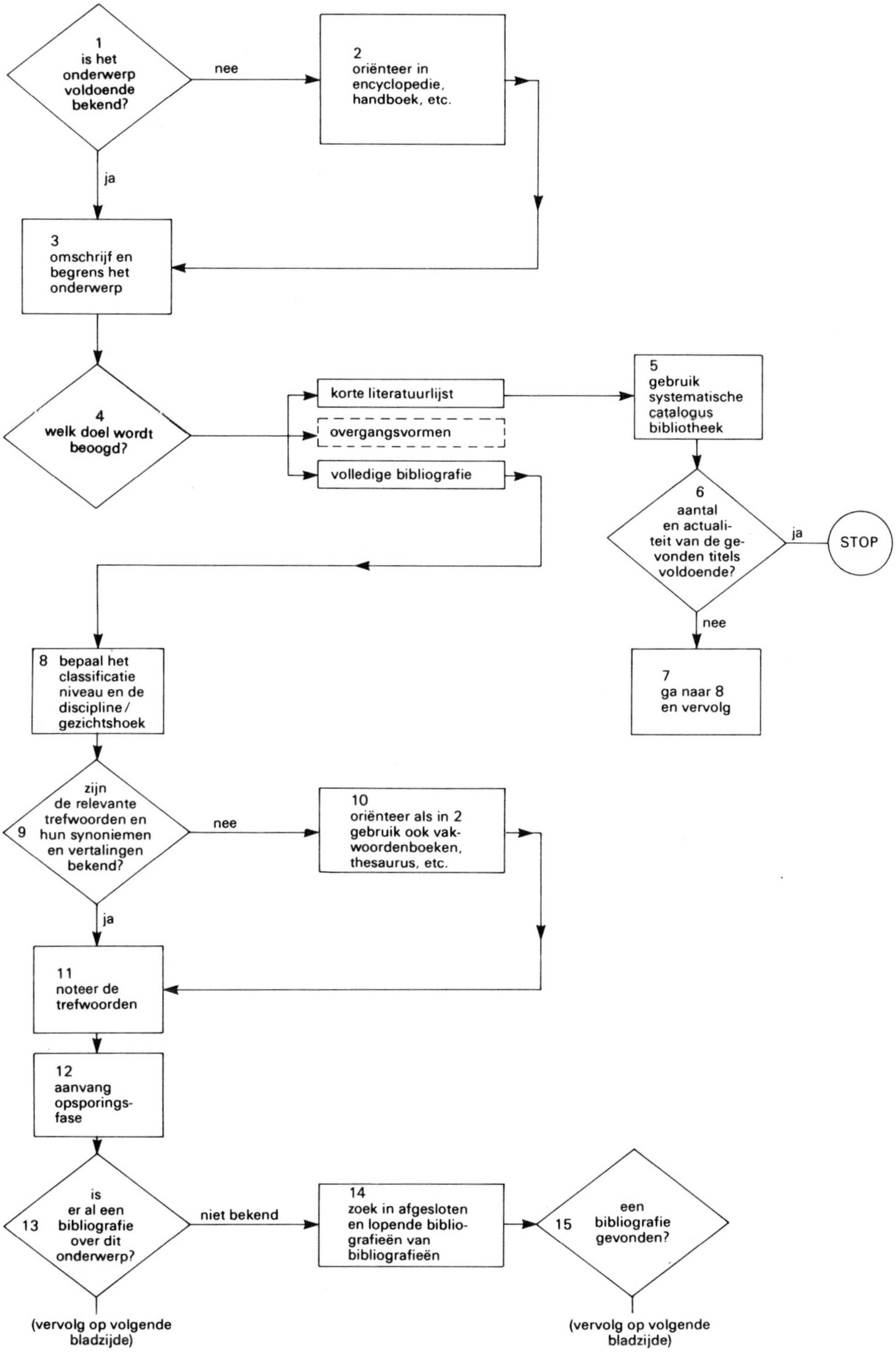

(vervolg)

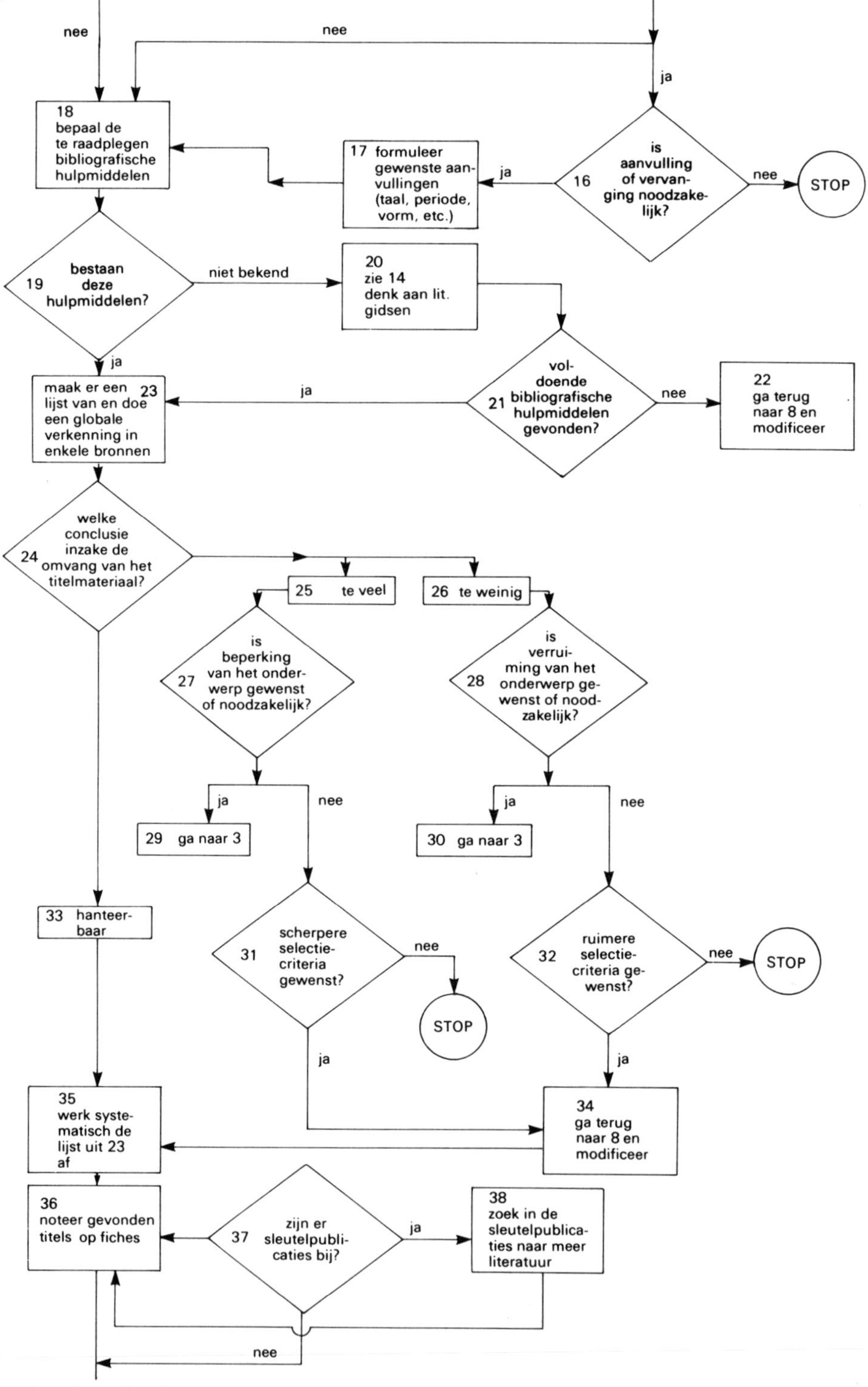

(vervolg op volgende bladzijde)

(vervolg)

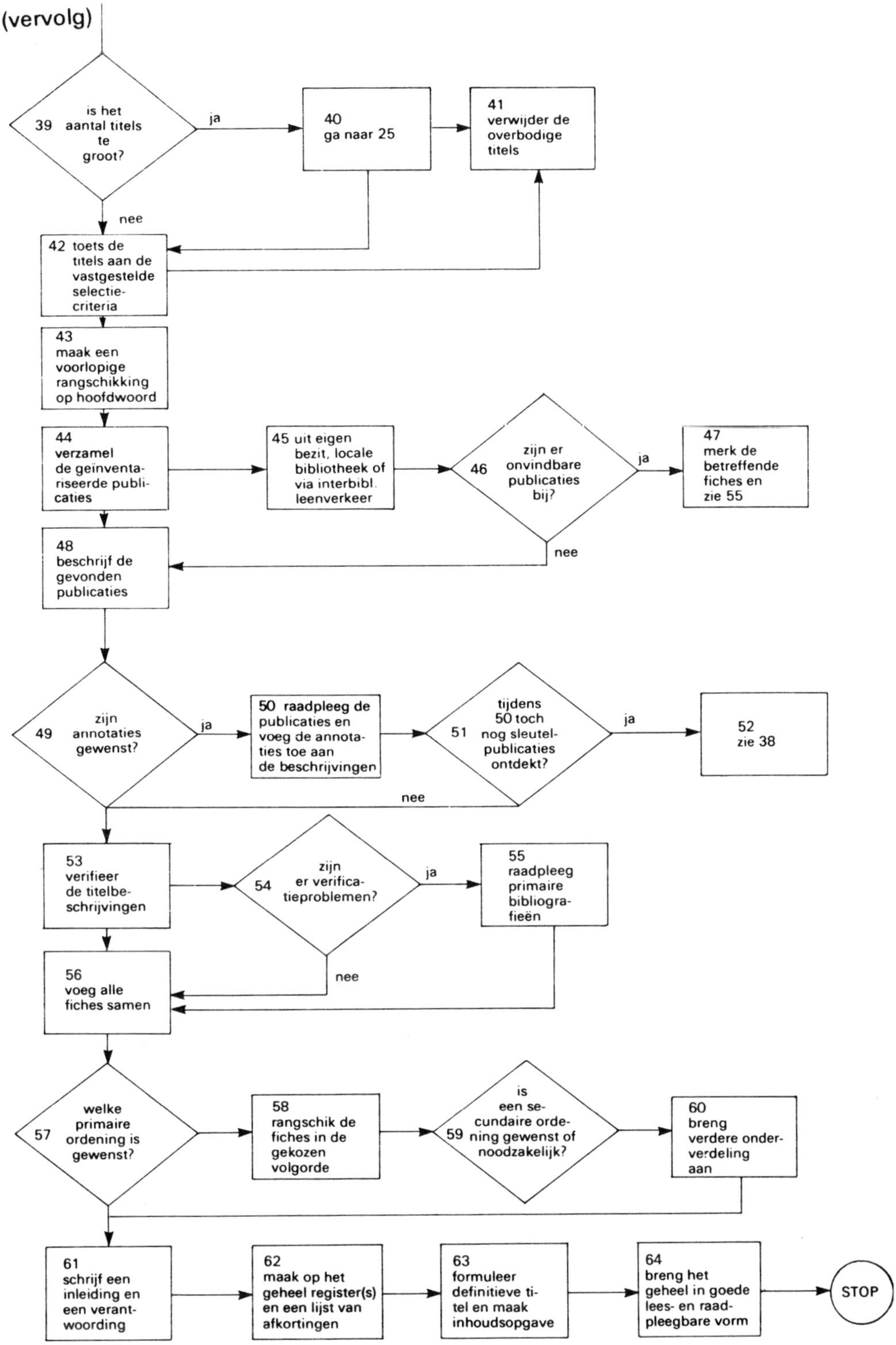
39 is het aantal titels te groot?
ja
nee
40 ga naar 25
41 verwijder de overbodige titels
42 toets de titels aan de vastgestelde selectie-criteria
43 maak een voorlopige rangschikking op hoofdwoord
44 verzamel de geïnventa-riseerde publi-caties
45 uit eigen bezit, locale bibliotheek of via interbibl. leenverkeer
46 zijn er onvindbare publicaties bij?
ja
nee
47 merk de betreffende fiches en zie 55
48 beschrijf de gevonden publicaties
49 zijn annotaties gewenst?
ja
50 raadpleeg de publicaties en voeg de annota-ties toe aan de beschrijvingen
51 tijdens 50 toch nog sleutel-publicaties ontdekt?
ja
nee
52 zie 38
53 verifieer de titelbe-schrijvingen
54 zijn er verifica-tieproblemen?
ja
nee
55 raadpleeg primaire bibliogra-fieën
56 voeg alle fiches samen
57 welke primaire ordening is gewenst?
58 rangschik de fiches in de gekozen volgorde
59 is een se-cundaire orde-ning gewenst of noodzakelijk?
60 breng verdere onder-verdeling aan
61 schrijf een inleiding en een verant-woording
62 maak op het geheel register(s) en een lijst van afkortingen
63 formuleer definitieve ti-tel en maak inhoudsopgave
64 breng het geheel in goede lees- en raad-pleegbare vorm
STOP

GEBRUIKTE EN AANBEVOLEN LITERATUUR

Bartsch, E. *Die Bibliographie. Einführung in Benutzung, Herstellung, Geschichte.* 2. durchges. Aufl. München,1989.
Vooral de hoofdstukken met betrekking tot het vervaardigen van bibliografieën.

Bennett, V.M. and E.M. Palmer. (1994). 'Electronic document delivery using the Internet.' *Bulletin of the Medical Library Association* 82 (2).

Berger, S.E. *The design of bibliographies: observations, references and examples.* London, 1991.

Bowers, F. *Principles of bibliographical description.* (repr.) New York,1962.

Brandreth, M. and C. MacKeigan. (1994). 'Electronic document delivery – towards the virtual library.' *Interlending and Document Supply* 22 (1).

Brown, C.C. (1994). 'Creating automated bibliographies using Internet-accessible online library catalogs.' *Database* 17 (1).

Costers, L. and S. Koopman. (1993) 'The Dutch RAPDOC project: from interlibrary loan to electronic document delivery.' *Interlending and Document Supply* 21 (1).

Davinson, D. *Bibliographic Control.* London,1975.

Dunkin, P.S. *Bibliography, tiger or fat cat?* London,1975.

Hagler, R. and P. Simmons *The bibliographic record and information technology.* 2nd. ed. London, 1991.
Geeft een ook voor de bibliografie van belang zijnde uiteenzetting over de problemen van catalogusbouw.

Harmsen, M. (1982) 'Titelbeschrijven en sorteren: de Regels voor de titelbeschrijving en andere nationale en internationale regelwerken en normen'. *Open,* 14, 5.

Harner, J.L. *On compiling an annotated bibliography.* New York,1985.

In hoofdzaak gericht op de vervaardiging van een bibliografie over een schrijver.

Harris, E.T. *A guide for the preparation of indexes.* Santa Monica, Cal.1965.

Hoexum, S.W. 'Titelbeschrijving'.In: *Bibliotheek en documentatie. Handboek ten dienste van de opleidingen.* 3e dr. Deventer,1984. p.195-212.

Houghton, B. *Scientific periodicals; their historical development, characteristics and control.* London,1975.

ISBD(CM) – *International Standard Bibliographic Description for Cartographic Materials.* London:IFLA,1977.

ISBD(M) – *International Standard Bibliographic Description for Monographic publications.* London:IFLA,1974.

ISBD(NBM) – *International Standard Bibliographic Description for Non-Book Materials.* London:IFLA,1977.

ISBD(S) – *International Standard Bibliographic Description for Serials.* London:IFLA,1977.

Khalil, M.A. 'Creating a local journal database for electronic document delivery.' *Proceedings of the 15th National Online Meeting 1994.* Edited by Martha E. Williams. Medford, New Jersey, 1994.

Kortaf; lijst van afkortingen en acroniemen op het terrein van de informatieverzorging. 's-Gravenhage:NOBIN, 1977, daarna regelmatig herzien en uitgebreid.

Krummel, D.W. (1988). 'The dialectics of enumerative bibliography: observations on the historical study of the practices of citation and compilation.' *Library Quarterly* 58 (3).

Krummel, D.W. *Bibliographies. Their aims and methods.* 2d ed. London,1986.
Bevat een lijst van "Major writings on the compiling of bibliographies" uit de periode 1883-1983, totaal 110 titels met annotaties!

Kunze, H. *Über das Registermachen.* 4. erw. und verb. Aufl. München-Pullach,1992.

Lancaster, F.W. *Indexing and abstracting in theory and practice.* London, 1991.

Nicholas, R.M. and A.E. Standley *Basic bibliography book: a brief guide to compiling bibliographies.* Kings Ripton,1984.

Pearce, M.J. *A workbook of analytical and descriptive bibliography.* London,1970.

Ravi, A.S. and B.C. Indira. (1994). 'An e-mail-based bibliographic information server.' *Journal of Information Science* 20 (4).

Regels voor de titelbeschrijving./ Federatie van Organisaties op het gebied van het Bibliotheek-, Informatie- en Dokumentatiewezen (FOBID). Den Haag.
Van dit meerdelige werk zijn hier i.h.b. de volgende delen van belang:
1. *Beschrijvingsregels noor niet-seriële publikaties.* (1982).
2. *Beschrijvingsregels voor seriële publikaties.* (1978).
3. *Regels voor de catalogusbouw.* (1983).
6. *Sorteerregels: regels voor het sorteren van catalogustitels.* (1981).
12. *Beschrijvingsregels voor computer files.* (1990).

Robinson, A.M.L. *Systematic bibliography; a practical guide to the work of compilation.* 3d ed.London,1971.

Vickery, B.C. *Classification and indexing in science.* 3d ed.London,1975.

Werken met trefwoorden: toepassingen bij *Trefwoorden: handboek voor opleiding en praktijk.* o.r.v. H. van den Ham ...[et al.]. Den Haag,1986.

Wooliscroft, M. (1994). 'Access and ownership: academic libraries' collecting and service responsibilities and the emerging benefits of electronic publishing and document supply.' *New Zealand Libraries* 47 (9).

VII WERKEN MET BIBLIOGRAFIEËN

INLEIDING

Wie meer dan incidenteel met publikaties omgaat, zich in werk en ontwikkeling geheel of ten dele op documentaire informatie heeft te baseren, zal waarschijnlijk meer dan eens genoodzaakt zijn bibliografische bestanden te raadplegen of zich daaruit gegevens te laten verstrekken. De potentiële gebruikerskring van bibliografieën is dus zeer uitgebreid en gevarieerd van samenstelling. Drie min of meer afgrensbare categorieën zijn er evenwel in te onderscheiden: de boekhandelaar, de bibliothecaris en de wetenschapsbeoefenaar, waaronder mede begrepen ieder die voor studie of beroep gebruik maakt van gepubliceerde informatie. Velen van hen hebben van tijd tot tijd bibliografisch werk te verrichten. Wie daarvoor niet is toegerust ondervindt daar in zijn werk de negatieve gevolgen van.

De vraag naar het waartoe van bibliografieëngebruik dient vanzelfsprekend in verband gebracht te worden met de behoeften van de onderscheiden belanghebbenden. De aanleidingen tot een bibliografische speurtocht, van welke omvang dan ook, kunnen zeer verschillend zijn. Toch is er ook, zoals nog zal blijken, vaak sprake van overeenkomst tussen de bibliografische problemen bij de genoemde gebruikerscategorieën. Juist die overeenkomst maakt het mogelijk een aantal richtlijnen voor het gebruik van bibliografieën te geven.

In het volgende is vooral aandacht besteed aan een aantal standaardsituaties waarin op bibliografieën een beroep kan worden gedaan. Elke situatie vraagt om een eigen aanpak van de gerezen problemen, zodat de werkwijze, zo men wil de bibliografische methode, zich het beste per situatie laat behandelen. Dit houdt al in dat niet gesproken kan worden van een uniforme methode. Bibliografieën zijn in het algemeen voor een bepaalde situatie, voor een bepaald type vragen, ontworpen. Het herkennen van een vraagtype is daarom al een belangrijk onderdeel van bibliografisch onderzoek. Alvorens aandacht te besteden aan het werken met bibliografieën in verschillende situaties en volgens bepaalde werkmethoden, volgen hier eerst nog enige opmerkingen over het belang van bibliografische kennis en het beoordelen van bibliografieën.

Dat kennis van en vaardigheid in de omgang met bibliografische bronnen niet alleen voor de betrekkelijk kleine schare professionele bibliografen van belang is, maar in toenemende mate ook voor een veel algemener publiek, dient hier nog eens nadrukkelijk te worden gesteld. Totok (1976, Geleitwort) heeft erop gewezen hoe een en hetzelfde verschijnsel, namelijk de toenemende verwetenschappelijking van onze wereld, zowel de hoeveelheid gedrukte informatie in korte tijd exponentieel deed stijgen, alsook de technische hulpmiddelen voortbracht om deze informatievloed te beheersen. De meest ingrijpende van die technische hulpmiddelen zijn de moderne reprografie en de elektronische gegevensverwerking.

De inschakeling van de computer in de bibliografie betekent echter niet dat vooralsnog iedereen op grote schaal 'online' toegang heeft tot alle bibliografische informatie. Die toegang kent twee barrières: er moet, ook in bibliotheken, voor betaald worden èn de zoektalen zijn veelal nog zo gecompliceerd dat het nodig is met een tussenpersoon of intermediair te werken. Nadelig is ook dat veel geautomatiseerde bibliografische bestanden (nog) niet verder teruggaan dan tot ongeveer 1970 en dat literatuur in boekvorm er relatief minder in vertegenwoordigd is dan tijdschriftartikelen. In het algemeen bestaan er nog klachten over de dekkingsgraad van de verschillende bestanden. Te verwachten is dat deze bezwaren met het vorderen van de techniek en de organisatie grotendeels zullen worden weggenomen. De kostenfactor zal ongetwijfeld een rol van enige betekenis blijven spelen.

Afgezien van de grote, lopende bibliografieën, die tegenwoordig uitsluitend online of op CD-ROM beschikbaar komen, is de computer niet anders dan een hulpmiddel bij het vervaardigen van bibliografische monografieën, die vervolgens als boekvormige uitgaven op de plank komen. Kennis van deze en oudere bibliografieën is dan ook nog steeds van veel belang voor het terugvinden van publikaties. De vaardigheid om er mee om te gaan staat in direct verband met het rendement van onderwijs en onderzoek. Studieduur, kwaliteit van onderzoek, vermijden van doublures, bevorderen van wetenschappelijke communicatie en dergelijke hebben er mee te maken. Langzamerhand is ook in Nederland het inzicht doorgebroken dat aan de instellingen van onderwijs intensiever en systematischer dan tot dusver de scholing in het omgaan met wetenschappelijke informatie ter hand moet worden genomen. Verkorting van de studieduur maakt het nog meer van belang dat studerenden efficient hun eigen weg leren vinden in de vakliteratuur. Naast de training in het juiste gebruik van bibliotheken en informatiecentra gaat het daarbij met name om theoretische en praktische kennis inzake vakwetenschappelijke informatiebronnen, bibliografieën van allerlei soort en vorm. Velen van de huidige wetenschapsbeoefenaren zijn in dit opzicht tijdens hun opleiding onvoldoende voorbereid. Te weinig wordt beseft dat bij de methoden en technieken van onderzoek die in elke vakstudie worden gedoceerd, ook die voor het opsporen en verwerken van reeds gepubliceerde informatie behoren. Wie op dit punt onvoldoende is opgeleid belandt maar al te vaak in een vicieuze cirkel: hij onderzoekt, soms tegen hoge kosten, wat al geheel of gedeeltelijk door anderen bewerkt is en hij geeft zijn eigen onderzoeksresultaten door op een wijze die voor andere onderzoekers niet efficient is, waardoor deze er weer onvoldoende gebruik van kunnen maken (Boerma & Arnold,1990).

HET BEOORDELEN VAN BIBLIOGRAFIEËN

De meeste bibliografieën leert men pas na ruime gebruikservaring goed kennen. Die ervaring kan echter versneld en geïntensiveerd worden als bij elke eerste kennismaking met een bibliografie of daaraan verwant hulpmiddel het volgende in acht wordt genomen:

- Onderzoek nauwkeurig de titelpagina voor gegevens met betrekking tot het onderwerp en de begrenzing daarvan, de naam en de kwaliteiten van de auteur(s), de uitgever, de publikatiedatum.
- Lees het woord vooraf en/of de inleiding voor nadere informatie over het onderwerp, opmerkingen over bijzondere punten, over beperkingen, selectiecriteria, vergelijkingen met andere bibliografieën over eenzelfde onderwerp en dergelijke.
- Onderzoek de bibliografie op haar interne ordening, de aard van de inhoudsopgave, aantal en soort registers, vorm en uitgebreidheid van de beschrijvingen, toegepaste alfabetiseer- of sorteerregels.
- Stel de verschijningsfrequentie vast. Is het een eenmalige, een retrospectieve, een steeds geactualiseerde, een lopende, een cumulerende bibliografie?
- Controleer de representativiteit, ook of juist als daarover in het woord vooraf niets wordt opgemerkt. Zijn bepaalde talen, onderwerpen, publikatievormen over- of ondergewaardeerd? Is er voorkeur voor bepaalde religieuze, politieke of andere standpunten?
- Ga bij nieuwe edities na in hoeverre de oude tekst herzien, aangevuld is. Controleer de actualiteit: het verschil tussen het publikatiejaar van de bibliografie en dat van de jongste opgenomen publikaties.
- Neem een proef met enkele bibliografische vragen die op het terrein van de beoordeelde bibliografie liggen. N.B. Een negatieve uitkomst kan ook wijzen op een tekort aan zoektechniek van de beoordelaar! Toets de opgedane ervaring zo mogelijk aan die van anderen.

Een praktijkvoorbeeld van een evaluatie is het onderzoek van De Smedt (1988) naar het vertegenwoordigd zijn van Nederlandse werken in de grote bibliografieën van bij voorbeeld Malclès, Sheehy, Walford, e.d. Allischewski (1986) geeft aan de hand van ruim 300 beschrijvingen van bibliografieën een goed inzicht in de hantering van de belangrijkste evaluatiecriteria. Deze criteria zijn niet alleen van belang voor het directe gebruik van referentiemateriaal, maar eveneens voor het kunnen nemen van een verantwoorde aankoopbeslissing van deze vaak kostbare werken. Bibliotheken hebben er dus veel belang bij. De American Library Association stelde in 1971 een uitvoerige lijst van evaluatiecriteria samen (opgenomen als Appendix A in Krummel,1986).

Bij nieuwere uitgaven kunnen ook recensies in vaktijdschriften gezocht worden of speciale evaluerende werken geraadpleegd, zoals *Best reference books*. Ook de besprekingen door anderen moeten echter kritisch bekeken worden: vaak is een recensie te mild (Sweetland, 1987 p.65). Het eigen oordeel, afgestemd op de eigen situatie, moet tenslotte de doorslag geven. Voor het evalueren van naslagwerken op CD-ROM, die sterk in opkomst zijn, zie Schwartz (1993). Het gaat daarbij in principe om dezefde hiervoor genoemde punten. Extra aandacht verdienen echter de geboden zoekmogelijkheden, de benodigde hard- en software en het gebruiksgemak.

GEBRUIKSSITUATIES

In de inleiding van dit hoofdstuk werd de potentiële kring van bibliografiegebruikers in drie categorieën verdeeld: de boekhandelaar, de bibliothecaris en de wetenschapsbeoefenaar. Ook werd gesproken over enkele standaardsituaties waarin deze gebruikers hun toevlucht tot bibliografische hulpmiddelen zullen zoeken. In hoofdzaak betreft het de volgende drie:

1 het *verifiëren* van de titel of het aanvullen van ontbrekende gegevens met betrekking tot een publikatie;
2 het *selecteren* van publikaties ten behoeve van collectievorming in bibliotheken;
3 het *opsporen* van literatuur in verband met een wetenschappelijk onderzoek.

De drie gebruikerscategorieën hebben in wisselende mate met één of meer van deze standaardsituaties te maken. In het volgende wordt daarop uitvoerig ingegaan, waarbij ter verduidelijking een aantal voorbeelden uit de praktijk aan de orde komt.

VERIFIËREN EN AANVULLEN

De noodzaak tot het verifiëren en/of aanvullen van gegevens over boeken, tijdschriften, rapporten en andere documenten doet zich herhaaldelijk voor, ook als die documenten zelf ter beschikking staan. Bij het verifiëren gaat het om het verkrijgen van zekerheid over reeds beschikbare gegevens (auteursnaam, exacte titel, jaar van uitgave, aantal bladzijden en dergelijke). Aanvullen is het zoeken van ontbrekende gegevens, in het document zelf, dan wel in een bibliografische bron. Verifiëren en aanvullen gaan meestal hand in hand. Elke boekhandelaar kan uit eigen ervaring voorbeelden noemen van klanten die een bepaald boek bestelden terwijl zij gegevens als auteurnaam, titel, uitgever, jaar van uitgave of dergelijke niet volledig of slechts foutief konden opgeven. Uitleenbureau's van bibliotheken kunnen daar overeenkomstige ervaringen aan toevoegen. Ook bestelafdelingen van bibliotheken ontvangen veelvuldig onvolledige of foutieve aanschafopdrachten, zodat bij voorbeeld de controle op de eventuele aanwezigheid van het gevraagde werk in de eigen collectie bemoeilijkt of verhinderd wordt. Catalogusafdelingen in bibliotheken missen soms gegevens die in de publikaties die beschreven moeten worden niet te vinden zijn: voornamen van auteurs, plaats of jaar van uitgave, vermelding van eerdere drukken, namen van vertalers en dergelijke. Auteurs die hun manuscript gereed maken voor de drukker ontdekken nogal eens dat de titel van een door hen geciteerd werk zodanig is afgekort dat reconstructie niet zonder meer mogelijk is.

In al deze situaties – waaraan er nog verschillende zijn toe te voegen - moeten bibliografieën en daarmee verwante hulpmiddelen uitkomst brengen.

De gegevens waarom het gaat bij verificatie en aanvulling kunnen velerlei zijn. In het volgende overzicht zijn de meest gangbare bijeengebracht, waarbij de basiselementen van alle titelbeschrijvingen als uitgangspunt zijn genomen, aangevuld met enkele andere vitale gegevens. Dit overzicht wordt hier aangeduid als het *bibliografisch verificatieschema.*

Bibliografisch verificatieschema

		bekend		onbekend of onzeker		specificatie
gegevens		1 geheel	2 tendele	3 nodig	4 niet nodig	5
a	soort materiaal*					
b	hoofdwoord					
c	titel					
d	plaats van uitgave					
e	uitgever					
f	jaar van uitgave					
g	collatie					
h	onderwerp					
i	prijs					
j	leverbaarheid					
k	vindplaats**					
l	referentie***					
m	taal of land van herkomst					

* zoals: boek, tijdschrift, artikel, dissertatie, overheidspublicatie, biografie, atlas.
** bedoeld is de plaats waar zich een exemplaar van het gezochte bevindt, een bibliotheek of andere instelling.
*** referentie is de bron (verwijzing, recensie) waaraan de uitgangsgegevens ontleend zijn.

De moeilijkheidsgraad van een verificatie- of aanvullingsprobleem hangt af van de aard en het aantal van de gegevens die gezocht moeten worden. Het spreekt vanzelf dat in kolom 1 van het schema een minimum aan bekende gegevens moet voorkomen wil er sprake kunnen zijn van een succesvol verloop van het zoekwerk. De aard van het gezochte bepaalt ook de soort bibliografische bron die ter oplossing bij voorkeur moet worden geraadpleegd. In de meeste gevallen gaat het erom zo snel mogelijk de in aanmerking komende nationale bibliografie te vinden en de juiste jaargang daarvan. Voor vele onzelfstandige uitgaven, zoals tijdschriftartikelen en delen van sommige series, kan men daarin echter niet terecht en zullen andere bronnen uitkomst moeten bieden, zoals speciale bibliografieën van tijdschriften, indexen, referaatbladen en dergelijke. Ook voor veel negentiende eeuwse en nog oudere publikaties zijn geen volledige nationale bibliografieën aanwezig. Gepubliceerde catalogi van nationale bibliotheken en centrale catalogi, alsmede retrospectieve bibliografieën van bijzondere publikatiegenres vormen dan veel gebruikte hulpmiddelen.

Een meer systematisch overzicht van de categorieën van bibliografische bronnen, ook wel het bibliografisch apparaat genoemd, is reeds in hoofdstuk V gegeven. Het behoeft geen betoog dat niet alle onzekere of onbekende bibliografische gegevens in alle situaties even belangrijk zijn. Sommige onbekenden kunnen in een aantal gevallen zonder bezwaar onbekend blijven. Zo zijn bij het behandelen van een leenaanvraag leverbaarheid door de boekhandel en de prijs meestal niet relevant. Terwille van de doelmatigheid en kostenbeperking dient men zich dan ook aan het begin van een bibliografische speurtocht goed te realiseren welke vraagtekens uit het verificatieschema in ieder geval en welke niet noodzakelijkerwijze moeten worden opgelost. In de kolommen 1 t/m 5 van het schema kan dit tot uitdrukking worden gebracht.

Aan de hand van enkele praktijkvoorbeelden volgt nu een nadere uiteenzetting van werkwijzen die bij de bibliografische verificatie gevolgd kunnen worden. Elk voorbeeld wordt aangeduid door een trefwoord dat is afgeleid van de probleemsituatie.

Leenaanvraag: In een universiteitsbibliotheek wordt ter leen gevraagd Howard Ebenezer, *To-morrow: a peaceful path to real reform* (London). De lener heeft het gezochte niet in de alfabetische hoofdwoordencatalogus kunnen vinden en vraagt bij het uitleenbureau nadere inlichtingen. Desgevraagd kan hij nog meedelen dat genoemde gegevens gevonden werden in een recent boek over de geschiedenis van de stedebouw. Op het eerste gezicht lijkt dit een eenvoudig probleem: de bibliotheek heeft dit boek niet, dus het moet elders geleend worden. Maar kloppen de gegevens wel? Voordat een aanvraag mag worden doorgestuurd dienen de gegevens eerst te worden geverifieerd en aangevuld.

Het verificatieschema ziet er als volgt uit:

		bekend		onbekend of onzeker		specificatie
	gegevens	1	2	3	4	5
		geheel	tendele	nodig	niet nodig	
a	soort materiaal	x				boek
b	hoofdwoord	x ——→		x		Ebenezer (?)
c	titel	x				To-morrow...
d	plaats van uitgave	x				London
e	uitgever				x	
f	jaar van uitgave			x		
g	collatie				x	
h	onderwerp		x			stedebouw (?)
i	prijs				x	
j	leverbaarheid				x	
k	vindplaats			x		
l	referentie		x			boek over stedebouw
m	taal of land van herkomst	x				Engeland

Alleen de elementen a t/m d zijn, althans volgens de opgave, bekend. Uit *d* blijkt dat het om een in Engeland uitgegeven boek gaat, maar daar *f* (jaar van uitgave) onbekend is zou raadplegen van de nationale bibliografie zeer tijdrovend kunnen zijn, ook al doet de titel vermoeden dat er in het begin van deze eeuw gezocht zou moeten worden. Een in Engeland verschenen publikatie zal echter zeker zijn opgenomen in de British (Museum) Library, zodat de *General Catalogue of printed books* uitkomst zou moeten bieden (raadpleeg voor meer bijzonderheden over de hier genoemde bronnen deel 2 van dit boek). Echter onder Ebenezer is genoemde titel niet te vinden en nu rijst twijfel aan de juistheid van het hoofdwoord. Hoe nu? Een mogelijkheid wordt nog geboden door het onderwerp. De titel is vaag, maar waren de gegevens niet afkomstig uit een boek over de geschiedenis van de stedebouw? Welk boek was dat? De aanvrager weet het niet meer, maar een dergelijk onderwerp krijgt natuurlijk ruime aandacht in een grote, betrouwbare encyclopedie. In dit geval wordt bij voorkeur in een Engelse, zoals de *Encyclopaedia Britannica* gezocht. Inderdaad blijkt na raadpleging (onder 'townplanning') dat Ebenezer een belangrijke naam is in de tuinstadbeweging, alleen gaat het daarbij om Ebenezer Howard (1850-1928). Kennelijk waren voor- en achternaam door de aanvrager of door zijn informant verwisseld. Dit is een veelgemaakte fout bij achternamen die ook voornamen kunnen zijn.
Raadpleging van de *General Catalogue* onder E. Howard levert nu snel de gezochte titel. Het boek is in 1898 verschenen bij Swan/Sonnenschein in

Londen. Nu kan ook opnieuw de eigen bibliotheekcatalogus geraadpleegd worden, waaruit blijkt dat er van dit boek zelfs verschillende drukken aanwezig zijn, waaronder een fotomechanische herdruk uit 1973, voorzien van een biografische inleiding. De aanvrager kan dus nog kiezen!.

> **Opdracht:**
> Er zijn ook nog andere mogelijkheden om bovengenoemd probleem door middel van het onderwerp op te lossen. Welke? Wat te doen als in dit voorbeeld het hoofdwoord en het jaar van uitgave exact bekend zijn, maar de titel gevonden moet worden?

Boekhandel: In een Arnhemse boekhandel wordt mei 1980 gevraagd naar Brandel, *Geschiedschrijving*, van welk boek de besteller enkele weken daarvoor een bespreking in een bekend landelijk dagblad las. Meer gegevens dan de vermelde titel heeft de klant niet genoteerd. De boekverkoper komt deze titel niet geheel onbekend voor, maar in zijn collectie kan hij er geen exemplaar van vinden. Daar het blijkbaar om een recent boek gaat, dat zeer waarschijnlijk nog te leveren is, raadpleegt hij de *Boekdata voorraadcatalogus* (tegenwoordig online) van het Centraal Boekhuis. In de auteurslijst daarvan komt Brandel niet voor. Uitverkocht? Dan zou hij er toch ook enkele exemplaren van verkocht moeten hebben en beter moeten weten om welk boek het ging? Voor alle zekerheid kijkt hij in het titeldeel van dezelfde catalogus onder 'geschiedschrijving'. Deze titel komt inderdaad voor, het is een boek geschreven door Bra*u*del en uitgegeven door Ambo, Baarn,1979. Het boek is binnen twee dagen te leveren. Een simpele slordigheid of onduidelijkheid in het hoofdwoord had het zoeken bemoeilijkt. De boekverkoper raadpleegt nu ook nog *Brinkman's Cumulatieve Catalogus* (1979) voor een volledige titelbeschrijving. Daaruit blijkt dat het een vertaling is van Fernand Braudel, *Ecrits sur l'histoire* uit 1969.

> **Opdracht:**
> Welke andere wegen had de boekverkoper in bovengenoemd voorbeeld kunnen bewandelen om toch achter de juiste auteursnaam te komen? Hoe te handelen als de naam van de vertaler in plaats van de auteur werd opgegeven? Hoe indien de klant de uitgever van het Franse origineel wil weten?

Catalogiseerafdeling: De catalogiseerafdeling van een bibliotheek moet een beschrijving maken van I. Gadourek, *Kennissociologie*, den Haag. Het jaar van uitgave ontbreekt, hoogstmerkwaardig voor een boek over dit onderwerp. Hoe kan het ontbrekende worden gevonden? Uit literatuurverwijzingen in het boek blijkt dat het jaar van uitgave in of na 1954 moet liggen. Hier kan *Brinkman's Cumulatieve Catalogus* waarschijnlijk opheldering verschaffen. Het deel 1951-1955 levert inderdaad de gewenste titel met het jaar 1955 en de voornaam Istvan. De uitgever is Servire.

Bestelafdeling: De acquisitie-afdeling van een universiteitsbibliotheek ontvangt ter bestelling de titel: *Onderzocht en overdacht. Sociologische opstellen voor F.van Heek.* (toevoeging: afscheidsbundel, 1973). Waar kan de bestelling geplaatst worden? In Brinkman wordt op de titel gezocht. Het blijkt een publikatie te zijn uit 1972, uitgegeven bij de Universitaire Pers te Rotterdam. Echter blijkt hier bovendien dat het een boekaflevering betreft bij het tijdschrift *Mens en Maatschappij*, 47e jaargang,1972. Controle in de catalogus van lopende abonnementen leert dat de bibliotheek drie abonnementen op dit tijdschrift heeft en dus ook drie exemplaren van deze boekaflevering moet hebben. Met een overeenkomstige opmerking gaat de aanvrage retour.

Opdracht:
Zou deze publikatie via Brinkman gevonden zijn indien F. van Heek als auteur was opgegeven?

Promovendus: Een promovendus wil weten welke drukken verschenen zijn van O.Spengler, *Untergang des Abendlandes*. Hij heeft alleen een druk van 1922 genoteerd. Bij de bibliografische afdeling van een universiteitsbibliotheek tracht hij nadere gegevens te vinden. In *Deutsches Bücherverzeichnis* ontdekt hij dat de druk van 1922 betrekking heeft op Band 2 (uitgegeven bij C.H.Beck te München) en dat Band 1 in 1918 bij W.Braumüller (Wien/Leipzig) verscheen. Helaas blijkt de *Gesamtverzeichnis des deutschsprachigen Schrifttums*, die alle uitgaven van 1911-1965 omvat, op het moment van raadpleging nog niet verder gevorderd te zijn dan tot de letter R, zodat daarin niet naar andere drukken van Spengler gezocht kan worden. *Berliner Titeldrucke* en *Deutscher Gesamtkatalog* zijn respectievelijk niet aanwezig en niet toereikend. Voor het snel vinden van meerdere drukken zou een gepubliceerde centrale catalogus het handigst zijn. In de *National Union Catalog (Pre-1956 imprints)* worden inderdaad vele verschillende drukken aangetroffen, waaronder nog een uit 1950 van C.H.Beck, voorzien van een inleiding. Aangezien blijkbaar de oorspronkelijke uitgeverij nog bestaat vraagt de promovendus daar om nadere inlichtingen. De uitgever deelt hem mee dat in 1980 (honderd jaar na de geboorte van Spengler) een bijzondere uitgave is verschenen van *Der Untergang des Abendlandes. Umrisse einer Morphologie der Weltgeschichte.*

Opdracht:
Het gegeven voorbeeld speelde in 1983. De promovendus kwam met de NUC niet verder dan 1955. Waar zou hij latere drukken hebben moeten opsporen? Hoe zou hij vertalingen van het werk hebben kunnen vinden? Waarom kon zijn vraag niet met *Deutscher Gesamtkatalog* beantwoord worden? Hoe zou de promovendus anno 1995 zijn probleem aanpakken.

Antiquariaat: Een antiquariaat krijgt aangeboden een exemplaar van Jacob de Riemer, *Beschrijving van 's-Gravenhage*, uitgegeven door Adriaan Douci, boekverkoper in de Stilsteeg te Amsterdam,1736. Een aanwijzing voor de boekbinder voor het invoegen van de platen (in die tijd gebruikelijk) ontbreekt. Controle op de volledigheid van het platenmateriaal is daardoor langs die weg niet mogelijk. Het collationeren zal aan de hand van bibliografische hulpmiddelen moeten geschieden. Gezien het jaar van uitgave lijkt het *Naamregister van de bekendste en meest in gebruik zijnde Nederlandse boeken* (J.v.Abkoude/R.Arrenberg), dat de periode 1600-1787 omvat, de eerst aangewezen bron. Uit eerdere ervaringen weet de antiquaar echter dat deze bron op het punt van de collatie weinig informatie biedt. Beter acht hij W.Nijhoff, *Bibliographie van Noord-Nederlandsche plaatsbeschrijvingen.* In deze alfabetisch op auteursnamen geordende bibliografie wordt het werk van J.de Riemer inderdaad gevonden. Er blijkt uit dat de Amsterdamse druk van 1736 slechts een nieuwe titeluitgave is van het eerste deel dat, in twee stukken, in 1730 verscheen bij Reinier Boitet te Delft. Nijhoff geeft bij de beschrijving van deze oorspronkelijke druk uitvoerige inlichtingen over de (soms merkwaardige) paginering en over de opgenomen platen. De collatie kan dus plaatsvinden. Het in de Amsterdamse uitgave niet voorkomende tweede deel (Douci beschouwde zijn uitgave als compleet) kwam pas in 1739 uit en wel te 's- Gravenhage bij J.de Cros.

N.B. Er zijn meer bibliografische bronnen waarin de oudere Nederlandse plaatsbeschrijvingen op ruime schaal te vinden zijn, maar geen enkele besteedt zoveel aandacht aan de collatie als W.Nijhoff doet. Vergelijk: *Catalogus van boeken in Noord-Nederland verschenen van den vroegsten tijd tot op heden*, Deel IV: *Geschiedenis en aardrijkskunde.* (Uitgave ter gelegenheid van de Nationale Tentoonstelling van het Boek, 1910) 's-Gravenhage, 1911. Deze vermeldt alleen, zeer kort, de oorspronkelijke uitgave.

Bibliografie van de geschiedenis van Zuid-Holland / samengest. d. A.E. van Balen-Chavannes [et al.], Delft,1972. Ook hierin vindt men via de index op auteursnamen snel het werk van de Riemer. Het impressum is echter zeer onvolledig en ten dele onjuist. Delft wordt als plaats van uitgave van zowel dl.I als dl.II genoemd. De Amsterdamse druk ontbreekt. Geen collatie.

RIEMER, Mr. JACOB DE, geb. 1676 te Noordwijk, was advocaat te 's Gravenhage, † aldaar 1 Mei 1762. (1)

Beschryving | van | 's Graven-Hage, | behelzende | deszelfs oorsprong, benaming, | gelegentheid, uitbreidingen, | onheilen en luister; | mitsgaders | Stigtinge van het hof, der kerken, | kloosters, kapellen, godshuizen, en | andere voornaame gebouwen. | Zittinge der Hooge Collegien zoo van Politie als Justitie; | Instellinge van het Kapittel ten Hove. | Als mede de | privilegien, handvesten, keuren, | en | wyze der regeringe. | Uit zeer veele nooit gedrukte oorspronkelyke Charters en | bescheiden getrokken, opgeheldert en bevestigt, | door Mr. Jacob de Riemer, R.G. | Met veele nieuwe afbeeldingen verçiert. | Eerste deels, eerste stuk. | (Wapen van 's G.) Te Delft | Gedrukt by Reinier Boitet, MDCCXXX. | Met Privilegie. folio. (2 dln. 3 stkn.) (267

Voortitel, v° Verklaring v. d. titelplaat, d. H. Schim. Titelplaat, d. J. C. Philips, v° bl. Titel, v° bl. Opdracht: (de namen op een gedenksteen omgeven door de wapens, d. J. C. Philips), aan burgemeesters, enz., 10 blz. Voorrede, 8 blz. Gedichten, d. C. Barlaeus, J. v. Dam, Const. Huygens en H. Schim, 6 blz. Inhoud, 7 blz., v° Berigt voor de platen, en 509 blz. v° bl.
Met 32 platen waarvan 7 groote uitsl. door J. C. Philips, P. v. Cuyck en F. van Bleyswyk naar G. v. Giessen, M. Terwesten, N. Hooft. (2)

——— Eerste deels tweede stuk. Bij denzelfden, MDCCXXX. Met Privilegie.

Titel, v° bl. en blz. 511–946. Bladwijzer, 51 blz., drukfouten 2 blz., v° bl.
Na blz. 757: Bijlagen en bewijsstukken. Na blz. 911: Korte inhoud der handvesten.
Met 22 platen door dezelfden.
Blz. 713 genummerd 313, blz. 807/808 ontbreekt, blz. 913–915 genummerd 313–315. (2)

——— Tweede deel. | In 's Graven-hage, | Gedrukt by Johannes de Cros, MDCCXXXIX.

Voortitel, v° bl. Titel, v° bl. Opdracht aan schout enz. (Op een gedenksteen omgeven door de wapens), v° bl. Voorrede, 4 blz. Inhoud, 2 blz. en 520 blz. Costumen van 's Grav., 78 blz. Bladwyzer, 18 blz. Drukfouten, 2 blz.
Behandelt uitsluitend de regeering en de verschillende besturen, privilegiën, enz.
Met 3 platen voorstellende afbeeldingen van penningen en zegels, d. N. v. d. Meer, en met eenige afbeeld. van zegels tusschen den text.
Van het werk bestaan exemplaren op groot en zwaar papier.
Een nieuwe-titeluitgave van het compleete eerste deel verscheen bij Adriaan Douci, Boekverkooper in de Stilsteeg te Amsterdam, in 1736. Hij beschouwde het werk als compleet en noemde het 1e en 2e deel. (2)

Plaatsbeschrijvingen
Voorbeeld van een uitvoerige bibliografische beschrijving van: J. de Riemer, *Beschryving van 's-Gravenhage* in: W. Nijhoff, *Bibliographie van Noord-Nederlandsche plaatsbeschrijvingen tot het einde der 18de eeuw.* Tweede dr. bew. en aangev. door Mr. F.W.D.C.A. van Hattum. 's-Gravenhage, 1953 (p. 74). Bevat gegevens over de schrijver (1) en annotaties waarin met name de collatie aandacht krijgt (2).

Bibliografie van de stedengeschiedenis van Nederland / samengest. d. G. van Herwijnen [et al.], Leiden,1978. Noemt wel de Amsterdamse druk, met de vermelding dat het gaat om dl.I. Onvoldoende gegevens voor collatie. Geattendeerd wordt op een fotomechanische herdruk (Den Haag,1973,vier delen).

Uit de voorgaande voorbeelden wordt duidelijk dat het verificatieproces in verschillende situaties een verschillende aanpak vereist en dat daarbij van uiteenlopende bibliografische hulpmiddelen gebruik gemaakt moet worden. Dat een bepaalde bibliografie geen oplossing geeft voor een specifiek probleem betekent nog geen diskwalificatie van die bibliografie. Zij kan voor een ander doel vervaardigd zijn. In het algemeen geldt dat de bibliotheek en het antiquariaat voor hun verificatievragen een intensiever en gevarieerder bibliografiegebruik kennen dan de moderne boekhandel. De laatste – en dat geldt ook voor bestelafdelingen van bibliotheken – kan het grotendeels af met jongere delen van de belangrijkste nationale bibliografieën en met voorraadcatalogi en uitgeversfondslijsten. (Baer,1964,p.121). Veel boekhandels hebben tegenwoordig een online verbinding met de bibliografische database van het Centraal Boekhuis.

Bij raadpleging van lopende bibliografieën in verband met verificatievragen dient men voortdurend bedacht te zijn op een eventuele wijziging in de opzet (ordening) van een bibliografie tijdens de looptijd (Weitzel,1962 p.88). Meer voorbeelden inzake bibliografische verificatie zijn te vinden in H.Baer (1964), R.Weitzel (1962) en vooral in F.Domay (1968). Nadere gegevens hierover zijn opgenomen in de lijst van aanbevolen literatuur aan het einde van dit hoofdstuk.

BIBLIOGRAFIE EN COLLECTIEVORMING

Het is de collectie die door omvang, kwaliteit en toegankelijkheid grotendeels bepaalt welke waarde een bibliotheek heeft voor haar gebruikers. Aan de opbouw van die collectie zal dan ook zeer veel aandacht en geld besteed worden. Hoe groot een collectie moet zijn en van welke samenstelling is afhankelijk van het type bibliotheek, van haar doelstellingen. Een algemene wetenschappelijke bibliotheek streeft naar collecties van behoorlijke diepgang op een groot aantal wetenschapsgebieden. Gespecialiseerde bibliotheken, zoals medische of technische , beperken zich steeds tot een enkele discipline of onderdeel daarvan, maar beogen meestal daarin een grote diepgang en zo mogelijk volledigheid. Grotere openbare bibliotheken met een eigen aanschafbeleid zullen zich meestal beperken tot een aantal in de algemene belangstelling liggende vakgebieden en daarvan alleen de niet te sterk gespecialiseerde publikaties aanschaffen. Hoe dan ook, geen enkele bibliotheek schaft alles aan uit het grote literatuuraanbod. Financiën, ruimte en doelstellingen bepalen de grenzen. Er moet dus geselecteerd worden volgens zorgvuldig gekozen selectiecriteria (Kouwenhoven, 1971).

De hulpmiddelen waarmee door een deskundige bibliothecaris verantwoorde keuzen uit het totale literatuuraanbod gemaakt kunnen worden, de *selectiemiddelen*, bestaan vooral uit bibliografieën in de meest gevarieerde zin. De aard van de bibliotheek bepaalt mede welke bibliografieën voor selectie gebruikt zullen worden. Daarnaast dienen selectiemiddelen voor respectievelijk actuele en voor retrospectieve aanschaf te worden onderscheiden. Bij *actuele collectievorming* zijn met name de lopende bibliografieën van belang. Bibliotheken met brede, weinig gespecialiseerde, collecties en een kleine, niet-gespecialiseerde, staf zullen daarbij vooral de jongste afleveringen van nationale bibliografieën op CD-ROM gebruiken en eventueel de nieuwsbulletins van boekhandels- en uitgeversorganisaties: *Boekblad; Börsenblatt für den deutschen Buchhandel; Publishers' Weekly; The Bookseller; Les livres du mois* en dergelijke.

Veel aanschafbeslissingen in algemene bibliotheken worden ook genomen op basis van uitgeversprospectussen, boekhandelscatalogi en – in mindere mate – gegevens over aanwinsten van andere bibliotheken. Het zijn alle op zichzelf produkten van bibliografische arbeid, al is de waarde ervan als selectiemiddel zeer ongelijk en soms twijfelachtig. Het voert te ver er hier een uitgebreide opsomming van te geven. Volstaan wordt met de opmerking dat deze hulpmiddelen weliswaar voortrefffelijke overzichten kunnen bieden, maar dat ze niet zijn aan te merken als objectieve selectiemiddelen. Ze geven namelijk zelf al een selectie: door de uitgever, de boekhandelaar of door een andere bibliothecaris.

Bij de meer gespecialiseerde aanschaf van actuele publikaties, bij voorbeeld in wetenschappelijke bibliotheken door een gespecialiseerde bibliothecaris of vakreferent, zijn ook de selectiemiddelen veelal aangepast. Lopende vakbibliografieën komen dan meer op de voorgrond. Het is echter geen uitzondering dat dan nog, voor het effectueren van een bestelling, aanvullende bibliografische informatie uit een nationale bibliografie noodzakelijk is.

Zeer veel gebruikte en gewaardeerde hulpmiddelen bij de gespecialiseerde collectievorming zijn de bibliografische rubrieken in vaktijdschriften. Soms betreft het een lopende bibliografie die als vaste rubriek in het tijdschrift is opgenomen, vaker echter de boekbesprekingen, de lijsten van ter recensie ontvangen werken en de boekadvertenties. De *recensies* functioneren als de belangrijkste kwalitatieve maatstaf, waaraan echter geen absoluut oordeel ontleend kan worden. Een nadeel is dat ze dikwijls ver, soms meer dan een jaar, achterlopen, waardoor de actualiteit van de collectie geschaad kan worden. Enkele algemene periodieken leggen zich wel toe op het snel uitbrengen van besprekingen van actuele publikaties, maar bestrijken slechts een klein deel van de totale literatuurproduktie. Voorbeelden zijn: *The Times Literary Supplement* (vooral voor de humaniora); *Choice* en *Reference review*. Op het gebied van de humaniora is in deze bladen meer aan te treffen dan op dat van de exacte wetenschappen.

De bibliografische functie van vaktijdschriften is nog in een ander opzicht van betekenis voor de collectievorming. Heel wat belangrijke publikaties, afkomstig uit wetenschappelijke instituten, laboratoria, genootschappen en dergelijke, die niet participeren in het formele netwerk van uitgeverij en boekhandel (*grijze literatuur*), worden (nog) niet volledig geregistreerd in nationale bibliografieën. Dit geldt met name voor landen waar geen wettelijk depot bestaat. In de wetenschappelijke tijdschriften, die naar hun aard vooral oog hebben voor de inhoudelijke bijdrage van een publikatie, ongeacht de vorm, krijgen ze vaak wel de aandacht die ze verdienen. Het kennen en raadplegen van bibliografische rubrieken in toonaangevende vaktijdschriften is dan ook voor elke vakreferent die zich met collectievorming bezighoudt van groot belang.

Bij de *retrospectieve collectievorming* is er in tenminste twee opzichten een andere situatie. Ten eerste is de inhoudelijke kwalitatieve selectie beter mogelijk omdat er inmiddels meer gegevens (recensies, verwijzingen, overzichtsartikelen) beschikbaar zijn. Daarmee kan bij voorbeeld een jonge bibliotheek aankoopprogramma's per vakgebied opstellen of kunnen lacunes in bestaande collecties worden opgespoord. In bibliotheekkringen wordt in dit verband wel gesproken van een *colletieprofiel*, dat in min of meer duidelijke lijnen schetst hoe men zich idealiter de collectie naar omvang en samenstelling denkt. Als zodanig kan het dus ook dienst doen bij de actuele collectievorming en in coördinatieplannen op dat terrein. Het spreekt vanzelf dat zulk een profiel alleen kan worden ontworpen tegen de achtergrond van de werkelijke publikatieproduktie (een doelmatig gedefinieerd *bibliografisch universum*) en met verdiscontering van actuele en mogelijk toekomstige behoeften van de gebruikers. Die totale publikatieproduktie is alleen kenbaar via bibliografische hulpmiddelen.

Maar – en dat is het tweede punt waarop de situatie bij retrospectieve collectievorming afwijkt – een aankoopprogramma of collectieprofiel kan pas gerealiseerd worden als de gezochte werken ook leverbaar zijn.
Wat niet meer via de moderne boekhandel of rechtstreeks van de uitgever betrokken kan worden moet, soms met veel geduld en geld, gezocht worden op de antiquarische markt, waaronder ook boekveilingen. Daarnaast biedt de moderne reprografie nieuwe mogelijkheden. Veelgevraagde oudere werken worden langs fotomechanische weg herdrukt. Op deze wijze is reeds een omvangrijk stuk oudere wetenschappelijke literatuur opnieuw onder bereik gekomen, hetzij in het oorspronkelijke formaat, hetzij als zogenoemde microvorm (microfilm, -fiche, -kaart). Naarmate deze reproduktie van oudere publikaties een grotere vlucht nam heeft de bibliografie zich mede toegelegd op de lopende registratie ervan. Een van de eerste lopende bibliografieën op dit terrein werd de *Bibliographia Anastatica* (1964). Spoedig volgden er meer, sommige speciaal gericht op de bibliografische beheersing van microvormen. Een bijzonder herdrukprogramma heeft gestalte gekregen onder de naam *Books on demand*. Niet meer in de handel zijnde titels van een groot aantal uitgevers en ook zeer oude werken kunnen daarbij op bestelling langs reprografische weg worden aangemaakt, eventueel als microvorm. Van elke voor het eerst aldus geleverde publikatie wordt een microfilm bewaard waarmee desgevraagd nieuwe kopieën gemaakt kunnen worden. Het archief van deze nuttige instelling omvat reeds ver over de de honderdduizend titels, waaronder zelfs vijftiende eeuwse werken. In een regelmatig aangevuld overzicht kan op auteur, titel of onderwerp gezocht worden.

Geheel nieuwe mogelijkheden voor de heruitgave van oudere werken (grote naslagwerken, collecties over een bepaald onderwerp) zijn ontstaan door de komst van optische schijven. Ook het digitaliseren van teksten en beelden door 'scannen' biedt grote mogelijkheden. Voor een regelmatige registratie van produkten op dit terrein zie *Gale directory of databases, vol.1: Online databases. Vol.2: CD-ROM, diskette, magnetic tape, handheld, and batch access database products.* Verschijnt twee keer per jaar.

BIBLIOGRAFIE EN HET OPSPOREN VAN LITERATUUR OVER EEN BEPAALD ONDERWERP

Het werken met bibliografieën wordt waarschijnlijk het meest in verband gebracht met het zoeken naar literatuur over een bepaald onderwerp. Deze *literatuurrecherche* is een werkzaamheid die nauw verbonden is met vrijwel al het wetenschappelijk, technisch en beleids-ondersteunend of -voorbereidend onderzoek, waarbij vooral in het begin de vraag rijst: welke informatie is er en waar is deze te vinden? Veel bibliografieën zijn juist vervaardigd ter beantwoording van die vragen en toch worden ze er relatief weinig voor gebruikt. Dat laatste moet worden toegeschreven aan een complex van oorzaken: tegenzin bij menig onderzoeker om veel tijd aan literatuuronderzoek te besteden; te geringe bekendheid met het bestaan en de mogelijkheden van het bibliografisch apparaat; de onvolkomenheid, ontoegankelijkheid en soms onbereikbaarheid van dat apparaat. Wegnemen van deze oorzaken moet een uitdaging zijn voor allen die een optimale doorstroming van informatie beogen. Eerder in dit hoofdstuk werd gewezen op het belang van instructie in het omgaan met bibliografieën, als een normaal onderdeel van elke op informatieverwerking gerichte opleiding, hetgeen tenminste betekent: elke wetenschappelijke opleiding.

In het hoofdstuk over het vervaardigen van bibliografieën werd opgemerkt dat de werkwijze bij het opsporen, verzamelen en selecteren van publikaties voor een bibliografie vrijwel identiek is aan die bij het literatuuronderzoek. Het volgende is dan ook tevens van toepassing op het opsporen van literatuur ter samenstelling van een bibliografie. Alleen het doel van beide vormen van literatuurrecherche verschilt. Die identieke werkwijze houdt overigens niet in dat alle literatuurrecherche tot in details langs dezelfde lijnen verloopt. Elke speurtocht naar literatuur is afhankelijk van het onderwerp en van de middelen die ter beschikking staan. Ook in dit kader kan daarom slechts een aantal globale richtlijnen worden behandeld, een algemeen werkpatroon waarbinnen per geval gevarieerd kan worden. N.B. Ook hierbij kan het stroomschema uit hoofdstuk VI gebruikt worden.
Het algemene zoekschema is te verdelen in drie fasen:

- de verkennende fase;
- de fase van het systematische, planmatige zoeken;

de afsluitingsfase, waarin de meest recente literatuur wordt toegevoegd.

Over elke van deze fasen volgt hierna een uiteenzetting met enkele voorbeelden.

De verkennende fase

De verkenning is in de eerste plaats gericht op het nauwkeurig vaststellen van het onderwerp. Dit moet zo scherp mogelijk omschreven worden daar anders het zoeken in bibliografieën een tijdrovende en soms vergeefse bezigheid wordt. Bibliografische afdelingen van bibliotheken kennen dit probleem maar al te goed. Als een bezoeker er hulp vraagt bij het zoeken naar literatuur over bij voorbeeld 'automatisering' of over 'milieuproblemen', dan weet men er uit ervaring dat er meestal veel meer gevraagd wordt dan strikt nodig is. Een ongenuanceerd antwoord op die literatuurvraag zou in beide gevallen tienduizenden titels opleveren, hetgeen niet de bedoeling kan zijn. Nadere ondervraging van de bezoeker leert in het ene geval dat het gaat om de automatisering van boekhoudkundige bewerkingen, in het andere om bodemverontreiniging door afvalwater; inperkingen van het onderwerp die al heel wat meer lijn brengen in het literatuuronderzoek.

De neiging om een vraag algemener te formuleren dan gewenst is komt veel voor. Waarschijnlijk gaat het om een psychologisch wel verklaarbaar verschijnsel: men beschouwt het prille eigen onderzoek nog als iets zeer persoonlijks waar anderen voorlopig niets mee te maken hebben. Ook echter als geen hulp van derden wordt ingeroepen bestaat die neiging om in het begin de zaken te groot, te breed, te vaag aan te pakken. Dit hangt zonder twijfel samen met een nog te geringe kennis van het onderwerp. De conclusie moet dan zijn dat in zulke gevallen te vroeg met de literatuurrecherche begonnen is. Eerst is meer elementaire kennis over het onderwerp nodig op grond waarvan een nadere afbakening kan plaatsvinden, een definitie gegeven en de in aanmerking komende terminologie gevonden wordt. Dit laatste is voor het zoekproces uitermate belangrijk.

Bepalen we ons tot het gechargeerde voorbeeld 'literatuur over automatisering'. In een goede encyclopedie wordt onder het trefwoord 'automatisering' een uiteenzetting aangetroffen waaruit de enorme uitgebreidheid van het onderwerp duidelijk wordt. Over boekhoudkundige bewerkingen wordt hierin niet afzonderlijk gerept en op grond van de algemene omschrijving van automatisering rijst twijfel of bij het gebruik van machines in de boekhouding wel steeds gesproken kan worden van automatisering. Wellicht is 'boekhouden' een beter trefwoord om mee door te gaan. Dezelfde encyclopedie geeft daarover informatie waarin zelfs het woord 'boekhoudmachine' voorkomt. De verschillende soorten die daarbij onderscheiden zijn maken duidelijk dat de literatuur die gezocht wordt in feite betrekking moet hebben op factureermachines. De vraag is hiermee ingeperkt tot een nauw begrensd trefwoord, waarmee zeker bij het literatuuronderzoek gewerkt kan worden. Wel is het nodig van dit trefwoord de vertalingen in het Engels en eventueel andere talen op te zoeken om het te kunnen gebruiken bij de overwegend buitenlandse bibliografieën. Het is verstandig daarbij tevens de vertalingen van 'boekhoudmachines' te noteren. In trefwoorden-terminologie: boekhoudmachines is een broader term (BT) ten opzichte van factureermachines, welk woord zelf weer een narrower term (NT) is in verhouding tot het eerste. Bij het eigenlijke zoeken kan het nodig zijn beide termen te gebruiken. Trefwoorden of onderwerpen kunnen ook vertaald zijn in een gecodeerde notatie, zoals bij de Universele Decimale Classificatie. Sommige bibliografieën zijn volgens die notaties geordend. Wil men ze gebruiken dan dient dus het onderzoeksonderwerp in een dergelijke notatie vertaald te worden.

Veel onderwerpen waarover literatuur gezocht wordt zullen tenslotte uit een combinatie van trefwoorden en hun eventuele synoniemen blijken te bestaan. De aanvankelijk oeverloze vraag naar literatuur over milieuproblemen bij voorbeeld kan bij nadere verkenning worden ingeperkt tot: 'het aandeel van de geneesmiddelenindustrie in de chemische bodemverontreiniging door afvalwater in Nederland sedert 1950'. Het centrale trefwoord is hier 'bodemverontreiniging', maar er wordt een vijfvoudige reductie op toegepast. Een oriëntatie over dit aldus geformuleerde onderwerp zal ook inhouden dat men enige kennis verzamelt over bodemverontreiniging in het algemeen, over de lozing en verwerking van afvalwater, over de toegepaste chemische processen in de geneesmiddelenindustrie en dergelijke. Daaruit kunnen weer verwante en eventueel bijgestelde trefwoorden voortvloeien die bij het zoeken nuttig kunnen zijn.

De gekozen voorbeelden hebben betrekking op nogal technische, c.q. natuurwetenschappelijke onderwerpen. In de regel is het daarbij wat gemakkelijker om tot nauw begrensde en scherp omschreven trefwoorden te komen dan bij onderwerpen uit de humaniora en de sociale wetenschappen. Toch is er geen principieel verschil. Wie een studie wil maken van het middeleeuwse gildewezen zal, als hij het al niet wist, door een eerste verkenning in een historisch handboek spoedig overtuigd worden van de veelzijdigheid en complexiteit van het onderwerp. Literatuur zal er dus ook in grote hoeveelheden over bestaan en de noodzaak van nadere precizering dient zich aan. Beperking tot een bepaalde periode uit de middeleeuwen, tot een bepaald gebied (stad), een gilde-type, zijn voor de hand liggende mogelijkheden. De oriëntatie leert echter ook dat rekening gehouden moet worden met de relaties die bestaan tussen het gildewezen en de algehele sociaal-economische structuur, de standenorganisatie, de ontwikkeling van de steden en dergelijke. Wil men zelf proberen nog niet eerder gesignaleerde verbanden te leggen dan is er als het ware sprake van een a-priori theorie (hoe vaag dan ook) en deze zal mede in het onderwerp 'vertaald' moeten worden. Eerder genoemde beperkingen kunnen daarbij gehandhaafd worden, tenzij blijkt dat daardoor een selectie van literatuur zou kunnen ontstaan die uitsluitend in het voordeel van de theorie werkt. Dit dient gecontroleerd te worden door in een latere fase van het onderzoek vergelijkingen met enige literatuur over gilden in een andere periode of stad, of van een ander type, te treffen. Het aanvankelijk te ruime onderwerp zou aldus kunnen worden aangescherpt tot: 'De ambachtsgilden als remmende kracht op de economische ontwikkeling van het vijftiende eeuwse Antwerpen'. Een sterke reductie weliswaar, maar de aandacht voor gerelateerde aspecten (die zich wellicht pas tijdens verdere studie laten herkennen) mag niet vergeten worden. Nogmaals, er is geen principieel verschil met literatuuronderzoek over meer technische of natuurwetenschappelijke onderwerpen, maar bij de humaniora en de sociale wetenschappen zal dit onderzoek zich in de regel over ruimere literatuurvelden moeten uitstrekken.

Het is niet uitgesloten dat de verkennende fase al enkele literatuurverwijzingen oplevert. Daaronder kunnen zeer belangrijke voorkomen en ze dienen in ieder geval genoteerd te worden. Later kunnen deze titels ingepast en geverifieerd worden in het eigenlijke literatuuronderzoek. Het voorlopige belang ervan is vooral gelegen in de mogelijkheid die zij bieden te zien hoe titels over het onderwerp geformuleerd zijn en welke trefwoorden daaraan en aan de aangetroffen annotaties zijn te ontlenen.

Een tweede belangrijke zaak die tijdens de verkennende fase aan de orde komt is het vaststellen van de in aanmerking komende bibliografische hulpmiddelen. Het bibliografisch apparaat is opgebouwd uit vele tienduizenden naslagwerken en andere hulpmiddelen. Het komt er nu op aan daaruit een keuze te maken die voor het beoogde onderzoek het meest geschikt is.

Bij het zoeken van literatuur over een bepaald onderwerp zal men meestal vakbibliografieën moeten raadplegen. Kennis van het bibliografische apparaat van een vakgebied waarbinnen het onderwerp ligt is dan ook een eerste vereiste. Vrijwel alle vakgebieden beschikken tegenwoordig over hun speciale bibliografie van bibliografieën en literatuurgidsen, waaruit die kennis van het vakapparaat verkregen kan worden. In het overzicht in hoofdstuk XI is met name aan deze hoekstenen van de speciale bibliografie aandacht besteed. Ook wetenschappelijke bibliotheken hebben zich veelal in het bijzonder beijverd om in hun catalogi de ingangen tot het bibliografisch apparaat van onderscheiden wetenschappen te ontsluiten. Daarnaast geldt met name voor de humaniora en de sociale wetenschappen dat ook heel wat algemene bibliografieën met een onderwerpsontsluiting goed bruikbaar zijn. De keuze van de te gebruiken bibliografieën geschiedt dus uit het gehele apparaat, waarvan de opbouw naar soorten in grote lijnen is beschreven in hoofdstuk V. De werkelijke beschikbaarheid en bereikbaarheid van de gekozen middelen zal nader moeten blijken en de uitkomst kan tot een tweede of zelfs derde keuze dwingen.

In het algemeen geldt dat met een zo beperkt mogelijk aantal bibliografieën per literatuurvraag gewerkt wordt en dat doel en zoektijd met elkaar

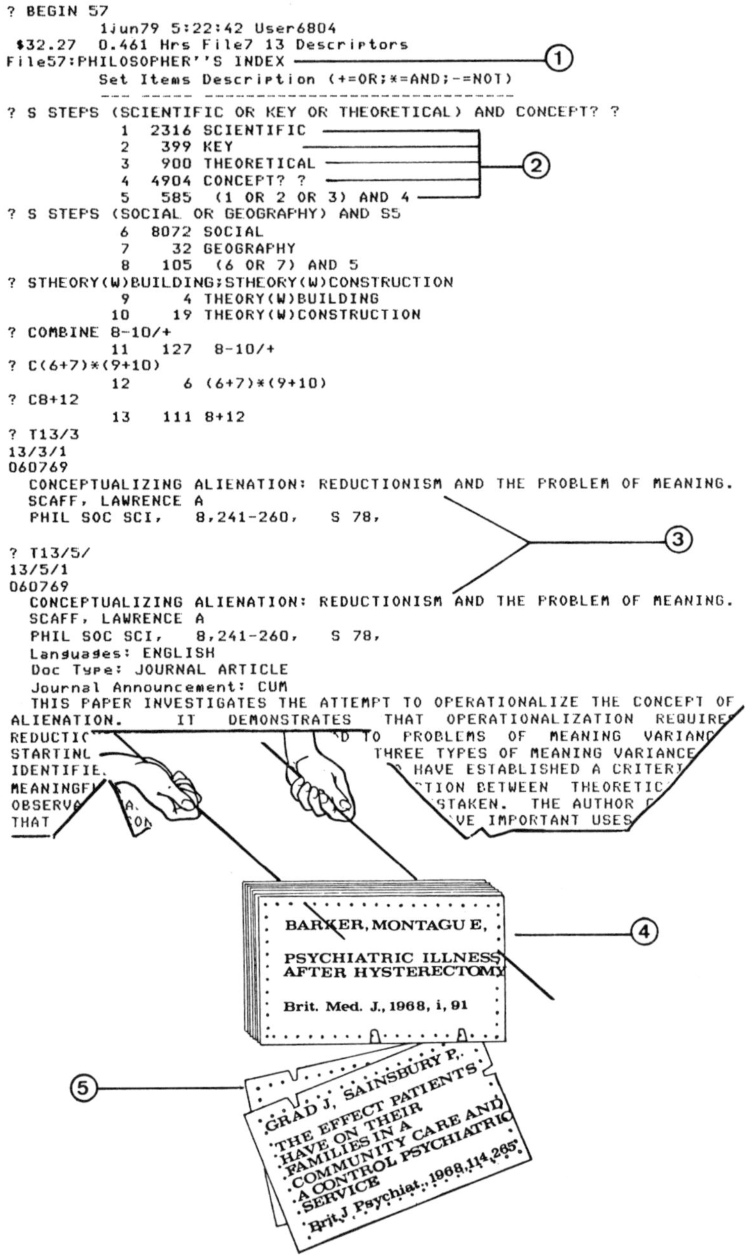

Online literatuur zoeken

Voorbeeld van het begin van een dialoog met een via de computer online te raadplegen bibliografische database. Afdruk van de scherminhoud. Vermelding van het opgevraagde bestand (1), trefwoorden die bij het zoeken gebruikt zullen worden (2), waarbij de computer attendeert op het aantal treffers. Een opgeroepen titel kan op commando worden aangevuld met een samenvatting (3). Tegenwoordig is het bovendien mogelijk van een gevonden titel een kopie van de volledige tekst aan te vragen. NB. Het zoeken in een CD-ROM bestand verloopt op vrijwel dezelfde wijze.

Inlas onderaan: werken met randponskaarten en sorteernaalden zoals nog in de jaren 1960 bij het literatuur zoeken werd toegepast (4). Bij bepaalde trefwoordcombinaties vallen de relevante titels uit het bestand (5), zoek- en sorteerwerk dat computers op zeer veel grotere schaal, bij complexere trefwoordcombinaties, veel nauwkeuriger en sneller kunnen verrichten.

in overeenstemming moeten zijn. Wie veel literatuuronderzoek doet ontdekt dat het efficiënter is om een klein aantal bibliografieën van hoge kwaliteit goed te beheersen dan om zoekend en tastend door honderden banden te gaan die bij nader inzien weinig opleveren.

Tot zover de verkennende fase. De beschrijving ervan heeft misschien de indruk gewekt dat zij veel tijd kost. Inderdaad kunnen er heel wat uren, soms dagen, mee gemoeid zijn. Ook hier is een goed begin het halve werk. Als de verkenning niet zorgvuldig genoeg geweest is kan het eigenlijke literatuuronderzoek ingrijpend vertraagd worden, zodat tenslotte de totale tijdsinvestering groter is dan bij een degelijke oriëntatie het geval zou zijn geweest.

De fase van het systematische zoeken.

Als na de verkenning het onderwerp goed gedefinieerd is, de daarbij behorende trefwoorden en hun synoniemen en vertalingen bekend zijn en de te raadplegen bibliografieën zijn vastgesteld, kan het eigenlijke literatuurzoeken beginnen. Er moet nu in de juiste volgorde gewerkt worden en naar de mogelijkheden van elke gekozen bibliografie. Wat de werkvolgorde betreft: voorkom vanaf het begin dat dubbel werk gedaan wordt door na te gaan of er wellicht over het onderwerp een bibliografie of overzichtsartikel bestaat. Raadpleeg hiertoe een geschikte bibliografie van bibliografieën zoals in hoofdstuk X vermeld. Is het onderwerp samen te vatten in een enkel trefwoord dan voldoen bij voorbeeld *Besterman*, *Toomey* of *Sheehy* uitstekend. Heeft het onderwerp een bredere omschrijving nodig dan kan in de systematisch geordende werken van *Malclès* of *Totok* gezocht worden. Bovendien is het noodzakelijk lopende bibliografieën van bibliografieën zoals *Bibliographic Index*, *Bulletin of bibliography*, of daarvoor ingerichte rubrieken van enkele vaktijdschriften te raadplegen voor recente bijdragen. Wordt inderdaad een bibliografie over het onderwerp gevonden dan kan daarmee zelden volstaan worden. Aanvullingen kunnen nodig zijn voor latere jaren, ook wel omdat de bibliografie een bepaalde, soms eenzijdige, selectie geeft of omdat het onderwerp van de bibliografie niet geheel congruent is met het onderzoeksonderwerp.

Vervolgens kan verder gewerkt worden met de internationale vakbibliografieën, waarin zowel monografieën als tijdschriftartikelen zijn opgenomen. Is men tevreden met een beperkt aantal zelfstandig verschenen publikaties dan kan een bibliotheekcatalogus veelal uitkomst bieden, maar de kans op een niet-representatieve selectie uit de literatuur is hier tamelijk groot. Wil men vooral over de tijdschriftartikelen ruimer geinformeerd worden dan is kennisneming van referaatbladen (ook online of op CD-ROM) geboden. De korte inhoudsbeschrijving van artikelen daarin biedt een goede selectiemogelijkheid. Veel andere bibliografieën, waaronder ook de citatie-indexen, zijn slechts signalerend of beperken zich tot zeer korte annotaties in de vorm van een of meer trefwoorden, aan de hand waarvan de selectie moet plaats vinden. Vandaar het grote belang om bij de onderwerpsverkenning de bijbehorende trefwoorden en hun synoniemen te inventariseren. Een aantal bibliografieën werkt ook met vaste trefwoorden (descriptoren) die deel uitmaken van een thesaurus. De kunst van het systematische zoeken houdt dan ook mede in het vertalen van de trefwoorden van het eigen onderzoek naar die van de thesaurus van de bibliografie of andere ontsluitingsmiddelen.

Wil men gebruik maken van de in computergeheugens opgeslagen bibliografische informatie, bij voorbeeld door online zoeken, dan is het in veel gevallen (nog) nodig de hulp in te roepen van een deskundige tussenpersoon die de vraag van de onderzoeker vertaalt in de terminologie van het systeem. Het gaat om het kennen van de indexeer- of documentatietalen, alsmede om het beheersen van de zoek- of commandotalen waarmee het computersysteem moet worden geraadpleegd. Eerder in dit hoofdstuk werd gewezen op een aantal beperkingen van het online zoeken. Onmiskenbaar is echter dat het geheel nieuwe mogelijkheden aan het bibliografisch onderzoek heeft toegevoegd, zoals ook de komst van de CD-ROM deed. Voor Nederlandse inleidingen in deze materie zie *Online opsporen van informatie* (1994) en De Haas, *CD-ROM voor wetenschappelijke informatie* (1994). Zie overigens vooral hoofdstuk VIII, hierna volgend, over bibliografieën in elektronische vorm.

Niet alle onderwerpen zijn gemakkelijk in een bepaald referaattijdschrift terug te vinden. Het is soms noodzakelijk zich tot één of meer vaktijdschriften rechtstreeks te wenden. Een mogelijkheid de relevante tijdschriften op te sporen biedt de tijdschriftenbibliografie met onderwerpsontsluiting, zoals *Ulrich*. Zijn eenmaal deze tijdschriften bekend dan wordt eerst nagegaan of er (bij voorkeur gecumuleerde) verzamelregisters van bestaan. Zijn die er niet, dan zit er niet anders op dan de registers van afzonderlijke jaargangen te raadplegen.

Van de meeste onderwerpen loont het de moeite om na te gaan of er ooit dissertaties over verschenen zijn. Deze zijn gewoonlijk mede op uitgebreid literatuuronderzoek gebaseerd en vermelden hun bronnen meestal op ruime schaal, zij het niet altijd op bibliografisch volmaakte wijze. Er zijn verschillende dissertatiebibliografieën, zowel internationale als nationale (zie hoofdstuk X).

Voor het gemiddelde onderwerp komt men langs de boven omschreven weg een groot deel van de gewenste literatuur op het spoor. Bijzondere aspecten van het onderwerp bepalen of ook nog in andere categorieën van het in hoofdstuk V beschreven bibliografisch apparaat gezocht zal worden.

Naast de bibliografische weg – maar nooit in de plaats daarvan – kan ook het in hoofdstuk VI genoemde sneeuwbalsysteem worden toegepast. Daar literatuuronderzoek vanaf het begin gepaard gaat met het bestuderen van gevonden publikaties, is dit als het ware een natuurlijk complement en controlemiddel op de bibliografische zoekprocedure. Een normaal gevolg van het vroeg bestuderen van gevonden literatuur is ook dat het literatuuronderzoek verder gedifferentieerd en verdiept kan worden. Al bestuderend ontstaat de behoefte aan nieuwe informatie, vaak over aspecten die voordien nog niet onderkend waren.

Komt een literatuuronderzoek moeilijk op gang, dat wil zeggen is langs de geschetste weg nauwelijks iets te vinden, dan kan dit betekenen dat over het onderwerp weinig of niets gepubliceerd is. Waarschijnlijker is echter dat de grenzen van het onderwerp te nauw getrokken zijn in vergelijking met de classificaties of trefwoorden van de gebruikte ontsluitingsmiddelen. De zeef van deze middelen is dan te grof voor het te onderzoeken onderwerp. In vele gevallen is het dan aan te raden een niveau hoger te gaan in de (hiërarchische) classificatie of om van een trefwoord de bredere term te proberen. Die noodzaak tot stijgen binnen de classificatie kan zich bij voorbeeld voordoen bij gebruik van bibliografieën die de UDC als ordeningsschema hanteren, maar zich daarbij beperken tot de hoogste niveau's. Zo heeft de rubriek 347.781 betrekking op het auteursrecht. Het is echter goed mogelijk dat de indeling van een bepaalde bibliografie niet verder gaat dan 347: burgerlijk recht, dat weer een onderdeel is van 34: recht en rechtspraak, te vinden onder 3: sociale wetenschappen. Hetzelfde geldt voor de Dewey-classificatie, de Library of Congress-classificatie en andere hiërarchische systemen.

De afsluitende fase

Tijdens het systematische zoeken in de eigenlijke bibliografieën en in verwijzingen van geraadpleegde publikaties komt het moment waarop weinig of geen nieuwe titels meer gevonden worden. Het onderzoek lijkt dan rond te zijn, maar tevens blijkt dat vrijwel alle gevonden literatuur ouder is dan een of anderhalf jaar. Bibliografieën lopen nu eenmaal achter op de publikatieproduktie. Dat geldt voor de retrospectieve bibliografie als vanzelfsprekend, maar ook de jongste afleveringen van lopende bibliografieën, waaronder referaattijdschriften, vermelden veelal titels die ouder zijn dan een jaar.

Om in het literatuuronderzoek die achterstand zoveel mogelijk te elimineren kan op de volgende wijze gewerkt worden. Er kan worden overgeschakeld op de hulpmiddelen die speciaal ontwikkeld zijn voor de zeer actuele informatievoorziening van onderzoekers (attendering, current awareness). Hiertoe behoren frequent verschijnende elektronische indexen als *Current Contents on diskette*, waarvan voor verschillende groepen van disciplines aparte secties verschijnen. Soms hebben de inhoudsopgaven betrekking op tijdschriftafleveringen die nog moeten verschijnen, zodat actualiteit verzekerd is. Een nadeel van deze hulpmiddelen is dat ze niet meer geven dan alleen titels en dat derhalve het vaststellen van de relevantie voor het onderzoek wel eens problematisch is. Wil men dat probleem omzeilen, dan zit er niet anders op dan raadpleging van de jongste afleveringen zelf van alle tijdschriften die in aanmerking komen. Welke tijdschriften dat zijn moet inmiddels uit het systematische zoeken duidelijk zijn geworden. Anders raadplege men alsnog een tijdschriftenbibliografie of de lijst van geïndexeerde tijdschriften die voorkomt in eerder doorzochte referaatbladen. De tijdschriftafleveringen worden niet alleen doorgenomen op mogelijke nieuwe artikelen over het onderwerp, maar ook op rubrieken met recensies (misschien is er een snelle bij!) en met boekaankondigingen of lijsten van ontvangen publikaties. Gaat het om een onderwerp waarover regelmatig nieuwe boeken verschijnen dan verdient het aanbeveling tevens de nationale bibliografieën op CD-ROM of de jongste afleveringen van boekhandelsnieuwsbladen daarop door te nemen.

De meest recente informatie is te verkrijgen door contact te leggen met 'het veld', dat wil zeggen met personen en instellingen die zelf onderzoek doen op het terrein waarover zich het literatuuronderzoek uitstrekt. Welke personen en instellingen dat zijn kan enerzijds blijken uit het reeds verzamelde materiaal (veel auteurs publiceren gedurende een reeks van jaren over hetzelfde onderwerp), anderzijds uit registers van lopend onderzoek, waarbij vooral gelet moet worden op onderzoek dat blijkens de opgegeven fasering inmiddels voltooid zou kunnen zijn. Namen en adressen van personen en instellingen worden in deze registers vermeld, maar kunnen ook gevonden worden in gidsen, adresboeken, jaarboeken, ledenlijsten en dergelijke van instellingen en verenigingen.

De afsluitende fase gaat meestal door tot na de voltooiïng van het project waarvoor het literatuuronderzoek de voorbereiding of de basis vormde, om zelfs in de laatste versie van het onderzoeksverslag of het publikatierijpe manuscript nog eventuele nieuwe literatuur te kunnen verwerken.

BIBLIOTHEKEN EN LITERATUURONDERZOEK

Geen enkel literatuuronderzoek van enige omvang en diepgang kan uitgevoerd worden zonder de bibliografische hulpmiddelen van een goed voorziene bibliotheek. Het zijn niet alleen bibliografieën in engere zin die daarbij een rol spelen. Tijdens het afwerken van bepaalde zoekprocedures zullen ook eventuele sleutelpublikaties, zoals handboeken, sommige dissertaties en kerntijdschriften, veel literatuur aan het licht moeten brengen. Het heeft weinig zin die sleutelpublikaties alleen vermeld te vinden in een bibliografie; ze moeten ook beschikbaar zijn voor raadpleging. Het is daarom niet alleen de bibliografieënafdeling van de bibliotheek waarop gesteund wordt. In de praktijk wordt tijdens een literatuuronderzoek op uiteenlopende onderdelen van de gehele bibliotheekcollectie een beroep gedaan. De ontsluiting van die collectie door middel van (online toegankelijke) catalogi is voor het literatuuronderzoek van groot belang. Anderzijds is het een misverstand te menen dat een goed literatuuronderzoek louter met behulp van die catalogi zou kunnen worden gedaan. In de eerste plaats kan dat al niet omdat die catalogi meestal geen tijdschriftartikelen en andere onzelfstandige uitgaven ontsluiten. Daarnaast zijn de waarborgen voor een representatief resultaat veel geringer dan bij een onderzoek op grond van bibliografieën. Catalogi verwijzen immers naar bibliotheekcollecties die tot stand zijn gekomen door een selectie uit het totale literatuuraanbod, waarbij de criteria andere geweest kunnen zijn dan die welke de onderzoeker hanteert. Weliswaar is ook een bibliografie doorgaans door selectie beïnvloed, maar eventuele eenzijdigheid wordt gecompenseerd door meerdere bibliografieën naast elkaar te gebruiken.

Bij zeer gespecialiseerde bibliotheken, die op hun terrein volledigheid nastreven, speelt het bovenstaande in veel geringere mate. Voor het betreffende terrein is de catalogus dan te vergelijken met een bijna uitputtende bibliografie. Hetzelfde geldt voor zeer grote centrale catalogi zoals de *National Union Catalog* of OCLC's *Worldcat*: de grootste online catalogus ter wereld met 29 miljoen records. Ook de *Nederlandse Centrale Catalogus* (NCC), die vanuit elke grotere bibliotheek online te raadplegen is, gaat in deze richting. In het algemeen echter is het veiliger de bibliotheekcatalogi te beschouwen als een aanvullend bibliografisch hulpmiddel. Alleen voor de bibliotheekbezoeker die snel enige informatie over een onderwerp wil lezen is het vaak voldoende en economischer om via onderwerp of trefwoord een in de online catalogus bereikbare publikatie op te sporen.

AANVULLENDE VOORBEELDEN VAN BIBLIOGRAFISCHE VRAGEN

De volgende praktijkvragen hebben betrekking op de drie eerder beschreven situaties van bibliografieëngebruik; ze dienen ter illustratie naast de reeds gegeven en summier uitgewerkte voorbeelden. Geïnteresseerden kunnen op deze vragen hun bibliografische vaardigheid beproeven.

1 Hoe kan van een uitgave van de verzamelde werken van de dichter H.Marsman (1899-1940) worden gecontroleerd of daarin inderdaad alle werken zijn opgenomen?
2 Wanneer en waar verscheen de eerste uitgave van Johannes Kepler, *Astronomia Nova?*
3 In 1687 verscheen een baanbrekend werk over de zwaartekracht, geschreven door Isaac Newton. Hoe zijn de juiste titel en de uitgever te vinden?
4 In 1759 verscheen anoniem het boek *Candide, ou l'optimisme*. Waar is na te gaan wie de auteur is?
5 Een voetnoot vermeldt: Livingstone, *Missionary travels*, 23. Hoe is deze titel aan te vullen?
6 Een verhandeling over negentiende eeuwse filosofische stromingen noemt van F.W.Nietsche, *Also sprach Zarathustra* en geeft als im-

pressum: Chemnitz,1883-1891. Een ander werk geeft echter: Leipzig,1891. Welk impressum is juist?

7 Het grondleggende werk van J.M.Keynes over economie verscheen in 1936 te London. Noem enkele bronnen waarin de volledige titelbeschrijving van dit werk te vinden is. Waar is na te gaan en hoe of er vertalingen van dit werk zijn uitgegeven?

8 Hoe is literatuur te vinden over de geschiedenis van het satyrisch weekblad *Punch*?

9 In 1971 verscheen van de hand van W.R.Nitske een boek over Wilhelm Conrad Röntgen. Waar en hoe zouden later verschenen publikaties over deze geleerde gevonden kunnen worden?

10 Maak een zoekplan voor een literatuuronderzoek over de volgende onderwerpen:
- Stoomtreinen
- De techniek van het glasblazen
- De organisatie van het wetenschappelijk onderwijs in Nederland
- Maatregelen tegen diefstal van boeken uit bibliotheken
- De invoering van bankbiljetten als betaalmiddel
- Bestrijding van malaria in de negentiende eeuw
- Nederzettingspatronen in de Nijldelta
- Theorieën over oorsprong en functies van de slavernij
- De meteorologische kennis van Europese zeevaarders ten tijde van Chr.Columbus
- De esthetische waardering van landschappen
- Het gedrag van vleermuizen
- De ontwikkeling van de papierfabricage in de vijftiende en zestiende eeuw.

11 Een universiteitsbibliotheek heeft, door gebrek aan middelen in het verleden, grote lacunes in de collectie van boeken uit de periode 1933-1946. Hoe kan een realiseerbaar inhaalprogramma worden gemaakt?

12 Een vakreferent van een wetenschappelijke bibliotheek krijgt als taak een collectie op te bouwen van de belangrijkste tussen 1850 en 1900 in het Engels, Frans en Duits verschenen boeken over demografische onderwerpen (bevolkingsvraagstuk, bevolkingspolitiek, migratie, e.d.). Hoe kan hij deze taak het beste uitvoeren?

GEBRUIKTE EN AANBEVOLEN LITERATUUR

Allischewski,H. *Bibliographienkunde. Ein Lehrbuch mit Beschreibungen von mehr als 300 Druckschriftenverzeichnissen und algemeinen Nachschlagewerken.* 2. Aufl. Wiesbaden,1986.
Bevat o.m. een goed hoofdstuk over de functie van gepubliceerde bibliotheekcatalogi.

Baer,H. *Bibliographie und bibliographische Arbeitstechnik; eine Einführung.* 2. Aufl. Frauenfeld,1964.

Bartsch, E. *Die Bibliographie in Benutzung, Herstellung, Geschichte.* 2. durchges. Aufl. Mün-

chen, 1989.
Best reference books 1986-1990: titles of lasting value selected from American reference books annual. Ed. by B.S. Wynar & K. Dority. Littleton, COl.,1992.
Boerma, E.J. and C.A. Arnold. (1990). 'The library, information services and user education and the aims of the university: the contribution of the methodology of (literature) research.' *IATUL Quarterly* 4 (2).
Domay,F. *Formenlehre der bibliographischen Ermittlung. Eine Einführung in die Praxis der Literaturerschliessung.* Stuttgart,1968.
Hoofdstuk 5 is een verzameling van 85 voorbeelden uit de praktijk.
Heather,N.K. (1988) 'How to evaluate reference materials on CD-ROM?' *Online*, 12, 2.
Hutchins,M. *Introduction to reference work.* Chicago,1944.
Kluth,R. *Einführung in die Bibliotheksbenutzung.* Berlin,1971.
De hoofdstukken 4 en 5 behandelen het gebruik van bibliografieën en andere hulpmiddelen.
Kouwenhoven,A.O. *Wetenschap en bibliotheek.* Assen,1971.
Krummel,D.W. *Bibliographies: their aims and methods.* 2d. ed.London, etc.1986.
Morris, L.R. Choosing a bibliographic utility. New York, 1990.
Online opsporen van informatie: theorie en praktijk van het gebruik van interactieve informatiesystemen. Onder eindred. van E.G. Sieverts en M.W. de Jong-Hofman. 5e, voll. herz. dr. Den Haag, 1994.
Prins, P.A. and A.O. Kouwenhoven. *Bibliografische instructie: werkboek voor opleiding en zelfstudie.* Amsterdam, 1991.
Reboul,J. *Du bon usage des bibliographies.* Paris,1973.
Schneider, G. *Handbuch der Bibliographie.* 5. Aufl. 1969.
Schwartz,C. (1993). 'Evaluating CD-ROM products: yet another checklist'. *CD-ROM Professional*, 6 (1) p. 87-8, 90-1.
Smedt,M.de 'Dutch reference works in international bibliographical guides'. *Het oude en het nieuwe boek. De oude en de nieuwe bibliotheek. Liber amicorum H.D.L.Vervliet.*/o.r.v. J.van Borm [et al.]. Kapellen,1988 p.367-376.
Sweetland,J.H. 'Reference book reviewing tools: how well do they do the job?' *The publishing and review of reference sources.* /ed.by B.Katz [et al.], New York,etc.,1987 p.65-74.
Totok,W. 'Geleitwort'. *Gesamtverzeichnis des deutschsprachigen Schrifttums* (GV) 1911-1965. Bd.1 München, 1976.
Weitzel,R. *Bibliographische Suchpraxis. Eine Einführung.* Stuttgart,1962.

VIII BIBLIOGRAFIEËN IN ELEKTRONISCHE VORM

INLEIDING

Uitgebreide, lopende bibliografieën worden al sinds de jaren zestig met behulp van de computer samengesteld. Zoeken naar literatuurgegevens via de computer gebeurde aanvankelijk met behulp van een terminal en modem, waarbij een telefoonverbinding zorg droeg voor de communicatie tussen de terminal en het externe mainframe. Deze vorm van 'online information retrieval' heeft vanaf 1986 veel concurrentie gekregen van de CD-ROM, doordat daarmee veelal dezelfde bibliografische bestanden raadpleegbaar werden zonder dat men geconfronteerd werd met de hoge online kosten. Door een abonnement te nemen op een veelgebruikt bestand op CD-ROM, tegen een vast bedrag per jaar, verwierf men de mogelijkheid om onbeperkt te zoeken. Dit heeft ertoe geleid dat het aantal online searches na 1986 minder sterk gestegen is dan daarvoor. Tevens heeft het ertoe bijgedragen dat de eindgebruiker gewend is geraakt aan het zoeken naar literatuurgegevens via de computer en veel minder dan vroeger afhankelijk is van een professionele intermediair.

Als logisch gevolg van zowel de voortschrijdende techniek als de toenemende hoeveelheden informatie, is het aantal bibliografische bestanden in elektronische vorm drastisch toegenomen. Bibliografische bestanden die zich niet bedienen van het papier als informatiedrager, maar opgeslagen zijn op magneetband, diskette, optische schijf, of harde schijf van PC of server, groeien snel. In 1994 waren er reeds 5.646 online databases en 2.016 bestanden op CD-ROM raadpleegbaar (Gale 1995, p.xxvi). Na de komst van de CD-ROM heeft de voortschrijdende techniek, met name op het gebied van personal computers, telecommunicatie en netwerken er voor gezorgd dat computers die zich bevinden op lokaties verspreid over de hele wereld via lokale netwerken aan elkaar geknoopt werden tot een wereldwijd supernetwerk: Internet. Met dit netwerk zijn vele miljarden bits en bytes aan informatie beschikbaar gekomen, waaronder ook bibliografische informatie.

In dit hoofdstuk wordt eerst aandacht geschonken aan de algemene principes van het zoeken in elektronische bestanden (voor een uitvoerige behandeling van online information retrieval en het opstellen van zoekprofielen, zie *Online opsporen...*, 1994). Vervolgens worden de verschillende typen van elektronische bestanden onder de loep genomen, respectievelijk de commerciële online databanken, off-line elektronische bestanden op CD-ROM en tenslotte het Internet.

ELEKTRONISCH ZOEKEN

Wil men een literatuurlijst samenstellen over een bepaald onderwerp, dan kan men gedrukte bronnen raadplegen, zoals bibliografieën. De meeste bibliografieën hebben een alfabetisch auteursregister en een systematisch register, of een alfabetisch trefwoordenregister. Het raadplegen van zo'n gedrukte bibliografie heeft echter een aantal beperkingen: er kan maar één trefwoord tegelijk opgezocht worden; combinaties maken is niet mogelijk bij zulke statische informatiedragers als papier en micromateriaal. Zoekt men daarentegen naar literatuur met behulp van een computer, dan gelden deze beperkingen niet. Het aantal ingangen tot het te doorzoeken bestand is vele malen groter en de mogelijkheid deze ingangen met elkaar te combineren is, naast de snelheid waarmee dit alles plaatsvindt, één van de sterke punten van het elektronisch zoeken naar informatie.

Het zoeken naar informatie die opgeslagen ligt in een externe databank, waartoe toegang verkregen wordt via personal computer en modem (of netwerk), gaat in feite op dezelfde manier als zoeken naar informatie op een CD-ROM, waartoe toegang verkregen wordt via personal computer en CD-ROM-speler (of via een netwerk). Vaak is het zoekprogramma van de CD-ROM gebaseerd op het zoekprogramma van online bestanden. Zo gebruiken de CD-ROM-schijven van DIALOG (DIALOG-Ondisc) exact dezelfde commando's als de online bestanden in de Dialog-database en de CD-ROM-schijven van Wilson dezelfde als bij het zoeken in Wilsonline.

In het geval van online information retrieval heeft men behalve een werkstation (PC) ook een *modem* (*modulator-demodulator*) nodig, voor het heen en weer vertalen van computer- en telefoonsignalen. Tegenwoordig loopt de toegang tot externe databanken vaak via een LAN (Local Area Network), dat weer aan andere netwerken gekoppeld kan worden en zo kan opereren in een WAN (Wide Area Network).

Bij het doorzoeken van bestanden op CD-ROM heeft men, naast de PC, de beschikking over een CD-ROM-speler. Via een CD-ROM-server kunnen verschillende CD-ROM-spelers ook in een netwerk aan elkaar gekoppeld worden. Dit heeft als voordeel dat de CD-ROM's geraadpleegd kunnen worden vanaf ieder werkstation dat op het netwerk aangesloten is en dat meerdere gebruikers tegelijkertijd dezelfde schijf kunnen doorzoeken.

Zoekprogramma's zijn menu-gestuurd of commando-gestuurd. Bij het menu-gestuurde programma wordt de gebruiker via het beeldscherm geïnstrueerd (persoons)namen, titelwoorden, trefwoorden en dergelijke op de daarvoor bestemde (voorgeprogrammeerde) posities in te typen. Het programma voert automatisch de onderliggende commando's en logische combinaties uit. Voordeel van deze werkwijze is dat de eindgebruiker niet op de hoogte hoeft te zijn van de zoektaalcommando's. Tegenwoordig wordt vooral gebruik gemaakt van een gebruikersinterface met windows applicaties, zodat via het klikken met de muis de zoektocht ook door de eindgebruiker op betrekkelijk eenvoudige wijze is uit te voeren.

Bij het commando-gestuurde programma moet de gebruiker de commando's kennen en zelf de logische verbindingen aangeven. De resultaten van beide programma's zullen doorgaans niet veel verschillen, maar kent men eenmaal de commando's dan zijn er in de meeste gevallen iets meer mogelijkheden om de zoekprocedure te verfijnen en kan men ook sneller werken.

Vaak heeft men te maken met een zoekterm die in verschillende vormen kan voorkomen, zoals enkelvoud, meervoud, zelfstandig naamwoord in verbogen vorm, werkwoord in vervoegde vorm, samengestelde en afgeleide termen, etc. In plaats van alle varianten apart in te typen en op te laten zoeken, kan men volstaan met het inbrengen van het eerste deel dat de daarvan afgeleide woorden gemeen hebben, gevolgd door een afkortingsteken (ook wel wildcard of joker genoemd). Dit teken kan zijn * of : of ? of $ etc., afhankelijk van het systeem. Zo zal catalog* niet alleen catalogs opleveren, maar ook catalogue, catalogues, cataloguing, cataloguers. Bij dit *trunkeren* moet men wel oppassen dat de zoekterm niet te kort wordt afgesneden ter voorkoming van onnodig veel ruis: cata* zou bij voorbeeld ook cataclysm, catacomb, catamaran, catapult, catastrophe e.d. kunnen opleveren. Het trunkeren kan ook gebruikt worden bij samenstellingen met een koppelteken: child* geeft niet alleen child, childhood, children, maar ook child-adolescence, childhood-depression, etc. *Maskeren* noemt men het gebruik van een joker wanneer slechts één letterteken variabel is. Zo geeft wom?n zowel woman als women. Dit is vooral gemakkelijk bij de verschillende spellingsvormen in het Engels en het Amerikaans-Engels: organi?ation geeft zowel organization als organisation. Bij sommige systemen kent men ook nog het zogenaamde *front-trunkeren*: *echov zou dan zowel Chechov als Tsjechov opleveren. Deze manier van trunkeren is bij slechts zeer weinig bestanden mogelijk en wordt niet graag gebruikt vanwege de hoge response-tijden die het met zich meebrengt.

In tegenstelling tot conventionele bestanden zoals catalogi en bibliografieën in boekvorm of op (micro)fiches, die een beperkt aantal ingangen hebben, zijn de zoekmogelijkheden bij online information retrieval en CD-ROM veel uitgebreider. In principe kan gezocht worden op alles wat in de computer is ingevoerd.

Bij de meeste bibliografische bestanden en catalogi bestaan de gegevens uit beschrijvingen van publikaties, ook wel records genoemd. Deze records zijn weer onderverdeeld in velden: zo is er een auteursveld, titelveld, impressumveld (veld met gegevens over plaats van uitgave, uitgever, jaar van uitgave), trefwoordenveld, samenvattingsveld, etc. Omdat alle velden geïndexeerd zijn, bestaat de mogelijkheid om bij het zoeken op te geven in welk veld de zoekterm moet staan. Zo bestaan er aparte indexen voor auteursnamen, personen als onderwerp, titelwoorden, toegekende vrije trefwoorden (identifiers), niet-vrije of gecontroleerde trefwoorden (descriptors: deze woorden moeten op een checklist of controle-lijst of thesaurus voorkomen), woorden uit het abstract, etc. Nagenoeg elk woord kan dus als ingang worden gebruikt. Geeft men bij het zoeken niet aan dat een bepaald woord in een bepaald veld thuishoort, dan zoekt het systeem in de basisindex, die de termen uit alle mogelijke velden bevat.

Om te voorkomen dat een volkomen zinloos aantal treffers gevonden wordt door het invoeren van een zeer veel voorkomend, op zichzelf betekenisloos woord, zoals lidwoorden, voorzetsels, of woorden die reeds voor een andere functie gereserveerd zijn (zoals en, of, niet), zijn dit soort woorden op een stoplijst gezet. Dit houdt in dat deze woorden niet zijn geïndexeerd en dus niet als zoekterm dienst kunnen doen. Behalve via de basisindex zijn alle woorden (op de stopwoorden na) ook apart geïndexeerd. Omdat bij het zoeken in de basisindex, dus bij het invoeren van vrije termen, door de grote hoeveelheid van termen altijd het gevaar bestaat dat er onbruikbaar veel referenties gevonden worden, kan men beter aangeven in welke index gezocht moet worden. Dat levert een meer toegespitst resultaat op, waarbij het aantal referenties weliswaar kleiner in aantal zal zijn, maar waar tevens het resultaat beter aan de zoekvraag zal voldoen. Er is dan sprake van een lagere vangst (recall) maar hogere precisie (precision).

De termen uit de verschillende indexen, dat wil zeggen de woorden uit de verschillende velden, kunnen als zoekingangen tot het bestand ook met elkaar gecombineerd worden. Dergelijke combinaties worden gemaakt met behulp van de zogenaamde *Booleaanse operatoren.*

De – AND – operator zorgt ervoor dat bij twee termen A en B, beide termen in de referenties voorkomen. Publikaties die géén of slechts één van deze termen bevatten, tellen niet mee (A en B).

De – OR – operator zorgt ervoor dat bij twee termen A en B, één van beide of beide termen in de referenties voorkomen (A en/of B).

De – NOT – operator wordt gebruikt als een bepaalde term geëlimineerd moet worden, dus als bij het zoeken naar termen de ene term wel, maar de andere term niet mag voorkomen (A zonder B).

Als het aantal referenties dat gevonden wordt, zeer laag in aantal is kunnen we met de 'OR' operator onze zoekvraag uitbreiden of vergroten door zoveel mogelijk synonieme begrippen te gebruiken. Omgekeerd, als de gevonden referenties zeer talrijk zijn, kunnen we op verschillende manieren de zoekvraag inperken. Gesteld dat de referenties relevant zijn, dan is het zinvol om de gevonden set te selecteren op jaar van publikatie (alleen de laatste twee jaar bij voorbeeld), of op taal (alleen Nederlandse en Engelstalige publikaties) zodat de uit praktisch oogpunt meest bruikbare publikaties overblijven. Men dient zich echter wel te realiseren dat publikaties, geschreven in een taal die men niet kent, wèl relevant kunnen zijn. Zijn de gevonden referenties talrijk en ook niet allemaal even relevant, dan kunnen we de zoekvraag inperken door alleen in bepaalde velden te zoeken, bij voorbeeld het trefwoordenveld. Bij het gebruik van de Booleaanse operator 'AND' is de kans veel niet relevante records te vinden (ruis), erg groot, omdat de ingebrachte zoektermen vrij ver van elkaar af kunnen staan, in totaal verschillende velden en zodoende geen relatie met elkaar hoeven te hebben. Om dit te vermijden is er bij elektronisch zoeken de mogelijkheid gecreëerd om aan te geven dat bepaalde zoektermen bij elkaar moeten staan. Die opgave van nabijheid van termen of woordnabijheid kan variëren. Men kan aangeven dat term B onmiddellijk moet volgen op term A, in die volgorde. Men kan ook aangeven hoeveel woorden er eventueel tussen term A en term B mogen voorkomen. Ook kan aangegeven worden dat de volgorde zowel A – B als B – A mag zijn.

Ten opzichte van het zoeken in bronnen op conventionele informatiedragers heeft het elektronisch zoeken het voordeel van de vele ingangen tot het bestand en de mogelijkheid deze ingangen met elkaar te combineren. Daarnaast heeft men meer keuzes om de gevonden referenties verder te bewerken. Kan men bij gedrukte bronnen slechts de gevonden resultaten overschrijven of fotokopiëren, bij online bestanden en bestanden op CD-ROM kan men de resultaten van de zoekactie afdrukken via een printer of downloaden op harde schijf of diskette. Aangezien de bestanden in ASCII formaat weggeschreven worden, kunnen de resultaten in gangbare tekstverwerkersprogramma's (bij voorbeeld WordPerfect) of database programma's (zoals DbaseIV) op de eigen PC opgeroepen en verder bewerkt worden. Ook is het mogelijk gebruik te maken van de attenderingsdienst, die de hosts van online bestanden aanbieden onder de naam SDI (Selective Dissemination of Information). Hierbij wordt een bepaalde zoekvraag periodiek, bij voorbeeld maandelijks, gesteld aan het bijgewerkte deel van een bestand, waarna eventuele nieuwe referenties automatisch aan de vraagsteller toegezonden worden.

ONLINE INFORMATION RETRIEVAL

De eerste online retrieval information database was operationeel in 1969 (Pollitt 1989, p. 65). Het was het RECON (REmote CONsole) system van de NASA. De National Library of Medicine bracht de *Index Medicus* uit als een online database onder de naam *Medline* vanaf 1971 (Lancaster 1979, p.77). Het was het begin van het gebruik van computers bij het zoeken naar literatuur.

Aanvankelijk was men gewend om met behulp van de terminal en een modem bibliografische bestanden te doorzoeken. De software die daarvoor nodig is, werd ontwikkeld in de jaren zestig. De bestanden werden veelal niet door de producenten zelf, maar door zogenoemde 'hosts' aangeboden. Tot de bekendste Amerikaanse hostorganisaties behoren: DIALOG (bijna 375 bestanden op alle vakgebieden), MEAD DATA CENTRAL (de grootste aanbieder van online databanken ter wereld, met ruim 3600 databanken met financieel-economische, juridische, biomedische en octrooi-informatie), STN International (meer dan 170 bestanden, uitsluitend op het gebied van de bèta-wetenschappen) en Wilsonline (circa 30 bestanden op alle vakgebieden met uitzondering van de medische wetenschappen). Bekende Europese hosts zijn DATASTAR (Zwitserland; ongeveer 270 bestanden met als kernpunt Europese bedrijfseconomische informatie), ESA-IRS (Italië; zo'n 100 bestanden op technisch gebied met als kernpunt de lucht- en ruimtevaart), DIMDI (Duitsland; circa 90 bestanden met als kern de gezondheidszorg en toxicologie, met aanverwante disciplines als milieu en landbouw, daarnaast ook sociale wetenschappen), QUESTEL (Frankrijk; ca. 65 bestanden, waaronder 2 hoofdgroepen: PASCAL met de exacte en toegepaste wetenschappen, en FRANCIS voor de alfa- en gammawetenschappen). Verder bestrijkt de host ECHO (EG; ca. 20 bestanden) de hele Europese Gemeenschap en verschaft alle mogelijke informatie aangaande de Europese Unie. Voor Nederlandse bestanden zijn vooral RCC-IVEV, PICA en de stichting SURF van belang. RCC (RijksComputerCentrum), samengegaan met IVEV, brengt de Handelingen van de Eerste en Tweede Kamer en andere bestuurlijke informatie, zoals de documentatiebestanden van de diverse ministeries.

PICA biedt niet alleen een centraal catalogussysteem voor Nederlandse bibliotheken, maar ook de *STCN* (*Short Title Catalogue, Netherlands*, de Nederlandse nationale bibliografie tot 1800), evenals een tiental op Nederland gerichte bestanden op het gebied van de humaniora, zoals de *BNTL (Bibliografie van de Nederlandse Taal- en Letterkunde).* Verder is PICA betrokken bij het nationaal aanbieden van een aantal belangrijke bestanden op CD-ROM en de union catalogue ('Worldcat' met meer dan 27 miljoen records) van het Amerikaanse OCLC (Online Computer Library Center) met de PICA-interface voor eindgebruikers. Evenzo is PICA, samen met SURFnetdiensten, betrokken bij het project Nederlandse Wetenschappelijke Host, dat onderzoekt of, en zo ja welke, belangrijke online bestanden via het landelijk netwerk aan deelnemende instellingen op licentie-basis aangeboden kunnen worden.

CD-ROM

CD-ROM (De Haas, 1994) staat voor Compact Disc – Read Only Memory. Het laatste (ROM) betekent dat er geen gegevens gewist, veranderd of aan de schijf toegevoegd kunnen worden. De CD-ROM is rechtstreeks voortgekomen uit de populaire audio-CD, de Compact Disc Digital Audio (CD-DA). Beide zijn schijfjes van kunststof en aluminium met een diameter van 12 cm en een dikte van 1,2 mm. Het zijn optische opslagsystemen, waarbij de opgeslagen gegevens gedigitaliseerd zijn. De CD-ROM deed zijn intrede eind 1985.

```
ZOEKSCHERM                          VROM-databank                          RCC-IV

     alle velden
     onderwerp               betuwelijn
     titel
     auteur
     instantie
     gepubliceerd in
     jaar van uitgave
     jaar van uitgave vanaf
     taal
     documenttype



                                          zoekresultaat:    8 documenten

enter=korte weergave  tab=invoer        2=lijst zoektermen  3=veldrelatie
4=scherm leegmaken    5=veld leegmaken  a=andere functies   v=vorig scherm
s=stoppen             h=help                                c=commando

[192.87.99.2]                                               Setup = ALT-F
```

```
KORTE WEERGAVE                      VROM-databank                          RCC-IV

                                                             document    1 van

m     titel                                                                rege
x     NS : rijden of rijverbod? : een vergeten emissie                       18
      jaar: 1993          type: ar artikel        auteur: Eekhout, A.C.M.
x     Toetsingsadvies over de inhoud van het milieu-effectrapport Betuw...   24
      jaar: 1992          type: ad adviezen
x     De Betuwe-route, een bijdrage aan een duurzame ontwikkeling            30
      jaar: 1993          type: ar artikel        auteur: Wiggers, Nico K.
x     Geen Betuweroute, tenzij ondergronds aangelegd : uit de inspraak op    28
      jaar: 1993          type: ar artikel
x     De ontwerp-tracéwet in relatie tot ruimtelijke ordenings- en           44
      jaar: 1992          type: ar artikel        auteur: Brussaard, W.
x     Er is al een Betuwekanaal                                              28
      jaar: 1992          type: ar artikel        auteur: Fernhout, M.
x     Aanleg Betuwelijn is schending van het verstoringsaspect               25
      jaar: 1992          type: ar artikel        auteur: Logt, Q.A.J. van

enter=tonen document      1=(de)markeren document    2=alles (de)markeren
6/7=pagina verder/terug   8/9=laatste/eerste pagina  e=exporteren
v=vorig scherm            s=stoppen    h=help        c=commando

[192.87.99.2]                                                    Setup = ALT-F
```

```
TONEN DOCUMENT                      VROM-databank                          RCC-IV

document   1 van   8                                          pagina   1 van

Titelbeschrijving
   NS : rijden of rijverbod? : een vergeten emissie / A.C.M. van Eekhout
   In: Mobiliteitschrift. - Jrg. 27, nr.6 (december 1993) ; p. 17-18
Signatuur
   94-04018
Abstract
   Het probleem van milieu-effecten van koperemissies door slijtage van
   bovenleidingen van spoorwegen (voor Nederland in 1985 op 40 ton per jaar
   geschat) heeft bij het debat over de Betuwelijn te weinig aandacht gekregen
   en werd door de minister van Verkeer en Waterstaat gebagatelliseerd.
Onderwerp
   EMISSIES   628.5
   CHEMISCHE MILIEUVERONTREINIGING   504.054
   KOPER   620.26*7440-50-8
   SPOORWEGEN   656.2

enter=document verder    1=(de)markeren             3=document terug
6/7=pagina verder/terug  8/9=laatste/eerste pagina  e=exporteren
z=zoekscherm             v=vorig scherm  s=stoppen  h=help  c=commando

[192.87.99.2]                                               Setup = ALT-F
```

Voorbeeld van een zoekactie in de VROM-databank (RCC-IVEV)

Om de CD te kunnen lezen is randapparatuur bij de PC nodig: er wordt een CD-ROM-speler op de PC aangesloten. Om de communicatie tussen de CD-ROM-speler en de PC te bewerkstelligen is bovendien extra hardware nodig, zoals een CD-ROM-kaart (een rechthoekig plaatje met daarop elektronische schakelingen) die in de kast van de CPU van de PC geplaatst moet worden, alsook extra software, meestal het speciaal voor CD-ROM door de firma Microsoft ontwikkelde MSCDEX-programma (MS-DOS CD-rom EXtensions), zodat de PC de CD-ROM-schijf met zo'n 600 megabytes aan informatie kan lezen als een normaal MS-DOS-bestand. Wil men de gevonden informatie blijvend vastleggen, dan kan die naar een printer gestuurd worden, naar de harde schijf of naar een diskette.

De hierboven beschreven configuratie, waarbij één personal computer rechtstreeks verbonden is met één aparte CD-ROM-speler en één gebruiker via één configuratie één CD-ROM-schijf kan doorzoeken, wordt een standalone configuratie genoemd. Men kan ook gebruik maken van CD-ROM-servers. Deze bieden de mogelijkheid meerdere CD-ROM-spelers te koppelen aan een LAN (Local Area Network). Zo kunnen niet alleen meerdere gebruikers tegelijkertijd verschillende CD-ROM's doorzoeken, maar dezelfde CD-ROM kan zelfs door verschillende personen tegelijkertijd geraadpleegd worden. Een dergelijke configuratie noemt men een multi-user of netwerk configuratie.

De CD-ROM leent zich uitstekend voor het opslaan van bibliografische bestanden. Deze kunnen op ongeveer dezelfde manier als online bestanden doorzocht worden. Het voornaamste verschil tussen online bestanden en CD-ROM is dat de eerste meer gegevens kunnen bevatten, zodat grotere gegevensverzamelingen in één keer doorzocht kunnen worden. Ook vindt de update vaker plaats en de toegangstijd en responsetijd zijn korter. Het voordeel van CD-ROM schuilt in de vaste jaarabonnementsprijs: het zoeken zelf kent dan geen beperking door het ontbreken van hoge online bestandskosten, telecommunicatie-kosten en printkosten voor referenties. Hierdoor heeft het online zoeken behoorlijk wat concurrentie van de CD-ROM gehad, met als resultaat dat aanbieders van online bestanden hun prijssamenstelling gingen veranderen: de prijs voor de online zoektijd werd verlaagd, het tonen (of printen) van de zoekresultaten werd iets duurder. Voordeel hiervan was, dat de literatuurzoeker meer tijd had om uitsluitend relevante referenties te vinden en zo in ieder geval meer (bruikbare) waar voor zijn geld kreeg.

Vergeleken met de hoge toegangssnelheid van harde schijven is CD-ROM toch nog steeds een betrekkelijk langzame technologie ondanks het feit dat de nieuwste generatie CD-ROM spelers, de quad speed six, in verhouding tot de eerste generatie spelers uit 1986, beduidend sneller zijn met een gegevensoverdracht van 630 KB per sekonde (Benford, 1995). En ook al worden er CD-ROM's ontworpen met een grotere opslagcapaciteit door verbeterde compressie-technieken en door de schijf van meerdere leesbare lagen te voorzien, toch is tegenwoordig de tendens waarneembaar om de CD-ROM te downloaden naar server of harde schijf.

Als een bibliografisch bestand van de CD-ROM naar een server gekopiëerd wordt, is het dan nog wel nodig CD-ROM's te maken? De verwachting op dit moment is, dat de CD-ROM nog wel een tijdje meegaat: de consumentenmarkt heeft net de CD-ROM ontdekt (spelletjes en dergelijke) en op dit moment is de multimediale CD-ROM, waarbij niet alleen teksten, maar ook beelden en geluid op de schijf opgeslagen zijn, sterk in opmars. Wel is het zo, dat uitgebreide, interdisciplinaire bestanden, die voor iedereen van belang zijn en nu op CD-ROM in de eigen netwerken van de afzonderlijke universiteitsbibliotheken draaien, via het landelijke netwerk (SURFnet en Pica) aangeboden zullen worden, met als voordeel één interface voor verschillende bestanden en tegen een vast bedrag per jaar. Hiertoe behoren bestanden als *Biography Index* en *Periodicals Abstracts*. Bestanden, die voor een groot aantal gespecialiseerde gebruikers interessant zijn, zoals *Medline*, zullen niet per universiteit, maar per faculteit op dezelfde wijze aangeboden worden, op basis van een bepaald aantal gelijktijdige gebruikers: er hoeft dan geen volledige campuslicentie (goed voor in theorie ca. 15 tot 25.000 gebruikers) betaald te worden, maar een gedeelte hiervan, afhankelijk van het aantal passwords. Er zullen echter voorlopig ook wel gespecialiseerde bestanden op CD-ROM geraadpleegd worden op een PC met een (ingebouwde) CD-ROM-speler, omdat de kosten van zowel speler als CD-ROM zodanig zijn dat geen enkele wetenschappelijk onderzoeker tegengehouden zal worden op zijn werkkamer snel en doeltreffend het voor hem relevante, zeer gespecialiseerde bestand te raadplegen.

INTERNET

Netwerken onderscheiden zich onderling onder meer door de gebruikte netwerkprotocollen. Bekende netwerkprotocollen zijn X.25 en IP.

Unidata Datanet 1 is het publieke datacommunicatienetwerk in Nederland. Het is eigendom van Unisource Business Networks Nederland bv (voorheen PTT Telecom) en gebruikt alleen het X.25-protocol. Via Unidata Datanet 1 is toegang mogelijk tot andere publieke X.25-netwerken in binnen- en buitenland. Ook biedt het toegang tot informatiediensten die op Unidata Datanet 1 zijn aangesloten (bij voorbeeld commerciële databanken). Bij frequent gebruik is een abonnement op Unidata Datanet 1 goedkoper dan een rechtstreekse (modem)telefoonverbinding met de host van de databank.

Internet, het grootste computernetwerk ter wereld, knoopt vele nationale en internationale, wetenschappelijke en commerciële, overheids- en particuliere netwerken aan elkaar. Het is in feite niet één netwerk, maar een grote verzameling van netwerken. De standaard voor de datacommunicatie die Internet gebruikt, is het TCP/IP (Transmission Control Protocol/Internet Protocol). Alle aangesloten netwerken kennen dezelfde adresstructuur.

Door al die netwerken zijn vele computers met elkaar verbonden die met elkaar communiceren. Dit is mogelijk door de zogeheten client-server architectuur. Als een vraagsteller via een computer verbinding wil maken met een andere computer, wordt er een applicatie opgestart die uit twee delen software bestaat: de client-software, die draait op de computer die de service vraagt (de 'client') en de server-software, die draait op de computer die een antwoord stuurt op die vraag (de 'server'). Het netwerk fungeert als medium tussen deze twee.

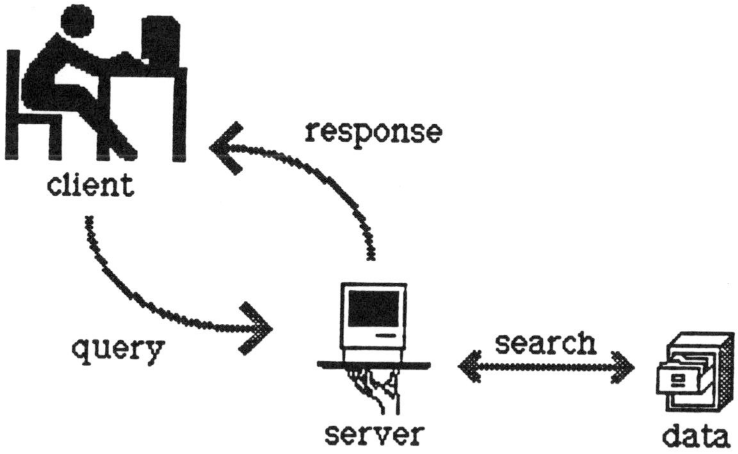

Illustratie van het Web geplukt:
http: // www.lib.ncsu.edu/staff/morgan/www-and-libraries.html

Om te zorgen dat verschillende programma's die op geheel verschillende systemen draaien (bij voorbeeld DOS, Unix, VAX/VMS etc.) met elkaar kunnen communiceren zijn diverse protocols ontwikkeld. Het protocol dat op dit moment als standaard fungeert, is Z39.50, dat oorspronkelijk in de wereld van de bibliotheekautomatisering ontwikkeld is voor het opvragen van verschillende typen van bibliografische informatie. Als de client werkt met applicaties die het Z39.50 protocol ondersteunen, is communicatie met andere systemen mogelijk via een gateway die de vraag converteert naar het Z39.50 protocol. Z39.50 is een belangrijke schakel bij het toegankelijk maken van de diverse bronnen op het Internet, omdat de meeste databanken op het Internet op totaal verschillende manieren moeten worden aangesproken, vanwege het gebruik van andere standaarden voor opslag van data en andere instrumenten voor het opvragen daarvan. Ook de diverse bestanden op CD-ROM, waarvan de zoektalen per leverancier verschillen, kunnen dankzij het Z39.50 protocol met één enkele interface geraadpleegd worden, zoals bij voorbeeld de verschillende CD-ROM bestanden van OCLC door middel van een Z39.50-server met de Pica zoekinterface OpenCat benaderd kunnen worden.

Internet ontstond zo'n 20 jaar geleden (Krol 1993, p.11) als een netwerk van het U.S. Defense Department onder de naam ARPA-net (Advanced Research Projects Agency). Nu heeft Internet zich verspreid over de hele wereld met talloze vertakkingen naar andersoortige netwerken zoals bij voorbeeld EARN/CREN (European Academic and Research Network/Corporation for Research and Educational Networking). In Nederland is SURFnet een onderdeel van Internet (SURFnet Gids 94/95, p.25). Via SURFnet zijn alle diensten op Internet beschikbaar via licentie-overeenkomsten met instellingen. Voor de gebruikers binnen die instellingen zijn er geen extra kosten. De particuliere PC-gebruiker thuis dient een abonnement te nemen op Internet via een 'service provider' of commerciële Internet-aanbieder, zoals Xs4all (access for all), EuroNet of NLnet.

De meest gebruikte diensten op het Internet zijn remote login, e-mail (electronic mail), ftp (file transfer protocol) en navigatiediensten als gopher, wais (wide area information services) en www (world wide web).

Remote login, dat wil zeggen rechtstreeks een verbinding maken met een andere computer om een bestand te raadplegen, is mogelijk door middel van twee verschillende adresvormen, nl. telnet-adressen (voor Internet) en X.25-adressen (voor Unidata Datanet 1). Het X.25-adres (ook wel NUA of Network User Address genoemd) bestaat altijd uit een lang nummer (of een mnemonic). Zo luidt het X.25-adres voor de Nederlandse Pers databank: 1291102240 (of de mnemonic: npd). Telnet-adressen bestaan uit een naam, d.w.z. woorden gescheiden door punten. Zo is het telnet-adres van diezelfde Nederlandse Pers Databank: europa.rcc-ivev.nl.

Wat gebeurt er eigenlijk als we een telnet-sessie opstarten? Als we bij de prompt C:\telnet typen, gevolgd door een spatie en een telnetadres, wordt via het bovenbesproken client/server model verbinding gemaakt met een andere computer en kunnen de gegevens van die computer geraadpleegd worden. Zijn deze gegevens zo interessant dat we die zelf willen 'hebben', dan kunnen ze overgeheveld worden naar de eigen computer via FTP (File Transfer Protocol). Met de benodigde file transfer software kan men ook rechtstreeks de computer benaderen waarop het gewenste bestand zich bevindt, door in plaats van 'telnet' en een adres, 'ftp' en een adres in te typen. Anonymous FTP dient om bestanden die openbaar verkrijgbaar zijn naar de eigen computer over te halen. Als via FTP een verbinding met de gewenste fileserver tot stand gebracht is, moet bij 'name' het woord 'anonymous' ingetikt worden en bij 'password', het eigen e-mail adres, zodat de fileserver weet waar de bestanden naar toe gestuurd moeten worden. Deze openbare bestanden kunnen werkelijk van alles en nog wat bevatten: plaatjes, geluid, software, teksten (van kleine stukjes tekst tot volledige elektronische tijdschriften en zelfs complete boeken, zoals volledige teksten uit de wereldliteratuur – het zogeheten "Gutenberg-project" – , maar ook moderne handboeken, o.a. over Internet) en, last but not least, bibliografieën.

Met *e-mail* kan wereldwijd met andere gebruikers van het netwerk gecommuniceerd worden. Daartoe heeft de gebruiker een e-mail adres nodig op een computer waarop een e-mail programma draait en tevens een elektronische postbus op die lokale computer waarin alle voor hem bestemde berichten worden opgeslagen. Ook hosts van (bibliografische) online bestanden, zoals DIALOG, STN, ESA-IRS en DATASTAR bieden deze faciliteit aan de gebruiker, zodat deze de gevonden referenties ook via e-mail kan binnenhalen. Niet alleen met individuen, maar ook met groepen (bij voorbeeld vakgenoten) kan op deze manier gecommuniceerd worden. Men kan zich abonneren op zogeheten *discussielijsten*. Deze zijn doorgaans gericht op één onderwerp en men ontvangt telkens elke nieuwe bijdrage die aan de lijst wordt toegevoegd. Zelf kan men ook berichten aan de lijst toevoegen, zodat er werkelijk sprake is van interactie. Meestal is er ook een archief, zodat bij latere deelname de eerdere bijdragen alsnog gelezen kunnen worden. Discussielijsten noemen vaak de laatste publikaties over het desbetreffende onderwerp en fungeren als zodanig als een actuele, virtuele bibliografie.

File transfer is ook mogelijk met behulp van *navigatiediensten*. Deze zijn zeer gebruiksvriendelijk omdat de gebruiker automatisch naar de gewenste gegevens geleid wordt en de verzending via de navigatiedienst plaats vindt. Deze navigatiediensten zijn hard nodig, want de informatie die beschikbaar is op Internet is dermate omvangrijk, divers en verspreid over vele computers over de hele wereld, dat het onbegonnen werk is om dat allemaal te classificeren of te inventariseren. Toch wordt hier en daar een poging ondernomen om iets van orde in deze enorme informatiechaos te scheppen.

Eén van de hulpmiddelen is *ARCHIE*, een zoekprogramma, ontwikkeld door Emtage, Heelan en Deutsch van de McGill University School of Computer Science (Gilster 1994, p.11). Dit programma kan men gebruiken om files (software en/of teksten) te vinden op basis van (delen van) bestandsnamen of van woorden uit korte beschrijvingen. ARCHIE kan niet zoeken op de inhoud van de bestanden, alleen op de bestandsnaam. Het kan dus voorkomen dat de inhoud van het bestand anders is dan de bestandsnaam doet vermoeden. Als er een bestand aan de zoekopdracht voldoet, geeft Archie het adres van de desbetreffende fileserver, zodat met ftp of e-mail de gevonden bestanden naar de eigen computer overgehaald kunnen worden. Sachs (Sachs & Stair 1994, pp.196-202) geeft hiervan praktische voorbeelden.

Een veelgebruikte navigatiedienst is *Gopher*. Dit woord is geen acroniem: een gopher is een soort Amerikaanse eekhoorn, de mascotte van de Universiteit van Minnesota in de USA, waar het gelijknamige software programma ontwikkeld is. Door de hiërarchische structuur van een hoofdmenu met een ogenschijnlijk oneindig aantal submenu's is het voor nieuwelingen op het netwerk een ideale manier om kennis te maken met de rijkdom van Internet (Lawley & Summerhill 1993, p.62). Door telkens een optie in het menu te kiezen belandt men uiteindelijk bij de gewenste informatie. Deze kan van alles zijn: campus informatiesystemen, bibliotheekcatalogi, databanken, archieven van discussielijsten, elektronische tijdschriften, ascii of binaire documenten, etc. Via de gopher-software op het eigen werkstation (de 'client' die de vragen stelt aan de 'server' en de informatie van de 'server' ontvangt), of via een centraal gopher-programma op een 'publieke' server worden automatisch kontakten gelegd met andere gopher-servers in het netwerk en kan men gebruik maken van de aangeboden diensten door het desbetreffende item uit het menu te kiezen. Dit alles gebeurt transparant, d.w.z. dat de gebruiker niets merkt van de programma's die uitgevoerd worden, zoals het openen en weer sluiten van verbindingen, het overhalen van bestanden en dergelijke. En dat is nu het mooie van Gopher: via de menu's kan men direkt bij een document komen of weer in een ander menu. Maar Gopher kan ook een nieuwe telnet-sessie opstarten en doorverbinden met een andere computer en zorgt er dan ook nog voor dat de verbinding die daarvóór openstond keurig afgesloten wordt.

Het feit dat dit alles volkomen transparant gebeurt kan ook een nadeel zijn: op een gegeven moment kan men, na vele menu's doorlopen te hebben, verbonden zijn met een gopher-server aan het andere einde van de wereld, terwijl soorgelijke informatie veel sneller van een lokale server dicht bij huis geplukt had kunnen worden. Voor de geoefende gebruiker die precies weet wat hij zoekt, kan de betrekkelijke inflexibiliteit van het systeem frustrerend zijn. Om deze starre menu-structuur te doorbreken en het mogelijk te maken via gopher op onderwerp te zoeken, hebben Barrie en Foster van de University of Nevada (Gilster 1994, p.77) in november 1992 het zoekprogramma *VERONICA* (Very Easy Rodent-Oriented Net-wide Index to Computerized Archives) ontwikkeld. Via een gopher-menu kan worden gekozen voor het zoeken met behulp van VERONICA en door een bepaald onderwerp in te typen worden de menu's van de gophers wereldwijd daarop bekeken en alle menu-items met dat onderwerp worden vervolgens op het scherm getoond. Op deze manier wordt de zoektijd ingeperkt omdat alleen de relevante menu's getoond worden.

Een andere navigatiedienst met gerichte zoekmogelijkheden is *WAIS* (Wide Area Information Server), ontwikkeld door Kahle van Thinking Machines Corp. in samenwerking met Dow Jones & Co., Apple Computer en KPMG Peat Marwick. De WAIS software maakt het mogelijk door gebruik te maken van het Z39.50 protocol om met één interface allerlei bestanden die over het Internet verspreid zijn en die met WAIS te benaderen zijn, op trefwoord te doorzoeken. Dan verschijnt er op het scherm een lijst met documenten en/of databanken die aan de zoekvraag voldoen, waarna een keuze gemaakt kan worden om een bepaald document op te vragen of een bepaalde databank te raadplegen. Dat geldt niet alleen voor tekstbestanden, maar ook voor beelden en geluid.

De populairste en meest belovende navigatiedienst op dit moment is het in Zwitserland bij CERN ontwikkelde *WWW* (World Wide Web, of W3, of ook wel alleen 'het Web' genoemd). Zijn populariteit dankt het aan het feit dat het gebaseerd is op hypertext, dat wil zeggen dat alle informatie die aangeboden wordt, onderling aan elkaar gerelateerd is. Er zijn in de teksten allerlei links of verbindingen gelegd, die met één druk op de knop of klik met de muis opgeroepen kunnen worden. Zo kunnen woorden uit een document verwijzen naar een ander document, dat zich op een heel andere plaats, op een andere server ver weg bevindt. Door te klikken op de link naar dat andere document wordt, weer geheel transparant, de verbinding naar dat andere document geopend. Aldus kan men van het ene document of bestand naar het andere springen.

De adressen van WWW-servers kennen een eenduidige notatie-vorm, de zogenoemde URL (Uniform Resource Locator). Deze URL begint bij http-servers, die zich bedienen van hypertext-documenten, met de letters http, hetgeen staat voor hypertext transfer protocol. De hypertext documenten worden geschreven in een speciaal formaat, de hypertext mark-up language (html), dat een sub-set is van sgml (standard general mark-up language). Een voorbeeld van een dergelijk adres is: "http://www.nic.surfnet.nl", waarmee de WWW-server van SURFnet bereikt wordt. Zo kan men het tijdschrift *I&I (Informatie & Informatiebeleid)* op het Web lezen door rechtstreeks in te typen: "http://www.nic.surfnet.nl/cram/ieni/home.html".

Om snel toegang te krijgen tot allerlei elektronische informatiediensten in Nederland type men in: "http://www.nic.surfnet.nl/nlmenu/nlmenu.html", waarna het volgende op het scherm verschijnt (zie volgende bladzijde). Alle onderstreepte woorden zijn hyperlinks en kunnen worden aangeklikt. Zo wordt direkt het desbetreffende document of de gewenste dienst bereikt.

WWW omvat de andere navigatiediensten, dat wil zeggen dat via een WWW-server bij voorbeeld ook verbinding kan worden gemaakt met een Gopher-server. Een dergelijk adres ziet er dan als volgt uit: "gopher://gopher.nic.surfnet.nl".

Om WWW goed te raadplegen wordt gebruik gemaakt van zogeheten web clients of browsers, dat zijn programma's die o.a. geschikt zijn om hypertext documenten te lezen. Populaire browsers zijn Lynx voor teksten en NSCA-Mosaic of Netscape voor teksten en plaatjes. MacWeb is een web browser voor de Macintosh. Zowel Mosaic als Netscape draaien onder Windows en tonen de gegevens in hypermedia formaat: met behulp van deze grafische interfaces kunnen we teksten lezen, beelden bekijken, geluidsfragmenten horen en ook videofilms zien. Het ziet ernaar uit dat WWW als navigatiedienst met zijn multimediale browsers, Gopher als navigatiedienst naar de achtergrond verdrongen heeft.

De informatie die beschikbaar is op het Internet is zeer overvloedig en divers. Nadeel van die overstelpende hoeveelheid is dat er ook veel bij is zonder enige waarde en dat door die enorme massa de waardevolle informatie er uiterst moeilijk uit te zeven is. Het is niet ongewoon dat een eerste zoektocht via Internet na uren zoeken afgesloten wordt zonder enig zinvol resultaat. Bovendien is het net voortdurend aan verandering onder-

INFORMATIEDIENSTEN IN NEDERLAND

Informatiediensten in Nederland heeft als doelstelling gebruikers (in Nederland en daarbuiten) op overzichtelijke wijze de publiek toegankelijke elektronische informatiediensten in Nederland aan te bieden. Deze pagina wordt samengesteld in CWIS-NL verband, op basis van aanmelding en registratie.

[language switch / taalwissel]

Wegwijzer naar diensten in Nederland:

Naam- en adresinformatie
Onderwijs en onderzoek: Universiteiten, Hogescholen, Expertisecentra
Netwerkorganisaties, Internet-aanbieders en Rekencentra
Documentaire informatieverzorging: Bibliotheken, Uitgevers en Online databanken
Overheid, Politiek, en Samenleving
Kunst, Cultuur en Media
Gezondheidszorg
Bank- en Verzekeringsinstellingen

Informatiediensten in Nederland via gopher
WWW servers in Nederland naar geografie, of naar onderwerp
Registers op dit NL-Menu: FTP /WWW /Gopher
Statistieken van dit NL-menu

Formulier voor Aanmelding van nieuwe informatiediensten

Opmerking: de inhoud van dit menu is onderhevig aan veranderingen. Stuur op- en aanmerkingen, foutmeldingen of vragen aan:

NLmenu@rug.nl

SURFnet InfoServices
Koninklijke Bibliotheek
Tel. 070 - 314 06 15
nlmenu@is.konbib.nl

Laatst herzien: 27 april 1995 / *Lammert Zwaagstra "lammert@python.konbib.nl"*

hevig: bestanden worden gewijzigd of verdwijnen en er komen andere bestanden bij. Om efficiënt te kunnen zoeken is het belangrijk dat er structuur aangebracht wordt in de informatie-brij.

Een groot voordeel van het Internet is dat veel informatie (nog) gratis is ('freeware'). Soms wordt vrijblijvend een geringe vergoeding gevraagd ('shareware'). Ook zijn commerciële bestanden via Internet te benaderen; Internet fungeert dan als communicatienetwerk dat de verbinding tot stand brengt. Men moet echter in het bezit zijn van een user-nummer en password, anders kan men deze (betaalde) bestanden niet raadplegen.

Zoeken op Internet is tijdrovend en door de ongestructureerde hoeveelheid, de enorme massa aan informatie, is het moeilijk gericht te zoeken. Pogingen om alle informatie te indexeren is vrijwel onmogelijk; programma's als VERONICA en WAIS zijn aardige pogingen om wat gerichter te werk te gaan. Op het moment komt er steeds meer software beschikbaar die de internet-gebruiker naar de gewenste informatie moet leiden. Informatie wordt bij elkaar gebracht in classificatiesystemen. Speciale zoekprogramma's (robots) schuimen het net af om de gegevens te indexeren en de gebruiker staan steeds meer verschillende zoekfaciliteiten ter beschikking om zelf het net af te zoeken naar de gewenste informatie. Zo is er een aantal retrieval-systemen ontwikkeld voor WWW, zoals Yahoo, WebCrawler en Lycos (Sieverts, 1995).

Langzaam treedt er een verschuiving op wat de aard van de informatie betreft: door de voortschrijdende techniek, waarbij grote hoeveelheden informatie steeds gemakkelijker opgeslagen kunnen worden, komen er hoe langer hoe meer volledige tekstbestanden in elektronische vorm beschikbaar. Aangezien tijdschriftartikelen in elektronische vorm snel beschikbaar zijn, is de verwijzing naar die artikelen in secundaire bronnen (bibliografieën) te langzaam. Vandaar de groeiende populariteit van elektronische attenderingssystemen (*Open* 27,1995,3,p.84). Wat dit betekent voor de bibliografie is niet te voorspellen. Voorlopig laat het zich aanzien dat de onderzoeker, die behoefte heeft aan literatuur over een bepaald onderwerp, in de nabije toekomst via Internet direkt kan zoeken via trefwoorden en dan onmiddellijk geleid wordt naar de volledige documenten. Het enorme aanbod van elektronisch toegankelijke catalogi, met hun steeds verfijnder wordende ontsluiting, leidt via ingangen op onderwerp eveneens in toenemende mate direkt naar de publikaties zelf, ook als het artikelen in tijdschriften betreft. Hiermee vervaagt het concept van de zuivere bibliografie en is het niet ondenkbaar dat bij zoektochten naar literatuur steeds vaker direkt in databases met de literatuur zelf, in plaats van met alleen maar gegevens erover, gezocht gaat worden.

GERAADPLEEGDE EN AANBEVOLEN LITERATUUR

Bang, Steve e.a. *Het complete Internet handboek.* [geautoriseerde vert. uit het Engels door Fontline]. Schoonhoven, 1994.

Belbenoit-Avich, P-M. (1993). 'La bibliothèque électronique: bibliothèque de demain ou d'aujourdhui?' *Bulletin des Bibliothèques de France* 38 (6).

Bell, H.K. (1994). 'A library without Walls'. *Library Management* 15 (3).

Benford, Tom (1995). 'The Quad Speed Six: fast CD-ROM drives in the fast lane'. *CD-ROM Professional* 8 (5).

Bradley, Phil, and Terry Hanson, *Going online and CD-ROM.* 9th ed. London, 1994.

Braun, Eric. *The Internet directory.* New York, 1994.

Brown, C.C. (1994). 'Creating automated bibliographies using Internet-accessible online library catalogs'. *Database* 17 (1).

Carande, Robert. *Automation in library reference services: a handbook.* Westport, CT., 1992.

Gale directory of databases. Detroit, MI., 1993-... Verschijnt 2x per jaar. Bestaat uit 2 delen: Vol. 1: *Online databases.* Vol. 2: *CD-ROM, diskette, magnetic tape, handheld and batch access database products.*

Gilster, Paul. (1994). 'A CD-ROM view of the Internet'. *Internet World* 5 (3).
Gilster, Paul. *Finding it on the Internet: the essential guide to Archie, Veronica, Gopher, WAIS, WWW, and other search tools.* New York, 1994.
Haas, J.J.M. de. *CD-ROM voor wetenschappelijke informatie: theorie, praktijk, overzicht van bestanden.* Amsterdam, 1994.
Internet world's On Internet: an international guide to electronic journals, newsletters, texts, discussion lists, and other resources on the Internet. Westport. Verschijnt jaarlijks.
Jacso, Peter (1994). 'Don't kiss Boolean goodbye. It's AND not OR, let alone XOR'. *Information Today* 11 (2).
Krol, Ed. *The whole Internet: user's guide & catalog.* Sebastopol,CA.,1992.
Lancaster, F.W. *Information retrieval systems: characteristics, testing and evaluation.* 2nd ed. Chichester & New York, 1979.
Lancaster, F.W. and Amy J. Warner. *Information retrieval today.* Rev., retitled and exp. ed. Arlington, VA, 1993.
Lawley, Elizabeth Lane and Craig Summerhill. *Internet primer for information professionals: a basic guide to Internet networking technology.* 3rd pr. Westport, CT & London, 1994.
Matthijssen, R.L. e.a. *Computers, datacommunicatie en netwerken: hoofdlijnen en praktijk.* 4e herz. dr. Schoonhoven, 1993.
McCormick, John A. *The new optical storage technology; including multimedia, CD-ROM, and optical drives.* Homewood, Ill., 1994.
De Multimedia begrippengids. Onder red. van Hans Sleurink. 1e dr. Houten, 1994.
Online opsporen van informatie: theorie en praktijk van het gebruik van interactieve informatiesystemen. Onder eindred. van E.G. Sieverts en M.W. de Jong-Hofman. 5e, voll. herz. dr. Den Haag, 1994.
Open: vaktijdschrift voor bibliothecarissen, literatuuronderzoekers en documentalisten. Themanummer 'Elektronische media' Jaargang 25 (1993) No.6.
Pollitt, A.S. *Information storage and retrieval systems: origin, development, and applications.* Chichester & New York, 1989.
Ravi, A.S. & B.C. Indira. (1994). 'An e-mail-based bibliographic information server'. *Journal of Information Science* 20 (4).
Sachs, David and Henry Stair. *Hands-on Internet: a beginning guide for PC users.* Englewood Cliffs, N.J., 1994.
Sieverts, Eric (1995). 'Zoeken op WWW met Lycos'. *Login* 19 (1).
Spikman, G. e.a. (1995). 'Elektronische titelattenderingssystemen: hulpmiddelen voor de attendering van (wetenschappelijke) literatuur geïnventariseerd'. *Open* 27 (3).
SURFnet Gids 94-95. Utrecht, 1994.
Thomas, M., Gretz, M., Stadler, P. (1994). 'Vom Buchbestand zur Datenbank: ein erster Schritt in Richtung elektronische Bibliothek'. *Nachrichten fur Dokumentation* 45 (2).
Valauskas, E.J. (1994). 'Using the Internet in libraries'. *IFLA Journal* 20 (1).
Wallace, D. (1994). 'Basic navigation and resources'. *Archives and Museum Informatics* 8 (1).

DEEL 2

OVERZICHT VAN BIBLIOGRAFISCHE BRONNEN EN HULPMIDDELEN

IX INLEIDING EN VERANTWOORDING

Het tweede gedeelte van dit boek is geheel gewijd aan een systematische behandeling van een aantal bibliografische naslagwerken, in gedrukte vorm of als online of CD-ROM bestanden. Het gaat daarbij om een keuze uit een geweldig grote hoeveelheid zelfstandige en onzelfstandige bibliografieën. Een indruk van de omvang van het aantal bibliografieën geeft het monumentale werk van Theodore A. Besterman: *A world bibliography of bibliographies* (zie hoofdstuk X, rubriek 0.1), dat alleen tot 1964 zelfstandig verschenen bronnen noemt en toch al tot meer dan 120.000 titels komt. Nog veel groter worden uiteraard de aantallen wanneer ook de onzelfstandige bibliografieën worden vermeld: het online bestand *Bibliographic Index* (zie hoofdstuk X, rubriek 0.2) geeft (vanaf 1984!) meer dan 133.000 titels. In dit boek is dan ook afgezien van elk streven naar volledigheid, zelfs op kleinere deelterreinen. De bestaande grote werken (zowel voor gedrukte, online als CD-ROM bestanden) zijn in ons land op een voldoende aantal plaatsen aanwezig en toegankelijk, zodat aan nog een universele bibliografie van bibliografieën geen behoefte bestaat. Integendeel, het aantal van dit type werken is zo sterk gestegen dat het moeilijk geworden is daarop het zicht te behouden en te weten met welk groot naslagwerk, of met welk elektronisch bestand, bepaalde vragen beantwoord kunnen worden. Voor tal van wetenschapsgebieden en literatuurgenres zijn afzonderlijke bibliografieën van bibliografieën en literatuurgidsen ontstaan, die als het ware een startpositie bieden voor verder bibliografisch speurwerk, over welk onderwerp dan ook. Het is deze categorie van bibliografische inleidingen en bibliografieën van bibliografieën die in de volgende hoofdstukken bijzondere aandacht krijgt. De selectie van op te nemen titels was speciaal op dit materiaal gericht.

De grens tussen een bibliografische inleiding en een bibliografie van bibliografieën is niet steeds scherp te trekken. In de volgende hoofdstukken zijn ze gemakshalve steeds onder één hoofd gebracht. Bij de bibliografie van bibliografieën domineert meestal de titelopsomming, al dan niet geannoteerd, terwijl bij de bibliografische inleidingen gewoonlijk meer toelichtende tekst op gehele literatuurcategorieën (monografieën, tijdschriften, dissertaties, etc.) in afzonderlijke hoofdstukken wordt gegeven. De eigenlijke bibliografische details zijn doorgaans uiterst (soms te) summier gehouden. Daarnaast leggen bibliografische inleidingen zich ook wel toe op het geven van een karakteristiek van een bepaalde vakliteratuur: welk type publikatie domineert; hoe snel verouderen bepaalde geschriften; welke historische veranderingen treden op in het literatuurgebruik; waar zijn de researchzwaartepunten te vinden en dergelijke meer. Daaraan gekoppeld is soms een uiteenzetting over de strategie en de techniek van het literatuurzoeken in een vakwetenschap. Het niveau van die uiteenzettingen kan tamelijk ver uiteenlopen: van zeer elementair in bij voorbeeld inleidingen van het type *How to find out about...*, tot betrekkelijk geavanceerd in de serie *Use of...literature.*

Bij het selecteren van de bibliografische inleidingen en bibliografieën van bibliografieën is zoveel mogelijk voorrang gegeven aan de meest recente uitgaven op dat gebied, al zijn ook wel oudere genoemd die door hun kwaliteit de aandacht waard blijven en die soms, door het ontbreken van goede alternatieven, zelfs onmisbaar zijn. Het titelgedeelte blijft echter niet beperkt tot deze werken. Er is ook aandacht besteed aan de belangrijkste basisbibliografieën en andere grote naslagwerken. In hoofdstuk X, dat de algemene bibliografieën behandelt, gaat het daarbij om de (centrale) catalogi van bibliotheken, om verschillende nationale algemene bibliografieën en hun aanvullingen, om bibliografieën van bepaalde soorten publikaties (ook wel genre-bibliografieën genoemd) en tenslotte om overige bibliografische hulpmiddelen.

In hoofdstuk XI is gepoogd per vakgebied de belangrijkste internationale bibliografieën te noemen, zowel van boeken als van tijdschriften en tijdschriftartikelen. Aldus wordt de gebruikers van dit boek een basis verschaft op grond waarvan zij zich inzicht kunnen verwerven in de opbouw van het bibliografisch apparaat en de eigenaardigheden van de belangrijkste bouwstenen daarvan. Bovendien kunnen zij van daar uit de eerste stappen zetten op het pad van het literatuuronderzoek.

Bij de *selectie van materiaal* voor dit overzicht zijn nog enkele andere criteria gehanteerd. Zo is steeds aan het algemene meer aandacht besteed dan aan het bijzondere. Dit komt zowel tot uitdrukking in het aantal titelvermeldingen als in de omvang van de daarbij gegeven annotaties. Duidelijk blijkt dit uit de vrij grote plaats die is ingeruimd voor de algemene bibliografieën, vergeleken met die voor de vakbibliografieën. Maar ook bij die laatste is de voorkeur voor het algemene gehandhaafd, in die zin dat per vakwetenschap vooral die bibliografieën aandacht krijgen die van betekenis zijn voor het gebied als geheel, die dus inhoudelijk de breedste dekking bereiken. Hoe meer gespecialiseerd het vak, hoe minder titelvermeldingen en hoe korter ook vaak de annotaties. In enkele gevallen werd in het geheel geen annotatie gegeven.

Een ander selectiecriterium is de taal waarin de bibliografische naslagwerken zijn gesteld, voor zover het inleidingen, toelichtingen en annotaties betreft. Alleen opgenomen zijn werken in het Engels, Frans, Duits en Nederlands. Hierop zijn slechts enkele uitzonderingen gemaakt, zoals in hoofdstuk XI in de rubrieken 7 en 9.

Niet opgenomen zijn bibliografieën die klaarblijkelijk zijn samengesteld voor gebruik in een bepaald land, in verband met daar (en elders niet) aanwezige literatuurbestanden. Echter, betreft het werken die speciaal voor de Nederlandse of Belgische situatie zijn vervaardigd, dan zijn ze in een aantal gevallen juist wèl opgenomen. In het algemeen geldt trouwens dat alleen titels van werken zijn opgenomen die in Nederland en België tot het normale bestand van een nationale of universiteitsbibliotheek gerekend kunnen worden.

Ten aanzien van de *bewerking en presentatie* van het opgenomen materiaal moet nog het volgende worden opgemerkt. De titels zijn zoveel mogelijk beschreven volgens de ISBD-modellen. Slechts hier en daar is het aantal gegevens van de officiële ISBD om praktische redenen enigszins bekort. Verder is in de collatie afgezien van de vermelding van het formaat. In vrij veel gevallen is in de annotatie aangegeven hoeveel titels het geannoteerde werk bij benadering omvat. De annotaties bevatten als regel een aantal standaardelementen zoals: een algemene karakteristiek, gegevens over de verschijningsfrekwentie, bestreken materiaal en tijdvak, primaire en secundaire ordening en ontsluiting en dergelijke. Veel annotaties bevatten afkortingen ter beperking van de omvang. Deze spreken meestal voor zichzelf, maar zijn ten overvloede toegelicht in de lijst van gebruikte afkortingen achterin het boek.

Het toenemend belang van bibliografieën in de vorm van online- en CD-ROM bestanden komt tot uitdrukking in de beschrijvingen die deze bestanden hebben gekregen. Titels van bibliografische bestanden die *uitsluitend* in elektronische (online of op CD-ROM) vorm bestaan, komen ook voor. In beide gevallen worden, althans in hoofdstuk X, meestal gegevens als uitgever, bestreken tijdsperiode, updates en geografische en linguistische dekkingsgraden vermeld. De titels van werken in elektronische vorm zijn in de hoofdstukken X en XI voorzien van een asterisk (*). Voor gegevens betreffende online en CD-ROM bestanden werd geput uit (en wordt verder verwezen naar) respectievelijk *GALE directory of databases.* – Detroit, MI (etc.): Gale research, 1993- . – ISSN 1066-8934 (deel 1: Online databases), *CD-ROMs in print: an international guide.* – Westport, CT: Meckler, 1987- . – ISSN 0891-8198. en J.J.M. de Haas, *CD-ROM voor wetenschappelijke informatie.* – Amsterdam: Discom, 1994. – ISBN 90-73971-20-9.

De *rangschikking* van de beschreven werken is systematisch volgens de indeling zoals in de inhoudsopgave vermeld. Enige toelichting behoeft de volgorde van de titels binnen de gekozen hoofd- en subrubrieken. Waar geen andere criteria prevaleerden is een alfabetische volgorde op hoofdwoorden toegepast. In een aantal gevallen leek het echter zinvol een geografische of chronologische rangschikking aan te brengen. Dit is meestal door tussenkopjes aangegeven. Bij enkele rubrieken is zondere nadere toelichting van de genoemde mogelijkheden afgeweken en een op het eerste gezicht tamelijk willekeurige volgorde gebruikt. Deze berust dan op het bijzondere belang van bepaalde werken, waardoor ze als eerste genoemd moesten worden. Elk van de rubrieken en sub-rubrieken bevat overigens zo weinig titels dat de volgorde weinig of geen problemen zal opleveren. Waar dit nuttig leek gaat aan de hoofdrubrieken en soms aan de sub-rubrieken een korte inleiding vooraf.

X ALGEMENE BIBLIOGRAFIEËN

0 BIBLIOGRAFIEËN VAN BIBLIOGRAFIEËN

0.0 *Inleiding*

Reeds in de zeventiende eeuw zijn voorbeelden te vinden van gepubliceerde overzichten van bestaande bibliografieën. Vooral in de negentiende eeuw vertonen ze naar aantal en omvang een sterke toeneming. Volledig zijn de meeste dan echter reeds lang niet meer, zo groot is de hoeveelheid afzonderlijke bibliografieën al geworden. De hierna volgende rubrieken 0.1 en 0.2 bevatten slechts enkele van de meest bekende en meest gebruikte *algemene* bibliografieën van bibliografieën. Het gaat overeenkomstig de in hoofdstuk V besproken typologie om werken die bibliografieën over allerlei verschillende onderwerpen vermelden. Er zijn ook speciale bibliografieën van bibliografieën. Deze noemen de bibliografieën van een vakgebied. De belangrijkste daarvan zijn vermeld in de desbetreffende rubrieken van hoofdstuk XI. Zoals daar blijkt dient bij deze categorie 'bibliografie' in de ruimste zin genomen te worden: veelal gaat het tevens om andere typen naslagwerken, die overigens voor de bibliografie van groot belang kunnen zijn. Ook betreft het niet alleen gedrukte werken, maar tevens CD-ROM's en online bestanden.

0.1 *Afgesloten bibliografieën van bibliografieën*

BESTERMAN, THEODORE A.
A world bibliography of bibliographies and of bibliographical catalogues, calendars, abstracts, digests, indexes and the like / Theodore A. Besterman. – 4th ed. rev. and greatly enl. – Lausanne: Societas Bibliographica, 1965-1966. – 5 dl. – Herdr.: Totowa, NJ: Rowman and Littlefield, 1971.

Een van de beste en meest omvangrijke (noemt bijna 120.000 titels). Omvat alle perioden en is internationaal. Het materiaal is opgenomen onder 16.000 alfabetisch gerangschikte trefwoorden. Daarbinnen eventueel op subtrefwoorden en chronologisch. Dl. 1-4 bevatten de bibliografieën, dl. 5 is een register op auteurs en titelwoorden (bij anoniemen en tijdschriften). Alleen zelfstandig verschenen werken. Geen catalogi van algemene bibliotheken, wel van bijzondere collecties. Van alle werken opgave van het aantal titels. Soms korte annotaties. Zeer geschikt bij vragen over duidelijk begrensde onderwerpen (= in een trefwoord te vertalen). De bestreken periode is tot 1964. De eerste druk verscheen 1939-1940. Een aanvulling op de 4e druk geeft:

TOOMEY, ALICE F.
A world bibliography of bibliographies, 1964-1974: A list of works represented by Library of Congress printed catalog cards: a decennial supplement to Theodore Besterman: A world bibliography of bibliographies / comp. by Alice F. Toomey. – Totowa, NJ: Rowman and Littlefield, 1977. – 2 dl. – XII, 1166 p. – ISBN 0-87471-999-2

Omvat bijna 18.000 titels, op trefwoord gerangschikt als in Besterman. Heeft echter geen register. Van het hoofdwerk van Besterman zijn later afzonderlijke bgf. afgeleid, waaronder over bibliografie en bibliotheekwetenschap, periodieke publs., academische geschriften en een aantal vakgebieden (verschenen bij dezelfde uitgever).

BIBLIOGRAPHISCHE Berichte (Bibliographical Bulletin). – Bd. 1(1959)-Bd. 30(1988). – Frankfurt am Main: Klostermann, 1959-1988. – ISSN 0006-1506

Inmiddels afgesloten. Systematisch ingericht; binnen de afzonderlijke rubrieken alfabetisch. Verscheen op het laatst als jaaruitg. Heeft diverse meerjarenregisters. Nam ook onzelfstandige bgf. op. Soms korte annotaties. Veel aandacht voor bgf. in Oost-Europese talen. Na 1987 niet meer verschenen. Als Bd. 30 kwam nog uit in 1988: Gesamtregister 1969-1987 (Bd. 11-29). – XIV, 664 p.

GENERAL reference books for adults: authorative evaluations of encyclopedias, atlases, and dictionaries / Marion Sader, ed. ... – New York (etc.): Bowker, 1988. – XVIII, 614 p. – ISBN 0-8352-2393-0 (Bowker buying guide series)

TOPICAL reference books / Marion Sader, ed. – New Providence: Bowker, 1991. – XVIII, 892 p. – ISBN 0-8352-3087-2 (Bowker buying guide series)

In het eerste van beide werken worden algemene encyclopedieën, atlassen en woordenboeken beschreven; in het tweede naslagwerken betreffende vakgebieden, maar ook over bepaalde thema's (drug-abuse, travel). Vooral voor bibliothecarissen als leidraad bij collectievorming. Het eerste bevat ook voorbeelden uit naslagwerken en heeft een index op titels / samenstellers / soorten naslagwerken. *TOPICAL reference books* heeft indexen op titels / onderwerpen / auteurs / rating / LoC-classificatie en Dewey-notaties.

GUIDE to reference books / ed. by Eugene P. Sheehy, with the assistance of Rita Keckeissen ... (et al.) . – 10th ed. – Chicago (etc.): American Library Association, 1986. – XVI, 1560 p. – ISBN 0-8389-0390-8

Zeer omvangrijk praktisch hulpmiddel voor algemeen inlichtingenwerk, met nadruk op Amerikaans gebruik. Hoge betrouwbaarheid. Systematisch ingericht, naar categorieën en vakgebieden. De meeste titels zijn geannoteerd. Uitvoerige inhoudsopgave en een omvangrijke (260 p.!) index op auteurs, trefwoorden en titels, van waaruit wordt verwezen naar rubriek en volgnummer. Deze 10e druk omvat meer dan 15.000 titels. De 1e druk door A.B. Kroeger is van 1902. De 4e-6e druk (1923-1936) door I.G. Mudge, de 7e-8e druk (1951-1967) door C.M. Winchell. De 9e druk door E.P. Sheehy in 1976. Periodiek aanvullingen in het tijdschrift *College and research libraries.*

GUIDE to reference books: covering materials from 1985-1990: supplement to the 10th edition / ed. by Robert Balay; spec. ed. adv. Eugene P. Sheehy. - Chicago (etc.): American Library Association, 1992. – X, 613 p. – ISBN 0-8389-0588-9

Belangrijke aanvulling m.b.t. de jaren 1985-1990 om de periode tussen de 10e en 11e druk te overbruggen. 4.668 titels met annotaties, waarbij zoveel mogelijk automatiseringsmogelijkheden zijn benut. Online en CD-ROM bestanden worden apart beschreven, daar waar de 10e druk volstond met een • (bullet) om het bestaan van een elektronische versie aan te geven. Dezelfde indeling als in de 10e druk. Index op auteurs, titels en onderwerpen in één alfabet (dictionary catalog).

MALCLÈS, LOUISE-NOËLLE
Les sources du travail bibliographique / Louise-Noëlle Malclès. – Genève: Droz, 1950-1958. – 4 dl. – Herdr.: Genève (etc.): Droz, 1965

Zeer omvangrijk, breed georiënteerd (alle perioden, internationaal) en van hoge kwaliteit. Gedateerd, maar hier vermeld wegens belangrijke historische functie. Bevat ook theoretische beschouwingen. Systematisch ingericht: dl. 1 algemene bgf., dl. 2 (in twee banden): humaniora en sociale wetenschappen, dl. 3: natuurwetenschappen en techniek. Ook lopende bgf. in tijdschriften, encyclopedieën, lexika en belangrijke handboeken. Veelal goede annotaties. Op elk hoofdstuk een korte inleiding. Register op auteurs, anoniemen, trefwoorden.

TOTOK-WEITZEL
Handbuch der bibliographischen Nachschlagewerke / Totok-Weitzel. – 6. erw. völlig neu bearb. Aufl. / Hrsg. von Hans-Jürgen und Dagmar Kernchen. - Frankfurt am Main: Klostermann, 1984-1985. – 2 dl.

1. Allgemeinbibliographien und allgemeine Nachschlagewerke. – 1984. – XVI, 472 p. – ISBN 3-465-01592-4

2. Fachbibliographien und fachbezogene Nachschlagewerke. – 1985. - XVIII, 684 p. – ISBN 3-465-01594-0

In vergelijking met de vorige uitg. (algemene- en vakbgf. nog in één dl.) is deze 6e druk aanzienlijk uitgebreid, evenals het aantal medewerkers. Systematische ordening. Ook encyclopedieën, lexika, catalogi, adresboeken, biografische naslagwerken, enz. Register op auteurs, titels en onderwerpen.

WALFORD's guide to reference material. – 5th ed. – München (etc.): Saur (etc.), 1990-1991. – 3 dl. – 1e-3e editie o.d.t.: Guide to reference material / ed. by A.J. Walford. – 1e dr. 1959.

1. Science and technology / ed. by A.J. Walford; with the ed. collab. of Marilyn Mullay ... (et al.). – 1990. – X, 791 p. – ISBN 3-598-0905-9

2. Social and historical sciences, philosophy and religion / ed. by Alan Day ... (et al.). – 1990. – XI, 942 p. – ISBN 0-85356-539-1

3. Generalia, language & literature, the arts / ed. by Anthony Chalcraft ... (et al.). – 1991. – XI, 1035 p. – ISBN 0-85365-549-9

WALFORD's guide to reference material. – 6th ed. – Vol. 1- ... – London: Library Association, 1993- .
1. Science and technology / ed. by Marilyn Mullay ... (et al.). – 1993. - IX, 943 p. – ISBN 1-85604-015-1
2. Social and historical sciences, philosophy and religion / ed. by Alan Day and Joan M. Harvey. – 1994. – XII, 1156 p. – ISBN 1-85604-044-5

Internationaal, sterke nadruk op Engelse en Amerikaanse titels. Omvat drie dln., met resp. 5.995, 7.166 en 8.833 titels. Indeling volgens de UDC. Elk dl. met een index op auteurs / titels en een op onderwerpen. In dl. 3 een cumulatief onderwerpenregister via trefwoorden. Verwijzing vanuit de registers naar de (doorlopende) nummering van de naslagwerken. Walford is recenter dan Sheehy en biedt meer titels, maar is minder nauwkeurig en minder internationaal. In 1993 en 1994 verschenen de dln. 1 (Science and technology) en 2 (Social and historical sciences, philosophy and religion) van de 6e editie, met resp. 7.007 en 8.183 titels. Sterke en zwakke punten (zie boven) zijn hierin niet noemenswaard gewijzigd. Aan de registers is toegevoegd een *Online and database (services) index*. Vermeldt veel recensies (met citaten) van genoemde werken.

Verder kunnen de volgende werken nog genoemd worden, waarvan de meeste als hand- of leerboek zijn opgezet:

ALLISCHEWSKI, HELMUT
Bibliographienkunde: ein Lehrbuch mit Beschreibungen von mehr als 300 Druckschriftenverzeichnissen und allgemeinen Nachschlagewerke / von Helmut Allischewski. – 2. Aufl., neubearb. und erw. – Wiesbaden: Reichert, 1986. - XVIII, 380 p. – ISBN 3-88226-253-2. – Oorspr. uitg.: Wiesbaden: Reichert, 1976

Uitvoerig over meer dan 300 algemene bgf. Zeer uitgebreide en precieze beschrijvingen met bovendien bibliografische gegevens van recensies van de vermelde werken. Ordening naar genre bgf. Register op titels, auteurs en uitgevende instanties. Hierbij hoort het volgende werk:

ALLISCHEWSKI, HELMUT
Abbildungen zur Bibliographienkunde. Abbildungen aus Katalogen und Bibliographien, zur Einführung in die Probleme der Erschliessung und Ordnung in Druckschriftenverzeichnissen ausgewählt und erläutert. - Wiesbaden: Reichert, 1978. – XXII, 190 p. – ISBN 3-920153-95-2

Aanvulling op Bibliographienkunde. Enkele tientallen van de daarin behandelde werken worden hier aan de hand van kopieën van karakteristieke pagina's verduidelijkt. Systematisch ingedeeld. Een derde werk verschaft tabellarische overzichten van vakbgf.:

ALLISCHEWSKI, HELMUT
Tafeln zur Fachbibliographie: mit einem Register zur analytischen Inhaltserschliessung der Verzeichnisse / von Helmut Allischewski. – Durges. Nachdr. – Wiesbaden: Reichert, 1984. – XXVI, 600 p. – ISBN 3-88226-164-1

HAAS, J.J.M. DE
CD-ROM voor wetenschappelijke informatie: theorie, praktijk, overzicht van bestanden / J.J.M. de Haas. – Amsterdam: Stichting Discom, 1994. – VII, 214 p. – ISBN 90-73971-20-9

Goede en overzichtelijke inleiding tot het medium CD-ROM. Drie secties: theorie / praktijk / overzicht bestanden. In het theoretisch dl. wordt ingegaan op o.a. de techniek van de CD-ROM, op het elektronisch zoeken en worden CD-ROM en online retrieval tegenover elkaar geplaatst. In het gedeelte 'praktijk' worden de belangrijkste leveranciers met hun zoektalen vermeld; tevens wordt het belangwekkende MECANO-project aangeroerd (koppeling CD-ROM met OPC), terwijl een opsomming van algemene en speciale bestanden op CD-ROM (met gegevens als uitgever / dataproducent / periode / zoektaal / updates) in het derde deel te vinden is.

KATZ, WILLIAM A.
Introduction to reference work / by William A. Katz. – 6th ed. – New York (etc.): McGraw-Hill, 1992. – 2 dl. – Oorspr. uitg.: New York (etc.): McGraw-Hill, 1969

Standaardwerk, waarvan hier slechts dl. I (Basic information sources. – 1992. – XVII, 485 p. – ISBN 0-07-033638-5) relevant is. Dl. II (Reference services and reference processes. – 1992. – XVI, 255 p. – ISBN 0-07-033639-3) handelt over theorie en praktijk van het inlichtingenwerk. In dl. I is de aandacht voor CD-ROM en online mogelijkheden sterk toegenomen; ook uitgebreid over geautomatiseerde versies van gedrukte naslagwerken.

MALCLÈS, LOUISE-NOËLLE
Manuel de bibliographie / Louise-Noëlle Malclès. – 4me éd. / rev. et augm. par Andrée Lhéritier. – Paris: Presses universitaires de France, 1985. - VI, 488 p. – ISBN 2-13-038984-8. – Oorspr. uitg.: Paris: Presses universitaires de France, 1963

Primair bedoeld als leerboek. Systematische indeling. Inhoud verdeeld over 32 hoofdstukken (I en II: Bibliographie / Définition / Histoire; III-X: Bibliographies générales; XI-XXXI: Bibliographies spécialisées; XXXII: Bibliographies de bibliographies / Bibliologie). Uitvoerige theoretische inleidingen. Register op auteurs en anoniemen; tevens een trefwoordenindex.

PRÉVOTEAU, MARIE-HÉLÈNE
Manuel de bibliographie générale / par Marie-Hélène Prévoteau et Jean-Claude Utard. – Paris: Cercle de la Librairie, 1995. – 311 p. – ISBN 2-7654-0578-6. – (Collection Bibliothèques)

Na inleidende hoofdstukken over de methoden van bibliografisch onderzoek en organisatie van de informatie (gedrukte/geautomatiseerde bronnen), achtereenvolgens aandacht voor: 'référence immédiate' (encyclopedieën, werken over afkortingen/acroniemen), bronnen voor collectievorming, identificatie en lokalisering (ook van audiovisuele media en CD-ROM) met nadruk op de Franse situatie. Index op titels en auteurs. Uitstekende gids door praktische opzet en zeer actuele stand van zaken. Goede aanvulling op het nog steeds waardevolle werk *Guide de bibliographie générale: méthodologie et pratique* (2e éd. – 1989) van Marcelle Beaudiquez.

PRINS, P.A.
Bibliografische instructie: werkboek voor opleiding en zelfstudie / P.A. Prins, A.O. Kouwenhoven. – Amsterdam: Stichting DISCOM, 1991. – 90 p. - ISBN 90-73791-01-2

Praktisch hulpmiddel bij het leren omgaan met (gedrukte) bibliografische naslagwerken, oorspronkelijk bedoeld als aanvulling op *Inleiding tot de bibliografie* (A.O. Kouwenhoven, 1989), maar ook zelfstandig ter oriëntatie te gebruiken. Van de (vooral algemene) bgf. wordt de titelpagina getoond en worden bijzonderheden aangaande inrichting en gebruik vermeld. Met vragen en opdrachten.

TAYLOR, MARGARET T.
Basic reference sources: a self-study manual / Margaret T. Taylor and Ronald R. Powell. – 4th ed. – Metuchen, NJ (etc.): Scarecrow, 1990. – XVI, 319 p. – ISBN 0-8108-2244-X. – Oorspr. uitg.: Metuchen, NJ: Scarecrow press, 1973

Hier voornamelijk vermeld vanwege de originele vraag/antwoord methode. Alleen gedrukte werken; accent op de V.S. Nuttig leer- en oefenboek.

0.2 *Lopende bibliografieën van bibliografieën*

AMERICAN reference books annual. – Vol. 1(1970)- . – Littleton, Colo.: Libraries unlimited, 1970- . – ISSN 0065-9959

ARBA is een jaarlijks verschijnend kritisch overzicht van *alle* in Amerika uitgegeven naslagwerken. Systematische indeling naar vakgebieden. Indexen op auteur / titel en op onderwerpen. Sinds 1970 zijn ca. 43.500 werken behandeld. Jaargang 25(1994) bespreekt 2.031 werken. Vanaf deze uitg. ook aandacht voor CD-ROM's. Inmiddels vijf cumulatieve indexen; de laatste omvat de jaren 1990-1994 (ISBN 1-56308-272-1). Een selectie uit al dit materiaal wordt gepresenteerd onder de titel: *BEST reference books*, waarvan de laatste de jaren 1986-1990 bestrijkt (1992; ISBN 0-87287-936-4). Twee eerdere uitg. met titels van 'blijvende waarde' betreffen de jaren 1970-1980 en 1981-1986 (resp. ISBN 0-87287-255-6 en ISBN 0-87287-554-7).

BIBLIOGRAPHIC index: a cumulative bibliography of bibliographies. – Vol. 1(1937)- . – New York: Wilson, 1938- . – ISSN 0006-1255

Overzicht van nieuwe algemene en speciale bgf. Criterium voor opname: 50 titels of meer. Nadruk op Germaanse en Romaanse talen. Internationaal. Noemt zowel zelfstandige als onzelfstandige bgf. Ingericht op alfabetisch geordende trefwoorden. Afleveringen (2x per jaar) cumuleren tot jaaruitg. Tot 1968 ook meerjarige cums. Geen auteurs- of titelregisters. Zeer grote dekking (ca. 3.000 tijdschriften worden geïndexeerd). Goede bron voor het 'up-daten' van bgf. van bgf.

*BIBLIOGRAPHIC Index [Online bestand].
Uitgever: Wilson / Periode: 1984- / Taal: Engels / Updates: 2x per week / Online via: (o.a.) WILSONLINE

BIBLIOGRAPHICAL services throughout the world. – 1950/1959- . – Paris: UNESCO, 1961- . – (UNESCO bibliographical handbooks)

Overzicht van bibliografische activiteiten in diverse landen en bijzonderheden aangaande nationale bibliografische centra, nationale bgf., wettelijke depots, samenwerkingsverbanden op bibliografisch terrein, union catalogues e.d. Verschenen zijn de dln. 1950/59, 1960/64, 1965/69, 1970/74, 1975/79, 1980, 1981/82 en 1983/84. In dit laatste dl., dat in 1987 uitkwam, 'bibliografische bijzonderheden' van 93 landen.

CD-ROM directory: with multimedia CD's, international ed. – 1986- . London: TFPL publishing, 1987- . – ISSN 0957-2686

Een één keer per jaar verschijnend internationaal overzicht van op de markt zijnde CD-ROM's. Van dit werk komt ook een CD-ROM versie uit:
*CD-ROM directory on disc [CD-ROM bestand]. – London: TFPL publishing, 1992- . Periode: 1992- / Zoektaal: CD Answer / Updates: 2x per jaar.

CD-ROMs in print ...: an international guide to CD-ROM, Multimedia & Electronic book products. – 1987- . – Westport, CT: Mecklermedia, 1987- . - ISSN 0891-8198

Een internationaal en jaarlijks verschijnend overzicht van de op de markt zijnde CD-ROM's en verwante produkten. Aanvankelijk met andere ondertitel. Meer dan 3.500 titels. Ordening alfabetisch op titel. Verdere gegevens van de CD-ROM's zijn o.a.: verschijningsfrekwentie / uitgever / benodigde computerapparatuur / format / prijs / updates en zoektaal. Tevens adressenlijst van leveranciers en een scala aan indexen, waaronder de subject index (indeling met 200 trefwoorden). Verwijzing uit indexen naar paginanummers ontbreekt (er wordt uitsluitend naar titels verwezen). Als geautomatiseerde versie van deze uitg. verschijnt: *CD-ROMs in print ... on CD-ROM [CD-ROM bestand]. Uitgever: Mecklermedia / Periode: 1993- / Zoektaal: Romware / Updates: 2x per jaar

GALE directory of databases. – Jan. 1993- . – Detroit, MI (etc.): Gale research, 1993- . – ISSN 1066-8934

1. Online databases. – ISBN 0-8103-8804-9 (jan. 1995)
2. CD-ROM, diskette, magnetic tape, handheld and batch access database products.

Dl. 1 geeft (jan. 1995) een internationaal overzicht van 5.643 online databestanden. Tot de verstrekte gegevens behoren: titel / type (full-text, directory, bibliographic), leverancier / periode / geografische reikwijdte / updates en taal. Volgorde van de inhoud is alfabetisch op naam / titel. Overzicht van databaseproducenten, een geografische index, een onderwerpenindex op trefwoorden met verwijzingen en een 'Masterindex' op (vroegere) namen, acroniemen, enz. Komt uit in januari en juni. Dl. 2 geeft meer dan 4.000 databases in 'draagbare' vorm en produkten met batchverwerking. Indeling analoog aan die van dl. 1. Verschijnt eveneens 2x per jaar. Er is een CD-ROM versie (SilverPlatter) en vanaf 1994 is GDD ook online:

*GALE directory of databases (GDD) [Online bestand]

Uitgever: Gale research / internationaal / aktuele informatie / Updates: 2x per jaar / Online via: ORBIT•QUESTEL en Data-Star

INFORMATIONSMITTEL für Bibliotheken (IFB): Besprechungsdienst und Berichte / hrg. von Klaus Schreiber ... – Jrg. 1(1993)1/2- . – Berlin: Deutsches Bibliotheksinstitut, 1993- . – ISSN 0944-1867

Een 4x per jaar verschijnend overzicht van besprekingen van naslagwerken. Bouwt voort op de jarenlang door Schreiber gevoerde rubriek 'Ausgewählte Bibliographien und Nachschlagewerke' in het *Zeitschrift für Bibliothekswesen und Bibliographie* (registers hierop voor de periodes 1974-1989 en 1990-1993, resp. onder ISBN 3-465-02261-0 en ISSN 0941-2298). Systematisch ingericht (als in de *Guide to reference books*). De vaak uitvoerige en zeer gedegen recensies worden gevolgd door een cumulatief 'Sachtitelregister' waarin ook ZfBB (1993) en eerdere nummers van IFB. Zelfs *geplande* recensies worden vermeld. Tevens bevat IFB een soort 'Current Contents' voor een zevental tijdschriften, waaronder *Bulletin of bibliography* (ISSN 0190-745X) en *Reference services review* (ISSN 0090-7324). Vanaf begin 1995 is er, naast de gedrukte uitg., een elektronische versie in WWW (World Wide Web) via de universiteit van Konstanz (E-mail: dierig@gw1.swbv.uni-konstanz).

REFERENCE services review. – Vol. 1(1973)- . – Ann Arbor, MI: Pierian press, 1973- . – ISSN 0090-7324

Ook o.d.t. RSR. Verschijnt 4x per jaar. Bijdragen over inlichtingenwerk en aankondigingen en besprekingen van nieuwe naslagwerken (in welke vorm dan ook uitgegeven). Geregeld overzichten van naslagwerken op een bepaald gebied. Geen indexen. Ook verkrijgbaar op microfilm en microfiche.

The YEAR in reference / ed. Charles A. Toase. – 1993- . – Andover: Gale research international, 1994- .

In het eerste dl. (1993. – ISBN 1-873477-15-5) van deze jaarlijks verschijnende bgf. worden 275 voornamelijk Britse naslagwerken (ook CD-ROM's) uit de periode 9/92-8/93 besproken. Noemt ook elders in Europa in het Engels uitgegeven werken. Recensies door een uitgebreid team van deskundigen. Enkele inleidende artikelen, waaronder 'CD-ROM systems in libraries'. Systematisch ingedeeld. Indexen op auteurs/titels en op onderwerpen. Een goede nieuwe gids als hulp voor de selectie van naslagwerken, die echter niet zoals *American reference books* (*ARBA*) aanspraak op volledigheid kan maken.

N.B. *Lopende* aanvullingen zijn verder te vinden in verschillende tijdschriften op het gebied van het bibliotheek- en informatiewezen, zoals: *Bulletin des bibliothèques de France* (1956-); *College and research libraries* (1959-); *Library and Information Science Abstracts* (1950-); *Zeitschrift für Bibliothekswesen und Bibliographie* (1954-).

1 INTERNATIONALE ALGEMENE BIBLIOGRAFIEËN

1.0 *Inleiding*

In deze rubriek wordt alleen aandacht besteed aan de universele bibliografieën, waarbij dus noch naar periode, noch naar taal, onderwerp of categorie beperkingen optreden. Zo zijn de internationale bibliografieën van tijdschriften, incunabelen, vertalingen enz., niet hier, maar in speciaal daaraan gewijde rubrieken opgenomen. Bleven de universele bibliografieën aanvankelijk lange tijd vrijwel beperkt tot oudere (maar nog steeds waardevolle) werken, met het ontstaan en in aantal toenemen van uitgaven op CD-ROM en van online bestanden, komen er nu meer uitzonderingen op deze regel. Vergelijk ook met hetgeen hierover in hoofdstuk III is opgemerkt. Zie als voorbeeld de als laatste in deze rubriek genoemde titel *Global books in print*.

1.1 *Universele bibliografieën*

GESNER, CONRAD
Bibliotheca universalis, sive catalogus omnium scriptorum locupletissimus ... / authore Conrado Gesnero. – Tiguri (Zürich): Froschauer, 1545-1555. - 4 dl. – Herdr.: Osnabrück: Zeller, 1966

Beschouwd als de eerste internationale algemene bibliografie. Periode 1450-1550. Alleen werken in het Latijn, Grieks en Hebreeuws. Dl. 1 is alfabetisch gerangschikt op de *voornamen* van de auteurs. De dln. 2 en 3 geven o.d.t. *Pandectarum sive partitionum universalium libri 21* een opsomming naar vakgebieden. Omvat (inclusief een appendix in 1555) ongeveer 19.000 titels.

BRUNET, JACQUES-CHARLES
Manuel du libraire et de l'amateur des livres: contenant: 1. un nouveau dictionnaire bibliographique ... 2. une table en forme de catalogue raisonné ... / par Jacques-Charles Brunet. – 5me éd. – Paris: Firmin-Didot, 1860-1880. – 6 dl. + 2 suppl. – Herdr.: Kopenhagen: Rosenkilde en Bagger, 1966-1968. – Oorspr. uitg.: Paris: Brunet, 1810

Belangrijkste oudere universele keuzebibliografie, van hoge kwaliteit. Periode 1450-1878. Nadruk op Franse en Latijnse literatuur van 16e-18e eeuw. In de dln. 1-5 zijn de werken alfabetisch op auteursnaam of (anoniemen) op titel vermeld. Dl. 6 is een systematisch register (*Table méthodique*) waarin de titels verkort zijn vermeld met verwijzing naar de nummers in de alfabetische dln. Ruim geannoteerd, vooral voor bibliofiele doeleinden. De supplementsdln. zijn samengest. door P. Deschamps en P.G. Brunet. Dit werk was vooral baanbrekend door de wetenschapsclassificatie.

GRAESSE, JEAN GEORGE THÉODORE
Trésor de livres rares et précieux, ou Nouveau dictionnaire bibliographique contenant plus de cent mille articles de livres rares ... / par Jean George Théodore Graesse. – Dresden (etc.): Kuntze, 1859-1869. – 7 dln. – Herdr.: Milaan: Görlich, 1950

Naar het model van Brunet, maar met meer nadruk op Germaanse en Oosterse talen; geeft op die manier een nuttige aanvulling. Periode 1450-1868. De werken zijn alfabetisch gerangschikt op auteur of (bij anoniemen) op titel. Geen onderwerpenregister. Annotaties van mindere klasse dan bij Brunet. Dl. 7 bevat aanvullingen. Het geheel omvat ca. 100.000 titels.

*GLOBAL books in print plus: complete English language bibliographic information from the United States, United Kingdom, continental Europe, Australia, New Zealand, Africa, Asia, Latin America, Canada, and the oceanic states. – (New Providence, NJ (etc.): Bowker/Whitaker, 1994- . [CD-ROM bestand]

Een nuttige CD-ROM uitg. van diverse uitgevers en van diverse 'Books in print': Bowker (*Books in print*); Whitaker (*Whitaker's books in print / Bookbank)*; Saur (*International books in print*), Thorpe (*Australian books in print* en *New Zealand books in print.* De 1e uitg. (maart 1994; ISBN 08352-34134) geeft ca. 2 miljoen titels van 90.000 producenten uit ca. 60 landen. Updates: elke maand; diverse zoekmethoden (subject heading LoC; DDC notaties; naar leeftijdsgroepen). Registers. Zoektaal: Plus (Bowker) en BRS/Search (Whitaker).

2 CATALOGI VAN GROTE ALGEMENE BIBLIOTHEKEN

2.0 *Inleiding*

De collecties van grote algemene bibliotheken, overwegend universiteits- en nationale bibliotheken, overtreffen in omvang meestal verre de inhoud van de hiervoor beschreven universele bibliografieën. De gepubliceerde catalogi van deze bibliotheken vormen daarom een onmisbare aanvulling, vooral voor de periode na 1850. Maar ook voor de tijd daarvóór bevatten ze veel dat moeilijk elders te vinden is. De catalogi van nationale bibliotheken zijn met name van belang in verband met de bibliografische gegevens over de (oudere) boekproduktie in de landen waar deze bibliotheken zich bevinden. De catalogi van grote en oude universiteitsbibliotheken ontlenen hun betekenis onder meer aan de verscheidenheid en diepgang van de collecties die ze beschrijven, waarin ook veel wetenschappelijke literatuur is opgenomen die buiten formele uitgevers- en boekhandelskanalen om is verkregen (genootschapsgeschriften, congresbijdragen, jaarboeken, instituutsreeksen en nog vele meer). Bovendien geldt voor de beschrijvingen in deze catalogi dat ze op autopsie berusten en dat ze veelal het werk zijn van deskundige medewerkers.

Bij gebruik van gepubliceerde catalogi als bibliografie dient men zich wel te realiseren dat elke bibliotheekcollectie kenmerken vertoont die de situatie en de selectiecriteria van de betrokken bibliotheek weerspiegelen. Veel minder behoeft men hierop bedacht te zijn in het geval van centrale of gemeenschappelijke catalogi, waarin het bezit van meerdere – soms vele – bibliotheken vertegenwoordigd is en waarin als het ware onevenwichtigheden van afzonderlijke instellingen tegen elkaar wegvallen. De grote algemene centrale catalogi (union catalog(ue)s, catalogues collectifs, Gesamt-/Zentralkataloge) zijn dan ook het best te vergelijken met universele bibliografieën in eigenlijke zin. Door de hoofdzakelijk alfabetische opzet zijn ze vooral van belang als instrument voor bibliografische verificatie. De produktie van gedrukte catalogi is reeds vanaf het begin (die van de Leidse U.B., 1595) een probleemvolle onderneming geweest. Het aanvankelijke boekdrukprocédé, waarbij elke titel opnieuw gezet moest worden, was aan het begin van deze eeuw eigenlijk al te traag en te kostbaar in verhouding tot de sterk groeiende collecties.

Een doorbraak ontstond pas door de introductie van foto-mechanische reproduktie en offsetvermenigvuldiging van bestaande catalogusfiches, alsmede later door het inschakelen van computers. Nog een stap verder leverde dit de online raadpleegbare catalogi op, waarvan het gebruik en de mogelijkheden de laatste jaren sterk zijn toegenomen. Men denke hier, wat de Nederlandse situatie betreft, aan het OBN (*Open Bibliotheek Netwerk*; functionerend vanaf 1992 en ontwikkeld door PICA) met daarin de NCC (*Nederlandse Centrale Catalogus*), de gemeenschappelijke catalogus van honderden bibliotheken waaruit de bibliotheekbezoeker direct met de computer boeken te leen kan aanvragen en/of kopieën van tijdschriftartikelen kan bestellen; dit laatste met behulp van het bestand *Online Contents*: artikelen (vanaf 1992) uit momenteel ruim 13.000 tijdschriften, aanwezig in Nederlandse bibliotheken.

De bibliotheekgebruiker krijgt steeds meer rechtstreeks toegang tot centrale PICA-systemen. Thans bestaat de mogelijkheid binnen- èn buitenlandse OPC's te raadplegen via netwerken, zoals met name INTERNET. Voor een overzicht van deze mogelijkheden raadplege men: *OPAC directory ... : an international guide to INTERNET accessible public access catalogs* / Andrew Shriver: ... – Ed. 3(1993)- . – Westport, CT (etc.): Mecklermedia, 1993- . – ISSN 1066-1425

Naarmate men meer gebruik is gaan maken van CD-ROM's steeg de behoefte aan een koppeling van dit soort bestanden aan de gegevens in OPAC's (Online Public Access Catalog(ue)s, of wel OPC's). De UB Amsterdam heeft het initiatief genomen tot een poging om in samenwerking met andere grote Europese bibliotheken deze koppeling te bewerkstelligen: het MECANO-project (*ME*chanism of automatic comparison of *C*D-ROM *AN*swers with *O*PACs), zodat bij gebruik van bestanden op CD-ROM gezien kan worden of de gewenste literatuur in de eigen bibliotheek (of in andere aangesloten bibliotheken) aanwezig is. Naast deze geavanceerde technieken komen natuurlijk ook catalogi op microfiche voor. In de volgende rubrieken worden voornamelijk enkele grote universele catalogi genoemd. Voor gepubliceerde (centrale) catalogi van bijzondere literatuurcategorieën (tijdschriften, incunabelen) of van afzonderlijke vakgebieden raadplege men de daarop afgestemde rubrieken.

Enige literatuur over *gepubliceerde catalogi* en over *online catalogi*:

NELSON, BONNIE R. *A guide to published library catalogs* – Metuchen, N.J.: Scarecrow press, 1982. – XVI, 342 p. – ISBN 0-8108-1477-3

TAYLOR, ARCHER *Book catalogues: their varieties and uses* – 2nd ed. / rev. by Wm. P. Barlow Jr. – Winchester: St. Paul's bibliographies, 1986. - XXVII, 284 p. – ISBN 0-906795-28-1.

ADVANCES in Online Public Access Catalogs: ed. by Marsha Ra. – Vol. 1(1992)- . – Westport, CT (etc.): Meckler, 1992- . – ISSN 1063-2255

CARANDE, ROBERT *Automation in library reference services: a handbook.* – Westport, CO (etc.): Greenwood press, 1992.- XVI,191 p.- ISBN 0-313-27837-7 [Hierin:'The OPAC concept'; pp.1-13; en:'Networks'; pp.51-72].

GEBRUIKSVRIENDELIJKHEID van de PICA online publiekscatalogus: een evaluatieonderzoek met observaties van zoekgedrag / F.E. Bosman, M.A.H. Ongering, H.P.A. Smit; met medew. van M.H.M. de Boer ... (et al.). - Leiden: PICA, 1992. – 80 p.

REFERENCE and information services: an introduction / eds.: Richard E. Bopp (and) Linda C. Smith. – Englewood, CO: Libraries Unlimited, 1991. - XX, 483 p. – ISBN 0-87287-875-9

SCHOLTE, Corry S.J. *Van samenwerking tot netwerkvorming: bibliografie over het ontstaan, de ontwikkeling en de toekomstplannen van bibliotheeknetwerken in Nederland.* – Amsterdam: Discom, 1991. – 33 p. - (Bibliografische Bijdragen, ISSN 0168-2156; 105) – ISBN 90-73971-03-9

2.1 *Algemene centrale catalogi*

*CCB [CD-ROM bestand]: collective catalogue Belgium: the CD-ROM: a Belgian catalogue of universities and special libraries / Belgian Conference of Chief Librarians. – 1st ed. (Sept. 1989)- . – Brussel: ORDA-B, 1989- . – + User's guide

Zoektaal: CD Answer / Updates: jaarlijks. Centrale catalogus van boeken in diverse Belgische universiteitsbibliotheken en wetenschappelijke instituten. Tevens is de nationale centrale catalogus van tijdschriften ANTILOPE (*ANT*werpse *I*nventaris van *LO*pende *PE*riodieken) opgenomen.

*CCB: Belgian Union Catalogue [Online bestand]

De online versie van de hierboven beschreven Belgische centrale catalogus. Alleen online toegankelijk via bibliotheeknetwerken in België, o.a. VUBIS (Antwerpen) en LIBIS (Leuven).

*NEDERLANDSE Centrale Catalogus [Online bestand]

Uitgever: Koninklijke Bibliotheek / Periode: 1540- heden / Online via: PICA
Beschrijvingen van meer dan 12 miljoen boeken en 350.000 tijdschriften uit het bezit van 400 Nederlandse bibliotheken, wetenschappelijke instellingen en pedagogische centra. Via het geautomatiseerde IBL-systeem kunnen publs. online worden aangevraagd.

*OCLC Online Union Catalog (OLUC) [Online bestand]

Uitgever: OCLC (Online Computer Library Center) / Taal: Engels / Periode: 2150 v. Chr.- (grotendeels 1968-) / Updates: dagelijks / Online via: OCLC, OCLC FirstSearch Catalog (WorldCat)
Grote algemene internationale centrale catalogus die meer dan 28 miljoen beschrijvingen bevat van boeken, tijdschriften, audiovisueel materiaal, computerbestanden enz. Het *Interlibrary Loan Subsystem* stelt gebruikers in staat bezittende bibliotheken te selecteren en een aanvraag in te dienen.

*VLACC-CD [CD-ROM bestand]

Uitgever: Borsu International / Zoektaal: VUBIS / Updates: 2x per jaar.
De *VLA*amse *C*entrale *C*atalogus verschaft bibliografische bijzonderheden over het boekenbezit van de zes grootste Vlaamse openbare bibliotheken: Antwerpen, Brugge, Brussel, Gent, Hasselt en Leuven.

NATIONAL Union Catalog: a cumulative author list represented by Library of Congress printed cards and titles reported by other American libraries. - Totowa, NJ / Ann Arbor, Mich.: Rowman and Littlefield, Edwards, 1958- .

De grootste lopende centrale catalogus ter wereld, gebaseerd op het bezit van (momenteel) circa 1100 bibliotheken. Alfabetisch op hoofdwoorden geordend. Van de auteurs worden de geboorte- en eventueel sterfjaren vermeld. Behalve boeken ook tijdschriften, kaarten, muziekwerken, grammofoonplaten, geluidsbanden en films, videobanden en CD-ROM's. Ook werken in niet-Latijns schrift. Vermelding van vindplaatsen. Vóór de uitg. op microfiche (1983-) begon, verschenen maandelijkse uitg., alsmede kwartaal-, jaar- en meerjarencums. Van deze laatste: 1956-1967 (125 dl.); 1968-1972 (119 dl.) en 1973-1977 (150 dl.). Deze cums. ook op microfiche. Van de periode 1978-1982 geen cum.; er zijn dus alleen de vijf afzonderlijke jaarcums. De NUC is te beschouwen als de voortzetting van o.a. de Library of Congress Catalog (zie rubriek 2.2). Vanaf 1983 op microfiche (COM). Indeling volgens een *Index/Register* ordening. Volledige bibliografische gegevens in het Register. Elke beschrijving heeft een nummer waarnaar vanuit de Index wordt verwezen. Er zijn Indexes op auteur, titel, serie en onderwerp (Library of Congress subject headings). De Indexes geven in tegenstelling tot het Register verkorte titelbeschrijvingen en zijn cumulatief. Maandelijks nieuwe uitg. Meerdere cums. De Library of Congress verzorgt de volgende microfiche-uitgaven:
National union catalog. Books. 1983- . [ISSN 0734-7650 (maandelijks)]; *National union catalog. US Books*. 1983-1986. [ISSN 0734-7642 (verscheen maandelijks)]; *National union catalog. Audiovisual materials*. 1983- . [ISSN 0734-7669 (drie-maandelijks)]; *National*

union catalog. Cartographic materials. 1983- . [ISSN 0734-7634 (drie-maandelijks)]; *National union catalog. Music catalog index.* 1991- . [ISSN 1055-5536]; *National union catalog. Register of additional locations (RAL).* 1980- . [ISSN 0361-5251 (drie-maandelijks)]. De eerstgenoemde en grootste (Books) vervangt onder meer boekuitgaven van de NUC en de Subject Catalog van de Library of Congress.
De NUC is te raadplegen als online bestand via BLAISELINE, WILSONLINE en DIALOG. De Database **LC-MARC* verschaft momenteel toegang tot meer dan 4 miljoen monografieën. Uitgever: Library of Congress / Periode: 1968- . Updates: meestal maandelijks. Daarnaast zijn er nog diverse secties van LC-Marc: Maps / music / name authorities / serials / subject authorities / visual materials. De retrospectieve database **REMARC* (via DIALOG) is een 'companion-file' van LC-MARC en bevat een kleine 4 miljoen titels in het bezit van de LoC en daterend van vóór 1980. Er zijn ook CD-ROM versies van de NUC, waarvan **CD-MARC BIBLIOGRAPHIC* de belangrijkste is. Uitgever: Library of Congress / Periode: 1968- . Bevat boeken, tijdschriften, kaarten, muziek en audiovisueel materiaal.

The NATIONAL union catalog, pre-1956 imprints: a cumulative author list representing Library of Congress printed cards and titles reported by other American libraries. – London: Mansell, 1968-1981. – 754 dl. – ISBN 0-7201-000308 (dl. 1). – Suppl.: vanaf dl. 686. – ISBN 0-7201-1538-8 (dl. 686)

Deze monumentale retrospectieve centrale catalogus omvat de publs. uit 1955 en eerdere jaren, aanwezig in de collecties van de Library of Congress en van meer dan 700 bibliotheken in de V.S. Vervangt als zodanig een vijftal oudere LoC catalogi. Tussen de 12 en 13 miljoen titels. Inrichting en inhoud als de vorige. Ook verschenen op ca. 9.200 microfiches. Als deel van de NUC kan het bezit van de LoC online worden geraadpleegd via o.a. REMARC (zie hierboven).

2.2 *Algemene catalogi van afzonderlijke bibliotheken*

The BRITISH Library general catalogue of printed books to 1975 / (managing ed. Jim Emmett). – London (etc.): Bingley (etc.), 1979-1987. – 360 dl. - Impressum later: London (etc.): Saur. – ISBN 0-85157-520-X (Bingley). - ISBN 0-86291-000-5 (Saur). – Suppl.: London (etc.): Saur, 1987-1988. – 6 dl.

Nieuwe uitg. betreffende de collecties van de British Library, vóór 1973 British Museum Library geheten. Eerste uitg. in 1881-1905, o.d.t.Catalogue of printed books. (44 + 13 dl.). Deze nieuwe uitg. (BLC) vervangt de General catalogue of printed books. Photolitographic edition to 1955. (GK3). – London, 1959-1966. – 263 dl. + diverse supplementen die de jaren 1956-1975 omvatten, met daarbij nog zo'n 100.000 titelbeschrijvingen die niet eerder in catalogusvorm waren verschenen. Het supplement bevat ca. 5.000 ingangen. De indeling is alfabetisch op 'naam', dat wil zeggen dat volgend op werken van Shakespeare ook werk óver hem gevonden kan worden. Veel zie-verwijzingen. Onderwerpen waarover veel literatuur is vermeld hebben een eigen indeling met indexen. Tijdschriften onder hun eigen titels; niet zoals in de GK3 onder het trefwoord 'Periodical publications'. Op deze uitg. zijn de volgende supplementen verschenen, steeds onder dezelfde titel als het hoofdwerk en bij dezelfde uitgever: *1976 to 1982.* (1983; 50 dl.,ISBN 0-86291-485-X); *1982 to 1985.* (1986; 26 dl.,ISBN 0-86291-540-6); *1986 to 1987.* (1988; 22 dl.,ISBN 0-86291-730-1); *1988 to 1989.* (1990; 28 dl.,ISBN 3-598-33050-2); *1990 to 1992.* (1993; 27 dl.,ISBN 3-598-33640-3).

*BRITISH Library catalogue to 1975 [Online bestand]

Uitgever: British Library / Periode: 15e eeuw tot 1975 / Updates: onregelmatig / Online via: BLAISE-LINE
Online versie van de bovengenoemde 360-delige uitg. van de basiscatalogus. Bevat ca. 3.8 miljoen items.

Nog diverse andere secties uit het bezit van de BL zijn online beschikbaar: BLC: Cartographic materials / BLC: Document supply centre (monographs) ook op CD-ROM: *Boston Spa books on CD-ROM* (*BSB*); Zoektaal: Opti-Ware / Updates: 2x per jaar. BLC: Music Library / BLC: Science Reference and Information Service.

*BRITISH Library General Catalogue of printed books to 1975. [CD-ROM bestand]. Uitgever: SAZTEC Europe Ltd / Periode: 1400-1975 / Zoektaal: Opti-Ware

SUBJECT index of modern books acquired, 1971-1975 / the British Library. - London: British Library, 1986. – 15 dl. – ISBN 0-7123-0090-2

Een oorspronkelijk in 1886 begonnen uitg. (dl. 1 bestreek de periode 1880-1885). Het door de eerste samensteller G.K. Fortescue ingevoerde indelingssysteem (ruime trefwoorden, ten dele verder systematisch onderverdeeld) werd voor werken, ontvangen na 1976, vervangen door PRECIS (Preserved Context Indexing System), gebruikt vanaf 1971 in de British National Bibliography (BNB). Deze indelingsmethode wordt ook gebruikt in de opvolgende uitg.:

SUBJECT catalogue of printed books: 1975-1985. – Wetherby, West Yorkshire: The British Library, 1985. – 437 fiches; twee klappers.

De beschrijvingen komen uit twee bronnen: voor bijna alle Britse publs. afkomstig van gegevens voor de BNB en de UKMARC database. Beschrijvingen van buitenlandse publs. zijn afkomstig van het Department of printed books van de British Library. Ook via BLAISE-LINE te raadplegen. Tevens in boekvorm verschenen bij Saur (75 dl. – 1986. – ISBN 3-598-32191-3.

The BRITISH Library general subject catalogue: 1986-1990. München (etc.): Saur, 1991-1992. – 42 dl. – ISBN 3-598-31810-3.

CATALOGUE général des livres imprimés de la Bibliothèque Nationale. Auteurs. – Paris: Imprimerie Nationale, 1897-1981. – 231 dl. – ISBN 2-7177-0100-1

Beïnvloed door het voorbeeld van de British Museum Library begon de Bibliothèque Nationale eind vorige eeuw ook met het vervaardigen van een grote alfabetische catalogus. Na 85 jaar is in 1981 deze uitg. voltooid, een tijdsduur onder meer te wijten aan het gevolgde procédé om elk dl. aanvankelijk tot het afsluiten van de kopij bij te werken met aanwinsten. Vanaf dl. 186 (1961) geen werken meer die na 1959 gecatalogiseerd waren. Ordening alfabetisch op hoofdwoord. Meerdere werken van één auteur alfabetisch op titelwoord, meer edities van één werk chronologisch. Geen anoniemen, werken van corporatieve auteurs en overheidsuitg. Aparte indeling met titellijst bij auteurs van wie veel werken worden vermeld. Een supplement auteurs 1897-1959 vult de lacune, ontstaan door de tussentijds veranderde opnamestrategie.

CATALOGUE général des livres imprimés 1897-1959: supplément
sur fiches. – Paris: Chadwyck-Healey France, 1987. – 3200 microfiches. - ISBN 2-86976-002-7

De volgende supplementen zijn inmiddels verschenen:

CATALOGUE général des livres imprimés: auteurs – collectivités-auteurs - anonymes, 1960-1969. – Paris: Imprimerie Nationale , 1972-1978. – 27 dl. - ISBN 2-7177-0030-7

CATALOGUE général des livres imprimés: auteurs – collectivités-auteurs - anonymes, 1970-1979. Série en caractères non latins. – Paris: Bibliothèque Nationale, 1983-1985. – 15 dl. – ISBN 2-7177-1670-X

In genoemde supplementen worden anoniemen dus wèl opgenomen. Om in het ontbreken van anonieme titels tot 1960 te voorzien begon men met een eveneens op microfiches uitgegeven publ.:

CATALOGUE général des livres imprimés: anonymes XVIe-XVIIIe siècles: état au 31 décembre 1990: [ont participé à ce catalogue: Françoise Beylerian ... et al.; introd. par Odile Gantier]. – 3me éd. – Paris: Bibliothèque Nationale, 1991. – 16 microfiches. – ISBN 2-7177-1835-4

Een verdere aanvulling op de basisuitg.; met anonieme uitg. tot 1960. Catalogisering gebeurde met behulp van de databank van de BN met een speciaal ontworpen format: 'INTERMARC-Livres anciens'. Werkzaamheden zijn gestaakt omdat de beschrijvingen worden geïntegreerd in BN-OPALE, de online catalogus van het totale bezit aan boeken en tijdschriften van de Bibliothèque Nationale. (In 1994 al 1.7 miljoen titels in dit bestand). In BN-OPALINE (sinds 1987) worden overige documenten vermeld. De beide online catalogi vormen samen een nationaal multimediaal bibliografisch bestand, in 1995 toegankelijk via INTERNET. In het kader van de nieuwe Bibliothèque Nationale de France zullen in 1995 alle catalogi van de 'oude' BN (bijna 4 miljoen beschrijvingen) op CD-ROM worden gezet in INTERMARC format.

3 NATIONALE ALGEMENE BIBLIOGRAFIEËN

3.0 *Inleiding*

Deze categorie wordt meestal kortheidshalve aangeduid als nationale bibliografie. Ze beoogt de volledige registratie van de publikatieproduktie van een land, ongeacht de onderwerpen van deze publikaties of de taal waarin ze gesteld zijn. Het is geen uitzondering als ook publikaties zijn opgenomen die in de landstaal zijn geschreven, maar in het buitenland uitgegeven. Ook zijn er nationale bibliografieën die publikaties in andere talen, in andere landen verschenen, maar handelend over het eigen land, registreren. In de praktijk loopt de interpretatie van wat onder een publikatie verstaan wordt uiteen. Sommige nationale bibliografieën beperken zich tot de zuivere boekproduktie (monografieën, al dan niet aangevuld met periodieken), andere nemen ook kaarten, bladmuziek, grammofoonplaten en audiovisuele materialen op. De nationale bibliografie in modernere zin is ontstaan in de eerste helft van de 19e eeuw, een produkt van het opkomend nationalisme in Europa en van de sterke toeneming van de boekproduktie, welke laatste geen universele registratie meer mogelijk maakte. De beoogde volledigheid en nauwkeurigheid van de registratie kan slechts bereikt worden op grond van een wettelijk depot (dépot légal). Op enkele uitzonderingen na (o.a. Nederland!) is deze bij de wet afgedwongen verplichting aan publikatieproducenten, om van al hun uitgaven een exemplaar in te leveren bij hun overheid (= meestal de nationale bibliotheek), thans in alle boekproducerende landen van kracht. De verdere ontwikkeling van nationale bibliografieën, die de primaire basis vormen van alle bibliografische arbeid, krijgt de laatste decennia veel internationale aandacht van instellingen als de UNESCO en de IFLA. Daarbij wordt de nadruk gelegd op standaardizering (gebruik van de ISBD, presentatie, beschrijvingsfrekwentie, ordening) en daardoor op uitwisselbaarheid, mede in het belang van universele bibliografische beheersing. Zie hierover voorts hoofdstuk III. De genoemde instanties propageren ook het tot stand komen van nationale bibliografische bureau's die de gestandaardizeerde pro-

duktie van de nationale bibliografie moeten verzorgen.
Deze onderwerpen (UBC, nationale bibliografie, de rol van nationale bibliografische centra) komen regelmatig aan de orde in het IFLA-tijdschrift *International cataloguing and bibliographic control* (ISSN 1011-8829).

De meeste nationale bibliografieën worden tegenwoordig vervaardigd met behulp van automatisering, waarbij grote online beschikbare databases ontstaan en ook is publikatie op CD-ROM geen zeldzaamheid meer. Voor een huidig internationaal project op dit gebied zie: SMITH, Robert: 'National bibliographies on CD-ROM: development of a common approach'. *International cataloguing and bibliographical control*; 23(1994) nr. 1, pp. 15-18.

Oorspronkelijk was het samenstellen van de nationale bibliografie dikwijls een aangelegenheid van de landelijke boekhandels- of uitgeversverenigingen, die er veel belang bij hadden; soms was of is zij het werk van een enkele uitgever, zoals Wilson in de Verenigde Staten of Sijthoff in Nederland. Geschriften die buiten de georganiseerde uitgevers- en boekhandelskanalen om verschenen, werden in die bibliografieën niet of zeer onvolledig vermeld. In het bijzonder geldt dit voor academische en overeenkomstige uitgaven en voor overheidspublikaties. In verschillende landen bestaan dan ook voor deze categorieën afzonderlijke nationale bibliografieën. Het beleid is echter thans gericht op volledige opname van ook deze categorieën in een nationale algemene bibliografie. Voor oudere perioden uit de nationale boekproduktie zijn veelal *retrospectieve bibliografieën* ontwikkeld. Op volledigheid kunnen deze echter niet bogen; voor sommige perioden en landen is zelfs sprake van ernstige lacunes. Met name voor de periode van de 16e-18e eeuw is in veel landen nog een grote bibliografische achterstand in te halen. Om die reden spelen ook de gedrukte catalogi van grote nationale bibliotheken een belangrijke aanvullende rol. Die bibliotheken worden immers geacht te beschikken over de rijkste collectie uit de nationale boekproduktie. Moderne nationale bibliografieën verschijnen lopend, in een frekwentie die afhankelijk is van de omvang van de nationale produktie: wekelijks, tweewekelijks, maandelijks, per kwartaal, in sommige landen nog niet vaker dan éénmaal per jaar. Hoe hoger de frekwentie, hoe veelvuldiger ook de cumulaties, die het terugzoeken moeten vergemakkelijken. Er worden verschillende cumulatiesystemen gehanteerd. De inrichting van de nationale bibliografieën kan ook (nog) verschillen. Sommige zijn systematisch ingedeeld, andere kennen een alfabetische trefwoorden- of auteursrangschikking, echter vrijwel steeds met secundaire en tertiaire ingangen. Overzichten van nationale bibliografieën en hun bijzonderheden zijn te vinden in:

BEAUDIQUEZ, MARCELLE
Inventaire général des bibliographies nationales rétrospectives = retrospective national bibliographies: an international directory / ed. by Marcelle Beaudiquez. – München (etc.): Saur, 1986. – 189 p. – (IFLA publications, 35). – ISBN 3-598-20399-3

Overzicht van retrospectieve nationale bgf. Alfabetisch geordend (zij het de ene keer in het

Frans, de andere keer in het Engels) worden de verschillende landen behandeld (uitgezonderd die van het Oostblok, waarvoor naar twee Russische publs. wordt verwezen). Na een kleine inleiding waarin ook lopende nationale bgf. worden vermeld, volgen bij elk land de retrospectieve (meestal afgesloten) nationale bgf. Daarbij gaat het doorgaans om de periode tot het moment waarop de lopende nationale bgf. begint te verschijnen.

BELL, BARBARA L.
An annotated guide to current national bibliographies / Barbara L. Bell. - Alexandria, VA: Chadwyck-Healey, 1986. XXVI, 407 p. – (Government documents bibliographies). – ISBN 0-85904-123-6

Overzicht van stand van zaken in 160 landen, waarvan 108 een lopende nationale bgf. hebben. Schematisch worden bij alle werken aspecten als titel (ISSN), opnamecriteria, inhoud, inrichting en registers vermeld. Voorwoord van Dorothy Anderson, die in haar functie als hoofd van het IFLA-bureau voor UBC geruime tijd betrokken was bij het opzetten en verbeteren van nationale bgf.

BIBLIOGRAPHIC services throughout the world. – 1950/59- . – Paris: UNESCO, 1961- . (UNESCO bibliographical handbooks).

(Zie voor deze titel bij X 0.2)

DOMAY, FRIEDRICH
Bibliographie der nationalen Bibliographien = bibliographie mondiale des bibliographies nationales = a world bibliography of national bibliographies / Friedrich Domay. – Stuttgart: Hiersemann, 1987. – XVIII, 557 p. - (Hiersemanns bibliographische Handbücher; 6). – ISBN 3-7772-8709-1

Van 130 landen, geordend naar werelddelen, worden 2950 nationale bgf. genoemd (bgf. van bgf., retrospectieve en lopende nationale bgf., bgf. van bepaalde publ.genres). Werken na 1980 zijn niet meer genoemd. Hier en daar lacunes, niet altijd even betrouwbaar. Register op samenstellers en titels.

In 1993 is een proef genomen met een combinatie van enkele nationale bibliografieën op CD-ROM:

*The EXPLORERS [CD-ROM bestand]

Uitgever: Consortium of National Libraries / Periode: 1986-1991 / Zoektaal: Quantum Leap / Updates: geen.

Ca. 34.000 titels uit de nationale bgf. van Nederland, Denemarken, Italië en Portugal over bovenstaande jaren. Voorgelegd aan ca. 600 bibliotheken in 34 landen ter evaluatie. Het project had o.a. tot doel de ontwikkeling van minimum specificaties voor een retrieval interface van nationale bgf. op CD-ROM. Alle records uit de deelnemende landen (in verschillende MARC-formats) werden voor dit project geconverteerd tot een verkort UNIMARC format, zodat alles in één databank kwam.

GORMAN, G.E.
Guide to current national bibliographies in the Third World / G.E. Gorman and J.J. Mills. – 2nd rev. ed. London (etc.): Zell, 1987. – XX, 372 p. - ISBN 0-905450-34-5. – Oorspr. uitg.: 1983

Van 74 landen worden 98 lopende nationale bgf. besproken, waarbij behalve de algemene o.a. ook die van tijdschriftartikelen worden vermeld. Beschrijft ook de vorderingen op het gebied van de nationale bgf. aan de hand van tabellenoverzichten.

3.1 *Nederland*

Tot 1600: [deels betrekking hebbend op de zuidelijke Nederlanden]

CAMPBELL, M.F.A.G.
Annales de la typographie néerlandaise au XVe siècle / par M.F.A.G. Campbell. – La Haye: Nijhoff, 1874. – XII, 629 p. – Met suppl. 1-4: La Haye: Nijhoff, 1878-1890; versch. pag. – Herdr.: 1962

[Voor toelichting: rubriek 4.01]

INCUNABULA in Dutch libraries: a census of fifteenth-century printed books in Dutch public collections / ed.-in-chief Gerard van Thienen. – Nieuwkoop: De Graaf, 1983. – 2 dl. (VIII, 698, 374 p.) (Bibliotheca bibliographica Neerlandica; vol. 17). Vol.I: Catalogue. – ISBN 90-6004-375-8. – Vol. II: Indexes and concordances. – ISBN 90-6004-374-X

[Voor toelichting: rubriek 4.01]

BIBLIOTHECA Belgica: bibliographie générale des Pays-Bas / fondée par Ferdinand van der Haeghen; rééd. sous la direction de Marie-Thérèse Lenger. – Bruxelles: Editions culture et civilisation, 1964-1975. – 7 dl. – Oorspr. uitg.: 1880-1967

[Voor toelichting: rubriek 4.01]

NIJHOFF, WOUTER
Nederlandsche bibliographie van 1500 tot 1540 / Wouter Nijhoff en M.E. Kronenberg. – 's-Gravenhage: Martinus Nijhoff, 1923-1971. – 3 dl. in 8 bd.

Naar volledigheid strevende bgf. van Nederlandse postincunabelen (1500-1540). Ieder dl. is een volledig alfabet op auteur of titel. Ruim 4.500 titels. Registers op drukkers, uitgevers en plaatsen en een systematisch register. Totaal dertien registers, waardoor raadpleging enigszins moeizaam is. Vermeldt plaatsen waar de werken aanwezig zijn.

COCKX-INDESTEGE, ELLY
Belgica typographica, 1541-1600. Catalogus librorum impressorum ab anno MDXLI ad annum MDC in regionibus quae nunc regni Belgarum partes sunt / Elly Cockx-Indestege & G. Glorieux. – Nieuwkoop: De Graaf: 1968-1994. – 4 dl.

[Voor toelichting: rubriek 3.2]

Na 1600:

ABKOUDE, JOHANNES VAN
Naamregister van de bekendste en meest in gebruik zijnde Nederduitsche boeken, welke sedert het jaar 1600 tot het jaar 1761 zijn ... / Johannes van Abkoude; verbeterd en tot het jaar 1787 vermeerderd door Reinier Arrenberg. – 2e dr. – Rotterdam: Arrenberg, 1788. – XII, 598 p. – Herdr.: Leiden: Sijthoff, 1965

Een keuzebgf. met weglating van volgens de samensteller(s) niet belangrijke titels. Bestreken periode 1600-1787. Ook vermelding van gegevens als fondseigenaar, formaat en prijs.

ALPHABETISCHE naamlijst van boeken welke sedert het jaar 1790 tot en met het jaar 1832 in Noord-Nederland zijn uitgekomen ... / samengest. door J. de Jong. – Den Haag: Van Cleef, 1835. – 755 + (suppl.) 159 p. – Herdr.: Leiden: Sijthoff, 1935

Eveneens een keuzebgf. en bedoeld als voortzetting op Abkoude - Arrenberg. Ruim 17.000 titels. Beschrijvingen weinig nauwkeurig. Alfabetisch op auteurs en anoniemen. Bestreken periode: 1790-1832, waardoor dus een lacune van twee jaren (1788 en 1789) blijft. De werken echter uit die jaren die ''enigermate voldoende bekend werden'' (voorwoord) zijn vermeld.

Aanvullend werk voor gedeeltelijk dezelfde periode is:

NAAMLIJST van Nederduitsche boeken, alsmede van Fransche en Latijnsche werken, oratiën, dissertatiën, konstprenten, pourtraitten, landkaarten enz., gedurende de jaaren ... in ons vaderland uitgekomen. – 1790-1848. - Amsteldam: A.B. Saakes, 1794-(1849). – 12 dl.

NEDERLANDSE bibliografie 1801-1832 / uitg. door de Koninklijke Bibliotheek; (project onder leiding van Louis G. Saalmink). – Houten: Bohn Stafleu Van Loghum, 1993. – 3 dl. (XXX, 2244, XIV, 989 p.). – ISBN 90-313-1217-7

Een retrospectieve nationale bgf. die de periode 1801- 1832 ontsluit, tussen de STCN (zie bij 'Aanvullingen op de Nederlandse nationale bibliografie') en de eerste Brinkman (begint bij 1833). Noemt 32.500 titels met *bibliotheekholdings*(!). De dln. 1 en 2 bevatten de titellijsten A-K en L-Z, terwijl dl. 3 de registers bevat op illustratoren, persoonsnamen en uitgevers/drukkers. Een bijzonder facet is de indeling van alle werken op *onderwerp* met een overzicht van de bij die indeling gebruikte systematiek. Andere vergelijkbare nationale bgf. (Engeland, Italië, Spanje) hebben die onderwerpenindeling niet. De beschrijvingen kwamen niet via autopsie tot stand, maar door raadpleging van gedrukte bronnen, zoals de *NAAMLIJST* van Saakes van 1801-1832/33 (vindplaatsen in dat werk zijn aangegeven) en catalogi van diverse bibliotheken. Vormt een waardevolle aanvulling op de Nederlandse nationale bgf. en een goed hulpmiddel voor studie van onderwerpen die het begin van de 19e eeuw betreffen.

BRINKMAN, C.L.
Alphabetische naamlijst van boeken, plaat- en kaartwerken die gedurende de jaren ... in Nederland zijn uitgegeven of herdrukt. – Amsterdam: Brinkman, 1858-1878.

Vervolg op het werk van J. de Jong, zij het dan dat nu voor de eerste keer volledigheid wordt nagestreefd. Dl. 1: 1833-1849; dl. 2: 1850-1862 en dl. 3: 1863-1875. Inrichting alfabetisch op auteurs. De dln. 2 en 3 worden later verbeterd en aangevuld en vormen dan het begin van Brinkman's catalogus (zie aldaar).

BRINKMAN's cumulatieve catalogus van boeken: Nederlandse bibliografie bevattende in Nederland en Vlaanderen uitgegeven of herdrukte boeken die werden ontvangen door het Depot van Nederlandse Publikaties van de Koninklijke Bibliotheek. – Leiden: Sijthoff, 1846- . – ISSN 0007-0165

De Nederlandse lopende nationale bgf. Bovenstaande titel vanaf 1976, daarvoor onder wisselende titel. Verschijnt vanaf 1990 bij Bohn Stafleu Van Loghum (Houten). Wordt, wegens het nog steeds ontbreken van een wettelijk depot, samengest. op basis van een *vrijwillig depot*, berustend bij het Nederlands Bibliografisch Centrum, opgericht in 1983 (zie ook hoofdstuk III). Dit NBC verzorgt de publs. die samen de 'Nederlandse Bibliografie' vormen. Brinkman's cumulatieve catalogus is hiervan een der belangrijkste componenten.

Automatisering van de produktie sinds 1970. Dit heeft geleid tot een machineleesbaar bestand van honderdduizenden titels van 1970 tot heden. Het grootste deel van de beschrijvingen is opgenomen in de GGC-database van PICA (zie ook onder Brinkman's catalogus).

Verschijnt maandelijks in de volgende cum.vorm: januari / januari-februari / januari-februari-maart / april / april-mei / januari-juni / juli / juli-augustus / juli-september / oktober / oktober-november / jaarcum. Op deze manier hoeven voor het lopende jaar nooit meer dan drie afleveringen tegelijk te worden gebruikt. Bevat a) de in Nederland en Vlaanderen uitgeven boeken, periodieken, rapporten alsmede bladmuziek; b) de buiten Nederland en Vlaanderen uitgegeven Nederlandstalige of uit het Nederlands vertaalde boeken. *Niet* opgenomen: kaarten, audio-visueel materiaal en micro-materiaal. Van tijdschriften alleen de eerste nummers en thema-nummers. Het niet opnemen van audio-visuele (en elektronische)

materialen overigens hoort waarschijnlijk binnenkort tot het verleden. Naast het 'Depot voor gedrukte publikaties' wil de KB een 'Depot voor elektronische publikaties' inrichten. In Europa heeft een aantal nationale bibliotheken, waaronder de KB, verenigd in het 'Forum on national bibliographic databases' een voorstel ingediend voor richtlijnen voor een dergelijk depot. De KB wil echter in een eerder stadium al afspraken maken met leveranciers van elektronische informatie en zorgen voor catalogisering van dit materiaal. Beschrijvingen zullen worden vermeld in Boekblad en in de Nederlandse Bibliografie.
De inrichting van Brinkman's cumulatieve catalogus van boeken: vóór 1931 alfabetisch, met zaakregister, van 1931 tot juni 1970 volgens het dictionary catalogue systeem, van juli 1970 tot en met 1975 in drie alfabetten (o.a. afzonderlijk titelregister) als in Brinkman's Catalogus (zie hierna).
Momenteel (jaarcum. 1993; 148e jaargang met aanvullingen over voorafgaande jaren. – 1993. – 2 dl. – 2588 p. – ISBN 90-3131807-8) is de indeling: 1) de bibliografie met ISBD's (sinds 1976) op hoofdwoorden en met verwijzingen van titels, serietitels en niet als hoofdwoord gebruikte persoonsnamen naar de ISBD's; 2) bibliografie van bladmuziek; 3) register op instanties en verenigingen; 4) register op onderwerpen (met ca. 3.000 onderwerpstermen).
Brinkman's cumulatieve catalogus van boeken wordt ook op CD-ROM uitgebracht, bestaande uit twee onderdelen: periode 1981-1990 (backfile) en de titels 1990-heden (current file). Het oude bestand bevat ca. 270.000 titels, het lopende bevatte eind 1994 ca. 130.000 titels. Met ingang van 1995 verschijnt de CD-ROM uitg. 6x per jaar. Op bijna elk woord is te zoeken; ook op ISBN, ISSN, NUGI-code en trefwoord.

Brinkman's cumulatieve catalogus vormt de basis voor:

BRINKMAN's catalogus van boeken en tijdschriften verschenen in Nederland en Vlaanderen en in de Nederlandse taal elders. – Alphen aan den Rijn: Sijthoff, 1884- . – ISSN 0165-2613

Aanvankelijk in Amsterdam uitgegeven nationale retrospectieve bgf. Vanaf de cum. 1981-1985 met de ondertitel: *Nederlandse bibliografie bevattende in Nederland en Vlaanderen uitgegeven of herdrukte boeken die werden ontvangen door het Depot van Nederlandse Publikaties van de Koninklijke Bibliotheek te 's-Gravenhage*. Begonnen met de door R. v.d. Meulen verbeterde en aangevulde uitg. van de dln. 2 en 3 van C.L. Brinkman's 'Alphabetische naamlijst' over de periode 1850-1882. Dan tot 1911 drie dln. die tien jaar omvatten en daarna vijf-jaarlijkse uitg. In 1992 verscheen de cum. 1986-1990 in 8 dln. (ISBN 90-313-1475-7), waarvan dl. 7 het Register van instanties en verenigingen bevat en dl. 8 het Register op onderwerpen.
Sinds 1982 werkt de Nederlandse Bibliografie met het *G*emeenschappelijke *G*eautomatiseerde *C*atalogiseersysteem (GGC) van PICA, waar ook veel aan retrospectieve invoer wordt gewerkt.

UITGAVEN in voorbereiding (CIP) / Koninklijke Bibliotheek. – 's-Gravenhage: Koninklijke Bibliotheek, 1980- . – ISSN 0920-1017

Een in september 1980, in navolging van andere landen (V.S., West-Duitsland) door de KB en het ISBN-bureau gelanceerde uitg. in het kader van een Cataloguing in Publication project (CIP). Doel van de CIP is titelbeschrijvingen te redigeren geruime tijd voor publikatie van het boek, waardoor het mogelijk wordt boekhandel en bibliotheek wekelijks zo compleet mogelijke informatie te verschaffen over te verschijnen publs. in het Nederlandse taalgebied. Niet opgenomen: partituren, kalenders, jaarboeken, tijdschriften, audiovisueel materiaal, leermiddelen en ongewijzigde herdrukken. Vermelding van de beschrijvingen (volgens de regels van de ISBD) geschiedt in 32 door de UNESCO aanbevolen rubrieken, met toevoeging van een rubriek: 'Vervallen titels'. Gecombineerde titel- en auteursindex en een index op uitgevers. De beschrijvingen zijn ten behoeve van de boekhandel voorzien van NUGI-codes; sinds 1991 geen UDC en SISO notaties meer. Verder trefwoorden, aanduiding van de doelgroep (niet altijd) en besteladressen.

BOEKBLAD: Nieuwsblad voor het boekenvak. – Vol. 147(1980)- . – Amsterdam (etc.): Koninklijke Vereeniging ter bevordering van de belangen des Boekhandels (etc.), 1980- . – ISSN 0167-4765

Voortzetting van het *Nieuwsblad voor de boekhandel*, dat voor het eerst in 1834 uitkwam. Momenteel een uitg. van de KVB en Uitgeverij Boekblad bv. Bevat behalve artikelen ook rubrieken als 'Klassement' (lijsten met 'Toptien' in fiction / non-fiction enz.), 'Data' (bijzonderheden omtrent komende tentoonstellingen e.d.), 'Oogst' (aankondigingen van nieuwe publs.) en 'In de lucht' (geplande 'boek'-uitzendingen voor radio en televisie). Mededelingenrubriek 'Officiële berichten' van de KVB. Bibliografisch van belang door de wekelijkse Nederlandse Bibliografie / A-lijst waarin, verdeeld over 37 rubrieken, de nieuwe boeken en eerste nummers (of themanummers) van tijdschriften en jaarboeken in Nederland en Vlaanderen verschenen, worden opgetekend. (Nieuwe rubrieken van de laatste tijd zijn: 35. Bladmuziek; 36. Het Nederlandse boek in vertaling; 37. Elektronische publikaties). Binnen de rubrieken is de volgorde alfabetisch op hoofdwoord. Titel- en auteursindex. Drie keer per jaar extra grote afleveringen: de zgn. aanbiedingsnummers. Vanaf 1991 een supplement: 'De nieuwe boeken' (ISSN 0927-359X).

NEDERLANDSE bibliografie: B-lijst, bevattende de titels van in Nederland uitgegeven publikaties van bestuurslichamen, wetenschappelijke instellingen en daarmee gelijk te stellen organisaties; in eigen beheer uitgegeven proefschriften en andere academische geschriften ontvangen door het Depot van Nederlandse Publikaties van de Koninklijke Bibliotheek te 's-Gravenhage. – Alphen aan den Rijn: Samsom, 1984- . – ISSN 0168-7964

Verschijnt maandelijks en komt momenteel uit bij Bohn Stafleu Van Loghum in Houten. Geeft de 'grijze' literatuur. Ordening via 32 (UNESCO-) rubrieken, waaraan is toegevoegd rubriek 33 (leermiddelen); daarbinnen op hoofdwoord. Bestaat uit drie gedeelten: bibliografie, titel-auteursregister en een corporatieregister. De titels worden halfjaarlijks opgenomen in Brinkman's Catalogus. Online als:

*GLIN [Online bestand]

Uitgever: Koninklijke Bibliotheek / Periode: 1982- / Updates: maandelijks / Online via: PICA

GLIN (=*G*rijze *L*iteratuur *I*n *N*ederland) is een PICA ORS bestand en wordt samengest. door de redactie van de Nederlandse Bibliografie. In mei 1995 omvang ca. 100.000 publs.

BOEKDATA voorraadcatalogus: waarin tevens opgenomen de I.S.B.-nummers en C.B. boeknummers / Centraal Boekhuis. – (juni 1983)- . – Culemborg: CB, 1983- . – ISBN 90-70075-96-2 (jan. 1995)

Voortzetting van: Voorraadcatalogus. Verschijnt 3x per jaar (jan-jun-sept). Bevat beschrijvingen van publs. die door het CB leverbaar zijn. Vergelijkbaar met buitenlandse 'Books in print' uitg., maar dan minder compleet. Inhoud verdeeld over twee registers, met resp. ordening op auteurs en op titels. Zeer beknopte titelbeschrijvingen. Lijsten van uitgevers (alfabetisch; in ISBN-volgorde; in CB-codenummer volgorde). Overzicht van de *NUGI* (Nederlandse Uniforme Genre Indeling). Type-aanduiding bij elk boek (S = schoolboek, educatieve uitg.; W= wetenschappelijk en A = Algemeen). Vermelding van prijs en bindwijze. Ook een uitg. op microfiches. Vermeldt nog niet verschenen uitg. als ze al wel in het Centraal depot zijn besteld.

Aanvullingen op de Nederlandse nationale bibliografie:

voor de periode tot 1850:

KNUTTEL, W.P.C.
Catalogus van de pamfletten-verzameling berustende in de Koninklijke Bibliotheek, 1486-1853

/ bewerkt, met aanteekeningen en een register der schrijvers voorzien, door W.P.C. Knuttel. – 's-Gravenhage: Koninklijke Bibliotheek, 1889-1920. – 9 dl. – Herdr.: Hes, 1978.

Overzicht van de grootste pamflettenverzameling in Nederland (ca. 32.000). Chronologische indeling: dl. 1: 1486-1620 en dl. 7: 1831-1853. Dl. 8 verscheen in 1916 en bevat een supplement voor de periode 1507-1830. Alle dln. hebben een alfabetisch register op auteurs. In 1920 kwam dl. 9: alfabetisch onderwerpenregister 1486-1795. Noemt ook een aantal pamfletten uit andere West-Europese landen. Een fotomechanische herdruk, die eigenlijk de voorkeur verdient dankzij opname van handgeschreven verbeteringen, aanvullingen en varianten, kwam uit in Utrecht in 1978:

CATALOGUS van de pamfletten-verzameling berustende in de Koninklijke Bibliotheek / door W.P.C. Knuttel; met een inleidend essay en een handleiding voor de gebruiker door H. van der Hoeven. – Utrecht: Hes publishers, 1978. – 9 dl. in 10 bd.

Dl. I,1: 1486-1620. – ISBN 90-6194-082-6. Dl. I,2: 1621-1648. – ISBN 90-6194-092-3. Dl. II,1: 1647-1667. – ISBN 90-6149-102-4. Dl. II,2: 1668-1688. – ISBN 90-6194-112-1. Dl. III: 1689-1713. – ISBN 90-6194-122-9. Dl. IV: 1714-1775. – ISBN 90-6194-132-6. Dl. V: 1776-1795. – ISBN 90-6194-142-3. Dl. VI: 1797-1830. – ISBN 90-6194-152-0. Dl. VII: 1831-1853. – ISBN 90-6194-162-8. Dl. VIII-IX: Supplement. Alfabetisch register van onderwerpen 1486-1795. – ISBN 90-6194-172-5. – Fotomech. herdr., met handgeschreven verbeteringen, aanvullingen en varianten.

PETIT, LOUIS D.

Bibliotheek van Nederlandsche pamfletten: verzamelingen van de bibliotheek van Joannes Thysius (en de Bibliotheek der Rijks-Universiteit te Leiden / bew. door Louis D. Petit (en) H.J.A. Ruys. – 's-Gravenhage: Nijhoff, 1882-1934. – 4 dl. – Dl. 1: 1500-1648; dl. 2: 1649-1702; dl. 3: 1703-1800; dl. 4: supplement / bew. door H.J.A. Ruys. – Leiden: Sijthoff, 1934.

TIELE, PIETER ANTON

Bibliotheek van Nederlandsche pamfletten: eerste afdeeling: Verzameling van Frederik Muller te Amsterdam / naar tijdsorde gerangschikt en beschreven door P.A. Tiele. Amsterdam: 1858-1861. – 3 dl. – Dl. 1: 1500-1648; dl. 2: 1649-1672; dl. 3: 1672-1702.

*SHORT-title Catalogue Netherlands (STCN) [Online bestand]

Uitgever: Koninklijke Bibliotheek / Taal: Engels / Periode: 1540-1800 (tijdvak 1701-1800 nog toe te voegen) / Updates: elke twee weken / Online via: PICA

Een uitg. in wording die een overzicht moet gaan geven van de Noord-Nederlandse boekproduktie van 1540-1800 (ongeacht de taal) en van boeken buiten Nederland (België uitgezonderd) in het Nederlands. Beschrijvingen volgens de methodiek van de hedendaagse analytische bibliografie. Al beschreven is het bezit van de KB in Den Haag (voor de periode 1540-1700; een kleine 30.000 titels), van de UB Amsterdam en (voor een deel) van de UB Leiden. Uiteindelijk zal de bgf. ongeveer 300.000 titels tellen. In het vervolg tevens basisgegevens over incunabelen en post-incunabelen. De STCN is een private file binnen het GGC; daarnaast is het bestand toegankelijk via het ORS, waarbinnen tal van zoekmogelijkheden kunnen worden gehanteerd. Zie ook: HANDLEIDING voor de medewerkers aan de STCN / (J.A. Gruys et al.). – 2e herz. uitg. – 's-Gravenhage: Koninklijke Bibliotheek, 1988. – XI, 115 p. [Oorspr. uitg.: 1977], waarin criteria voor opname van titels, regels voor de catalogusbouw, te gebruiken werkbladen en een aantal uitgewerkte voorbeelden.

voor de periode 1941-1945:

JONG, DIRK DE

Het vrije boek in onvrije tijd: bibliografie van illegale en clandestiene bellettrie / samengest. door Dirk de Jong. – Leiden: Sijthoff, 1958. – VI, 341 p. – Herdr.: Schiedam: Interbook, 1978.

Lijst van 1019 werken die clandestien in Nederland werden uitgebracht in de periode 1941-1945. Titels aangevuld met externe beschrijvingen. Een register op auteurs en pseudoniemen en een register op componisten, illustratoren, kalligrafen en boekverzorgers.

3.2 *België*

[zie voor België ook bij 4.01: Campbell, Polain en Bibliotheca Belgica]

COCKX-INDESTEGE, ELLY
Belgica typographica 1541-1600: catalogus librorum impressorum ab anno MDXLI ad annum MDC in regionibus quae nunc regni Belgarum partes sunt / Elly Cockx-Indestege en Geneviève Glorieux. – Nieuwkoop: De Graaf, 1968-1994. – 4 dl. (Nationaal Centrum voor de archeologie en geschiedenis van het boek, ISSN 0069-1984; 2)

1. Bibliotheca Regia Bruxellensis. – 1968. – XXVIII, 611 p.
2. / par Geneviève Glorieux. – 1977-1980. – XX, 495 p. – ISBN 90-6004-361-8
3. Aliae Bibliothecae Regni Belgarum / G. Glorieux & B. Op de Beeck. – 1994. – XVI, 236 p. – ISBN 90-6004-432-0
4. Indices / G. Glorieux & B. Op de Beeck. – 1994. – XIV, 634 p. - ISBN 90-6004-433-9

Short-title catalogue van werken gedrukt binnen de grenzen van het huidige België tussen 1541 en 1600. In dl. 1: het bezit van de Koninklijke Bibliotheek Albert I (ongeveer 5.000 titels, zes registers), in dl. 2: dat van een veertigtal andere bibliotheken in België (twee registers). Met bibliotheeksignaturen. In dl. 3 aanvulling met het bezit van 45 tot dan toe buiten beschouwing gebleven bibliotheken. Het geheel beschrijft 9.750 Zuid-Nederlandse drukken, bewaard in ca. 28.000 exemplaren. Dl. 4 geeft cumulatieve registers op auteurs, titels en drukkers. Ook het topografisch register op dl. 3 is hierin ondergebracht. Verschillende drukken beschreven in dl. 3 kwamen tevens aan de orde in een 'companion volume' van Belgica Typographica:
VANDEWEGHE, Frank & Bart Op de Beeck: *Drukkersmerken uit de 15e en 16e eeuw binnen de grenzen van het huidige België / Marques typographiques employées aux XVe et XVIe siècles dans les limites géographiques de la Belgique actuelle.* – Nieuwkoop: De Graaf, 1993. – XXI, 316 p. – ISBN 90-6004-422-3.

DEVOLDER, J.
Algemene bibliografie van publicaties uitgegeven in de Zuidelijke Nederlanden voor de periode 1800-1829 / door J. Devolder. – Gent: Rijksuniversiteit Gent, Centrale Bibliotheek, 1989. – 3 dl. – XXV, 1884 p. – ISBN 90-5223-002-1

Vult een leemte in de Belgische bgf. Bevat ruim 19.000 titels (met vindplaatsen in 60 Belgische, één Franse (Toulouse) en vier Nederlandse bibliotheken (waaronder de KB). Dl.1 bevat boeken op auteur, anonieme titels, almanakken, catalogi, kranten, weekbladen, tijdschriften en reeksen. Dl.2 publs. van kerkelijke en wereldlijke overheden (uit de laatste ca. 1.400). Op het basiswerk volgen een trefwoordenregister en een register op personen in de titelbeschrijvingen genoemd.

BIBLIOGRAPHIE nationale: dictionnaire des écrivains belges et catalogue de leurs publications, 1830-1880 / (réd. Aug. De Koninck, Cha. Ruelens ... et al.). – Bruxelles: Weissenbruch, 1886-1910. – 4 dl.

Alfabetisch op auteurs ingericht. Ook buitenlandse publs. van Belgische schrijvers en publs. uit andere landen die België betreffen. Bevat bijna geen anonieme werken.

POTTER, FR. DE
Vlaamsche bibliografie: lijst der boeken, vlug- en tijdschriften, muziekwerken, kaarten, platen en tabellen, in België van 1830 tot 1890 verschenen / door Fr. de Potter. – Gent: Siffer,

1893-1902. – XV, 894 p. - (Koninklijke Vlaamsche Academie voor Taal- en Letterkunde. Reeks IV; nr. 2)

Retrospectieve regionale bgf. Periode 1830-1890. Systematische indeling in 16 rubrieken. Ongeveer 25.000 titels. Register op auteurs. Een voortzetting kan men vinden in:

VERSCHUEREN, J.
Nederlandsch bibliografisch woordenboek (NBW): bevattende de belangrijkste werken in Noord- en Zuid-Nederland verschenen in het eerste kwart der XXe eeuw (1900-1929) / J. Verschueren.- 2e verm. dr. – Amsterdam: Wereldbibliotheek, 1933. – IV, 343 p.

Vanaf 1926 worden Vlaamse werken ook vermeld in de Brinkman.

BIBLIOGRAPHIE de Belgique. Belgische bibliografie. – Bruxelles: Bibliothèque Royale Albert 1er, 1875- . – ISSN 0006-1336

De officiële nationale bgf. van België, vervaardigd bij de Koninklijke Bibliotheek Albert I in Brussel. Wettelijk depot vanaf 1965. Automatisering vanaf 1974-1975. Verschijnt maandelijks (Liste mensuelle des publications belges – Maandelijkse lijst van Belgische werken). Elke aflevering heeft registers op (persoonlijke en corporatieve) auteurs, titels en onderwerpen (Nederlands en Frans, via een lijst van ca. 400 onderwerpstermen), alsmede een lijst van uitgevers. Ordening van de titels volgens 32 rubrieken (UNESCO-classificatie). Complete titelbeschrijvingen, inclusief prijs en ISBN. Met de signaturen van de KB. De maandelijkse lijsten cumuleren tot jaarbanden. Nederlandse paralleltitels vanaf 1931, jaargang 57. Vanaf 1982 drie supplementen (evenals de CIP-uitg. *Publications annoncées-Aangekondigde publikaties* nu echter niet meer uitgebracht): Supplément 1: Périodiques nouveaux et séries nouvelles; Supplément 2: Cartes et atlas; Supplément 3: Musique. Vanaf 1982 de 'echte' jaarcum.: vóór 1982 cumuleerden uitsluitend de registers. Vermeldt in België verschenen uitg. (in alle talen), de werken in het buitenland van Belgische auteurs en buitenlandse publs. over België. Bevat boeken, jaarboeken, tijdschriften (beschrijving eerste nummer), kaarten en muziekwerken. Opmerkelijk is dat in de periode 1895-1926 ook tijdschriftartikelen werden vermeld.

3.3 *Duitsland*

vóór 1912:

HEINSIUS, WILHELM
Allgemeines Bücher-Lexikon oder vollständiges alphabetisches Verzeichnis aller von 1700 bis zu Ende 1892 erschienenen Bücher. – Leipzig: Gleditsch, 1812-1894. – 19 dl. – Herdr.: Graz: Akademische Druck- und Verlagsanst., 1962.

[Periode 1700-1892]

KAYSER, CHRISTIAN GOTTLOB
Vollständiges Bücher-Lexikon, enthaltend alle von 1750 bis zu Ende des Jahres 1832 (usw.) in Deutschland und in den angrenzenden Ländern gedruckten Bücher. – Leipzig: Schumann, 1834-1912. – 36 dl. – Herdr.: Graz: Akademische Druck- und Verlagsanst., 1961-1962

[Periode 1750-1910]

HINRICHS' Katalog. – Leipzig: Hinrichs, 1875-1913. – 13 dl.

[Periode 1851-1912]

Bovengenoemde, elkaar deels overlappende en beconcurrerende bgf. zijn, ondanks beloften in de titels, tamelijk onvolledig. Een betrouwbare vermelding van Duitstalige publs. komt pas na de oprichting van de Deutsche Bücherei in Leipzig in 1912.

Twee zeer belangrijke bgf. voor het Duitse taalgebied (die ook bovenstaande en andere bronnen vervangen), zijn thans:

GESAMTVERZEICHNIS des deutschsprachigen Schrifttums (GV) 1700-1910 / bearb. unter der Leitung von Peter Geils, Willy Gorzny und Hilmar Schmuck; bibliograph. und red. Beratung: Hans Popst und Rainer Scholler. – München (etc.): Saur, 1979-1987.- 160 dl. + 1 dl. (Nachträge). – ISBN 3-598-30000-X

Een door combinatie van 178 verschillende bronnen (waaronder dus genoemde werken van Heinsius, Kayser en Hinrichs) verkregen overzicht van 210 jaar Duitstalige publs. uit de hele wereld. Omvat 160 dln. met ca. 2 miljoen titels. Bronnenopgave in dl. 1, alfabetisch en systematisch (in 44 rubrieken). Bevat ook wel publs. in andere talen die in het Duitse taalgebied zijn uitgekomen. Vermeldt werken binnen en buiten de erkende boekhandel verschenen: boeken, tijdschriften, seriewerken, kranten, plattegronden, dissertaties. Ook veel werk in het Frans en in het Latijn uit begin 19e eeuw. Ordening alfabetisch op auteurs, bij anoniemen op titel. Vervaardigd langs reprografische weg (foto-offset).

GESAMTVERZEICHNIS des deutschsprachigen Schrifttums (GV), 1911-1965 / hrsg. von Richard Oberschelp; bearb. unter der Leitung von Willy Gorzny. - München: Dokumentation, 1976-1981. – 150 dl. – ISBN 3-7940-5600-0

Dit werk kombineert de Deutsche Bücherverzeichnis, 1911-1950 (Leipzig, 1916-1955), de nationale bgf. van West-Duitsland (Deutsche Bibliographie) en die van Oost-Duitsland (Deutsche Nationalbibliographie) alsmede twaalf andere Duitstalige nationale en speciale bgf. Vervaardigd via microfilm en offsetprocédés. Bevat 2 miljoen titels, ca. 500.000 verwijzingen en ook een aantal titels in andere talen. Ordening alfabetisch op auteur, bij anoniemen op titelwoord. Vermeldt binnen en buiten de erkende boekhandel verschenen boeken, kaarten, tijdschriften (selectie), Duitse, Oostenrijkse en Zwitserse dissertaties en publs. die uitkwamen bij Duitse onderwijsinstellingen.

na 1945:

In de periode na Wereldoorlog II verschenen voor het tijdvak 1946-1990 twee afzonderlijke Duitse nationale algemene bgf.:
1. *Deutsche Bibliographie* (West-Duitsland; Deutsche Bibliothek / Börsenverein des deutschen Buchhandels (Frankfurt am Main); wettelijk depot vanaf 1969, automatisering vanaf 1966, ISBD's vanaf 1972)
2. *Deutsche Nationalbibliographie* (Oost-Duitsland; Deutsche Bücherei / Börsenverein der deutschen Buchhändler (Leipzig), voortzetting van de gelijknamige vooroorlogse uitg., automatisering vanaf 1974).
Vanaf 1990-1991, na de hereniging van de beide Duitslanden, verschijnen de volgende uitg., die tezamen de Duitse nationale algemene bgf. vormen:

DEUTSCHE Nationalbibliographie und Bibliographie der im Ausland erschienenen deutschsprachigen Veröffentlichungen. – 1991- . – Frankfurt am Main: Buchhändler Vereinigung, 1991- .

Verschijnt momenteel in de volgende secties:
Reihe A: Monographien und Periodika des Verlagsbuchhandels: Wöchentliches Verzeichnis. – 1991- . – ISSN 0939-0421
Wekelijks; ordening van de titels in 65 rubrieken (+ toegevoegd: 78. Abgeschlossene Veröffentlichungen, en 79. Berichtigungen), gebaseerd op de UDC. Binnen de rubrieken alfabetisch.
Reihe B: Monographien und Periodika ausserhalb des Verlagsbuchhandels: wöchentliches Verzeichnis. – 1991- . – ISSN 0939--043X
Wekelijks. Indeling als A. Secties A en B met gemeenschappelijke registers (auteurs, titel-

woorden, trefwoorden en accentwoorden) en een ISBN/ISSN register, alsmede een uitgeversregister voor sectie A. De registers komen wekelijks uit en cumuleren elke maand (Wochenregister / Monatsregister; ISSN 0939-0480).

Reihe C: Karten: vierteljährliches Verzeichnis. – ISSN 0939-0553

Vier keer per jaar. Titels in alfabetische volgorde (atlassen worden in A en B ontsloten). Registers op auteurs, titel- en accentwoorden, op ISBN/ISSN en uitgevers.

Reihe D: Monographien und Periodika: Halbjahresverzeichnis. – 1991- . – ISSN 0940-2721

Bestaat uit: 'alphabetisches Titelverzeichnis' en 'Schlagwort- und Stichwortregister'. Bevat alle titels uit A, B en C uit de betrokken periode. Systematisch overzicht van de trefwoorden.

Reihe E: Monographien und Periodika – Fünfjahresverzeichnis (vroeger Deutsche Bibliographie: Fünfjahresverzeichnis. – ISSN 0418-8233 en: Deutsches Bücherverzeichnis – ISSN 0323-374X). – 1992- . – ISSN 0942-4318. In 1992-1995 verscheen de cum. 1986-1990. (28 dl. – ISBN 3-7657-1683-9). Twee dln. (als D): Alphabetisches Titelverzeichnis en Schlag- und Stichwortregister. Neemt alles op uit A, B, C en H.

Reihe F: Periodika – Fünfjahresverzeichnis. Laatst uitgekomen cum.: 1971-1976 (nog in de oude serie Deutsche Bibliographie – Reihe E: Zeitschriftenverzeichnis). Tot op heden nog geen opvolger uitgekomen.

Reihe G: Fremdsprachige Germanica und Übersetzungen deutschsprachiger Werke: vierteljährliches Verzeichnis. – 1992- . - ISSN 0939-057X

Voortzetting van een combinatie van beide bovenstaande afzonderlijke titels. Indeling volgens 65 rubrieken (als A); daarbinnen op alfabet. Registers op auteurs, titel-, tref- en accentwoorden, een talenregister en een register op uitgevers via landen- en stedennamen.

Reihe M: Musikalien und Musikschriften – monatliches Verzeichnis. - 1991- . – ISSN 0939-0596. Bewerkt in samenwerking met het Deutsche Musikarchiv in Berlijn.

Reihe N: Vorankündigungen: Monographien und Periodika (CIP): wöchentliches Verzeichnis. – 1991- . – ISSN 0939-0634

Dient als voorloper van de A-sectie. Wekelijks, met registers die maandelijks cumuleren. Indeling volgens genoemde 65 rubrieken.

Reihe T: Musiktonträger – monatliches Verzeichnis. – 1991- . – ISSN 0939-0624. Vervaardigd in samenwerking met het Deutsche Musikarchiv.

*DEUTSCHE Nationalbibliographie Aktuell (DNB-Aktuell) [CD-ROM bestand]

Uitgever: Buchhändler-Vereinigung / Zoektaal: Opti-Ware / Periode: 1986- / Updates: per kwartaal

Bevat alle titels uit de secties A, B, C, H en N vanaf 1986, van serie G vanaf 1992. Veel zoekmogelijkheden.

*BIBLIODATA [Online bestand]

Uitgever: Deutsche Bibliothek / Periode: 1972- / Updates: 3000 publs. per week / Online via: STN International

Bevat beschrijvingen van ca. 2 miljoen boeken, tijdschriften enz. uit Duitsland, alsmede publs. in de Duitse taal uit andere landen. Correspondeert ten dele met de *Deutsche Nationalbibliographie*.

BÖRSENBLATT für den deutschen Buchhandel. – Vol. 158(1991)- . – Frankfurt am Main: Buchhändler-Vereinigung, 1991- . – ISSN 0990-0044

Officieel orgaan van de Duitse boekhandel. Vanaf 1991 is de jaargangtelling vanaf 1834 aangehouden. Verschijnt 2x per week. Belangrijk zijn de bijzondere nummers over de Buchmesse, vakliteratuur, reprints e.d. Heeft verschillende supplementen.

VERZEICHNIS lieferbarer Bücher. – German books in print. – (1971/72)- . - Frankfurt am Main: Buchhändler-Vereinigung; München: Saur, 1971- . – ISSN 0067-8899

Jaarlijks verschijnend overzicht van leverbare boeken uit Duitsland, Oostenrijk, Zwitserland. Inrichting alfabetisch op auteurs, titels en accentwoorden. Van de twee laatste wordt naar de auteur verwezen. Uitg. 1994/95 (24e editie) telt zeven dln. (ISBN 3-7057-1817-3). Een op trefwoorden ingedeelde versie wordt afzonderlijk uitgegeven (6 dln.; ISBN 3-7657-1819-X). Registers op ISBN en uitgevers. In totaal in de eerstgenoemde dln. ca. 634.000 ingangen van 12.000 uitgevers. Elk voorjaar een Ergänzungsband (1995: ISBN 3-7657-1820-3; 55.841 titels).

*VLB-aktuell auf CD-ROM [CD-ROM bestand]

Uitgever: Buchhändler-Vereinigung / Zoektaal: Opti-Ware / Periode: 1987- / Updates: per kwartaal

Bevat ca. 600.000 boeken, audio-visueel materiaal en software leverbaar via uitgevers in Duitsland, Zwitserland en Oostenrijk. Er is ook een *Verzeichnis vergriffener Bücher auf CD-ROM* (ISBN 3-7657-1835-1).

3.4 *Frankrijk*

18e en 19e eeuw (1700-1849):

QUÉRARD, JOSEPH-MARIE

La France littéraire, ou Dictionnaire bibliographique des savants, historiens et gens de lettres de la France ainsi que des littérateurs étrangers qui ont écrit en français plus particulièrement pendant les 18me et 19me siècles / J.-M. Quérard. – Paris: Firmin Didot, 1827-1864. – 12 dl. – Herdr.: Paris: Maisonneuve & Larose, 1964.

Belangrijkste werk voor de aangegeven periode. Dln. 9 en 10 gaan tot 1838. De dln. 11 en 12 (1854-1864) zijn een verbeterde uitg. van een ander werk van Quérard: *Supercheries littéraires dévoilées*. Noemt onder hun ware namen auteurs die onder pseudoniem of anoniem hebben gepubliceerd. In de laatste twee dln. aanvullingen op de eerste tien. Alfabetisch ingericht op auteurs. Vaak vermelding van biografische en andere gegevens in annotaties. Ongeveer 150.000 titels.

Voortzetting in:

QUÉRARD, JOSEPH-MARIE

La littérature française contemporaine / par J.-M. Quérard. – Paris: Daguin, 1840-1857. – 6 dl. – Herdr.: Paris: Maisonneuve & Larose, 1965.

Dl. 1 en 2 (tot p. 282) zijn nog van Quérard (periode tot 1840); de andere dl. zijn van C. Louandre, F. Bourquelot en Alfred Maury en gaan tot 1849. Ingericht als La France littéraire, maar geen anoniemen. Ongeveer 75.000 titels.

periode 1840-1925:

CATALOGUE général de la librairie française: depuis 1840 / rédigé par Otto Lorenz; continué par Daniel Jordell et Heinz Stein. – Paris: Lorenz (etc.), 1867-1945. – 34 dl. – Herdr.: Nendeln: Kraus repr., 1967

Standaardbgf. voor de 19e en begin 20e eeuw. Ook bekend onder de naam Lorenz, naar de grondlegger Otto Lorenz (1831-1895). Bestrijkt de periode 1840-1925. Series 1840-1865, 1866-1875 en 1876-1885 door Lorenz en in kortere series (laatste in 1922-1925) door D. Jordell, daarna H. Stein en Éd. Champion. De hoofdindeling is alfabetisch op auteurs/anoniemen, in elke serie een overzicht van trefwoorden. Korte bio- en bibliografische gegevens. Ongeveer 430.000 titels.

periode 1926-1933:

CATALOGUE général des ouvrages en langue française, 1926-1929 / publ. sous la dir. de Bernard Dermineur. – München (etc.): Saur, 1987-1989. – 9 dl. - ISBN 3-598-30990-2

CATALOGUE général des ouvrages en langue française, 1930-1933 / publ. sous la dir. de Bernard Dermineur. – München (etc.): Saur, 1993-1995. – 15 dl. - ISBN 3-598-32861-3

Deze beide werken vullen een lacune die decennia lang bestaan heeft in de Franse nationale bgf., namelijk de periode 1926-1933. Er zijn dln. 'auteurs' (met complete titelbeschrijvingen); dln. 'titres' en dln. 'matières' (beide met verkorte gegevens). In de dln. 'matières' een onderwerpsontsluiting door relevante woorden uit de titels. Een 'tableau synoptique' geeft een overzicht van gebruikte onsluitingstermen binnen een onderwerpsgebied. In de eerste uitg. ongeveer 70.000 titels. Tot de gebruikte bronnen hoort ook *Brinkman's catalogus*, 1926-1930 en 1930-1934: titels met het kenmerk BPB (= Bibliographie des Pays-Bas), of NL (= Nederland). Vermelding van nummers uit de *Bibliographie de la France* en van signaturen van de Bibliothèque Nationale.

periode vanaf 1934:

BIBLIO: catalogue des ouvrages en langue française parus dans le monde entier. – 1(1934)-37 (1970). – Paris: Hachette, 1935-1971. – ISSN 0006-0933

Was naast de *Bibliographie de la France* de leidende nationale (boekhandels)bgf. Aanvankelijk tien maal per jaar (eerste titel: Bulletin bibliographique mensuel...) met sinds 1934 jaarlijkse cums. Omvat ook Franse literatuur uit het buitenland, dissertaties en overheidsuitg. (keuze); geen muziek en kunstbladen. Inrichting volgens het dictionary-catalogue systeem. Uitvoerige titelbeschrijvingen. Apart een lijst van trefwoorden: *Liste des vedettes matière de Biblio*. Nouvelle éd. – Paris: Hachette, 1971. – 523 p. Vanaf 1972 gaat Biblio samen met de Bibliographie de la France.

LIVRES de l'année-Biblio: bibliographie générale des ouvrages parus en langue française. – (1971)-(1979). – Paris: Cercle de la Librairie, 1972-1980. – ISSN 0373-0840

Voortzetting van Livres de l'année (zie bij Librairie française). Was de jaarcum. van de Franse nationale bgf. Inrichting als in Biblio: dictionary-catalogue systeem. Uitputtende titelbeschrijvingen (ISBD(M)). Ook verwijzingen naar verwante onderwerpen. Bij vertaalde boeken vermelding van de oorspronkelijke titel. Lijst van uitgevers met adressen. Vanaf 1980 moet als jaarcum. gebruikt worden: *Un an de nouveautés* (zie hierna bij *Livres hebdo*).

LIVRES hebdo. – Vol. 1(1979)- . – Paris: Éditions professionnelles du livre, 1979- . – ISSN 0294-0000

Opvolger van *Bibliographie de la France-Biblio* (Avis professionnels-magazine-les livres de la semaine-annonces), waarvan het laatste nummer verscheen op 18 juli 1979 en van *Bulletin du livre*. Wekelijks. Bestaat (dec. 1994) uit: *À paraître en* ... (naam van de maand) / *Actualités / Tendances / Les professions / Livres de la semaine / Meilleures ventes*.

Kondigt publs. aan, bevat een artikel over een aktueel onderwerp, geeft nieuws uit boekhandel en bibliotheek, verschaft lijsten met de meest verkochte titels. Soms de rubriek '*Dossier*', waarin uitg. in een bepaald vakgebied worden belicht. Aan het begin van een jaar verschijnt *Livres hebdo: le bilan*, waarin de balans van de afgelopen 12 maanden wordt opgemaakt. Bibliografisch het meest interessant is de rubriek *Les livres de la semaine*. Volgorde vanaf april 1994 gebaseerd op de Dewey classificatie (DDC). Complete titelbeschrijvingen, ISBN, prijs en 'zebracode'. Korte annotaties. Cums. van Livres de la semaine komen uit onder de titels:

1) *Livres du mois*. – Paris: Éditions professionnelles du livre, 1979- . – ISSN 0294-002. Maandcum. van de vorige titel. Beide dragen overigens als ondertitel *Bibliographie de la France*, sinds de Bibliothèque Nationale het contract met de Cercle de la Librairie heeft opgezegd (1990) over het uitgeven van de bgf.
2) *Trois mois de nouveautés*. – 1980- . – ISSN 0294-0035
3) *Six mois de nouveautés*. – 1980- . – ISSN 0294-0043
4) *Un an de nouveautés*. – 1980- . – ISSN 0294-1090
Alle met dezelfde indeling (alfabetisch op rubriek) als Livres de la semaine. Indexen op auteurs en titels; bij 4 bovendien op onderwerpen. Bij dezelfde uitgever ook het maandelijkse tijdschrift *Livres de France* (ISSN 0294-0019), met 'Livres du mois' als vast onderdeel.

BIBLIOGRAPHIE nationale française: bibliographie établie par la Bibliothèque Nationale à partir des documents déposés au titre du dépot légal. – 179(1990)- . – Paris: Bibliothèque Nationale, 1990- . – ISSN 1142-3250

Vanaf 1990 wordt de offciële Franse nationale bgf. door de BN (na opzegging van het contract met de Cercle de la Librairie; zie onder Livres hebdo) onder bovenstaande gewijzigde naam uitgegeven (was *Bibliographie de la France*; ISSN 0150-1402).
Het belangrijkste is de sectie *Livres* (ISSN 1142-3250), die elke 14 dagen uitkomt (automatisering sinds 1975; INTERMARC), met drie kwartaalindexen op microfiche en een gedrukte jaarindex (auteurs-titres-matières). Systematische indeling (UDC). Gegevens als BN-signaturen en prijs. ISBD beschrijvingen, die zelf niet cumuleren: de jaarcum. verwijst naar de nummers in de afleveringen. Op het basisgedeelte Livres verschijnen de volgende supplementen: 1) *Publications en série*. – 179(1990)- . [ISSN 1142-3269; 12x per jaar + jaarcum.]; 2) *Publications officielles*. - 179(1990)- . [ISSN 1142-3277; 6x per jaar + jaarcum.];3) *Musique*. - 179(1990)- . [ISSN 1142-3285; 3x per jaar + jaarindex]; 4) *Atlas, cartes et plans*. – 179(1990)- . [ISSN 0150-5998; 1x per jaar + index]. Deze supplementen hebben hun eigen indeling.
De BN heeft twee databases: BN OPALE voor monografieën en seriewerken; BN OPALINE voor kaarten, atlassen, muziek, audiovisuele middelen enz. Momenteel werkt men aan een 'geïntegreerd' INTERMARC format, dat dus voor alle typen documenten gelijk is.

*BIBLOGRAPHIE nationale française depuis 1970 sur CD-ROM [CD-ROM bestand]

Uitgever: Bibliothèque Nationale / Periode: 1970- / Zoektaal: Opti-Ware / Updates: 6x per jaar, vanaf 1995. De enige cum. voor deze periode. Bevat ruim 720.000 UNIMARC-records.

Les LIVRES disponibles ... = French books in print ... ouvrages disponibles publiés dans le monde. – Paris: Éditions du Cercle de la Librairie, 1977- . – ISSN 0240-6608

Jaarlijks overzicht van leverbare boeken, ontstaan uit de combinatie van de *Catalogue de l'édition française* met het *Répertoire des livres de langue française disponibles*. Sinds 1978 naast de aanvankelijke indeling (auteurs/titres) ook ontsluiting op onderwerp (sujets). De uitg. 1994 (samengest. via de database *ELECTRE bibliographie*) vermeldt ca. 340.000 titels. Bij de onderwerpenindeling een alfabetische trefwoordenlijst.

*ELECTRE-Biblio [CD-ROM bestand]

Uitgever: Cercle de la Librairie / Periode: 1989- / Zoektaal: Electre Biblio / Updates: maandelijks of per kwartaal (2 versies)
Bevat (1995) 350.000 titels van meer dan 10.000 Franse uitgevers.

*ELECTRE-Bibliographie [Online bestand]

Uitgever: Éditions du Cercle de la Librairie / Actuele informatie inzake leverbare Franse boeken / Taal: Frans / Updates: wekelijks / Online via: Éditions du Cercle de la Librairie

3.5 *Groot-Brittannië*

The EIGHTEENTH century short title catalogue (ESTC) / [ed. by Robin Alston]. – Microfiche ed. – London: The British Library, 1990. – 2 dl. (220 microfiches + Introduction (30 p.)). – Oorspr. uitg.: 1983

Grote multinationale centrale catalogus (meer dan 1000 bibliotheken) van publs. uit de 18e eeuw. Het gaat om werken gedrukt in Groot-Brittannië en kolonieën + gedrukt elders in de Engelse taal. Te beschouwen als nationale retrospectieve bgf. Circa 285.000 items: author/ title. Aandacht voor speciale categorieën materiaal: aankondigingen, adresboeken, prospectussen, almanakken e.d. Indexen op naamsvormen en plaats van uitg. Vermelding van bibliotheekbezit. Lijst van bibliotheken en gebruikte afkortingen.

*EIGHTEENTH century short title catalogue (ESTC) [CD-ROM bestand]

Uitgever: Research publications / Periode: 1701-1800 / Zoektaal: CD-Answer / Updates: geen

*EIGHTEENTH century short title catalogue (ESTC) [Online bestand]

Uitgever: British Library / Taal: Engels / Updates: maandelijks / Online via: BLAISE-LINE

The ENGLISH catalogue of books. – Preliminary vol. 1801-1836; vol. 1(1835-1863)- vol. 132(1968). – London: Low, 1864-1901; Publishers' Circular, 1906-1969

Belangrijkste voorloper van de British National Bibliography. De basis vormden maandelijkse lijsten met nieuw uitgekomen werken in het tijdschrift *The publishers' circular*. Dekt aanvankelijk de periode vanaf 1835, maar in 1914 kwam een retrospectieve aanvulling: *The ENGLISH catalogue of books ... 1801-1836* / ed. and comp. by Robert Alexander Peddie and Quintin Waddington. – London: Low, 1914. – 655 p.

Het laatse dl. van de ECB verscheen in 1969 en bestrijkt 1968. Ordening herhaaldelijk gewijzigd. In de laatste jaren was de indeling: paperback index; author index; title and subject index; map and atlas index. Tot 1958 jaarlijks, daarna ook cumulerende kwartaal-, halfjaar- en driekwartjaar-uitg. Ook cums. van meerdere jaren: de laatste (1963-1965) kwam uit in 1966.

NINETEENTH century short title catalogue. – Newcastle-upon-Tyne: Avero, 1984- .

De NSTC beoogt een overzicht te geven van alle boeken die in de periode 1801-1918 in Groot-Brittannië, Britse kolonieën en de V.S. in het Engels verschenen, alsmede alle Engelstalige en uit het Engels vertaalde werken, waar ook ter wereld. In 1986 werd de eerste fase afgerond (periode 1801-1815; 6 dl. – ISBN 0-907977-10-3). Gebaseerd op collecties van de British Library, de Bodleian Library, de Library of Trinity College Dublin, de National Library of Scotland en de universiteitsbibliotheken van Cambridge en Newcastle. Indexen op onderwerp (grove Dewey indeling), plaats van uitg. en titel. Een tweede fase (55 dl. – 1986-) zal de periode 1816-1870 beslaan en berust tevens op collecties van de Library of Congress en de Harvard University Library. In 1994 verschenen dl. 43 (WILC-ZYT) en 10 dln. (44-53) titelindex. Uiteindelijk zal een derde serie het tijdvak 1871-1918 bestrijken.

WHITAKER's book list. – (1987-1993). – London: Whitaker, (1988-1994). - ISSN 0953-041X

Ondertitel (op rug) 'Books published in the United Kingdom'. Voortzetting van *Whitaker's cumulative book list*. – (1925-1987). Vanaf 1858 publiceerde de Engelse firma Whitaker wekelijks het tijdschrift *The Bookseller*. In het laatste nummer van elke maand stond tot 1970 een overzicht 'Books of the month'. Vanaf 1970 kwam dit apart uit als *Whitaker's books of the month and books to come*. De maandelijkse lijsten dienden als basis sinds 1924 voor de kwartaaluitg. en de jaarlijkse cums. o.d.t.*Whitaker's book list*; ook zijn er cums. van meerdere jaren. Inrichting volgens de dictionary catalogue methode (op onderwerp, voor zover in de titel genoemd). Lijst van uitgevers. Jaarcum. 1993 bevat ruim 820.000 publs. Dit is tevens het *laatste* dl. in gedrukte vorm. De bedoeling is het werk als microfiche-uitg. voort te zetten vanaf jaarcum. 1994.

BRITISH national bibliography. – 1950- . – London: The British Library, 1951- . – ISSN 0007-1544

De officiële Britse lopende nationale bgf., gebaseerd op het wettelijke depot (British Library). Verschijnt primair wekelijks: *WEEKLY list*; bevat ook de CIP-beschrijvingen; de titels naar onderwerp (Dewey) gerangschikt, met een namen- en titelindex (ingangen hierin kunnen zijn: auteurs, titels, series en namen als onderwerp); COMPASS trefwoorden van de BL. De laatste WEEKLY list van de maand bevat een extra COMPASS index op onderwerpen; registers in dit nummer beslaan de hele maand. Viermaandelijkse en jaarcums. met dezelfde ordening, waar de CIP-beschrijvingen ook weer in voorkomen. Tot 1973 ook de indexcums. van meerdere jaren (1968-1970; 1971-1973). In 1995 verscheen jaarcum. 1994 in twee dln.: dl. 1: *Classified sequence* (rugtitel: *Subject catalogue*); dl. 2: Indexes; samen 3504 p. (ISBN 0-7123-1080-0). Dl. 1 bevat de volledige beschrijvingen; dl. 2 de indexen op auteur-titel en op onderwerp: de *Subject index*. In deze laatste wordt gebruik gemaakt van het 'COMPASS subject indexing system' van de BL, waarin de gebruiker via onderwerpstermen naar Dewey-notaties in de Classified sequence wordt verwezen. Niet opgenomen in de BNB: tijdschriften (behalve eerste nummers), muziek, kaarten, bepaalde overheidsuitg. en werken van buiten Groot-Brittannië. In 1995 verscheen *BRITISH national film and video guide* (ISSN 1357-0048). Automatisering van de BNB sinds 1971.

*BRITISH national bibliography on CD-ROM [CD-ROM bestand]

Uitgever: British Library / Periode: backfile: 1950-1986; current file: 1986- / Zoektaal: Opti-Ware / Updates: maandelijks

Alle met behulp van de BNBMARC computerbestanden vervaardigde records.

*BNBMARC [Online bestand]

Uitgever: British Library / Talen: Engels, Duits, Frans, Italiaans / Periode: 1950- / Updates: wekelijks / Online via: BLAISE-LINE.

De online versie van de BNB (aanvankelijke naam: UKMARC). Meer dan 1 miljoen records vanaf 1950.

WHITAKER's books in print ... the reference catalogue of current literature. – (1988)- . – London: Whitaker, 1988- . – ISSN 0953-0398

Jaarlijks overzicht van leverbare boeken, jaarboeken, kaarten, bijzondere tijdschriftnummers enz., uit Groot-Brittannië. Indeling volgens het dictionary catalogue systeem: auteurs, titels en onderwerpen in één alfabet. Jaaruitg. 1995 (ISBN 0-85021-248-0) telt 5 dln. (Dl. 1-5 auteurs, titels, onderwerpen; in dl. 5 tevens series, ISBN en uitgeversadressen. Bevat ca. 660.000 titels van 26.000 uitgevers. Ook een microfiche-uitg., waarvan elke maand een volledig bijgewerkte versie verschijnt.

*BOOKBANK [CD-ROM bestand]

Uitgever: Whitaker / Periode: 1970- / Zoektaal: BRS Search / Updates: maandelijks. CD-ROM equivalent van Whitaker's books in print. Vorige naam: Whitaker's bookbank on CD-ROM. Ca. 600.000 Engelstalige boeken uit voornamelijk Groot-Brittannië, West-Europa en de V.S.

*BOOKBANK OP [CD-ROM bestand]

Uitgever: Whitaker / Periode 1970- / Zoektaal: BRS Search / Updates: jaarlijks. Bestand van niet meer leverbare publs. die sinds 1970 zijn uitgegeven (OP= out of print). Komt ook uit op microfiche. Vorige titel: Whitaker's bookbank OP service.

*WHITAKER's books in print (WBIP) [Online bestand]
Uitgever: Whitaker & Sons / Periode: 1970- / Updates: 5.000 titels per maand / Online via: BLAISE-LINE en DIALOG

3.6 *Verenigde Staten*

Sinds 1912 is de verzorging van de nationale bibliografie(ën) in de Verenigde Staten in handen van de twee grote uitgevers Bowker en Wilson.

BOWKER:

PUBLISHERS' weekly: international news magazine of book publishing. – Vol. 1(1872)- . – New York: Bowker, 1872- . – ISSN 0000-0019
Tijdschrift voor de Amerikaanse boekhandel. Bevat lijsten van nieuwe publs., advertenties, artikelen, gevraagde boeken, enz. Vaste rubrieken: News, Bookselling, PW interviews, Forecasts en Hardcover/Paperback / Children's Bestsellers.

AMERICAN book publishing record (ABPR). – Vol. 1(1960)- . – New York: Bowker, 1960- . – ISSN 0002-7707
Lange tijd gebaseerd op de *Weekly record* (afgesloten dec. 1991). Maandelijks. Vóór 1985 o.d.t.BPR. Inhoud systematisch volgens Dewey. Indexen op auteurs en titels. Vanaf 1965 jaarlijkse en vijfjaarlijkse cums. Veel gegevens komen van de Library of Congress (MARC II tapes). Niet opgenomen: officiële publs., dissertaties, ephemera, school- en studieboeken en publs. met minder dan 49 pagina's (UNESCO definitie). Jaarcum. 1993 (1994. – VIII, 1708 p.) bevat ca. 42.000 titels. Enkele meerjarencums. zijn vervangen door:

AMERICAN book publishing record: cumulative 1950-1977: an American national bibliography. – New York: Bowker, 1978. – 15 dl. – ISBN 0-8352-1094-4
Ongeveer 900.000 titels. De eerste tien dln. volgens DDC; dl. 11: fiction and juvenile fiction; 12: non-DDC titles; 13-15: resp. author, title, subject index. In 1980 een grote retrospectieve uitg. met dezelfde indeling: AMERICAN book publishing record: cumulative 1876-1949: an American national bibliography. – New York: Bowker, 1980. – 15 dl. – ISBN 0-8352-1245-9

BOOKS in print. – 1948- . – New York: Bowker, 1948- . – ISSN 0068-0214
Momenteel jaarlijks. Engelstalige boeken leverbaar in de V.S. De uitg. 1994-1995 (10 dl. – ISBN 0-8352-3498-3, inclusief een dl. O.S./O.S.I. (= out of stock/ out of stock indefinitly) en een dl. Publishers) geeft de ca. 1.210.000 verkrijgbare publs. op auteur en titel. Onderwerpsindeling (op LoC-trefwoorden) via de Subject guide (4 dl. – ISBN 0-8352-3513-0). Vermeldt o.m. auteur, titel, uitgever (ca. 50.000), jaar van publ., prijs en ISBN. BIP wordt samengest. met behulp van Bowker's database BIPS. Vanaf 1982 ook een uitg. op microfiche. Aanvullingen halfjaarlijks in *Books in print supplement* (ISSN 0000-0310). In *Forthcoming books* (ISSN 0015-8119) worden nieuwe publs. aangekondigd.

*BOOKS in print plus [CD-ROM bestand]
Uitgever: Bowker-Saur / Periode: aktueel / Zoektaal: Opti-Ware Updates: maandelijks. Geeft de volledige gegevens uit Books in print, Forthcoming books, Books in print supplement en Children's books in print.

*BOOKS in print with book reviews plus [CD-ROM bestand]
Uitgever e.d. als vorige. Bevat eveneens gegevens uit de Books in print 'familie', maar nu aangevuld met recensies (full-text) uit o.a. *Library Journal*, *Publisher's weekly*, *Choice* en *Booklist*.

*BOOKS out-of-print with book reviews plus [CD-ROM bestand]

Uitgever: Bowker-Saur / Periode: 1979- / Zoektaal: Opti-Ware / Updates: per kwartaal. Vermeldt meer dan 680.000 titels die volgens de uitgever niet meer leverbaar zijn, met meer dan 60.000 (full-text) boekbesprekingen uit dezelfde bronnen als in Books in print with Book reviews plus.

*BOOKS in print online (BIP) [Online bestand]

Uitgever: Bowker / Periode: aktuele informatie / Taal: Engels / Online via: DIALOG (o.a.) / Updates: maandelijks. Bevat gegevens van 2 miljoen boeken (vanaf 1979) die leverbaar, dan wel 'out of print' zijn. Geeft recensies uit diverse tijdschriften.

WILSON:

UNITED States catalog: books in print, Jan. 1, 1928. – 4th ed. – New York: Wilson, 1928. – 3164 p.

Overzicht van boeken die in 1928 leverbaar waren. Ongeveer 190.000 titels. Volgens het dictionary catalogue systeem ingericht. Eerste editie 1899. Voortgezet als:

CUMULATIVE book index: a world list of books in the English language. - ISSN 0011-300X

De CBI begon eigenlijk al in 1898 als periodieke aanvulling op de United States Catalog. Maandelijks, behalve augustus. Jaarcum. sinds 1969. Vroeger ook meerjarencums. Sinds 1930 is bovenstaande ondertitel toegevoegd. Vanaf cum. 1928-1932 bevat de CBI namelijk ook een selectie van Engelstalige boeken, pamfletten e.d. uit landen als Groot-Brittannië, Australië en Nieuw-Zeeland. Complete titelbeschrijvingen: volledige voornamen (vermelding van pseudoniemen), editie, serie, aantal pagina's, prijs, jaar van uitg., uitgever, ISBN en LoC-kaartnummer. Niet opgenomen: overheidsuitg., bladmuziek, uitg. met een oplage < 500 exemplaren en reclamemateriaal. Inrichting volgens het dictionary catalog systeem. Trefwoorden van de LoC. Jaarcum. 1993 (2 dl.) verscheen in 1994 (XVI, 4630 p.).

*CUMULATIVE book index [CD-ROM bestand]

Uitgever: Wilson / Periode: 1982- / Zoektaal: WILSEARCH / Updates: per kwartaal

*CUMULATIVE book index (CBI) [Online bestand]

Uitgever: Wilson / Periode: 1982- / Updates: 2x per week: ca. 50.000 titels per jaar / Online via: (o.a.) WILSONLINE

Voor vroegere perioden:

EVANS, CHARLES THEODORE

American bibliography: a chronological dictionary of all books, pamphlets, and periodical publications printed in the United States of America from the genesis of printing in 1639 down to and including the year 1800: with bibliographical and biographical notes / Charles Theodore Evans. – Chicago (etc.): Blakely press (etc.), 1970. – 14 dl. – Fotomech. herdr. van de 1e uitg. 1959. – Met suppl. van Roger P. Bristol. – 1970. – 636 p.

Chronologisch opgezet; elk dl. met auteurs- en systematisch register. Omvat ca. 40.000 titels, waaronder een aantal 'ghost-titles' (= nooit verschenen, wel aangekondigd). Register op het hele werk door Bristol (1961): namen van drukkers, uitgevers en verkopers. Van dezelfde samensteller verscheen in 1970 een supplement dat ruim 11.000 titels toevoegt aan het werk van Evans. Hierop kwam in 1971 een index uit.

SHAW, RALPH R.

American bibliography: a preliminary checklist for 1801-1819. Items 1-50192 / comp. by Ralph R. Shaw and Richard H. Shoemaker (a.o). – New York: Scarecrow press, 1958-1983. – 23 dl.

Naar jaar van uitg., daarbinnen naar auteur. Geen primaire beschrijvingen! De dln. 20-23 bevatten: 20. Addenda; list of sources; literary symbols; 21. Title index; 22. Corrections; author index; 23. Geographical index. Comp. by Frances P. Newton (1983).

SHOEMAKER, RICHARD H.
A checklist of American imprints for 1820-1829 / comp. by R.H. Shoemaker. - New York (etc.): Scarecrow press, 1964-1974. – 12 dl.

Vanaf dl. 7 met medewerking van Gayle Cooper. In 1972 verscheen een titelindex en in 1974 een auteursindex door M. Frances Cooper.

A CHECKLIST of American imprints for 1830- . – Metuchen, N.J.: Scarecrow press, 1972- . – ISSN 0361-7920

Beoogt een inventaris van de periode 1830-1860 (uiteindelijk 1820-1875). Dl. 1 samengest. door Gayle Cooper. In 1992 en 1993 kwamen de dln. voor resp. 1842 en 1843 uit, samengest. door C. Rinderknecht en S. Bruntjen (ISBN 0-8108-2533-3 en 0-8108-2653-4). In 1989 auteurs- en titelindexen voor de periode 1830-1839. *N.B.* Voor ontbrekende jaren zie de *National Union Catalog. Pre-1956 imprints* (zie rubriek 2.1)

4 OVERIGE GENRES VAN ALGEMENE BIBLIOGRAFIE

4.0 *Incunabelen (Wiegedrukken; drukken tot 1500)*

4.00 *Internationaal*

HAIN, LUDWIG FRIEDRICH THEODOR
Repertorium bibliographicum, in quo libri omnes ab arte typographica inventa usque ad annum MD; typis expressi, ordine alphabetico vel simpliciter enumerantur vel adcuratius recensentur / opera Ludovici Hain. - Stuttgartiae: J.G. Cotta (etc.): 1826-1838. 2 dl. in 4 bd. – Herdr.: Milaan: Görlich, 1966.

Voorlopig, tot de voltooiing van de *Gesamtkatalog der Wiegendrucke* (zie hierna), de belangrijkste internationale bgf. van incunabelen. Alfabetisch op auteur, bij anoniemen op titel. Meer dan 16.000 werken uit de periode 1450-1500. Vormt begin van moderne incunabelbgf. (incipit, explicit, diplomatische weergave). Geen vermelding van bronnen of vindplaatsen. Beschrijvingen die op autopsie berusten zijn met een asterisk aangegeven. Alle titels zijn genummerd.

COPINGER, W.A.
Supplement to Hain's Repertorium bibliographicum; or, Collections towards a new edition of that work / W.A. Copinger; with addenda and index by Konrad Burger. – London: Sotheran, 1895-1902. – 2 dl. in 3 bd. – Herdr.: Milaan: Görlich, 1950; Genève: Slatkine Reprints, 1992.

Dl. 1: bijna 7.000 titels met correcties en aanvullingen in de collaties van de door Hain genoemde. Dl. 2: bijna 6.000 titels die bij Hain ontbreken en een ook zelfstandig verschenen werk van BURGER, Konrad: *The printers and publishers of the fifteenth century with lists of their works*, een volledig overzicht voor zover bekend tot 1902. Copinger ontleende de meeste gegevens aan andere bronnen, die hij, i.t.t. Hain, wèl noemt.

GESAMTKATALOG der Wiegendrucke / hrsg. von der Kommission für den Gesamtkatalog der Wiegendrucke. – Leipzig (later Stuttgart): Hiersemann, 1925- . – dl. – ISBN 3-7772-0814-3

GESAMTKATALOG der Wiegendrucke / hrsg. von der Kommission für den Gesamtkatalog der Wiegendrucke. – 2. aufl., durchges. Neudr. der 1. Aufl. - Stuttgart: Hiersemann; New York: Kraus, 1968.

De meest omvattende internationale incunabellijst, opgezet als een complete inventaris van alle nog achterhaalbare incunabelen. Ordening is alfabetisch op auteursnaam of bij anoniemen op titel. Bij het begin van de Tweede Wereldoorlog moest publ. worden gestaakt. In 1968 een 2e herziene druk van de tot dan toe uitgekomen zeven dln. en vanaf 1972 werd het werk definitief hervat, te beginnen met een herziene versie van dl. VIII, afl. 1. In 1994 kwam dl. X, afl. 2 uit: *Gresemundus – Guido de Monte Rochin*. Uitvoerige, deskundige beschrijvingen. Vermeld wordt of de incunabel vroeger al is beschreven, of er een facsimile-uitg. van is en welke bibliotheken (over de gehele wereld) het werk bezitten. Uiteindelijk zal deze centrale catalogus vermoedelijk ongeveer 30.000 incunabelen bevatten, uit het bezit van ca. 4.000 bibliotheken en collecties.

*INCUNABLE short title catalogue (ISTC) [Online bestand]
Uitgever: British Library / Periode: vóór 1501 / Taal: / Engels / / Updates: / maandelijks / Online via: BLAISE-LINE

Meer dan 24.000 beschrijvingen van boeken, pamfletten en ander materiaal, gedrukt vóór 1501, in welke taal en in welk land dan ook. Gegevens ontleend aan o.a. bestand van de British Library en *Incunabula in Dutch libraries* (zie ook bij 4.01).

4.01 *Nederland en België*

CAMPBELL, M.F.A.G.
Annales de la typographie néerlandaise au XVe siècle / par M.F.A.G. Campbell. – La Haye: Nijhoff, 1874. – XII, 629 p. Met suppl. 1-4: La Haye: Nijhoff, 1878-1890; versch. pag. – Herdr.: 1962.

De eerste nationale incunabelbgf. Incunabelen uit Nederland en België. Alfabetisch (!) geordend worden ca. 1950 titels vermeld, met vindplaatsen. Met register van drukkers en hun werken. Aanvullingen en verbeteringen in:

KRONENBERG, M.E.
Campbell's Annales de la typographie Néerlandaise au XVe siècle: contributions to a new edition / by M.E. Kronenberg. – The Hague: Nijhoff. 1956. – 168 p.; + More contributions and notes to a new Campbell edition. - 1964.

INCUNABULA in Dutch libraries: a census of fifteenth-century printed books in Dutch public collections / (ed.-in-chief Gerard van Thienen). - Nieuwkoop: De Graaf, 1983. – 2 dl. – VIII, 698, 374 p. – (Bibliotheca bibliographica Neerlandica; vol 17) – Vol. I: Catalogue. – ISBN 90-6004-375-8. – Vol. II: Indexes and concordances. – ISBN 90-6004-374-X

Nationale catalogus van alle in 85 Nederlandse openbare verzamelingen bewaarde incunabelen. Korte beschrijvingen van ca. 4.750 edities: auteur, titel, imprint en bibliografisch formaat. Met de vindplaatsen en tevens verwijzingen naar andere catalogi en bgf. op het gebied van de incunabulistiek.

In het eerste dl. worden de incunabelen alfabetisch opgesomd; het tweede dl. bevat indexen (drukplaatsen, drukkers en uitgevers en een 'general index': bevat bijvoorbeeld verwijzingen op varianten van auteursnamen en anonieme titels). Verder enkele concordanties.

POLAIN, M.-LOUIS
Catalogue des livres imprimés au quinzième siècle des bibliothèques de Belgique / par M.-Louis Polain. – Bruxelles: Pour la Société des bibliophiles & iconophiles de Belgique, 1932. – 4 dl.

Overzicht van incunabelen in Belgische bibliotheken (ook privéverzamelingen). Alfabetische ordening. Dl. 4 bevat tevens een supplement (nrs. 4.070-4.109) en diverse registers: A. Facsimiles; B. Concordances des numéros avec ceux de Campbell, Gesamtkatalog, Hain, Pellechet, Voullième; C. Imprimeurs; E. Gravures; F. Table générale alphabétique des matières. Een aangekondigd dl. D: Table des bibliothèques, is niet uitgegeven. Later verscheen nog een uitgebreide aanvulling:

POLAIN, M.-LOUIS
Catalogue des livres imprimés au quinzième siècle des bibliothèques de Belgique: supplément / par M.-Louis Polain. – Bruxelles: Fl. Tulkens, pour l'Association des archivistes et bibliothécaires de Belgique, 1978. – 615 p.

Het eerste gedeelte 'Additions et corrections' van het supplement gevolgd door 'Nouvelles descriptions' waarin de nrs. 4.110-4.804 zijn beschreven. Concordanties met Campbell, Hain, Copinger en anderen.

BIBLIOTHECA Belgica: bibliographie générale des Pays-Bas / fondée par Ferdinand van der Haeghen; rééd. sous la direction de Marie-Thérèse Lenger. – Bruxelles: Éditions culture et civilisation, 1964-1975. – 7 dl. – Herdr.: Brussel, 1979. – Oorspr. uitg.: 1880-1967.

Een algemene retrospectieve bgf. van het oude boek in Nederland en België. Bestreken periode: 1470-1600. De oorspronkelijke uitg. verscheen in 240 afleveringen die in de boekuitg. in alfabetische volgorde zijn gebracht. Omvat: alle Nederlandse en Belgische drukken, alle in het buitenland verschenen werken van Nederlandse en Belgische auteurs. Zeer uitvoerige titelbeschrijvingen met biografische en bibliografische aantekeningen. Groot algemeen register op auteurs, redacteurs, drukkers en plaatsen. N.B. De incunabelperiode is slechts gedeeltelijk vertegenwoordigd!

4.1 *Tijdschriften, kranten en series*

4.10 *Inleiding*

Zoals in hoofdstuk V reeds werd opgemerkt ontstonden de eerste tijdschriften in de zeventiende eeuw vooral uit bibliografische behoeften. Pas later werd het hun hoofdfunctie om in de vorm van wetenschappelijke artikelen de nieuwste onderzoeksresultaten door te geven, sneller dan boeken dat konden doen. In veel wetenschapsgebieden zijn tijdschriften tot het belangrijkste informatiekanaal geworden. Sinds vooral de negentiende eeuw nam hun aantal geweldig toe. Schattingen daarover lopen uiteen, maar aan te nemen is dat het de 150.000 ver overtreft. Aanzienlijk groter wordt dit nog als ook allerlei niet-wetenschappelijke periodieken, dag- en weekbladen worden meegeteld. De nationale bibliografieën hebben in het algemeen de tijdschriftenproduktie onvoldoende verwerkt, reden waarom ook deze categorie tot afzonderlijke bibliografieën heeft geleid. Naast nationale overzichten was er vooral in wetenschapskringen behoefte aan internationale inventarissen van periodieken. Beide typen zijn dan ook ontwikkeld. Onder de laatste namen de centrale catalogi van periodieken een vooraanstaande plaats in. Zie over de geschiedenis van het wetenschappelijk tijdschrift: Houghton, Bernard: *Scientific periodicals: their historical development, characteristics and control*. London, 1975. ISBN 0-85157-186-7.

In de volgende rubrieken zijn enkele van de veel gebruikte grote bibliografieën en centrale catalogi beschreven. Van veel grote bibliotheken is tegenwoordig de eigen catalogus van periodieken als onderdeel van een nationale centrale catalogus online te raadplegen.

Wat de bibliografische beheersing van tijdschriften en seriewerken betreft (zie over UBC ook hoofdstuk III) zijn er in de afgelopen periode belangrijke ontwikkelingen geweest. Eén ervan is CONSER (een acroniem dat vanaf 1986 staat voor Cooperative Online Serials Program). Het gaat hierbij om een project van de V.S. en Canada met als doel het creëren van een machineleesbare database van tijdschriften en seriewerken, uiterst bruikbaar bij onder meer het catalogiseren van ‘serials’.

Een tweede ontwikkeling is geweest het opzetten van een internationaal netwerk voor het vervaardigen en uitbreiden van een compleet register van seriële publikaties. Het *ISSN international centre* (het voormalige ISDS centre) bestaat uit nationale en regionale centra benevens een internationaal centrum (Parijs). Voor ons land is er het ISSN-bureau dat onderdeel is van het Depot van Nederlandse publikaties en Nederlandse bibliografie. Een vermeldenswaardige uitgave is het *ISSN Register* dat terug gaat tot 1977 (toen nog onder de naam ISDS register) en op CD-ROM verschijnt (zie bij 4.11) en op microfiche (ISSN 1022-100X). Er bestaat ook een nieuwsbrief: *NEWS from ISSN* (ISSN 1021-9749)

Tijdschriften worden tegenwoordig, behalve in gedrukte vorm, in toenemende mate uitgegeven op diskette, CD-ROM, of online. Het elektronisch aanbod kan variëren van uitsluitend bibliografische gegevens, via bibliografische gegevens met abstracts, tot full-text uitgaven. Een belangrijke bron voor artikelen over recente ontwikkelingen aangaande tijdschriften is: *SERIALS review*. – Vol. 1(1975)- . – Ann Arbor: Pierian press, 1975- . – ISSN 0098-7913. Een actueel thema hierin is behalve het elektronische tijdschrift ook het elektronisch publiceren in het algemeen.

4.11 *Tijdschriften, kranten en series – Internationaal*

*CDMARC serials [CD-ROM bestand]

Uitgever: Library of Congress / Periode: 1971- / Internationaal / Updates: per kwartaal. Komt overeen met de CONSER microfiche uitg. Bevat ruim 600.000 serie- en tijdschrifttitels uit de CONSER database, gecatalogiseerd door de LoC, National Library of Canada en ca. 15 andere grote bibliotheken en onderzoeksinstellingen.

*ISSN compact [CD-ROM bestand]

Uitgever: Chadwyck-Healey / Zoektaal: Opti-Ware / Updates: per kwartaal
Het voormalige *ISDS register on CD-ROM*. Bevat ISSNs met volledige bibliografische gegevens. Het bestand telt momenteel ca. 700.000 tijdschriften uit bijna 200 landen.

The SERIALS directory: an international reference book. – 1st. ed. (1986)- . – Birmingham, AL: EBSCO, 1986- . – ISSN 0886-4179

Voor het eerst in 1986 verschenen naslagwerk van tijdschriften en series. De inhoud is een combinatie van titels uit de eigen EBSCO database en titels uit het CONSER bestand. Uitg. 1994 (8th. ed. – 5 dl. – ISBN 0-913956-80-5) bevat ca. 155.000 beschrijvingen. Inrichting op trefwoorden, daarbinnen alfabetisch op titel. Indexen o.a. op titels, namen van gestaakte publs., namen van tijdschriften die geheel elektronisch geleverd worden en op ISSN. Evenals de Ulrich aandacht voor kranten.

*The SERIALS directory: EBSCO CD-ROM [CD-ROM bestand]

Uitgever: EBSCO publishing / Zoektaal: EBSCO CD / Updates: per kwartaal

ULRICH's international periodicals directory: a classified guide to current periodicals, foreign and domestic. – Vol. 1- . – New York: Bowker, 1932- . – ISSN 0000-0175

Internationale keuzelijst van lopende tijdschriften. Jaarlijks. De uitg. 1994-1995 (33rd ed. – 5 dl. – ISBN 0-8352-3537-8) geeft ca. 147.000 titels, gerangschikt onder 967 trefwoorden. Samenstelling met behulp van BOWKER International Serials Database. Gegevens aangaande titel, verschijningsfrequentie, uitgever, land, plaats en adres van uitg., Deweycode, ISSN, eerste jaar van uitg., enz. Vermeldt of een tijdschrift kaarten, advertenties en recensies bevat en in welke publs. het wordt geïndexeerd. Andere secties zijn o.a.: Refereed serials / Controlled circulation serials / Serials available on CD-ROM / Serials available online / Cessations. Een apart dl. (5) is gewijd aan *kranten en dagbladen*; in de 33e uitg. nog alleen Amerikaanse (bijna 7.000), in latere edities ook internationaal. De ULRICH heeft een index op titels met daarbij ISSN en landencode. Het aanvankelijk apart uitgeven *Irregular serials and annuals* (1st-13th ed. – 1967-1987/88) is in het hoofdwerk opgegaan.

Ulrich's update, dat tussentijdse aanvullingen verschaft, verschijnt 2x per jaar.
*ULRICH's plus [CD-ROM bestand]
Uitgever: Bowker-Saur / Zoektaal: Opti-Ware / Updates: per kwartaal
Omvat de uitg.: Ulrich's international periodicals directory / Irregular serials and annuals / Ulrich's update.
*ULRICH's international periodicals directory [Online bestand]
Uitgever: Bowker / Updates: maandelijks / Online via: DIALOG en ESA/IRS

WILLINGS press guide; a guide to the press of the United Kingdom and to the principal publications of Europe, the Americas, Australasia, Asia, Africa and the Middle East. – 1874- . – London: British media publications, 1874- . ISSN 0000-0213

Overzicht van tijdschriften, jaarboeken en kranten met sterke nadruk op Groot-Brittannië, maar ook een overzicht van andere landen (zie ondertitel). De 121e editie (1995. – 2 dl. – XLIV, 1414 en XLIII, 986 p. - ISBN 0-611-00858-0) geeft een alfabetische lijst van publs. (dl. 1: United Kingdom, dl. 2: Overseas). Totaal ruim 33.000 titels. Ook een algehele titelindex alsmede een 'classified index to periodicals' en een overzicht van trefwoorden. Lijsten van uitgevers in Groot-Brittannië (1.618) en andere landen.

MONOGRAPHIC series / (comp. and ed. by the Catalog publication division, Library of Congress). – Jan. / Mar. 1974-1982. – Washington: Library of Congress, 1974-1983. – (Library of Congress catalogs). – ISSN 0093-0571

Kopieën van LoC-kaarten. Inrichting alfabetisch op de serienamen, met daaronder de beschrijvingen van publs. in die series. Verscheen elk kwartaal; elke vierde aflevering tevens de jaarcum. Na de cum. 1982 gestaakt en voortgezet als onderdeel van de microfiche-uitg. van de *National Union Catalog* (zie aldaar).

Centrale catalogi van tijdschriften, kranten en seriewerken

CENTRALE catalogus van periodieken en seriewerken in Nederlandse bibliotheken (CCP) / Koninklijke Bibliotheek. – 3e uitg. – 's-Gravenhage: Koninklijke Bibliotheek, 1983. – 14 dl. – ISBN 90-6259-032-2

De derde uitg. van de Nederlandse CCP, tevens de laatste in boekvorm. Bevat ca. 200.000 titels. Voortaan opgenomen in de NCC (Nederlandse Centrale Catalogus; online toegankelijk), belangrijk om het IBL beter te laten verlopen. De beschrijvingen geven: 1) titel, 2) plaats/land van uitg., 3) UDC-notatie, 4) corporatieve auteur, 5) annotatie, 6) bezitsopgave (n) door codes, de jaargangen en nummers. In elk dl. 'Verklaring van de bibliotheekcodes'.

ANTILOPE: *ANT*werpse *I*nventaris van *LO*pende *PE*riodieken. – 1973-. - Antwerpen: Universitaire instelling Antwerpen, Bibliotheek, 1973- .
*ANTILOPE [Online bestand]
Uitgever: UIA Bibliotheek / Taal: Engels, Frans, Nederlands / Periode: 1800- / Online via: BELINDIS / Updates: dagelijks
Betreft meer dan 50.000 tijdschriften in 75 bibliotheken van universiteiten en onderzoeksinstellingen in België. Er is ook een versie op CD-ROM.

CATALOGUE collectif des périodiques du début du XVIIe siècle à 1939, conservés dans les bibliothèques de Paris et dans les bibliothèques universitaires des départements. – Paris: Bibliothèque Nationale, 1967-1981. – 5 dl. – ISBN 2-7177-0853-7

Centrale catalogus van 75.000 tijdschriften in de Bibliothèque Nationale en 75 andere grote Franse bibliotheken. Het vijfde dl. (1981) bevat 'Additions et corrections; table des collectivités citées'. Gerangschikt op het eerste woord van de titel. Vermelde gegevens: publ.data, titelwijzigingen, uitgevende instanties, supplementen, indexen, vindplaatsen.

CATALOGUE collectif national des publications en série (CCN-PS) – 1(1985)- . – Paris: École nationale supérieure des bibliothèques / Centre national du Catalogue collectif national, 1985- . – Microfiches.

*MYRIADE: le catalogue collectif national des publications en série sur CD-ROM [CD-ROM bestand]

Uitgever: Centre national du CCN / Zoektaal: Le Pac / Updates: 2x per jaar. Franse nationale centrale catalogus van tijdschriften en series. Vermeldt holdings in meer dan 2.800 bibliotheken en documentatiecentra. Meer dan 220.000 titels.

*CATALOGUE collectif national (CCN) [Online bestand]

Uitgever: Centre national du CCN / Taal: Frans / Updates: indien nieuwe gegevens / Online via: ABES

BRITISH union catalogue of periodicals (BUCOP): a record of the periodicals of the world from the seventeenth century to the present day in British libraries / ed. by J.D. Stewart, M.E. Hammond and E. Saenger. – London: Butterworths, 1955-1962. – 4 dl. + suppl.

Centrale catalogus van 140.000 tijdschriften en kranten, verschenen tussen 1600 en 1960 en aanwezig in 440 Engelse bibliotheken. Alfabetisch op titels en uitgevende instanties; opname onder de oudste titel (in geval van naamswijziging). Kranten alleen indien voor 1800 verschenen.

WORLD list of scientific periodicals published in the years 1900-1960. - 4th ed. by Peter Brown and George Burder Stratton. – London: Butterworths, 1963-1965. – 3 dl.

Centrale catalogus van ruim 60.000 tijdschriften op natuurwetenschappelijk, technisch en medisch gebied in ca. 280 Engelse bibliotheken. Alfabetisch op titel met als verdere gegevens: afkorting, publ.data en bezit van verschillende bibliotheken. Vanaf 1964 met de voorgaande voortgezet o.d.t.:

BRITISH union catalogue of periodicals, incorporating World list of scientific periodicals: new periodical titles. – 1960-1980. – London (etc.): Butterworths, 1964-1981. – ISSN 0007-1919

Voortzetting van beide in de titel genoemde centrale catalogi. Was een kwartaaluitg. Jaarlijkse en meerjarige cums. Alfabetisch ingericht. Nam tijdschriften op die sinds 1960 voor het eerst of in gewijzigde vorm verschenen of juist ophielden te bestaan. In iedere aflevering behalve een alfabetische tijdschriftenlijst met uitgever, jaren van uitg. en codes van vindplaatsen, ook een index op uitgevende instanties en een op bibliotheekcodes. Voortgezet als:

SERIALS in the British Library. – No. 1(June 1981)- . – London: British Library, 1981- . – ISSN 0260-0005

Kwartaaluitg. met jaarcum. Ten dele voortzetting van *British union-catalogue of periodicals* die in 1981 ophield (vorige titel). Vermeldt nieuw verworven tijdschriften van de British Library (aanvankelijk ook van een twintigtal andere bibliotheken), inclusief de titels die werden ontvangen op grond van het wettelijk depot. De beschrijvingen zijn afkomstig uit drie MARC bestanden, waaronder BNB-MARC (het machineleesbare equivalent van de British National Bibliography).

Alfabetisch op titel. Een 'Subject list' (alfabetisch) verschaft toegang door middel van alle significante woorden uit de titels (vanaf 1987). Kopieën van artikelen uit deze tijdschriften kunnen worden aangevraagd bij het British Library Document Supply Centre. Andere belangrijke bibliografische bronnen die deze dienstverlening ondersteunen zijn: CURRENT serials received (1974- . – ISSN 0309-0655) en KEYWORD index to serial titles (KIST) (1980)- . – ISSN 0143-9553

*BOSTON Spa serials on CD-ROM (BSS) [CD-ROM bestand]

Uitgever: British Library / Zoektaal: Opti-Ware / Periode: 1600- / Updates: 2x per jaar

Meer dan 450.000 titels van tijdschriften en series aanwezig in een aantal Britse bibliotheken, waaronder de British Library, het BL Document Supply Centre en de Cambridge University Library.

UNION list of serials in libraries of the United States and Canada. – 3rd. ed. / ed. by Edna Brown Titus. – New York: Wilson, 1965. – 5 dl.

Centrale catalogus van 156.000 tijdschriften en series, begonnen voor 1950 en aanwezig in 956 Amerikaanse en Canadese bibliotheken. De tijdschriften onder de nieuwste titel (er zijn verwijzingen van de oudere naar de nieuwste); gegevens over verschenen jaargangen; vermeldt nauwkeurig welke bibliotheken welke jaargangen bezitten. Geen: overheidspubls., publs. van de Verenigde Naties, Amerikaanse kranten en niet-Amerikaanse kranten na 1820.

Voor tijdschriften en series vanaf 1950 voortgezet als:

NEW serial titles: a union list of serials commencing publication after Dec. 31, 1949. – Washington, D.C.: Library of Congress, 1953- . – ISSN 0028-6680

Momenteel met de ondertitel: A union list of serials held by libraries in the United States and Canada. Voortzetting van de hiervoor vermelde *UNION list*. Verschijnt in acht maandelijkse, drie kwartaalafleveringen en een jaarcum. Ook meerjarencums. Betreft ongeveer 700 Amerikaanse en Canadese bibliotheken. Vanaf 1981 tengevolge van automatisering wijzigingen: volledige bibliografische gegevens in elk nummer, NUC 'location symbols', geen beperking meer wat het beginjaar betreft. Genoemde automatisering hield in dat NST onderdeel werd van het CONSER-project. Tot nu toe zijn de volgende cums. over meerdere jaren uitgekomen: 1950-1970 (1973. – 4 dl.); 1971-1975 (1976. – 2 dl.); 1976-1980 (1981. – 2 dl.); 1981-1985 (1986. – 6 dl.); 1986-1989 (1990. – 6 dl.). Van de titels uit de cum. 1950-1970 verscheen in 1975 een uitg. met een onderwerpsindeling (Subject guide) waarin met trefwoorden wordt gewerkt; vermelding van Dewey notaties.

ZEITSCHRIFTEN-Datenbank (ZDB) / Deutsches Bibliotheksinstitut. – Wiesbaden: Harrassowitz, 1979- . – ISSN 0171-8932

Een twee keer per jaar verschijnende uitg. op microfiches. Behalve tijdschriften en kranten ook series zoals jaarboeken en congresverslagen ongeacht land van herkomst, taal of periode. Alfabetische ordening met een 'Permutations-Index' (een soort KWIC index) op belangrijke woorden uit de titels. Oktober 1994 in de 31e 'Gesamtausdruck' van de ZBD 740.627 titels op 433 microfiches, met ruim 2.340.000 bezitsvermeldingen van meer dan 1.700 bibliotheken. Momenteel is de ZDB één van de grootste databases van (lopende) tijdschriften en series. Het doel is tweeledig: 1) economisch vervaardigen van actuele tijdschriftencatalogi; 2) stimuleren en sturen van het IBL. Ook een uitg. op CD-ROM (ZDB CD-ROM; 1/94 (1994)- . – ISBN 3-87068-230-2). Twee updates per jaar.

*ZEITSCHRIFTEN-Datenbank (ZDB) [Online bestand]

Uitgever: Deutsches Bibliotheksinstitut (DBI) / Taal: Duits / Periode: 1600- / Internationaal / Updates: onregelmatig; ca. 40.000 per jaar / Online via: Deutsches Bibliotheksinstitut, DBI-LINK

4.12 *Tijdschriften en kranten. Nederland en België*

CENTRALE catalogus van dag-, nieuws- en weekbladen van algemene inhoud in Nederland verschenen: (CCD) / [red. Afd. Centrale Catalogi] Koninklijke Bibliotheek [project CCD]. – Amsterdam (etc.): Swets & Zeitlinger, 1989. - 2 dl. – XLIX, 350 p.; p. 351-709, 41 p. – 1e uitg.: 1985.

Gebaseerd op in aanmerking komende titels uit de CCP, waaronder het volledige bezit van de KB. Ook bestanden in openbare archieven en o.m. materiaal uit de NCC. Ongeveer

7.400 titels, met sterke uitbreiding van het aantal vindplaatsen. Voor de periode tot 1800 alle bladen die één of meer keren per maand verschenen. Voor de periode 1800-1869 is dit veertiendaags of vaker. De gegevens bestaan steeds uit: een bibliografisch dl. (titel, ondertitel, periode van verschijnen, titelwijzigingen) en opgave van vindplaats en bezit (z.m. met signatuur). Register op plaatsen van uitg.

HANDBOEK van de Nederlandse pers en publiciteit. – Schiedam: Nijgh periodieken, 1956- .

Een twee keer per jaar (in april en oktober) in drie dln. verschijnend overzicht van de publiciteit in Nederland (reclame- en persorganisaties, adviesbureaus, bureaus voor marktonderzoek, nonpress reclame-media) en van in Nederland verschijnende tijdschriften, dag-, week- en nieuwsbladen. (Deze laatste mogelijkheid gaf ook het van 1854 tot 1970 verschenen *SIJTHOFF's adresboek voor boekhandel en uitgeverij, grafische industrie, tevens Gids voor dagbladen en tijdschriften)*. In april 1995 verscheen van het HNPP de 83e uitg. (ISBN 90-70431-505).

In dl. 1 (*Gedrukte media*): alfabetische naamlijst van ca. 8.000 regelmatig in Nederland verschijnende periodieken; vermelding van oplage, verschijningsfrekwentie, uitgever, redactie en advertentietarieven. Register op plaatsen en brancheregister (naar onderwerp). In dl. 2 (*Reclamedragende media*) als ingang het type medium: dagbladen, huis-aan-huisbladen, nieuwsbladen, publiciteitsbladen en vakbladen. In dl. 3 (*Algemene gegevens*) informatie over bureaus en organisaties op het gebied van de reclame, leveranciers van bepaalde produkten en diensten. Ook gegevens over buitenlandse bladen en een uitgeverslijst.

*NIJGH media disc [CD-ROM bestand]

Uitgever: Nijgh periodieken bv / Zoektaal: CD-Answer / Taal: Nederlands, Engels / Periode: 1991- / Updates: per kwartaal

De CD-ROM versie van het HNPP.

HEMELS, JOAN

Het geïllustreerde tijdschrift in Nederland: bron van kennis en vermaak, lust voor het oog: bibliografie, deel I: 1840-1945 / Joan Hemels en Renée Vegt. – Amsterdam: Cramwinckel, 1993. – 453 p. – ISBN 90-71894-592

Een op autopsie berustende bgf. van geïllustreerde tijdschriften ('publiekstijdschriften') in Nederland. Gegevens deels ontleend aan de CCD (1989) en de CCP (1983). Volledige beschrijvingen (inclusief vindplaatsen), maar ook aandacht voor aspecten als 'aard van de advertenties' en 'historische schets'. De 200 tijdschriften zijn in alfabetische volgorde gerangschikt. Afbeelding van titelbladen. Index op titels. Inleidende artikelen over het fenomeen tijdschrift en over 'Bibliografie als stimulans voor onderzoek'. Uitgebreide bgf. (25 p.) van Nederlandse en buitenlandse publs. over 'Het tijdschrift in de communicatiegeschiedenis'. Een tweede dl. zal de periode tot heden bestrijken.

CATALOGUS van Belgische en Luxemburgse periodieken. – 4e uitg. – Brussel: Nederlandse kamer van koophandel voor België en Luxemburg, 1981. – 308 p.

Eerdere edities van dit werk verschenen in 1962, 1973 en 1977. Er zijn twee gedeelten: 1) een alfabetisch geordende lijst van de tijdschriften met alle bibliografische bijzonderheden en 2) een opsomming van de titels in een systematisch gedeelte, geordend naar 114 trefwoorden.

MARECHAL, YVON

Répertoire pratique des périodiques (belges) édités en langue française / Yvon Marechal. – 3me. éd. – Bruxelles: Auteurs réunis, 1982. – 267 p. - Oorspr. uitg.: 1970

Systematisch ingedeeld overzicht van lopende tijdschriften. Vermelding van verschijningsfrequentie en adressen. Index op titels.

4.2 *Tijdschrift- en kranteartikelen; boekbesprekingen*

4.20 *Inleiding*

Worden de tijdschriften als zelfstandige publikaties al onvoldoende in nationale bibliografieën beschreven, de tijdschrift*artikelen*, evenals andere onzelfstandige uitgaven, ontbreken er vrijwel volledig in. Een uitzondering vormde de *Bibliographie de Belgique* in de periode 1875-1926. Ook in de grote algemene bibliotheken blijft het catalogiseren overwegend beperkt tot de zelfstandig verschenen publikaties. Het ontsluiten van tijdschriftartikelen wordt er doorgaans tot documentatie-arbeid in engere zin gerekend en overgelaten aan speciaal daarop ingerichte instellingen of afdelingen. Naarmate het zwaartepunt van wetenschappelijke informatie-uitwisseling zich van het boek naar het tijdschriftartikel verplaatste, is echter de behoefte aan bibliografische beheersing van deze laatste soort publikaties sterk toegenomen. In dit kader zijn huidige ontwikkelingen verklaarbaar, zoals de mogelijkheid voor de hedendaagse bibliotheekbezoeker om gebruik te maken van diensten als *ONLINE Contents* (zie rubriek 4.21) voor het zoeken en laten leveren van literatuur langs elektronische weg. Een overzicht geeft: G. Spikman [et al.] (1995) 'Elektronische titelattenderingssystemen; hulpmiddelen voor de attendering van (wetenschappelijke) literatuur geïnventariseerd'. *OPEN* 27, 3, pp. 82-86.

Jaarlijks komen thans miljoenen tijdschriftartikelen en andere onzelfstandige bijdragen uit. Pas aan het eind van de negentiende eeuw verschijnen de eerste groot opgezette algemene bibliografieën of indexen van tijdschriftartikelen. Het materiaal is dan echter al zo omvangrijk geworden dat het vrijwel onmogelijk is om de produktie bij te houden. Grote achterstanden en lacunes treden herhaaldelijk op. Al spoedig wordt het belangrijkste werk verricht in de afzonderlijke vakgebieden en ontstaan vele lopende speciale bibliografieën van tijdschriftartikelen (zie de desbetreffende rubrieken). Er moge hier herinnerd worden aan de indexen die van afzonderlijke tijdschriften verschijnen. Normaal is een jaarregister dat bij elke afgesloten jaargang geleverd wordt, maar ook zijn er van veel tijdschriften gecumuleerde meerjarige (soms twintig of veel meer jaren omvattende) registers. Van regelmaat in verschijnen kan zelden gesproken worden en het is niet steeds gemakkelijk het bestaan van zulke registers, die voor een gedetailleerde ontsluiting van een tijdschrift zeer belangrijk kunnen zijn, op het spoor te komen. Bibliotheken schenken er in de regel bij het catalogiseren van hun tijdschriftenbestand mede aandacht aan.

Bibliografieën van tijdschriftartikelen bestaan uit een hoofdgedeelte (waarin de volledige gegevens inzake de artikelen) alsmede een overzicht van gebruikte bronnen en verklaringen van voorkomende afkortingen. Als aanvulling op de gekozen indeling komen meestal nog enkele andere ingangen voor. De vakbibliografieën van artikelen (referaattijdschriften!) hebben bovendien meestal een systematische inhoudsopgave. Overzichten van boekbesprekingen maken soms deel uit van de artikelenbibliografieën; in een aantal gevallen verschijnen ze echter afzonderlijk.

Bibliografische ontsluiting van artikelen in *dag-, nieuws-* en *opiniebladen* is minder algemeen. Er zijn enkele goede nationale indexen op dit gebied, zoals voor Duitsland: *ZEITUNGSINDEX: Verzeichnis wichtiger Aufsätze aus deutschsprachigen Zeitungen*, hrsg. von Willy Gorzny. – Jrg. 1- . – München: Saur, 1974- . – ISSN 0340-0107. (Verschijnt 4 keer per jaar. Jaarregister + jaarlijks supplement 'Buchrezensionen' ISSN 0344-1865); voor Groot-Brittannië: **BRITISH newspaper index on CD-ROM (BNI*): uitgegeven door Research publications inc.; indexeert alle door de TIMES uitgegeven kranten; en voor de V.S.: **NATIONAL newspaper index on INFOTRAC* [CD-ROM bestand], uitgegeven door Information access company; indexeert vijf grote nationale kranten, zoals de *New York Times* en de *Wall Street Journal.*

Verder zijn er tegenwoordig integrale uitgaven van kranten op CD-ROM, zoals: **Le Monde*, **The Guardian*, **The Times*, **The New York Times* en voor Nederland: **De Volkskrant* (voor deze laatste zie rubriek 4.23). Ook zijn er *indexen* op afzonderlijke grote dagbladen uitgebracht, in gedrukte en/of elektronische vorm.

De volgende rubrieken 4.21, 4.22 en 4.23 bevatten uitsluitend algemene bibliografieën van artikelen en boekbesprekingen.

4.21 *Tijdschriftartikelen – Internationaal*

INTERNATIONALE Bibliographie der Zeitschriftenliteratur aus allen Gebieten des Wissens (IBZ), hrsg. von Otto Zeller. – Kombinierte Folge. – Jrg. 1(1965)- . – Osnabrück: Dietrich, 1965- . – ISSN 0020-9201

Samensmelting van: *Bibliographie der deutschen Zeitschriftenliteratur* (verscheen 1897-1964) en *Bibliographie der fremdsprachigen Zeitschriftenliteratur* (verscheen 1911-1964). Supplementen hebben de bestreken tijdsperioden nog tot 1861 uitgebreid. Vanaf 1965 treedt de 'Kombinierte Folge' op. Momenteel halfjaarlijks. Indeling is als volgt:
A. *Index rerum.* Artikelen geordend naar trefwoord. Dit is tevens het hoofdgedeelte. Trefwoorden in het Duits, Frans en Engels. Bij de Duitse de complete bibliografische gegevens (in plaats van de naam van het tijdschrift wordt een codegetal gegeven dat verwijst naar dl. D: Periodica), bij de Franse en Engelse wordt naar de Duitse verwezen. B. *Index systematicus.* Overzicht van gebruikte trefwoorden verdeeld over 16 vakgebieden. C. *Autores.* Index op auteurs, waarin via trefwoorden wordt verwezen naar A. D. *Periodica.* Overzicht van de geïndexeerde tijdschriften in numerieke volgorde. Per jaargang worden tussen de 7.000 en 8.000 tijdschriften doorgenomen. De bestreken periode per uitg. betreft ongeveer de laatste twee jaar. Bovendien aanvullingen voor weer twee jaar daarvoor. Met dit aspect moet men rekening houden, evenals met het feit dat men voor het doornemen van een complete jaaruitg. 6-8 alfabetten dient te raadplegen. Desondanks een waardevol naslagwerk, dat uniek is in zijn soort, met meer dan 100.000 artikelen per jaar. In 1994 kwam jaargang 30 uit in zes dln.
In 1975 verscheen een *Register der Schlagwörter. Index generalis, 1896-1974* (2 dln.). Voor de periode vóór 1965 is dit alleen een overzicht van de in die periode gebruikte trefwoorden, voor de periode 1965-1974 zijn verwijzingen naar de diverse jaargangen toe-

gevoegd. In 1990 een *Register der Schlagwörter 1975-1990* (3 dln.) eveneens met verwijzingen naar de jaargangen.
Het is mogelijk online gebruik te maken van de IBZ [overigens ook van de andere door Dietrich uitgegeven bgf.: *IBR* (zie 4.24), *IJBF* (zie 4.8) en *IJBK* (zie 4.3)]:
*INTERNATIONALE Bibliographie der Zeitschriftenliteratur aus allen Gebieten des Wissens [Online bestand]
Uitgever: Dietrich Verlag / Taal: Duits, Engels / Periode: 1989- / Updates: 2x per jaar / Online via: Niedersächsische Staats- und Universitätsbibliothek Göttingen

FRANCIS: bulletin signalétique. – Vandoeuvre-lès-Nancy: CNRS, 1991-1994.
PASCAL: bibliographie internationale. – Vandoeuvre-lès-Nancy: CNRS, 1990-1994.
Van 1940 tot 1956 luidde de titel: *Bulletin analytique du CNRS.* Er werden onder bovenstaande overkoepelende namen vele bulletins uitgegeven op allerlei vakgebieden. De verschillende referaattijdschriften hadden hun eigen nummer, zoals: Philosophie: 519, Sciences de l'éducation: 520, Sociologie: 521, Histoire et sciences de la littérature: 523, enz. Sinds 1970 ook een sectie voor de documentatie- en informatiewetenschappen (101); vanaf 1984 opgegaan in: Sciences de l'information / documentation – Pascal théma T 205 (ISSN 0761-1641); vanaf 1990: PASCAL: bibliographie internationale T 205 (ISSN 1146-5026).
In deze verschillende referaattijdschriften werden, systematisch geordend, korte samenvattingen van artikelen gegeven. Ook zelfstandige publikaties (o.a. proefschriften) werden wel vermeld. Elke aflevering met een alfabetisch trefwoordenoverzicht en een auteursindex die jaarlijks cumuleerden.
Vanaf 1995 is de uitg. van alle gedrukte INIST bgf., gebaseerd op de PASCAL en FRANCIS databases, gestaakt (met uitzondering van de vakbgf. *Bibliographie de l'Histoire de l'Art* (BHA)); alleen de geautomatiseerde versies zijn sindsdien te raadplegen:
*FRANCIS CD-ROM [CD-ROM bestand]
Uitgever: INIST / Zoektaal: GTI / Periode: 1984-1990; 1991- / Taal: Engels, Frans, Spaans.
Bevat 16 referaatbladen, gebaseerd op de database FRANCIS, met betrekking tot de humaniora, de sociale vakgebieden en de economie.
*FRANCIS [Online bestand]
Uitgever: INIST / Internationaal / Periode: 1972- / Updates: per kwartaal / Online via: QUESTEL•ORBIT
Bevat meer dan 1.5 miljoen titels (met abstracts) op het terrein van de humaniora, sociale wetenschappen en economie, afkomstig uit ca. 20 bestanden.

*PASCAL CD-ROM [CD-ROM bestand]
Uitgever: INIST / Zoektaal: GTI / Periode: 1987- / Taal: Engels, Frans, Spaans

CURRENT contents. – Philadelphia, PA: Institute for Scientific Information, 1961- .
In verschillende secties verschijnende serie 'current awareness' uitg. Elke wekelijkse aflevering verstrekt de inhoudsopgaven van zeer recente nummers van vaktijdschriften. Heeft een auteursindex (met adressen) en een register op titelwoorden. Het bestand van geïndexeerde tijdschriften wisselt al naar gelang hun verschijningsfrekwentie. Vast onderdeel vormen artikelen over bibliografische- en documentatie-onderwerpen en de rubriek 'Current book contents'. Current contents bestaat momenteel uit de volgende secties:
1. CC / Agriculture, biology & environmental science. 4(1973)- . ISSN 0090-0508
2. CC / Arts & humanities. 1(1979)- . ISSN 0163-3155
3. CC / Social & behavioral sciences. 6(1974)- . ISSN 0092-6361
4. CC / Clinical medicine. 15(1987)- . ISSN 0891-3358
5. CC / Engineering, technology & applied sciences. 6(1975)- . ISSN 0095-7917
6. CC / Life sciences. 10(1967)- . ISSN 0011-3409
7. CC / Physical, chemical & earth sciences. 19(1979)- . ISSN 0163-2574

Het ISI levert op aanvraag (fax, online, post, telefoon) de in CC vermelde artikelen: via de dienst '*The Genuine Article*'.

*CURRENT contents on CD-ROM [CD-ROM bestand]
Uitgever: ISI / Zoektaal: OVID / Periode: 1993- / Updates: wekelijks
Vier secties (bovenstaande nummers 1, 4, 6 en 7) verschijnen op CD-ROM. Equivalent van de gedrukte versie en die op diskette; binnen deze laatste versie (CCOD) zijn overigens ook de bovenstaande secties 3 en 5 beschikbaar.

*CURRENT contents search [Online bestand]
Uitgever: ISI / Internationaal / Periode: laatste 2 jaar / Updates: wekelijks (18.000 items) / Online via: CDP online; DIALOG
Correspondeert met de inhoud van alle bovenstaande zeven secties en bestrijkt zodoende ca. 7.000 belangrijke tijdschriften verdeeld over alle vakgebieden.

*ONLINE contents [Online bestand]
Uitgever: Koninklijke Bibliotheek / Internationaal / Periode: 1992- / Updates: dagelijks / Online via: PICA
Bevat bibliografische gegevens van alle artikelen uit momenteel ca. 13.000 (in de praktijk veel gevraagde) tijdschriften. Als basis dienen de inhoudsopgaven van de afleveringen, die ook apart kunnen worden opgeroepen. Van elk tijdschrift is vastgelegd welke bibliotheek in Nederland kopieën van de artikelen kan leveren. Deze kunnen vervolgens online worden besteld, zodat in het kader van bij voorbeeld het projekt RAPDOC (RAPid DOCuments) de aanvrager spoedig over het verlangde kan beschikken.

4.22 *Tijdschriftartikelen – Verenigde Staten*

READERS' guide to periodical literature (unabridged): an author subject index to selected general interest periodicals of reference value in libraries. – 1(1900)- . – New York: Wilson, 1905- . – ISSN 0034-0464
Indexeert ca. 240, bijna uitsluitend Amerikaanse, tijdschriften op velerlei gebied, in één alfabet op auteurs en onderwerpen. Na titels *van* een auteur volgen die *over* hem. Aparte sectie met boekbesprekingen. Maandelijks met jaarlijks een cum. Vroeger ook cums. van meerdere jaren. Tevens verschijnen: *Abridged readers' guide* ... (1936-) en *Readers' guide abstracts* ... (1986-); de laatste is ook op CD-ROM en online te raadplegen.

*READERS' guide to periodical literature [CD-ROM bestand]
Uitgever: H.W. Wilson / Zoektaal: WILSEARCH / Periode: 1983- / Updates: per kwartaal

*READERS' guide to periodical literature [Online bestand]
Uitgever: H.W. Wilson / Periode: 1983- / Updates: 2x per week / Online via: (o.a.) WILSONLINE
Bevat momenteel ruim 680.000 beschrijvingen van artikelen uit ca. 240 algemene en populair-wetenschappelijke tijdschriften in de V.S. en Canada.

4.23 *Tijdschrift- en kranteartikelen – Nederland en België*

NIJHOFF's index op de Nederlandse periodieken van algemeenen inhoud / bew. door A.J. van Huffel. – Jrg. 1(1909/10)-jrg. 50(1960). – 's Gravenhage: Nijhoff, 1910-1963. – ISSN 0921-903X
Voortgezet als:

NIJHOFF's index op Nederlandse en Vlaamse periodieken. – Jrg. 51(1961)-jrg. 60(1970). – 's-Gravenhage: Nijhoff, 1961-1970. – ISSN 0029-0467
Nijhoff's index was een lopende bgf. van artikelen uit aanvankelijk 50 (in 1909) tot later 73 (in 1970) Nederlandse tijdschriften, dag- en weekbladen. Verscheen maandelijks en gaf artikelen in alfabetische volgorde op trefwoorden. Geen cums., maar wel vanaf 1925 jaarlijkse auteurs- en onderwerpenregisters. In elke aflevering (niet in de registers) ook boekbeoordelingen, met alfabetische ordening op de oorspronkelijke auteurs. In jaargangen 52

t/m 60 ook artikelen uit Vlaamse tijdschriften. Als opvolger van Nijhoff's index is te beschouwen:

DOTA: dokumentatie van tijdschriftartikelen / Nederlands Bibliotheek- en Lektuurcentrum. – Jrg. 1(1973)- . – Den Haag: NBLC, 1973- . – ISSN 0165-2338

Verschijnt cumulatief, op dezelfde wijze als Brinkman's cumulatieve catalogus. Indeling op (gelede) trefwoorden, daaronder de titelbeschrijvingen. De trefwoorden zijn zo smal mogelijk gekozen. Verwijzingen (z.b.; z.o.b.) naar verwante begrippen. Ongeveer 125 tijdschriften worden gedocumenteerd. Enigszins bekort tevens een uitg. op microfiches. De artikelen zijn online te raadplegen als:

*TACO [Online bestand]

Uitgever: NBLC / Taal: Nederlands / Periode: 1976- / Updates: wekelijks; 2000 artikelen per maand / Online via: PICA ORS; NEON (NBLC)

Bevat (mei 1995) ca. 241.500 beschrijvingen van artikelen uit Nederlandse populair-wetenschappelijke tijdschriften alsmede *dag- en weekbladen*. Bestaat uit de secties *AKTUEEL* (vanaf 1990) en *ARCHIEF* (vóór 1990; deze tijdsgrenzen verschuiven overigens). Biedt een grotere actualiteit en meer zoekmogelijkheden dan het gedrukte equivalent DOTA (zie hierboven). Vormt samen met een aantal andere bestanden (waaronder *GLIN*; zie rubriek 3.1: B-lijst), *TACO-AVM, TACO-literair, TACO-VE, NBLC-LIDIA-online, NBLC-vakbibliotheek, NESTOR, BNTL* (= Bibliografie van de Nederlandse Taal- en Literatuurwetenschap), *SWIDOC* (Rapportencentrale) en *SWIDOC SWTL* (Sociaal-wetenschappelijke Tijdschriften Literatuur), de *STCN* (zie rubriek 3.1) en *CEN* (Catalogus Epistularum Neerlandicarum) het ORS (Online Retrieval System) van PICA.

*De VOLKSKRANT op CD-ROM [CD-ROM bestand]

Uitgever: De Volkskrant, i.s.m. Elektroson bv / Zoektaal: K(nowledge) R(etrieval) S(ystem) / Periode: 1993- / Updates: per kwartaal

Bevat integraal de *artikelen* uit de Volkskrant (dus niet de radio- en t.v.-programma's, beursberichten, advertenties enz.)

*ROULARTA media group CD-ROM [CD-ROM bestand]

Uitgever: Roularta media group / Zoektaal: Orda-B / Periode: 1991- / Updates: per kwartaal

Bevat de Nederlandse èn de Franse tekst van een aantal Belgische nieuwsbladen.

4.24 *Boekbesprekingen*

INTERNATIONALE Bibliographie der Zeitschriftenliteratur: Abt. C: Bibliographie der Rezensionen und Referate. – Jg. 1(1900)-Jg. 77(1943). - Leipzig: Dietrich, 1901-1944.

Vanaf 1971 voortgezet als:

INTERNATIONALE Bibliographie der Rezensionen wissenschaftlicher Literatur (IBR) / hrsg. von Otto Zeller. – Jg. 1(1971)- . – Osnabrück: Dietrich, 1971- . – ISSN 0020-918X

Een internationale bgf. van recensies uit enkele duizenden tijdschriften op alle gebieden van wetenschap. Bestaat uit de volgende onderdelen: (zie ook rubriek 4.21: IBZ):

A. *Index rerum*. Het hoofdgedeelte. Halfjaarlijks overzicht van de gerecenseerde werken + gegevens over de recensies. Ordening naar trefwoorden. B. *Index systematicus*. Overzicht van gehanteerde trefwoorden, verdeeld over 16 onderwerpsrubrieken. C. *Opera recensa*. Overzicht van besproken werken. Ordening naar auteurs; verwijzing naar trefwoord. D. *Recensores*. Een (zeer zelden voorkomend) register op recensenten. Verwijzing naar trefwoord. E. *Periodica*. Lijst van verwerkte tijdschriften; gebruik van codenummers voor de namen van periodieken, analoog aan de IBZ. Alleen in gedeelte A volledige bibliografische gegevens. De IBR is als vervolg te beschouwen op eerstgenoemde publ. (al is er een hiaat van ca. 30 jaar) en tevens als waardevol supplement op de IBZ. Over online beschikbaarheid van de IBR zie: IBZ (rubriek 4.21)

BOOK review digest. – Vol. 1(1906)- . – New York: Wilson, 1906- . – ISSN 0006-7326
Verschijnt tien keer per jaar met een jaarlijkse cum. Uit een 100-tal Engelstalige tijdschriften op allerlei gebied worden in elk van deze cums. enkele duizenden boeken vermeld (Engelstalige fictie en non-fictie) + samenvatting van veel recensies, met bronvermelding. Ordening alfabetisch op de oorspronkelijke auteurs. Daarnaast een gecombineerde 'subject and title index'. Codenummers toegekend volgens de verkorte DDC en trefwoorden uit de Sears list of subject headings. Indicatie voor de lengte van de originele recensie. Meerdere 5-jaren indexen op auteurs / titels. De meest recente omvat tien jaar: author / title index, 1975-1984. – New York: Wilson, 1986. – 2 dl. – ISBN 0-8242-0729-7. Ook kwam een index uit voor de periode 1905-1974. (4 dl. – ISBN 0-8242-0589-8) die gegevens bevat aangaande bijna 300.000 boeken.
*BOOK review digest [CD-ROM bestand]
Uitgever: H.W. Wilson / Zoektaal: WILSEARCH / Periode: 1983- / Updates: per kwartaal
*BOOK review digest [Online bestand]
Uitgever: H.W. Wilson / Taal: Engels / Periode: 1983- / Updates: 2x per week; 600 boeken per maand / Online via: (o.a.) WILSONLINE

BOOK review index. – 1965- . – Detroit, MI: Gale research, 1966- . – ISSN 0524-0581
Verschijnt 4 keer per jaar; de uitg. 2 (juni) en 4 (december) cumuleren tevens de gegevens uit het voorafgaande nummer. Jaarcums. Cum. 1993 (ISBN 0-8103-5596-5) bevat ruim 150.000 recensies van ca. 85.000 werken (boeken en tijdschriften). Ordening alfabetisch op gerecenseerde auteurs. Met titelindex. Onder elke titel bibliografische gegevens van een of meer besprekingen. Bij benadering wordt (sinds 1993) de lengte van de recensie aangegeven. Meer dan 500 Engelstalige tijdschriften worden verwerkt. Van belang is een cum. van 20 jaar: *BOOK review index: a master cumulation, 1965-1984; a cumulated index to more than 1.605.000 reviews of approximately 740.500 titles* / ed. by Gary C. Tarbert and Barbara Beach. - Detroit, MI: Gale research. 1985. – 10 dl. – ISBN 0-8103-0577-1.
Selectieve uitg. die recensies van bepaalde categorieën publs. bevatten:

BOOK review index: periodical reviews, 1976-1984; a cumulated index to more than 15.000 reviews of approximately 5.300 periodicals that have been cited in Book review index / Barbara Beach, ed. – Detroit, MI: Gale research, 1987. – 295 p. – ISBN 0-8103-4364-9

BOOK review index: reference books, 1965-1984 / ed. by Barbara Beach. - Detroit, MI: Gale research, 1986. – 700 p. – ISBN 0-8103-2195-5

*BOOK review index on CD-ROM [CD-ROM bestand]
Uitgever: Gale research / Zoektaal: Ful/Text / Periode: 1965- / Updates: jaarlijks
*BOOK review index (BRI) [Online bestand]
Uitgever: Gale research / Periode: 1969- / Updates: 3x per jaar (120.000 beschrijvingen per jaar) / Online via: DIALOG

COMBINED retrospective index to book reviews in scholarly journals, 1886-1974 / exec. ed. Evan Ira Farber. – Arlington, VA: Carrollton press, 1979-1982. – 15 dl. – ISBN 0-8408-0157-2 (dl. 1).
Verschaft toegang tot meer dan 1 miljoen recensies uit 459 tijdschriften op het gebied van geschiedenis, politieke wetenschappen en sociologie. Ordening naar gerecenseerde auteurs. Van belang voor recensies van oudere werken. Onder het besproken werk de gegevens van de recensies in alfabetische volgorde van de tijdschriften. Voorin een lijst van de verwerkte tijdschriften met verklaring van de afkortingen, adressen en ISSN. De dln. I tot en met XII bevatten het gedeelte auteurs, terwijl de dln. XIII-XV via de titels naar het hoofdgedeelte verwijzen.

Een aanvulling hierop voor recensies op het gebied van de humaniora:
COMBINED retrospective index to book reviews in humanities journals, 1802-1974 / exec. ed. Evan Ira Farber. – Woodbridge, CT: Research publs., 1982-1983. – 10 dl. – ISBN 0-89235-061-X

4.3 *Congresverslagen*

INTERNATIONAL congresses and conferences, 1840-1937: a union list of their publications available in libraries of the United States and Canada / ed. by Winifred Gregory. – New York: Wilson, 1938. – 229 p. – Herdr.: Millwood, N.Y.: Kraus, 1980.

Vermeldt congresbijdragen op alle gebieden (behalve politiek) met holdings in ruim 100 Amerikaanse en Canadese bibliotheken. Ordening alfabetisch op het eerste woord van de congrestitel; daarbinnen chronologisch.

N.B. Voor een retrospectief overzicht van congresverslagen is ook van belang het aanhangsel 'Periodical international congresses' in dl. 3 van de *WORLD list of scientific periodicals* (zie rubriek 4.11).

DIRECTORY of published proceedings. – vol. 1(1966/67). – White plains, N.Y.: Interdok, 1966-1967.
DIRECTORY of published proceedings: series SEMT – Science, engineering, medicine, technology. – Vol. 3(1967/68)- . Harrison, N.Y.: Interdok corp., 1968- . – ISSN 0012-3293

Een overzicht van reprints en gepubliceerde verslagen van congressen, vergaderingen, conferenties en symposia vanaf 1964. Aanvankelijk werden ook de sociale wetenschappen en de humaniora bestreken, maar vanaf 1968 werd dit een aparte uitg.:

DIRECTORY of published proceedings: series SSH – Social sciences, humanities – Vol. 1(1968)- . – Harrison, N.Y.: Interdok corp., 1968- . - ISSN 0012-3307

Chronologisch naar de data van de congressen; ingangen op editor, plaatsen, onderwerp en sponsor. SEMT verschijnt 10 keer per jaar, SSH één keer per kwartaal. Jaarlijkse cums., ook meerjarige cums. van de indexen. Vanaf 1974 bovendien een Series PCE (Pollution Control and Ecology), met gegevens uit het SEMT bestand. Een neven-uitg. bij SEMT met bijzonderheden omtrent komende (inter)nationale congressen is MIND: The *M*eetings *IN*-*D*ex (tweemaandelijks; vanaf 1984).

*DIRECTORY of Published Proceedings (DOPP) [Online bestand]

Uitgever: InterDok corp. / Internationaal / Taal: Engels / Periode: 1985- / Updates: maandelijks / Online via: Data-Star

De online versie van de series SEMT en SSH, met jaarlijks gegevens inzake meer dan 6.000 congressen, meetings en symposia over de hele wereld.

INDEX of conference proceedings / British Library Document Supply Centre. - 1974- . – Boston Spa: BLLD, 1975- . – ISSN 0959-4906

Deze titel vanaf 1988. Vorige titel: *INDEX of conference proceedings received* (1974-1987) die weer werd voorafgegaan door: *INDEX of conference proceedings received by the NLL* (1965-1973). In iedere beschrijving: datum, titel, sponsor (organisatie), plaats van het congres en vindplaats binnen het BLDSC. Vermelde codes zijn op te lossen met behulp van de *CURRENT serials received* (1974- . – ISSN 0959-4914) of met *KEYWORD index to serial titles* (KIST. – 1980- . – ISSN 0143-9553). Ordening op trefwoorden die aan de titels zijn ontleend. Van de proceedings kunnen fotokopieën worden aangevraagd bij het BLDSC. Eind 1994 bevatte de bgf. gegevens van ruim 335.000 congressen. Er is een 25-jaar cum., die 270.000 congresverslagen noemt: *INDEX of conference proceedings, 1964-1988.* – 1989. – 138 microfiches. De INDEX heeft de volgende twee elektronische equivalenten:

*BOSTON Spa conferences on CD-ROM [CD-ROM bestand]

Uitgever: British Library / Zoektaal: Opti-Ware / Periode: 1787- / Updates: per kwartaal

*CONFERENCE proceedings index (CPI) [Online bestand]

Uitgever: British Library / Internationaal / Taal: Engels / Periode: 1964- / Updates: maandelijks; 18.000 beschrijvingen per jaar / Online via: BLAISE-LINE

INTERNATIONALE Jahresbibliographie der Kongressberichte = International annual bibliography of congress proceedings = Bibliographie internationale des actes de congrès. – 1(1984)- . – Osnabrück: Dietrich, 1987- . – ISSN 0933-1905

Ook o.d.t.: IJBK. Opzet analoog aan overige bgf. van Dietrich. Bevat: A: (Hoofdgedeelte met bibliografische gegevens) Congressen, in alfabetische volgorde van onderwerp; tevens opsommming van de *bijdragen*. B: Congressen, verdeeld over 16 systematische rubrieken. C: Congresbijdragen geordend op auteurs. In 1994 verscheen jaargang 10 die 1993 bestrijkt (3 dl.). Over online raadpleging: zie IBZ (rubriek 4.21).

*GESAMTVERZEICHNIS der Kongressschriften (GKS) [Online bestand]

Uitgever: Deutsches Bibliotheksinstitut (DBI) / Internationaal / Updates: periodiek als nieuwe gegevens beschikbaar zijn / Online via: DBI-LINK

Gegevens over meer dan 85.000 congresverslagen, aanwezig in de collecties van ruim 70 Duitse bibliotheken.

BIBLIOGRAPHIC guide to conference publications. – 1975- . – Boston, MA: Hall, 1977- . – ISSN 0360-2729

Jaarlijks in twee dln. Neemt publs. op die gecatalogiseerd zijn door de New York Public Library en de LoC (MARC-tapes). Boeken en ook niet-boek materialen. Ordening volgens het dictionary catalog systeem. Uitvoerige titelbeschrijvingen. Het moment van catalogiseren bepaalt de opname, wat inhoudt dat ook menige oudere publ. (soms ouder dan 30 jaar) wordt vermeld.

INDEX to scientific & technical proceedings / Institute for scientific information. – 1978- . – Philadelphia, PA: ISI, 1978- . – ISSN 0149-8088

INDEX to social sciences & humanities proceedings / Institute for scientific information. – 1979- . – Philadelphia, PA: ISI, 1979- . – ISSN 0191-0574

De eerste (ISTP) komt maandelijks uit, de tweede (ISSHP) driemaandelijks; beide hebben een jaarcum. De reeksen kennen de volgende onderdelen: Contents of proceedings (het hoofdgedeelte), waarin complete gegevens m.b.t. de congressen en de daarbij behorende publs. / category index (onderwerpsgebieden) / author, editor index / sponsor index / meeting location index / permuterm subject index / corporate index. Deze indexen verwijzen naar het dl. Contents of proceedings. De proceedings kunnen zijn verschenen als boek, rapport, preprint of als bijdrage in een tijdschrift. In de jaarcum. 1994 van de ISTP (1995. – 5 dl.) zijn 4.218 congresverslagen beschreven. ISTP indexeert per jaar ongeveer de helft van wat is verschenen. Het ISI gaat er van uit dat daarmee toch 75-90% van de belangrijkste congresliteratuur is gedekt. De cum. 1994 van de ISSHP beschrijft 3.006 publs. De ontsluiting gaat ver: zo worden van de congresverslagen ook alle afzonderlijke bijdragen genoemd (met auteurs en pagina's).

*ISTP & B search [Online bestand]

Uitgever: ISI / Internationaal / Taal: Engels / Periode: 1978- / Updates: maandelijks / Online via: DIMDI

Bevat gegevens van (jaarlijks) 4.100 congresverslagen en meer dan 180.000 bijdragen daarin. Ook vermelding van gegevens over hoofdstukken uit wetenschappelijke boeken, een gedeelte dat correspondeert met de ISI-uitg.: *SCIENTIFIC book contents*.

4.4 *Academische geschriften*

4.40 *Inleiding*

Zoals eerder is opgemerkt behoren academische geschriften (hoofdzakelijk dissertaties) in de nationale algemene bibliografieën tot een ietwat verwaarloosde categorie (dissertaties worden overigens tegenwoordig door de BRINKMAN wel zoveel mogelijk opgenomen). In veel landen verschenen derhalve afzonderlijke overzichten van deze geschriften. Een lopende en werkelijk internationale bibliografie van dissertaties ontbreekt, hoewel de hierna (bij 4.46) genoemde DISSERTATION abstracts international anders doet vermoeden. Daar echter voor de wetenschapsbeoefening de bibliografische beheersing van academische geschriften uiterst belangrijk is, zijn in de volgende rubrieken per land een of meer werken genoemd, die deze functie vervullen: in dezelfde volgorde als bij de nationale algemene bibliografieën. Een uitvoerig overzicht is te vinden in:

REYNOLDS, MICHAEL M.
Guide to theses and dissertations: an international bibliography of bibliographies / by Michael M. Reynolds. – Rev. and enl. ed. – Phoenix, AR: Oryx, 1985. – ISBN 0-89774-149-8. – Oorspr. uitg.: Detroit, MI: Gale research, 1975.

Noemt zelfstandig verschenen lopende en afgesloten bgf. van proefschriften. Indeling in 19 onderwerpscategorieën (secties universeel en nationaal, alsmede vakgebieden). Drie indexen: auteurs / instellingen, tijdschrifttitels en onderwerpen. De afzonderlijke titels zijn kort geannoteerd.

4.41 *Nederland*

CATALOGUS van academische geschriften in Nederland en Nederlandsch Indië verschenen. – Jrg. 1(1924)-jrg. 18/22(1941-1945). – Utrecht: NVB, 1924-1946.
CATALOGUS van academische geschriften in Nederland verschenen / Bibliotheek der RU Utrecht. – Jrg. 23/26(1946-1949) – jrg. 37/38(1960-1961); Nieuwe reeks jrg. 1/2(1962-1963)-jrg. 15(1976). – Utrecht: Bibliotheek der RU, 1952-1979.

De bron voor Nederlandse academische geschriften, samengest. door de universiteitsbibliotheek in Utrecht. Verscheen jaarlijks. Bestrijkt de periode 1924-1976. Geordend naar universiteiten (hogescholen) en faculteiten. Daarbinnen alfabetisch op auteurs. Verschillende cums.: 1924-1933; 1946-1949. Tot en met 1933 behalve personenregister ook een register op onderwerpen. De inhoud bestaat aanvankelijk niet alleen uit dissertaties (tot 1945 ook die uit voormalig Nederlands-Indië) maar ook uit redevoeringen en openbare lessen. Vanaf 1954 echter uitsluitend proefschriften. De *Nieuwe reeks* bevat de proefschriften van 1962-1976 (in totaal 8.991); het laatste dl. kwam in 1979 uit.

DUTCH theses: a list of theses submitted to Dutch universities / Netherlands Universities Foundation for International Cooperation. – Vol. 1, no. 1(1975)-vol. 3(1977) no. 1. – The Hague: NUFFIC, 1975-1977.

Dutch theses was een twee keer per jaar verschijnend overzicht van Nederlandse dissertaties. De indeling is naar vakgebied (faculteit), daarbinnen alfabetisch. Geen register.
Samen met de CATALOGUS voortgezet als:

BIBLIOGRAFIE van Nederlandse proefschriften = Dutch theses / Bibliotheek der RU Utrecht. – 1(1977)-10(1986). – Utrecht: Bibliotheek der RU, 1980-1990. – ISSN 0166-9966

Voortzetting van de CATALOGUS en van DUTCH theses. Periode 1977-1986. Indeling naar faculteiten, daarbinnen op auteurs. Voornamen en geboortejaar worden genoemd als ze in de dissertaties voorkomen. Vermeldt Engelse titels en gegevens over het eventueel eerder verschenen zijn als tijdschriftartikel(en). Index op auteurs. In 1990 kwam jaardl. 1986 uit, dat 1194 proefschriften vermeldt. Voor de periode 1977-1986 in totaal 9.823 dissertaties. Na 1990 nog geen voortzetting. Helaas geen index op onderwerpen. N.B. Voor recente informatie zie Brinkman's cumulatieve catalogus (samen met de B-lijst!); voor zeer recente informatie: mededelingenbladen (persberichten) van de universiteiten. Denk ook aan de vakbgf.

4.42 *België*

REPERTOIRE des thèses de doctorat / Ministère des affaires étrangères = Repertorium van de doctorale proefschriften. – 1971/72-1983/84. - Bruxelles: Ministère des affaires étrangères, 1973-1985. – ISSN 0304-3533

Was een jaarlijks verschijnend overzicht van Belgische dissertaties, vanaf het academisch jaar 1971/1972. Vermelding in drie secties: a) in alfabetische volgorde op de naam van de auteurs; b) naar sectoren: humaniora, geneeskunde, exacte wetenschappen; c) in een KWIC-index: via relevante woorden uit de titels verwijzing naar plaatsen waar volledige gegevens staan. Jaardl. 1983/1984 vermeldt 675 dissertaties.

4.43 *Duitsland*

JAHRESVERZEICHNIS der Hochschulschriften der DDR, der BRD und von Berlin (West) / bearb. von der Deutschen Bücherei. – Jg. 86(1970)-103(1987). - Leipzig: VEB Verl. für Buch- und Bibliothekswesen, 1979-1990. – ISSN 0323-455X

Was de lopende bgf. van proefschriften voor geheel Duitsland (BRD en DDR), die onder andere titels teruggaat tot 1885. (Voor proefschriften uit jaren voor 1885 bestaan aparte overzichten per universiteit). Na 1913 ook geschriften van technische hogescholen. Verscheen in afleveringen. De uitg. 1987 (1990. – 1618 p.) vermeldt ca. 20.000 titels. De ordening (DDR/BRD/West-Berlijn gescheiden) is naar universiteitssteden, daarbinnen naar soorten publs.: Allgemeine Schriften / Dissertationen A (doctorale proefschriften), Dissertationen B (Habilitationsschriften); daarbinnen alfabetisch op auteurs. Per jaar register op auteurs en een zeer uitgebreid register (326 p. in 1987!) op onderwerpen met verwijzingen. Voortgezet als: *Deutsche Nationalbibliographie: Reihe H: Hochschulschriften.* – 1991- . - ISSN 0939-0588 (zie rubriek 3.3 Duitsland).

4.44 *Frankrijk*

CATALOGUE des thèses et écrits académiques. – 1(1884-1889)-15(1954-1958). - Paris: Cercle de la librairie, 1884-1959.

CATALOGUE des thèses de doctorat soutenues devant les universités françaises / Ministère de l'éducation nationale. – 1959-1976; nouv. série, 1977-1980. – Paris: Université de Paris I, Bibliothèque de la Sorbonne, 1960- . – ISSN 0429-372X

Aanvankelijke indeling naar faculteiten, vanaf 1972 vervangen door een systematische indeling gebaseerd op de UDC (binnen de negen hoofdrubrieken ca. 80 onderrubrieken). Vanaf 1981 een andere organisatie door samenwerking tussen de DBMIST (*D*irection des *b*ibliothèques, des *m*usées et de l'*i*nformation *s*cientifique et *t*echnique) en het CNRS, waarbij de bibliografie van Franse proefschriften voortaan op automatisering berust. De titel veranderde in:

INVENTAIRE des thèses de doctorat soutenues devant les universités françaises. – 1981- . – Paris: Ministère de l'enseignement supérieur; Direction de l'information scientifique et technique et des bibliothèques, 1982- . – ISSN 0290-439X

Jaarlijkse uitg. Drie banden: 1) Sciences; 2) Médecine, odontologie, pharmacie, chirurgie dentaire; 3) Lettres, sciences humaines, théologie, droit, sciences économiques, sciences de gestion. Systematische ordening. Daarbinnen op auteurs. Index op universiteiten.

*TÉLÉTHÈSES [Online bestand]

Uitgever: DBMIST / Taal: Frans / Periode: 1972- (medische proefschriften: 1983-) / Updates: 3000 beschrijvingen elke twee maanden / Online via: ABES
Bevat meer dan 175.000 dissertaties van Franse universiteiten. Bronnen o.a.: bestanden van CNRS/INIST. Voor periode 1989-1994 ook een CD-ROM uitg. met zelfde titel. Wordt in 1995 opgevolgd door CD DOC-THÈSES.

4.45 *Groot-Brittannië, Ierland*

RETROSPECTIVE index to theses of Great Britain and Ireland, 1716-1950 / Roger R. Bilboul ed. – Santa Barbara, CA: ABC-Clio, 1975-1977. – 5 dl.; addenda. – ISBN 0-903450-02-X

Bestaat uit de dln.: 1) Social sciences and humanities; 2) Applied sciences and technology; 3) Life sciences; 4) Physical sciences; 5) Chemical sciences. Elk dl. bevat een subject index en een auteursindex, waarop in beide gevallen de complete beschrijving volgt. Ongeveer 50.000 titels. Goede aanvulling op de ASLIB overzichten (zie hierna).

INDEX to theses accepted for higher degrees by the universities of Great Britain and Ireland and the council for National academic awards. - 1(1950/51)- . London: Aslib, 1950- . – ISSN 0073-6066

Systematisch geordend; binnen de verschillende rubrieken alfabetisch op auteurs. Indexen op auteurs en onderwerpen. Vanaf vol. 35(1986-87) is de titel: *INDEX to theses with abstracts*. Ongeveer 9.000 proefschriften per jaar. Verschijnt elk kwartaal. Inhoud in rubrieken: A: Arts & humanities - L: Civil and chemical engineering. Lijst van trefwoorden met verwijzing naar de rubrieken. Ontsluiting door samenvattingen in de nieuwe uitg. verbeterd, ook betere onderwerpenindex (bevat naast woorden uit de titels nu ook termen uit de abstracts). Vele van de Britse en Ierse proefschriften zijn opvraagbaar bij het BLDSC.

*INDEX to theses on CD-ROM [CD-ROM bestand]

Uitgever: Expert Information Ltd; ASLIB / Zoektaal: KAware 2 / Periode: 1950- / Updates: jaarlijks

4.46 *Verenigde Staten*

AMERICAN doctoral dissertations ... / comp. for the Association of research libraries. – 1963/64- . – Ann Arbor, MI: University microfilms international, 1965- . – ISSN 0065-809X

Bestrijkt de periode vanaf 1963/64. Voortzetting van *DOCTORAL dissertations accepted by American universities* 1933/34-1954/55 en van *INDEX to American doctoral dissertations* 1955/56-1963/64. Systematisch overzicht van Amerikaanse en Canadese proefschriften. Registers op auteurs. Beknopte titelbeschrijvingen. Bevat ook gegevens van dissertaties die niet zijn opgenomen in *DISSERTATION abstracts international* (zie hieronder).

DISSERTATION abstracts international: A: the humanities and social sciences: abstracts of dissertations available on microfiche or as xerographic reproductions. – Vol. 30(1969/70)- . – Ann Arbor, MI: University microfilms, 1969- . – ISSN 0419-4209

DISSERTATION abstracts international: B: the sciences and engineering: abstracts of dissertations available on microfiche or as xerographic reproductions. – Vol. 30 (1969/70)- . – Ann Arbor, MI: University microfilms, 1969- . – ISSN 0419-4217

DISSERTATION abstracts international: C: Worldwide. – Vol. 50(1989)- . - Ann Arbor, MI: University microfilms, 1989- . – ISSN 1042-7279

A en B bevatten samenvattingen van voornamelijk Amerikaanse dissertaties. Verscheen eerst o.d.t. MICROFILM abstracts (1938-1951) en DISSERTATION abstracts (1952-1966. – ISSN 0099-3123) en DISSERTATION abstracts A/B (1966-1969. – ISSN 0095-9154; 0420-073X). Sinds 1969 ook dissertaties van buitenlandse universiteiten, echter nogal beperkt, tot er in 1976 een aparte kwartaaluitg. kwam: C: *EUROPEAN abstracts*; vanaf 1989 *Worldwide* geheten (zie boven). Deze laatste is ver van volledig: begin 1995 dissertaties van 200 universiteiten. DAI (A en B) verschijnt maandelijks. Registers op auteurs en titelwoorden. Systematische indeling. Reeds sinds jaargang 27 (1966) gesplitst in twee dln. (A) en (B). De genoemde dissertaties zijn veelal bij UMI te bestellen in boekvorm (kopie), of als microfiche of -film.

COMPREHENSIVE dissertation index, 1861-1972. – Ann Arbor, MI: University microfilms, 1973. – 37 dl. – ISBN 0-8357-0800-1 (dl. 1)

Overzicht van meer dan 417.000 voornamelijk Amerikaanse dissertaties uit bovenstaande periode. Indeling naar vakgebieden en daarbinnen ontsluiting op alle belangrijke woorden uit de titel. Aparte index op auteurs (5 dl.). De beschrijvingen met: volledige naam van de auteur, titel van de dissertatie, aantal pagina's, jaar, naam van de universiteit en een *verwijzing naar DAI* (zie hiervoor) als daar een samenvatting is opgenomen. Bestelnummer voor een volledige versie. Vanaf (supplement 1973) 1974 verschijnt op deze 'mainset' een jaarlijkse aanvulling (ISSN 0461-6657). Momenteel zijn er de cums. 1973-1982 (38 dl.) en 1983-1987 (22 dl.). In 1994 de jaarcum. 1993 (5 dl.), die 51.400 dissertaties noemt. In 1994 bedraagt het aantal universiteiten in de V.S. en daarbuiten waarvan de proefschriften worden vermeld ca. 1.200.

*DISSERTATION abstracts ondisc [CD-ROM bestand]

Uitgever: UMI / Zoektaal: UMI-CD-ROM retrieval software / Periode: 1861- / Updates: 2x per jaar

Ca. 1.2 miljoen titels, verdeeld over een 'current edition' (1989-) en een 'backfile' (1861-1988). Binnen dit grote bestand zijn twee sub-bestanden op CD-ROM uitgebracht: *DISSERTATION abstracts ondisc-A* en *DISSERTATION abstracts ondisc-B*.

*DISSERTATION abstracts online [Online bestand]

Uitgever: UMI / Internationaal / Periode: 1861- / Updates: 3.500 DAI-titels per maand; 3.000 ADD titels per jaar en 1000 MAI (*Masters Abstracts International*) per kwartaal / Online via: (o.a.) Data-Star, DIALOG en CDP-Online

Correspondeert met AMERICAN Doctoral Dissertations, DISSERTATION Abstracts International en COMPREHENSIVE dissertation index. De database bevat 1.2 miljoen titels (1995), waarvan ruim 1 miljoen in full-text editie verkrijgbaar zijn.

4.5 *Overheidspublikaties en andere officiële uitgaven*

4.50 *Inleiding*

Ook de overheidsuitgaven zijn in de meeste landen (zeer) zwak in de natio-

nale bibliografie vertegenwoordigd. Het gaat hierbij om geschriften die onder directe verantwoordelijkheid van overheden tot stand komen, vermenigvuldigd en verspreid worden. Onder overheden dient hier te worden verstaan: inter- en supra-nationale, nationale en (soms) lagere overheden (van deelstaten, provincies, kantons, departementen, gemeenten, schappen e.d.). De aard van die geschriften kan zeer verschillend zijn: wetten, verordeningen, verdragen, begrotingen, maar ook voorlichtingsmateriaal, wetenschappelijke rapporten en historische studies. De betekenis van deze uitgaven als informatiebron is allengs sterk toegenomen, naarmate de overheidstaken in het dagelijks leven zijn uitgebreid en verdiept. In landen met een gecentraliseerde staatsdrukkerij en -uitgeverij, zoals Groot-Brittannië met *Her Majesty's Stationary Office* (HMSO):[**HMSO* (Online bestand via BLAISE-LINE) bevat momenteel ca. 140.000 beschrijvingen van Britse overheidspubls.; update elke maand met 1.000 items] en de V.S. met de *Superintendent of documents* [**GPO* (Online bestand via o.a. DIALOG) bevat zo'n 375.000 beschrijvingen van Amerikaanse overheidspubls. vanaf 1976; updates: 2.000 items per maand; correspondeert met de gedrukte *MONTHLY catalog of of U.S. Government publications*; beide online bestanden worden overigens ook uitgebracht op CD-ROM], bestaat een goede registratie van overheidspubls. die relatief ver in de tijd terugreikt. Ook de Nederlandse, van de Sdu (Staatsuitgeverij/drukkerij) en van andere instellingen, zijn verhoudingsgewijs goed ontsloten. (N.B. De Nederlandse bibliografie: B-lijst; 1984- .). In veel landen is echter nog maar sinds kort sprake van een lopende registratie. Het UBC-programma richt zich dan ook mede op deze categorie. Een belangrijke periodieke publ. is: *GOVERNMENT publications review: an international journal of issues and information resources*. - Vol. 9(1982)-20 (1993)6. – New York: Pergamon press, 1982-1993. – ISSN 0277-9390; voortgezet o.d.t.: *JOURNAL of government information* (1994- . – ISSN 1352-0237).
Een gids waarin deze categorie ook ter sprake komt is: AUGER, C.P.: *Information sources in grey literature*. – 3rd ed. – London (etc.): Bowker-Saur, 1994. – IX, 170 p. – ISBN 1-85739-00705. Een geautomatiseerd systeem voor grijze literatuur in Europees verband is:

*SIGLE [CD-ROM bestand]

Uitgever: SilverPlatter / Zoektaal: SPIRS of WINSPIRS / Periode: 1980- / Updates: halfjaarlijks

SIGLE (*S*ystem for *I*nformation of *G*rey *L*iterature in *E*urope) bevat wetenschappelijke en technische onderzoeksrapporten, dissertaties, sommige congresverslagen, pre-prints en overheidsuitg. uit landen van de EG. SIGLE combineert de mogelijkheden van Europese informatie- en documentatiecentra die zich hebben verenigd in de organisatie EAGLE (*E*uropean *A*ssociation for *G*rey *L*iterature *E*xploitation) met als zetel Den Haag.

Belangrijke internationale overzichten van overheidsuitgaven zijn:

a) voor *oudere* publikaties:

LIST of the serial publications of foreign governments, 1815-1931 / ed. by Winifred Gregory. – New York: Wilson, 1932. – V, 720 p.

Internationale retrospectieve lijst (centrale catalogus) van periodieke overheidspubls., met uitzondering van die van de V.S. Materiaal gerangschikt naar landen en daarbinnen naar instanties. Geeft van 85 Amerikaanse bibliotheken de bezitsindicaties. Vermeldt 30.000 titels en is voor veel landen het enige overzicht van overheidspubls. uit de betreffende periode.

b) voor meer *recente* publikaties:

BIBLIOGRAPHIC guide to government publications: foreign. – 1979- . - Boston, MA: Hall, 1980- . – ISSN 0360-280X

Internationaal. Het gaat om publs. gecatalogiseerd door de Research Libraries of the New York Public Library en de Library of Congress. Opgenomen worden documenten van nationale overheden en internationale instanties, van staten, steden en provincies. Ordening als dictionary catalogue. Jaarlijks. In 1994 verscheen de uitg. 1993 in 2 dln. (ISBN 0-7838-2083-6; overigens loopt parallel aan dit werk: *BIBLIOGRAPHIC guide to government publications: U.S.* – 1980- . – Boston, MA: Hall, 1981- . – ISSN 0360-2796).

OFFICIAL publications of Western Europe / ed. by Eve Johansson. – London: Mansell, 1984-1988. – 2 dl. – ISBN 0-7201-1623-6 (dl. 1); ISBN 0-7201-1662-7 (dl. 2)

Naslagwerk waarin niettegenstaande de titel ook diverse Oost-Europese landen worden behandeld. Per hoofdstuk een land. Aspecten als overheidsstructuur, belangrijkste uitg., wijze van publiceren, bibliografische beheersing, bibliotheekcollecties en verkrijgbaarheid van de uitg. komen aan de orde. Per land een literatuuropgave. Indexen op organisaties, titels en onderwerpen.

4.51 *Internationale en supra-nationale overheden*

INTERNATIONAL information: documents, publications, and information systems of international governmental organizations / ed. by Peter I. Hajnal. - Englewood, CO: Libraries unlimited, 1988. – XX, 339 p. – ISBN 0-87287-501-6

Betreft publs., documenten en geautomatiseerde informatiesystemen van internationale overheden. Nadruk op de V.N. en de Europese gemeenschappen, maar ook andere organisaties. Tien hoofdstukken (o.a.: 1. The organizational setting; 2. Intergovernmental organisations as publishers; 3. Bibliographic control; 10. The user's perspective). Verder een bgf. (22 p.); een index op auteurs/titels en een onderwerpenregister.

PAXTON, JOHN
European communities / John Paxton, compiler. – Oxford: Clio press, 1992. - XXIII, 182 p. – ISBN 1-85109-123-8. – (International organization series; 1) (World bibliographical series)

682 boektitels m.b.t. allerlei aspecten van de Europese gemeenschappen. Poging te komen tot een lijst van publs. (nieuwe, maar ook oudere, mits nog relevant) voor de 'general reader'. Alle titels kort geannoteerd. Systematisch ingedeeld. Register op auteurs, titels en onderwerpen.

EC index: European Communities Index: an abstracting and indexing guide to publications and documents of the European Communities. – Vol. 1, no. 1(jan. 1985)- . – Maastricht: Europe data, 1985- . – ISSN 0255-9900

Maandelijkse met kwartaal- en jaarcums. Per uitg. een gedeelte met abstracts en een met indexen op auteurs, onderwerp, titelwoorden en publ.nummer. Deze serie (en ook de volgende) hebben de bibliografische beheersing van EEG-documenten op een hoger peil gebracht.

SCAD bulletin. – Luxembourg: Commission des Communautés Européennes, 1988- . – ISSN 0256-3096

Wekelijks referaattijdschrift. Vermeldt de belangrijkste communautaire handelingen en publs. van de Europese instellingen alsmede de geselecteerde artikelen uit tijdschriften van communautair belang. Selectie van de artikelen in samenwerking met de documentatiedienst van het Europese parlement. Systematische indeling in 28 rubrieken. Indexen op auteurs en trefwoorden. SCAD staat voor *S*ervice *C*entral *A*utomatisé de *D*ocumentation. Elke publ. is voorzien van een korte samenvatting, een microfiche-nummer (MF-) of een catalogusnummer van het Office for official publications (PO-). Andere publs. van SCAD zijn: DOSSIER bibliographique = Bibliographic file. – 1985- . – ISSN 0256-7334; en: SCAD bibliographies. – 1986- . – ISSN 0256-4262. Beide publs. verschijnen onregelmatig en verschaffen bibliografische referenties inzake bepaalde (actuele) onderwerpen.

*SCAD+CD [CD-ROM bestand]

Uitgever; Electronic Publishing Managament and Services BV (EPMS) / Zoektaal: Headfast/CD / Periode: 1951- / Updates: 2x per jaar

*SCAD [Online bestand]

Uitgever: Commission of the European Communities (CEC) / Taal: Engels, Frans, Duits / Periode: 1983- / Updates: 15.000 beschrijvingen per jaar / Online via: EUROBASES

*REGISTER Europese officiële publikaties [CD-ROM bestand]

Uitgever: Sdu elektronisch uitgeven / Zoektaal: CD-search / Periode: 1951- (Publikatiebladen); 1986- (andere bestanden) / Updates: per kwartaal. Onderdeel van de CD-ROM uitg. *REGISTER officiële publikaties* (zie onder rubriek 4.52)

UNDEX: United Nations Documents Index:

----: series A: subject index. – Vol. 1(1970) – vol. 9(1978). – New York: United Nations, 1970-1978. – ISSN 0303-7118

----: series B: country index. – Vol. 1(1970) – vol. 9(1978). – New York: United Nations, 1970-1978. – ISSN 0303-7134

----: series C: cumulative edition (List of documents issued). – Vol. 1(1974) – vol. 9(1978). – New York: United Nations, 1974-1978. – ISSN 0303-7126

Deze uit drie dln. bestaande UNDEX volgde in 1974 de daarvoor verschijnende UNDI (United Nations Documents Index) op, die uitkwam van 1950 tot en met 1973. De verschillende gedeelten verschaffen ingangen op onderwerp (A), op lidstaten van de VN in alfabetische volgorde, gevolgd door de activiteiten waaraan werd deelgenomen, het onderwerp en een documentaanduiding (B) en tenslotte op bibliografische gegevens van alle documenten en publs. (met enkele uitzonderingen), uitgegeven door de VN en de gedrukte publs. van het Internationaal Gerechtshof (C). Afleveringen verschenen maandelijks, behalve in juli en augustus. Van de C-afdeling verscheen ook een cumulatieve uitg. 1974-1977 in White Plains, N.Y.: Unifo publ., 1979. – 3 dl. – ISBN 0-89111-009-7. De UNDEX is vanaf 1979, onder samenvoeging van de series A, B en C, onder andere titel voortgezet:

UNDOC: Current index / United Nations Bibliographic Information System (UNBIS). – Vol. 1(1979)- . – New York: Dag Hammarskjöld Library: U.N., Publishing Division / Sales section, 1979- . – ISSN 0250-5584

Afleveringen verschijnen vier keer per jaar. Daarnaast een jaarlijkse cum. op microfiches. De uitg. bestaan uit een sectie 'Documents and publications', en enkele kleine overzichten als 'Official records', 'Sales publications' en 'Documents republished'. Verder indexen op onderwerp, namen (personen/instellingen) en titels. Verschillende door UNBIS vervaardigde bestanden zijn online bevraagbaar, zoals UNDOC, UNBIS thesaurus en een 'name authority file'.

*UNITED nations publications index [CD-ROM bestand]
Uitgever: NewsBank/Readex / Zoektaal: NewsBank electronic index / Periode: 1946- / Updates: maandelijks
Indexeert de microfiche-uitg. van de publs. van de V.N.

BIBLIOGRAPHY of publications issued by UNESCO or under its auspices: the first twenty-five years, 1946 to 1971. – Paris: Unesco, 1973. – XVIII, 385 p. – ISBN 92-3-001037-5
Vermeldt 5.474 publs. van of onder auspiciën van de UNESCO. Systematisch volgens de UDC geordend. Indexen op titels en auteurs. Aanvullingen:
UNESCO list of documents and publications, 1972-1976. – Paris: Unesco, 1979. – 2 dl. – ISBN 92-3-101607-5
UNESCO list of documents and publications, 1977-1980. – Paris: Unesco, 1984. – 2 dl. – ISBN 92-3-002179-2
UNESCO list of documents and publications, 1981-1983. – Paris: Unesco, 1985. – 2 dl. – ISBN 92-3-002330-2
UNESCO list of documents and publications, 1984-1986. – Paris: Unesco, 1989. – 2 dl. – ISBN 92-3-002602-6
Bovenstaande titels zijn als aanvulling te beschouwen op de eerste Unesco-bgf. (1946-1971). De vier cums. zijn uitgegeven in twee dln., die een 'Annotated list' bevatten en indexen op onderwerpen / persoonsnamen / conferenties. Ordening alfabetisch op titel.

*UNESBIB [Online bestand]
Uitgever: UNESCO / Taal: Engels / Periode: 1946- / Updates: per kwartaal / Online via: ECHO
Bevat 50.000 beschrijvingen van UNESCO documenten en publs., uitgekomen sinds 1946 en publs. van andere herkomst.

4.52 *Nederland en België*

NEDERLAND

BIBLIOGRAFIE van in Nederland verschenen officiële uitgaven bij de rijksoverheid en provinciale besturen / (samengest. door de Koninklijke Bibliotheek). – 49(1977)-59(1987). – 's-Gravenhage: Koninklijke Bibliotheek, 1978-1988. – ISSN 0165-2958
Verscheen van jaargang 1(1929) tot jaargang 25(1953) o.d.t.: *Nederlandse overheidsuitgaven* en van 1953 tot jaargang 49(1977) o.d.t.: *Bibliografie van in Nederland verschenen officiële en semi-officiële uitgaven.* Vanaf 1974 door de samenwerking met Brinkman's cumulatieve catalogus een gewijzigde opzet. Van toen af drie onderdelen: 1. de bgf., waarin de titelbeschrijvingen op hoofdwoord zijn gerangschikt; hierin ook het titelregister; 2. het register van uitgevende instanties en verenigingen met beknopte gegevens van hun uitg.; 3. het onderwerpenregister, waarin summiere onderwerpsaanduidingen gevolgd door verwijzingen naar dl. 1. Tot 1940 ook de officiële publs. uit Nederlands-Indië. De bgf. kwam jaarlijks uit, maar is in 1988, na het verschijnen van jaargang 1987, gestaakt. Overheidspubls. kunnen thans worden gevonden in de B-lijst van de Nederlandse bibliografie en derhalve eveneens in Brinkman's (cumulatieve) catalogus.

SIGNALEMENTEN: overzicht overheidsinformatie. – Jrg. 1(1976)- . – 's-Gravenhage: Sdu uitgeverij, 1976- . – ISSN 0169-5312
Verschijnt 1x per 14 dagen en bestaat grotendeels uit de rubriek 'Nieuwe uitgaven'. Indeling in 30 onderrubrieken (basis voor even zoveel 'signaalabonnementen') en een rubriek 'Algemeen'. Elke rubriek bevat een selectie van de belangrijkste uitg. (Eerste Kamerstukken en Handelingen) die op een beleidssterrein zijn uitgekomen. Voor complete overzichten raadplege men de Staatscourant.

*REGISTERS officiële publikaties [CD-ROM bestand]

Uitgever: SDU elektronisch uitgeven / Zoektaal: CD-Search / Periode: varieert per opgenomen bestand / Updates: per kwartaal
Bevat vier gegevensbestanden:
1. *Register Nederlandse officiële publikaties* (register op Staatsblad (1986-) / Staatscourant (1987-) en de O en W regelingen (1988-)
2. *Register kamerstukken* (moties, wetsvoorstellen, begrotingen enz. (1978/79-)
3. *Register uitvoeringsregelingen Nederland* (register op EG-richtlijnen en Nederlandse regelingen (1957-)
4. *Register Europese officiële publikaties* (register op Publikatieblad van de EG (L-serie (1952-); C-serie (1985-); de COM documenten; uitspraken Hof van Justitie)
Ook online raadpleegbaar: *SDU register Nederlandse officiële publikaties online.*
Het online raadplegen van informatiebestanden van de Nederlandse rijksoverheid, kan geschieden via de hostorganisatie *RCC-IVEV*, met name de bestanden die betrekking hebben op een bepaald ministerie. Hieronder vallen o.a. de RCC-bestanden: *V & W info*, *VWS info*, *SZW*, *VROMDOC*, *Onderwijs Data* en *MLVA/MLVP* (informatie van en van belang voor het Ministerie van Landbouw, Natuurbeheer en Visserij). Verder beheert het RCC (Rijks Computer Centrum) parlementaire bestanden: databanken met gegevens van het parlement en met publs. inzake de Nederlandse politiek, zoals o.a. *KPAD* (Kamerstukken vanaf 1977/78); tevens is via het RCC het *Register Officiële Publikaties* (o.a. register op Staatsblad en Staatcourant) te raadplegen.

Enkele *documentatie-overzichten verzorgd door ministeries* (niet uitsluitend overheidsuitgaven!):

JUST-info / Centrale bibliotheek en documentatie, Ministerie van Justitie. – Nr. 1(jan. 1987)- . – 's-Gravenhage: Ministerie van Justitie, 1987- . – ISSN 0165-8212

Attenderingsbulletin van het Ministerie van Justitie. Verschijnt (1995) minimaal 20x per jaar. Samensmelting van drie eerdere uitg. Heeft de volgende rubrieken: tijdschriftartikelen; boeken; tijdschriften. Systematische ordening en kleinere rubrieken als: overzichten CD-ROMs + online databanken / bij de Staten-Generaal aanhangige wetsvoorstellen / tot stand gekomen wetgeving.

FINANCIËN-literatuur: referaattijdschrift met samenvattingen van tijdschriftartikelen op de beleidsterreinen van het Ministerie van Financiën / Ministerie van Financiën, Centrale Directie Voorlichting, Afdeling BIDOC. – Nr. 1(1981)- . – 's-Gravenhage: Ministerie van Financiën, 1981- . – ISSN 0169-9830

Verschijnt eens in de twee weken. Ook bekend onder de naam *Finaliter*. Referaattijdschrift, met ordening van de artikelen volgens de UDC. Als afsplitsing vanaf 1992: *Financiën aanwinsten* (maandelijks).

VROM info: attenderingsbulletin / Ministerie van Volkshuisvesting, Ruimtelijke Ordening en Milieubeheer, Centrale directie voorlichting en externe betrekkingen, afdeling BIDOC. – Jrg. 30, afl. 27 (5 juli 1989)- . - 's-Gravenhage: Ministerie van VROM, 1989- . ISSN 0923-7496

Opvolger van *LITERATUUROVERZICHT* (Jrg. 1(1960)-Jrg. 30(1989). – ISSN 0166-9575), èn *Aanwinsten bibliotheken* (ISSN 0920-1831). Wekelijks systematisch overzicht met samenvattingen van boeken, rapporten, artikelen en officiële publs., EG wet- en regelgeving en integrale opname van VROM- persberichten.

*VROMDOC [Online bestand]

Uitgever: Ministerie van VROM / Taal: Nederlands / Periode: 1982- / Updates: ca. 500 documenten per maand / Online via: RCC-IVEV

ONDERWIJSLITERATUUR: maandelijks overzicht van publikaties over onderwijs en wetenschappen / Ministerie van Onderwijs en Wetenschappen. – Jrg. 1 nr. 1(1983)- . – 's-Gravenhage: Staatsuitgeverij, 1983- . – ISSN 0167-6644

(Op het titelblad ook: ADION = Automatisch Documentatie- en Informatiesysteem voor Onderwijsliteratuur in Nederland). Een samensmelting van PEDAGOGISCHE bibliografie (jrg. 5(1967)-jrg. 20(1982). - ISSN 0166-8374) en DOCUMENTATIEBLAD voor onderwijs en wetenschappen (jrg. 26, nr. 2(1972)-jrg. 36(1982). – ISSN 0012-4540). Elke aflevering bevat ca. 400 titels + abstracts. Ordening systematisch volgens de ADION-thesaurus, waarvan de structuur in elk nummer staat vermeld. Hoofdonderwerpen zijn aangegeven door descriptoren. Registers op onderwerp en auteur, waarvan jaarlijks cums. Publs. kunnen worden geleend of in kopie worden aangevraagd.

*CD-ROM onderwijs [CD-ROM bestand]

Uitgever: Sdu elektronisch uitgeven / Zoektaal: CD-Search / Periode: 1983- (ADION); 1986- (Onderwijsregelgeving); 1988- (DION) / Updates: 3x per jaar

Bevat drie bestanden: 1) ADION, samengest. door het Ministerie van O, C en W; 2) DION (onderwijspraktijk), samengest. door diverse onderwijsorganisaties en 3) Onderwijsregelgeving met verwijzingen naar *Staatscourant, Staatsblad* en *Uitleg* (gele katern; ISSN 0169-7358). *ADION is ook online te raadplegen als RCC-IVEV database.

BELEIDSINFORMATIE / Ministerie van Landbouw en Visserij. – Jrg. 1(1989)- . – Den Haag: Ministerie van Landbouw en Visserij, 1989- . – ISSN 0923-9057

Samensmelting van *Feiten en actualiteiten, Recent* en *Parlementaire informatie*. Dit ministeriële attenderingsbulletin is in rubrieken ingedeeld en verschijnt 1x per 14 dagen. Binnen het MLV informatiesysteem kunnen de databanken MLVA en MLVP online worden geraadpleegd (zoektaal STAIRS).

VWS-documentatie: systematisch overzicht met samenvattingen van nieuwe boeken, tijdschriftartikelen, parlementaire stukken / Ministerie van Volksgezondheid, Welzijn en Sport. – Jrg. 31(1995)- . – 's-Gravenhage: Sdu, 1995- . – ISSN 0169-1511

Twee keer per maand. Opvolger van *CRM-documentatie* (jrg. 1(1965)-jrg. 18(1982); ISSN 0167-0220) en van *WVC- documentatie* (jrg. 19(1983)-30(1994); ISSN 0169-1511). Systematisch (75 rubrieken). Ook recente publs. op de beleidsterreinen van Culturele Zaken (onderdeel van het ministerie van Onderwijs, Cultuur en Wetenschappen). Vanaf 1995 geen registers meer. De publs. kunnen worden ingezien, c.q. geleend.

*LITERATUURDOCUMENTATIE Verkeer en Waterstaat [CD-ROM bestand]

Uitgever: SDU elektronisch uitgeven / Zoektaal: CD-Search / Updates: 4x per jaar. Bevat 150.000 documenten m.b.t. de beleidsterreinen van het ministerie.

BELGIË

Voor een verhandeling over en een bgf. van Belgische overheidsuitg., raadplege men: *OFFICIAL publications of Western Europe* / ed. by Eve Johansson; van dit werk dl. 2 (1988. – ISBN 0-7201-1662-7): pp. 19-52). Verder verschijnt een selectie uit de Belgische overheidspubls. in de *Bibliographie de Belgique*, die sinds 1982 een index heeft op corporatieve auteurs, waaronder ook de regeringsinstanties vallen.

Een goede retrospectieve bgf. is:

WEERDT, D. DE

Bibliographie rétrospective des publications officielles de la Belgique, 1794-1914 / (de) D. de Weerdt. – Leuven-Louvain: Éditions Nauwelaerts, 1963. – 427 p. – (Bijdragen / interuniversitair centrum voor hedendaagse geschiedenis; 30)

Is verdeeld in een 'Période française', een 'Période hollandaise' en een 'Période 1830-1914'. Daarbinnen zijn de publs. alfabetisch geordend op auteur of titel. Vermeld is of een uitg. in het bezit is van de Koninklijke Bibliotheek Albert I (BR) of van de Algemene Koninkrijksarchieven (AGR). Bevat een index op auteurs en indexen op onderwerpen en aardrijkskundige namen. Ook een literatuuropgave die andere bronnen noemt voor Belgische overheidspubls.

*BLEX [Online bestand]
Uitgever: Centre de Recherche Documentaire (CREDOC) / Taal: Frans, Nederlands / Periode: 1980- / Updates: dagelijks / Online via: BELINDIS
Bevat ca. 42.000 beschrijvingen van wetten, ministeriële en koninklijke besluiten, die zijn verschenen in de *Moniteur Belge-Belgisch Staatsblad* (ISSN 0376-6764).

*BREV [Online bestand]
Uitgever: Ministerie van Economische Zaken / Taal: Nederlands, Engels, Frans / Periode: 1973- / Updates: maandelijks / Online via: BELINDIS
Bevat beschrijvingen, met abstracts (vanaf 1982), van ruim 255.000 Belgische patenten en andere Europese patenten die in België geldig zijn.

*FALI [Online bestand]
Uitgever: Ministerie van Buitenlandse Zaken / Taal: Nederlands, Frans, Engels / Periode: 1981- / Updates: maandelijks / Online via: BELINDIS
Bevat ruim 47.000 beschrijvingen van artikelen, met samenvattingen, over politieke wetenschappen, diplomatieke geschiedenis, veiligheid, defensie en internationale economie, verschenen in ruim 600 tijdschriften over de hele wereld.

4.6 *Vertalingen*

De meer omvattende bibliografieën in dit genre bevatten vertalingen uit meerdere talen in meerdere talen; andere geven vertalingen uit één of in één taal. Er zijn uiteraard lopende en afgesloten bibliografieën. Naast de ordening op auteurs treft men ook die op landen aan.

4.60 *Internationaal*

INDEX translationum: répertoire des traductions = International bibliography of translations. – Vol. 1(1932)- vol. 31(1940); N.S. 1(1948)- . – Paris: League of Nations, Unesco, 1932- . – ISSN 0073-6074
Een lopende algemene internationale bgf. van vertalingen van boeken. De eerste serie bestrijkt de periode 1932-1940. De tweede onder auspiciën van de Unesco begint in 1949. Verschijnt jaarlijks. Indeling alfabetisch naar de (Franse) namen van de landen waar de vertalingen zijn verschenen. Binnen de landenrubrieken systematisch volgens de UDC. De gegevens zijn veelal verstrekt door de nationale bibliotheken van de landen waar de vertalingen uitkwamen. Register op auteurs met landencodes. In jaardl. 39, in 1992 verschenen, gegevens van 60.544 vertalingen die in 56 landen in 1986 zijn uitgebracht. Wordt met behulp van een databank vervaardigd. Vertalingen *uit* een bepaalde taal kunnen in de INDEX translationum *niet* systematisch gevonden worden.
Vanaf 1994 verschijnt: **INDEX translationum: CD-ROM*, uitgegeven door UNESCO publishing in Parijs.

WORLD translations index; announcing translations in all fields of science and technology /

International Translations Centre on behalf of International Translation Centre (IRC) and Centre National de la Recherche Scientifique. – Vol. 1(1987)- . – Delft: ITC, 1987- . – ISSN 0259-8264

Deze lopende bgf. vormt een samensmelting van WORLD TRANSINDEX (Vol. 1(1978)-Vol. 9(1986). – ISSN 0378-6803) en TRANSLATIONS register-index (1967-1986. – ISSN 0041-1256). Signaleert vertalingen van wetenschappelijke en technische publs. uit alle talen in westerse talen. Vervaardigd op basis van een door INIST-CNRS ontwikkeld format, waarbij tegelijkertijd een databank ontstaat waarin alle gegevens centraal worden opgeslagen. Heeft de volgende secties: 1. De eigenlijke bgf. ('References') over de vertalingen en het origineel, alsmede bijzonderheden omtrent de wijze van bestellen. Ordening van de publs. naar trefwoorden, ontleend aan het COSATI systeem. 2. De 'Source index' die alfabetisch bibliografische details verstrekt van het origineel met daarbij taalcode (van de vertaling) en verwijsnummer. 3. Auteursindex. 4. Lijst van instanties waar bestellingen kunnen worden geplaatst. 5. Overzicht van tijdschriften die 'cover-to-cover' vertaald worden. Van de source index en de auteursindexen verschijnen jaarlijks cums. als aparte uitg. (Annual index). WTI zelf verschijnt 10x per jaar.

Apart uitgegeven: *JOURNALS in translation* (5th ed. -1991) met o.a. lijsten van tijdschriften, KWIC index en Key to publishers; vanaf 1995 ook op diskette (ISSN 1380-5673).

*WORLD translations index (WTI) [Online bestand]

Uitgever: ITC / Taal: Engels / Periode: 1979- / Updates: maandelijks; 25.000 beschrijvingen per jaar / Online via: DIALOG; ESA-IRS

4.61 *Nederland en België*

Het NEDERLANDSE boek in vertaling: bibliografie van vertalingen van Noord- en Zuidnederlandse werken / Koninklijke Bibliotheek, 's-Gravenhage, Koninklijke Bibliotheek, Brussel. – 1(1968)- . – 's-Gravenhage: Sdu uitgeverij, 1971- . – ISSN 0921-5565

Overzicht van vertalingen van oorspronkelijk in het Nederlands verschenen werken. Alle gebieden, met uitzondering van de exacte wetenschappen. Het eerste jaardl. verscheen in 1971 (en betrof 1968), maar door uitg. van een retrospectieve bgf. 1958-1967 verkreeg men aansluiting op MOREL, P.M.: *Translations of Dutch literature, 1900-1957*, dat een onderdeel vormt van *BIBLIOGRAPHIA Neerlandica* / comp. by A.P.M. Mollema. - (New enl. ed.). – The Hague: Nijhoff, 1962. – XXXV, 598 p.

Ingericht naar de talen waarin is vertaald, vervolgens in acht onderwerpsrubrieken (A-H). Binnen die rubrieken op hoofdwoord. Er is een systematisch register, een auteursregister en een register op vertalers, bewerkers, inleiders en illustrators. Tenslotte per dl. een statistisch overzicht van het betreffende jaar. Er kwamen de volgende cums. van vijf jaar uit: 1968-1972 (1975. – ISBN 90-12-00858-1), 1973-1977 (1979. – ISBN 90-12-02674-1) en 1978-1982 (1983. – ISBN 90-12-04401-4). In 1989 werd jaardl. 1987 uitgebracht (ISBN 90-12-06147-4) dat 802 vertalingen noemt.

4.7 *Herdrukken (reprints) en microvormen*

4.70 *Herdrukken (reprints)*

BIBLIOGRAPHIA anastatica / red. P. Schippers ... (et. al.). – Vol. 1, facs. 1(1964)- vol. 10, facs. 6(1973). – Amsterdam: (s.n.), 1964-1973. – ISSN 0006-1204

Een alfabetische lijst (op auteurs) van herdrukken. Jaarlijkse auteursindex. Gecumuleerde indexen op de jaargangen 1-5(1964-1968) en 6-10(1969-1973). Voortgezet o.d.t.:

BULLETIN of reprints / ed. Maria Andras. – Vol. 11, nr. 1(1974)- vol. 18, nr. 2(1981). – Pullach / München (etc.): Verlag Dokumentation Saur, 1974-1981. – ISSN 0303-4550. – Niet verder verschenen.

Opvolger van de BIBLIOGRAPHIA anastatica met dezelfde indeling. Vermeldt fotomechanische herdrukken van originele uitg. van voor 1950. Kwam vier keer per jaar uit.

INTERNATIONALE Bibliographie der Reprints = International bibliography of reprints. – München (etc.): Verlag Dokumentation Saur, 1976-1980. – 2 dl. in 4 bd.

1. Bücher und Reihen. – Bearb. von Christa Gnirss. – 1976. – 3 dl. - ISBN 3-7940-3433-3

2. Zeitschriften, Zeitungen, Jahrbücher, Konferenzberichte usw. / bearb. von Hans Dettweiler... (et. al.). – 1980.- X, 566 p. ISBN 3-598-03434-2. Overzicht van herdrukken verschenen tot en met 1973 (als tijdelijke opvolger kan dus BULLETIN of reprints worden beschouwd). Het eerste gedeelte (3 dl.) vermeldt 52.000 boeken en series. Ordening alfabetisch op auteurs. Titelregister en een opgave van series met korte ingangen op de daarin verschenen werken. Complete bibliografische gegevens in het alfabetische auteursgedeelte. In de tweede sectie zijn ongeveer 6.000 reprinttitels genoemd. Het gaat hierbij om tijdschriften, kranten, jaarboeken en congresverslagen. Het alfabetisch hoofddl. wordt gevolgd door een accentwoordenregister en een systematisch register.

BOOKS on demand: ... selected books available as on-demand reprints. – Ann Arbor, MI: University microfilms, 1977- .

Reproduceert op bestelling niet meer in de handel zijnde boeken, zowel betrekkelijk recente als ook zeer oude (o.a. incunabelen). De eerste editie (1978) bevatte ca. 84.000 titels. De uitg. 1980 gaf ca. 93.000 titels, in een title/author/subject guide. Meerdere supplementen. Momenteel o.d.t.: *OUT-of-print books on demand. Author-title.* Supplement 1992-1993 (op microfiches) vermeldt meer dan 127.000 titels.

4.71 *Microvormen*

GUIDE to microforms in print ... : author-title: incorporating *International microforms in print.* – 1979- . – London: Mansell (etc.): Microform review, 1979- . – ISSN 0164-0747

GUIDE to microforms in print ... : subject. – 1979- . – London (etc.): Mansell (etc.), 1979- . – ISSN 0163-8386

Vanaf 1990 uitgegeven door Saur (München). Oorspronkelijk begonnen als GUIDE to microforms in print (1961-1978. – ISSN 0017-5293) en SUBJECT guide to microforms in print (1962/63-1978. – ISSN 0090-290X) en zich beperkend tot de V.S., geeft nu een overzicht van micro-uitg. van boeken, tijdschriften, overheidsuitg. enz. van ca. 440 uitgevers (1994). Indeling naar auteur, titel en onderwerp. Internationale reikwijdte werd verkregen door het opnemen van het daarvóór zelfstandig verschijnende *International microforms in print.* Beide hoofddelen verschijnen jaarlijks. Ook verschijnt jaarlijks: GUIDE to microforms in print: supplement. – 1981- . – London (etc.), Mansell (etc.), 1981- . – ISSN 0164-0739. (Momenteel bij uitgever Saur).

NATIONAL register of microform masters. – Vol. 1(1965-1975)-1983. - Washington, D.C.: Library of Congress, 1976-1984. – ISSN 0090-3299. - (Library of Congress Catalogs)

Een door de Library of Congress in samenwerking met de ALA (American Library Association) en de ARL (Association of Research Libraries) samengest. overzicht van verschillende soorten publs. (boeken, buitenlandse dissertaties, series) op micromateriaal (moederfiches waarmee zonder veel extra kosten aan andere bibliotheken afdrukken kunnen worden verschaft). Verscheen jaarlijks en was vanaf 1970 alfabetisch op hoofdwoord ingericht. Een cum. 1965-1975 verscheen in 1976. Is opgegaan in de microfiche-uitg. van de NUC.

4.8 *Feestbundels*

LEISTNER, OTTO
Internationale Bibliographie der Festschriften von den Anfängen bis 1979 = International Bibliography of Festschriften from the beginnings until 1979 / Otto Leistner, – 2. erw. Aufl. – Osnabrück: Biblio Verlag, 1984-1989. – 3 dl. – ISBN 3-7648-1275-3. – Oorspr. uitg.: 1976-1977

Deze tweede editie is momenteel de grootste algemene internationale bgf. van feestbundels, met ca. 27.500 titels. De ontsluiting is alfabetisch op de namen van personen, instellingen, enz. Daarna de titelbeschrijving van de feestbundel als zelfstandige of onzelfstandige publ. In 1989 verscheen dl. 3: *Sachregister und Nachträge zu Bd. 1 und 2*. De IBF ontsluit alleen de feestbundels als zodanig, niet de verschillende erin voorkomende bijdragen. De hierna genoemde bgf., die als lopend vervolg op de basisuitg. kan worden beschouwd, doet dit wèl:

IJBF: Internationale Jahresbibliographie der Festschriften, mit Verzeichnis aller Beiträge, einem Autorenregister und einem Sachregister zu den Festschriften = International annual bibliography of Festschriften, with a list of all contributions, an author index and a subject index to the Festschriften. – Vol. 1(1980)- . – Osnabrück: Biblio Verlag (etc.), 1982- . – ISSN 0724-2298

In het eerste gedeelte (A) 'Miscellanea in ordine alfabetico honoratorum' (= Festschriften im Alphabet der Gelehrten) worden de feestbundels met complete bibliografische gegevens vermeld, met een overzicht van de bijdragen (en de pagina's waar ze beginnen). Dl. B is ingedeeld naar vakgebieden (16 onderwerpsterreinen) en verwijst naar dl. A, evenals dl. C doet, dat de bijdragen aan de feestbundels geordend op trefwoorden bevat. Dl. D is een overzicht van alle gebruikte trefwoorden, verdeeld over de 16 vakgebieden, terwijl dl. E een lijst bevat van de auteurs van de verschillende bijdragen. Daaraan is gekoppeld de naam van de gehuldigde persoon (instelling) als verwijzing naar het A-gedeelte. Belangrijke bgf. door internationale dekking en ver gaande ontsluiting. In 1994 verschenen de vier dln. van jaargang 15, die de feestbundels uit 1993-1994 bevatten.

5 ALGEMENE BIBLIOGRAFISCHE HULPMIDDELEN

5.0 *Inleiding*

Onder algemene bibliografische hulpmiddelen wordt hier verstaan: naslagwerken die niet primair een bibliografisch doel dienen, maar die toch bij bibliografisch werk vaak een onmisbare informatiebron vormen. Ze kunnen bij voorbeeld inlichtingen geven over geboorte- of sterfjaren van auteurs, adressen en aandachtsvelden van instellingen en verenigingen, de betekenis van een afkorting, de inhoud van een bepaald trefwoord, in gang zijnd onderzoek, kortom: feiten en gegevens van uiteenlopende aard. Lang niet alle soorten naslagwerken met een bibliografische hulpfunctie kunnen hier genoemd worden. Een ruimere behandeling is te vinden in hoofdstuk V.

5.1 *Biografieën en bio-bibliografieën*

5.10 *Inleiding*

Opbouw en vorm van biografische naslagwerken, die tot de meest gebruikte publikaties in elke bibliotheek behoren, kunnen zeer verschillend zijn. Ze kunnen zich beperken tot de levensbeschrijvingen met eventueel opgave van publikaties aan het eind van die beschrijving, maar het biografische element kan ook op de achtergrond komen, ten gunste van de bibliografische gegevens, zodat het dan eigenlijk meer om persoonsbibliografieën gaat. Een aparte plaats tussen de biografische naslagwerken wordt ingenomen door de bio-bibliografieën. Hierin vindt men slechts zeer korte biografische gegevens met in aansluiting daarop verwijzingen naar publikaties waarin bibliografieën betreffende genoemde personen staan. In de rubrieken 5.11 en 5.12 worden slechts enkele werken genoemd, respectievelijk van internationale inhoud en betrekking hebbend op Nederland en België. Een breder algemeen overzicht geeft:

BIOGRAPHICAL dictionaries and related works: an international bibliography of more than 16.000 collective biographies ... / Robert B. Slocum, editor. – 2nd. ed. – Detroit, MI: Gale research, 1986. – 2 dl. (1319 p.). - ISBN 0-8103-0234-8
Vol. 1: Universal biography. National or area biography.
Vol. 2: Biography by vocation. Author index. Title index. Subject index. - Oorspr. uitg.: Detroit, MI: Gale research, 1967.

Na de eerste editie (1967) twee supplementen in 1972 en 1978. De nu vermelde 2e editie combineert basisuitg. en supplementen (ca. 12.000 titels) en voegt ongeveer 4.000 titels toe. Alle titels met zeer korte annotaties. Na een internationaal dl. een onderdeel ingericht naar nationaliteiten en/of gebieden. Dl. 2 naar beroepsgroepen + diverse indexen. Een van de grootste werken op dit gebied. Bestreken periode tot en met 1983.

ARBA guide to biographical dictionaries / Bohdan S. Wynar, editor. - Littleton, CO: Libraries unlimited, 1986. – XXIII, 444 p. – ISBN 0-87287-492-3

Goede handzame gids voor biografische naslagwerken, minder massaal dan BIOGRAPHICAL dictionaries (zie vorige). 718 werken kritisch besproken; de meeste titels geselecteerd uit 2.000 bronnen die in 1970-1986 gerecenseerd zijn in ARBA (American Reference Book Annual; zie rubriek 0.2). Twee secties: 1) Universal and national biographies; 2) Biographies in professional fields. De diverse subrubrieken steeds apart ingeleid. Indexen op auteur/titel en op onderwerp.

5.11 *Internationaal*

JÖCHER, CHRISTIAN GOTTLIEB
Allgemeines Gelehrten-Lexikon, darinne die Gelehrten aller Stände, sowohl männ- als weiblichen Geschlechts welche vom Anfange der Welt bis auf jetzige Zeit gelebt ... / Christian Gottlieb Jöcher. – Leipzig, 1750-1751. – 4 dl.
Met: Fortsetzung und Ergänzungen ... / von Johann Christoph Adelung, H.W. Rotermund und O. Günther. – 1784-1897. – Herdr. Hildesheim: Olms, 1960-1961. – 7 dl.

Uitgebreid en nog steeds nuttig naslagwerk. Biografische bijzonderheden uit met name de Middeleeuwen en de achttiende eeuw van ca. 60.000 geleerden. Vermeldt ook veel door de besproken geleerden geschreven werken (alleen titels). Vooral personen uit het Duitse taalgebied.

INTERNATIONALE Personalbibliographie, 1800-1943 / von Max Arnim. – 2., verb. und stark verm. Aufl. – Leipzig (etc.): Hiersemann, 1944-1952. – 2 dl. – XVI, 706 p.; IV, 834 p. – Oorspr. uitg.: 1936
INTERNATIONALE Personalbibliographie / Max Arnim. – 2., völlig neu bearb. Aufl. von Band III (Berichtszeit 1944-1959) in drei bis zum jeweiligen Erscheinungsjahr ergänzten Bänden III-V / fortgeführt von Franz Hodes. - Stuttgart: Hiersemann, 1981-1987. – 3 dl.
Dl. III: A-H. – 1981. – XVI, 700 p. – ISBN 3-7772-8139-5. – Dl. IV : I-R. - 1984. – VI, 701-1443 p. – ISBN 3-7772-8423-8. – Dl. V : S-Z. – 1987. - VIII, 466 p. – ISBN 3-7772-8704-0. – Oorspr. uitg.: 1963

Uitvoerige bgf. van bgf. van personen, ook als index op biografische gegevens te gebruiken, aangezien veel persoonsnamen vergezeld gaan van korte biografische notities; vaak biografische publs. als bron gebruikt. De bestreken periode is in dln. 1 en 2 het tijdvak 1800-1943, in dln. 3 t/m 5 zoveel mogelijk tot het jaar van uitg. van elk dl. Zo komen in dl. 5 (1987) bronnen uit 1983 en 1984 voor. Oorspronkelijk was de grens 1975, maar deze werd later losgelaten. Internationaal van opzet, maar nadruk op Duitse geleerden. Verwijzingen naar bronnen waarin bgf. m.b.t. personen te vinden zijn (zoals *Kürschners Deutscher Literatur-Kalender*, het *Biographisch-literarisches Handwörterbuch zur Geschichte der exacten Wissenschaften* van Poggendorff, bgf. van feestbundels e.d.). Alleen de 'nieuwe' dln. 3 t/m 5 bevatten al ca. 75.000 persoonsnamen met ca. 100.000 verwijzingen naar bibliografisch materiaal.

BIOGRAPHICAL books, 1876-1949: vocation-index, name/subject index, author index, title index / (prep. by the R.R. Bowker company department of bibliography in collaboration with the Publications systems department). - New York, (etc.): Bowker, 1983. – LVIII, 1768 p. – ISBN 0-8352-1603-9

Samengest. met behulp van Bowker's database die ten grondslag lag aan de uitg. ABPR 1876-1949 (zie bij rubriek 3.6 Verenigde Staten). Uit dit bestand ruim 40.000 titels geselecteerd. Een 'vocation index' (beroepsgroepen, aandachtsgebieden) waarin ook de persoonsnamen, gevolgd door het hoofddl. 'name/subject index', waarin de volledige (LoC-) titelbeschrijvingen. Indexen op auteurs en titels.

BIOGRAPHICAL books, 1950-1980: vocation index, name/subject index, author index, title index, biographical books in print index / R.R. Bowker. – New York: Bowker, 1980. – XLIX, 1557 p. – ISBN 0-8352-1315-3

Ongeveer 30.000 titels. Indeling analoog aan de vorige, zij het dat hier een 'biographical books in print index' is toegevoegd (niet erg nodig aangezien bij de titels in de name/subject index al de toevoeging 'BIP' te vinden is).

BIOGRAPHY and genealogy master index: a consolidated index to more than 3.200.000 biographical sketches in over 350 current and retrospective biographical dictionaries / ed. by Miranda C. Herbert and Barbara McNeil. - 2nd ed. – Detroit, MI: Gale research co., 1980. – 8 dl. – ISBN 0-8103-1094-5 (Gale biographical index series, ISSN 0730-1316; no. 1) – Supplement 1981/82- . – Detroit, MI: Gale research co., 1982- . – Oorspr. uitg.: Detroit, MI: Gale research co., 1975-1976

Register op inmiddels (1995) ruim 700 bronnen; met ongeveer 9.8 miljoen verwijzingen naar informatie over personen uit heden en verleden. Bevat naam, geboorte- en sterfjaar, alsmede details aangaande de genoemde bronnen.

*BIOGRAPHY and genealogy master index CD-ROM [CD-ROM bestand]

Uitgever: Gale research / Zoektaal: Ful/Text / Periode: 1976- / Updates: jaarlijks

Index op ca. 9.8 miljoen biografieën van meer dan 3 miljoen personen. Gegevens: naam, geboorte- en sterfjaar, bron en jaar van publ.

*BIOGRAPHY master index [Online bestand]
Uitgever: Gale research / Internationaal / Taal: Engels / Updates: jaarlijks / Online via: DIALOG

INTERNATIONAL bibliography of biography: 1970 to 1987. – London (etc.): Saur, 1988. – 12 vol. – ISBN 0-86291-750-6
Circa 100.000 biografische werken van historische personen èn tijdgenoten, samengest. uit MARC records van de British Library Bibliographic Services en de Library of Congress. Twee gedeelten: dl. 1-5: subject sequence (alfabetisch naar de onderwerpspersonen) en dl. 6-12: auteur/titelindex. Geeft: ISBN, Dewey-code, LoC-classificatiecode, LoC-trefwoorden. Vanaf 1989 een lopende aanvulling (ISSN 0955-4629).

*BIBLIOGRAPHY of biography on CD-ROM [CD-ROM bestand]
Uitgever: British Library / Zoektaal: OptiWare / Periode: 1950- / Updates: jaarlijks

BIOGRAPHY index: a quarterly index to biographical material in books and magazines. – Vol. 1(1946/49)- . – New York: Wilson, 1949- . – ISSN 0006-3053
Grotendeels gebaseerd op ca. 2.600 tijdschriften die in Wilson uitg. worden geïndexeerd. Hoofdgedeelte alfabetisch op onderwerpspersonen. Ook een ingang op beroepen. Elk kwartaal met jaarlijkse cums. Materiaal: biografieën, autobiografieën, dagboeken, necrologieën, feestbundels en tijdschriftartikelen. Bijna uitsluitend Engelstalige publs.
*BIOGRAPHY index [CD-ROM bestand]
Uitgever: H.W. Wilson / Zoektaal: WILSEARCH / Periode: 1984- / Updates: per kwartaal
*BIOGRAPHY index [Online bestand]
Uitgever: H.W. Wilson / Internationaal / Periode: 1984- / Updates: 2x per week / Online via: (o.a.) WILSONLINE; OCLC First Search Catalog

*WORLD biographical database [CD-ROM bestand]
Uitgever: Bowker-Saur / Zoektaal: PLUS / Updates: jaarlijks.
Indexen op de naar landen uitgesplitste *BIOGRAPHICAL Archives*. Korte biografische informatie, verwijzingen naar bronnen voor volledige teksten. De indexen vullen de volgende uitg. aan: *GERMAN biographical archive, BRITISH biographical archive* en *SPANISH, Portuguese, and Latin American biographical archive.* De eerste editie verwijst naar 650.000 personen.

IBN: Index bio-bibliographicus notorum hominum / edidit Jean Pierre Lobies. – Dl. 1- . – Osnabrück: Biblio Verlag, 1973- . – ISBN 0-7648-0726-1
Grote index op bio-bibliografisch materiaal uit ca. 4.500 (!) verzamelwerken, die samen alle tijden en landen bestrijken. Vijf secties: A. Introductio generalis (algemene inleiding; nog steeds in voorbereiding); B. Lijst van verwerkte bio-bgf. (waarop tot op heden vijf supplementen, het laatste in 1992); C. Alfabetische index, het hoofddl. van het werk in zes afdelingen: I Sectio generalis – VI Sectio sinica; D. Supplement; E. Register van verwijzingen. Dl. C bevat naast de persoonsnamen, ook de levensjaren, beroep, nationaliteit en verwijzingen naar het bronnengedeelte B. Verwacht wordt dat het werk uiteindelijk ca. 3 miljoen namen zal bevatten. In 1994 verscheen van de sectio generalis dl. 71: Fiáth-Firnkorn. Tot nu toe verschenen: dl. B (1973) en vier dln. in de section armenica (C III) in de jaren 1982-1987. Verschijnt momenteel (1994-1995) sneller (vijf à zes dln. per jaar) dan aanvankelijk, maar voltooiing van het werk zal toch nog vele jaren vergen.

The INTERNATIONAL who's who ... . – 1st ed. (1936)- . – London: Europa publications, 1935- . – ISSN 0074-9613
Momenteel jaarlijks verschijnend internationaal biografisch naslagwerk. Korte, wel vaak gedetailleerde, gegevens. Ook beknopte bibliografische vermeldingen. Sectie 'Reigning royal families' naar landen geordend. Dl. necrologieën. Vermeldt: naam, titel, beroep, jaar

en plaats van geboorte, ouders, getrouwd met wie en sinds wanneer, kinderen, opleiding, loopbaan, onderscheidingen, publs, hobbies en adres. De 58e ed. (1994-95; ISBN 0-9466537-98-4) betreft ruim 20.000 personen.

CURRENT biography yearbook. – Vol. 1- . – New York: Wilson 1940- . – ISSN 0084-9499
Jaarlijkse cum. van het maandelijks verschijnende CURRENT biography (ISSN 0011-3344). Elke cum. bevat ca. 150 biografieën van 2 à 3.000 woorden. Gaat in beginsel om nog levende personen. Necrologieën (146 in 1993) van personen wier biografie eerder werd vermeld. Vermeldt ook adres, beroep, geboortejaar en ... foto. Internationaal. Achterin elk jaarboek een indeling naar beroepen en een cumulatieve jaarindex, waarin ook vorige jaren worden meegenomen, alsmede een overzicht van geïndexeerde tijdschriften en kranten. In 1994 verscheen jaarboek 1993 (XII, 659 p.) met een index 1991-1993. Een index 1981-1990 in jaardl. 1990. Eerder werd al een aparte index 1940-1985 uitgebracht.

5.12 *Nederland en België*

AA, A.J. VAN DER
Biographisch woordenboek der Nederlanden, bevattende levensbeschrijvingen van zoodanige personen, die zich op eenigerlei wijze in ons vaderland hebben vermaard gemaakt / A.J. van der Aa ... (et al.). – Haarlem: Van Brederode, 1852-1878. – 21 dl. – Herdr.: Amsterdam: Israël, 1969. – 7 dl.
Nog bruikbaar (hoewel niet altijd even betrouwbaar) werk over personen van de Middeleeuwen tot halverwege de 19e eeuw. Alfabetisch ingericht, met aan het eind van de bijdragen een literatuuropgave. Ieder dl. met persoonsregister. Dl. 21 is een supplementdl. ('Bijvoegsel').

NIEUW Nederlandsch biografisch woordenboek / onder redactie van P.C. Molhuijsen en P.J. Blok; met medew. van tal van geleerden. – Leiden: Sijthoff, 1911-1937. – 10 dl. – Herdr.: Amsterdam: Israël, 1974
Alfabetisch. Ieder dl. vormt een apart alfabet. Artikelen voorzien van literatuuropgaven. Geen biografieën van personen overleden na 1910. Nuttig, maar niet altijd even betrouwbaar. Van dl. tot dl. cumulerende registers. Vermelding van ca. 20.000 namen.

BIOGRAFISCH woordenboek van Nederland / onder eindred. van J. Charité; redactiecommissie I. Schöffer (voorz.) ... (et al.). – 's-Gravenhage: Nijhoff: Amsterdam: Elsevier, 1979- . – dl. – (Rijksgeschiedkundige publicatiën)
Opvolger van het *NIEUW Nederlandsch biografisch woordenboek* (vorige titel). Eind 1979 verscheen dl. 1 (XII, 680 p. – ISBN 90-247-2278-0) van (voorlopig) zes geplande dln. met levensbeschrijvingen van bekende Nederlanders. Dit dl. bevat naast enkele honderden biografieën van personen, overleden na 1910, ook verwijzingen naar archiefcollecties en naar publs. *van* (P) en *over* (L) de beschrevene. Elk dl. vormt (als bij de voorganger) een apart alfabet. In 1985 verscheen dl. 2 (VIII, 654 p. – ISBN 90-10-05501-9) met een cumulatieve index op de beide eerste dln. Het sterfjaar 1910 is hier een ''minder duidelijke cesuur'' geworden (voorw.). Enige verschuivingen qua aandachtsgebieden, n.a.v. recensies van dl. 1: minder geschiedenis en rechten en meer natuurwetenschappen, verkeer en vervoer, theater, politiek en dagbladwezen. Dl. 3 (VIII, 694 p.; ISBN 90-5216-006-0) kwam uit in 1989 en bevat 409 biografieën. In 1994 verscheen dl. 4 (XIV, 602 p.; ISBN 90-5216-058-9), evenals dl. 3 uitgegeven door het Nederlands Instituut voor Geschiedenis. Geeft 295 biografieën, waardoor het totaal in de eerste vier dln. op 1621 komt. Minder behandelde personen in de laatste dln. door breder opgezette lemmata. Vanaf dl. 4 een 'Algemene toelichting', als handleiding. Vanaf dat dl. alleen personen die aktief waren in de 20e of in de tweede helft van de 19e eeuw. Waardevol, gezien alleen al de zwakke plaats van Nederland op het gebied van de nationale biografie.

WIE is wie in Nederland / Frans van Egmond. – 1ste uitg. (1984/88)- . – 's-Gravenhage: Pragma Nederland, 1984- . – ISSN 0920-539X

De tweede uitg. van dit werk: *Wie is wie in Nederland 1994-1996* (1994. – 1385 p. – ISBN 90-7103-602-2) verschaft ca. 12.000 korte biografieën. In tegenstelling tot bij voorbeeld het *BIOGRAFISCH woordenboek van Nederland* (vorige titel) gaat het hier om nog in leven zijnde, 'aktieve' personen. Aard van de gegevens als in 1ste uitg. De informatie is door de beschreven personen zelf verstrekt, dus geen garantie van objectiviteit. De jaartallen in de titel zijn niet helemaal duidelijk. Gegevens bevatten geboortedatum, gehuwd met, opleiding, publs, adres, telefoon. Tot slot een 'datum info', waarmee de datum wordt bedoeld waarop de informatie binnenkwam.

NATIONAAL biografisch woordenboek / Commissie voor het Nationaal Biografisch Woordenboek; voorz. J. Maton. – Brussel: Paleis der Academiën, 1964- . – Dl. 1- .

Bevat onder meer biografieën van personen die niet voorkomen in de *BIOGRAPHIE nationale* (zie hieronder). Begon destijds als reactie op de onvolledigheid van deze BN en het uitblijven van een Nederlands equivalent. Elk dl. vormt een afzonderlijk alfabet. Cumulerende index in ieder dl. De gesigneerde biografieën gevolgd door bibliografische notities. In 1992 verscheen dl. 14, met 190 biografieën (waaronder die van Karel V, 19 pagina's en voorzien van iconografie en bgf.).

BIOGRAPHIE nationale / publ. par l'Académie Royale des Sciences, des Lettres et des Beaux-Arts de Belgique. – Bruxelles: Thiry-Van Buggenhoudt (etc.), 1866-1986. – 44 dl. – T. 29-t. 44: suppl. 1(1957)-16(1985/86)

Nationale Belgische biografie. Uitvoerige artikelen, gesigneerd en met literatuuropgaven. De eerste dln. betreffen voornamelijk personen overleden vóór 1850. Het supplement (dl. 29-44; ISSN 0770-7207) bevat ook veel personen uit de tweede helft van de 19e eeuw en uit de 20e eeuw. Telt 12.086 artikelen. Cumulerende registers van de dln. 37-44. In dl. 36 een algemeen register voor de dln. 1-35. Is nu afgesloten.

NOUVELLE biographie nationale. – 1(1988)- . – Bruxelles: Académie Royale des Sciences, des Lettres et des Beaux-Arts de Belgique, 1988- . – ISSN 0776-3948

Opvolger van de *BIOGRAPHIE nationale*, die in opzet niet meer voldeed aan moderne eisen. In principe elke twee jaar een dl. Opgenomen worden "Belgen die een zekere bekendheid genieten", alsmede "buitenlanders die een belangrijke rol in de Belgische geschiedenis hebben gespeeld". Evenwicht wordt betracht tussen verschillende perioden: Middeleeuwen (vóór 1500), moderne tijd (1500-1800) en XIXe en XXe eeuw; voor deze laatste twee zijn vier 'groupes d'initiative' gevormd: wetenschap en techniek, literatuur, kunst en algemeen. In 1988 verscheen dl. 1 (374 p.) en in 1990 dl. 2 (407 p.). Inhoudsopgave (overzicht behandelde personen). Cumulerende registers. Overzicht van foto's van personen en andere illustraties. Lijst van auteurs van biografieën.

WIE is wie in Vlaanderen / Rik Decan. – Uitg. 1(1980)- . – Brussel: Cegos Makrotest, 1980- .

De eerste uitg. van dit (naar beoogd) om de vijf jaar verschijnend werk kwam uit in 1980 (1206 p. – ISBN 90-209-0872-3). Verschaft 12.000 korte "biografische nota's van personen die in Vlaanderen anno 1980 een belangrijke rol spelen" (voorwoord). Ingericht als *WIE is wie in Nederland* (zie aldaar). In 1985 de 2e uitg., in 1989 de 3e: *WIE is wie in Vlaanderen: 1989-1993.* (1455 p.; ISBN 90-6598-021-0).

QUI est qui en Belgique francophone, 1981-1985 / Rik Decan. – Bruxelles: Éditions BRD, 1981- .

Vormt samen met *WIE is wie in Vlaanderen* (vorige titel) een geheel België bestrijkend biografisch naslagwerk. Deze eerste uitg. (955 p. – ISBN 90-6598-001-6) betreft 10.000 personen uit Franstalig België. Enige overlap met het dl. over Vlaanderen. In 1985 ver-

scheen de 2e editie (ISBN 90-6598-018-0), voor de jaren 1985-89.
Een andere uitg. was nog:

QUI est qui en Belgique francophone et au Grand-Duché de Luxembourg, 1990-1991: encyclopédie biographique ... / coord. Marie Anne Leszczynska ... (et al.). – Bruxelles: Appel, 1991. – 656 p.

Van veel landen verschenen in de serie *BIOGRAPHICAL archives* in de afgelopen jaren gecumuleerde indexen op microfiches van grote aantallen biografische naslagwerken. Hiervan de volgende twee voorbeelden:

5.13 *Duitsland*

DEUTSCHES Biographisches Archiv: eine Kumulation aus 254 der wichtigsten biographischen Nachschlagewerke für den deutschen Bereich bis zum Ausgang des 19. Jahrhunderts / hrs. von Bernhard Fabian; bearb. unter der Leitung von Willy Gorzny. – Micro-Edition. – München (etc.): Saur, 1982-1985. - 1431 microf. + Quellenverzeichnis (16 fiches) + Hinweise zur Benutzung (31 p.). – ISBN 3-598-30410-2 (diazo). – ISBN 3-598-30421-8 (silver)

Van ongeveer 250.000 personen uit 254 (later 264) biografische bronnen, verschenen tussen 1700 en 1914, wordt op 1431 microfiches informatie verstrekt. Hierop aansluitend een aparte index in boekvorm: *DEUTSCHER biographischer Index* / hrsg. von Willy Gorzny. – München (etc.): Saur, 1986. – 4 dl. – ISBN 3-598-30432-3. Deze index geeft de namen uit de DBA, geboorte- en sterfjaar, beroep, bron en vindplaatsen in het DBA. Vervult dus een registerfunctie op het DBA en ontsluit ook de vele bronnen die hiervoor werden gebruikt. Van 1989-1993 is een vervolg verschenen (*Neue Folge bis zur Mitte des 20. Jahrhunderts.* – 1.250 microfiches. – ISBN 3-598-32820-6), gebaseerd op ruim 260 bronnen uit de periode 1800-1960, waarin 280.000 personen worden genoemd.

5.14 *Groot-Brittannië*

BRITISH biographical archive: a one-alphabet cumulation of 324 of the most important English-language biographical reference works originally published between 1601 and 1929 / managing ed.: Laureen Baillie; ed. Paul Sieveking. – Microfiche edition. – London; München (etc.): Saur, 1984-1988. – 1236 microfiches. – ISBN 0-86291-365-9 (diazo). – ISBN 0-86291-366-7 (silver)

Biografische artikelen uit een cum. van ca. 324 naslagwerken over persoonlijkheden uit Groot-Brittannië en vroegere koloniën. Titelbladen van de bronnen en voorwoord apart op 16 microfiches. Hierop aansluitend in boekvorm: *BRITISH biographical index.* – 1989. – 4 vols. – ISBN 0-86291-390-X. Een vervolg op de basisuitg. (Series II) verscheen in de periode 1991-1994 op 750 microfiches. Ruim 150.000 personen, voornamelijk uit het tijdvak 1870-1960.

5.2 *Pseudoniemen en anoniemen*

5.20 *Inleiding*

TAYLOR, ARCHER
The bibliographic history of anonyma and pseudonyma / by Archer Taylor and Fredric J. Mosher. – Chicago: Univ. of Chicago press, 1951. – IX, 288 p.

Ook over homoniemen, verlatijnste namen en fictieve gegevens in het impressum. Geeft een systematische lijst van pseudoniemen- en anoniemenwoordenboeken en een index op de historische gedeelten.

5.21 *Internationaal*

WELLER, EMIL

Lexicon pseudonymorum: Wörterbuch der Pseudonymen aller Zeiten und Völker, oder Verzeichnis jener Autoren, die sich falscher Namen bedienten / Emil Weller. – 2. durchaus verb. und verm. Aufl. – Regensburg: Coppenrath, 1886. – X, 627 p. – Herdr.: Hildesheim (etc.): Olms, 1977. – Oorspr. uitg.: Leipzig: Falche und Rössler, 1856

Alfabetisch ingerichte internationale lijst van ongeveer 32.000 schuilnamen met daarachter de ware namen. Werken onder pseudoniem geschreven alleen vermeld als gelijkluidende pseudoniemen moesten worden onderscheiden of indien echte naam onbekend. Geen ingang op de echte namen.

SHARP, HAROLD S.

Handbook of pseudonyms and personal nicknames / comp. by Harold S. Sharp. - Metuchen, NJ: Scarecrow press, 1972. – 2 dl. (1104 p.). ISBN 0-8108-0460-3. – Suppl. 1. – 1975. – 2 dl. (VI, 1395 p.). ISBN 0-8108-0807-2. – Suppl. 2. – 1982. – (V, 289 p.). ISBN 0-8108-1539-7

Internationaal, zonder beperking naar tijd, land of beroep. Bevat enkele tienduizenden pseudoniemen en/of bijnamen (het hoofdwerk uit 1972 telt al ca. 15.000 echte namen en 25.000 pseudoniemen/bijnamen). De pseudoniemen opgenomen op de ware namen (cf. WELLER) met vermelding van geboortejaar (en eventueel jaar van overlijden), nationaliteit en beroep. Daaronder de schuil- of bijnamen. Zoekt men meteen op het pseudoniem, dan vindt men daar een verwijzing naar de echte naam.

PSEUDONYMS and nicknames dictionary: a guide to 80.000 aliases, appellations, assumed names ... of 55.000 contemporary and historical persons / Jennifer Mossman, editor. – 3rd ed. – Detroit, MI: Gale research, 1987. – 2 dl. – ISBN 0-8103-0541-0. – ISSN 0277-0350. – Oorspr. uitg.: 1980

De derde editie is aanzienlijk uitgebreid t.o.v. de tweede. Zowel pseudoniemen als de echte namen in één alfabet. Geboorte/sterfdatum, nationaliteit, beroep, bronverwijzing en pseudoniem te vinden bij de echte namen. Bij de schuilnaam wordt naar de ware naam verwezen.

ROOM, ADRIAN

A dictionary of pseudonyms and their origins, with stories of name changes / by Adrian Room. – Rev. ed. – Jefferson, NC (etc.): McFarland, 1989. - VII, 342 p. – ISBN 0-89950-450-7
- Oorspr. uitg. o.d.t.: Naming names. – 1981

Het hoofddl. ‘Pseudonyms and name changes and their origins’ verschaft een overzicht van pseudoniemen met ‘name stories’, d.w.z. toelichting waarom mensen een bepaalde schuilnaam kozen. Vóór het dl. pseudoniemen zeven inleidende hoofdstukjes (the nature of a name / why another name / changing names e.a.). Interessante extra’s (in drie aanhangsels): pseudoniemen gebruikt door Voltaire (173!), door Daniel Defoe (198!) en een lijst met ‘Real names’: namen van mensen die (soms tegen de verdrukking in) hun eigen naam aanhielden.

5.22 *Nederland en België*

DOORNINCK, J.I. VAN

Vermomde en naamlooze schrijvers opgespoord op het gebied der Nederlandsche en Vlaamsche letteren / door J.I. van Doorninck. – Leiden: Brill, 1883-1885. – 2 dl. – Herdr.: Amsterdam, Israël, 1970
Oorspr. uitg.: Bibliotheek van Nederlandse anonymen en pseudonymen. – ’s-Gravenhage: Nijhoff, 1870

KEMPENAER, A. DE
Vermomde Nederlandsche en Vlaamsche schrijvers / door A. de Kempenaer. - Leiden: Sijthoff, 1928. – (8) p. – 692 kol. – Herdr.: Amsterdam: Israël, 1970

Bekende naslagwerken voor de oplossing van pseudoniemen en anoniemen in het Nederlandse taalgebied. Van Doorninck (dl. 1: Schuilnamen en naamletters; dl. 2: Naamlooze geschriften) bestrijkt de periode vanaf het vroegste begin tot 1885; De Kempenaer die van 1885 tot 1928. Beide werken geven de oplossing van pseudoniemen, anagrammen, initialen. Van Doorninck verklaart in het tweede dl. bovendien anoniemen. Samen geven ze ca. 18.000 namen. Op De Kempenaer verschenen ca. 120 aanvullingen van de hand van G. KALFF Jr. in: *De Nieuwe Taalgids* 25(1931), pp. 146-151. Van Doorninck heeft geen register; De Kempenaer een van werkelijke namen met daarachter de pseudoniemen. Beide werken met goede bronnenopgaven.

LIJST van pseudoniemen / samengest. door F. de Swert-Cornelis. – 6e herz. en aangevulde uitg. – Den Haag: NBLC, 1982. – 59 p. – ISBN 90-6252-228-9. - Oorspr. uitg.: Den Haag: Centrale Ver. voor openbare bibliotheken, 1964

Internationale lijst van 4.600 pseudoniemen, bedoeld als gids in openbare bibliotheken. Ingangen op de schuilnamen. Geen pseudoniemen die tijdens de oorlog alleen voor clandestiene uitg. werden gebruikt. Zie daarvoor: *Het vrije boek in onvrije tijd* door D. de Jong (rubriek 3.1).

HAZEU, WIM
Het literair pseudoniemen boek / door Wim Hazeu. – Amsterdam: De Bijenkorf, cop. 1987. – 319 p. – ISBN 90-71442-11-X

Overzicht van meer dan 4.300 schuilnamen met de echte naam van Nederlandstalige schrijvers (literaire auteurs, maar ook tekstschrijvers en journalisten) uit de periode 1880-1987. Een dl. auteursnaam / pseudoniem gevolgd door een contraregister: pseudoniem / auteursnaam, waarin men dus kan zien welk(e) pseudoniem(en) een bepaalde auteur heeft gebruikt. Zeer lezenswaardig voorwoord van Hazeu: ‘Over pseudoniemen en andere geheimen’, gevolgd door een dertig bijdragen van bekende auteurs (van Bernlef tot Warren) over achtergronden en gevolgen van het kiezen van een schuilnaam. Hierdoor is het meer dan alleen een pseudoniemenlijst. In 1987 verscheen van dit boek ook een beperkte oplage bij uitgeverij Hadewych in Antwerpen (ISBN 90-70876-58-2).

PRISMA van de pseudoniemen / samenst.: Astrid Bosch en René van Praag. - Utrecht: Het Spectrum, 1992. – 199 p. – ISBN 90-274-3098-5 (Prisma boeken)

Omslagtitel: Ruim 2.000 pseudoniemen en artiestennamen. Recent, geen aanspraak op volledigheid, maar representatief en up-to-date beeld van de schuilnamen van 1.000 mensen uit heden en verleden. Ingang op de pseudoniemen, daarachter de ware namen en geboorte- en (indien van toepassing) sterfjaar. Korte omschrijving van activiteiten en van boeken van de betrokkene en eventueel films waarin hij of zij een rol speelde.

5.3 *Afkortingen, letterwoorden*

ACRONYMS, initialisms and abbreviations dictionary: a guide to more than 500.000 acronyms ... / Jennifer Mossman ed.; Prindle LaBarge (et al.) assoc. ed. – 15th ed. – Detroit, MI: Gale research, 1990. – 3 dl. (3676 p.) – ISSN 0270-4404. – Oorspr. uitg.: 1960

en:

REVERSE acronyms, initialisms & abbreviations dictionary: a companion volume to acronyms, initialisms & abbreviations dictionary, with more than 420.000 terms ... . – 12th ed. / Julie E. Towell and Helen E. Sheppard, eds. – Detroit, MI: Gale, 1987. – 3 dl. – ISSN 0270-4404

Uitgebreid woordenboek van afkortingen en letterwoorden, (de meeste geassocieerd met de V.S.) op vrijwel alle gebieden. De 15e editie geeft meer dan 500.000 termen. Veel afkortingen van tijdschrifttitels. Ongeveer 20.000 nieuwe afkortingen, vergeleken bij de vorige editie, op gebieden als o.a. ruimtevaart, computerkunde, gezondheidszorg, recht. Soms is een 'identifier' toegevoegd om een term in een bepaalde onderwerpscategorie te plaatsen, bv. TRS: Tropical Revolving Storm (Meteorology). In 1991 verscheen dl. 1 (ISBN 0-8103-5077-7) van de 16e editie met ruim 520.000 afkortingen.
De REVERSE acronyms ... (etc.) verschaft dezelfde gegevens als het basiswerk, alleen staan hier niet de afkortingen in alfabetische volgorde vooraan, maar de complete verklaringen, gevolgd door de afkortingen, bv.: Eastern Standard Times: EST. Hierin kan men dus de algemeen aanvaarde afkorting van de naam van een bepaalde organisatie of van een technische term te weten komen. Een aanvullende uitg. tussen de verschillende edities is: *NEW acronyms, initialisms & abbreviations*. Komt onder deze titel uit vanaf 1976. (ISSN 0270-4404)

DE SOLA, RALPH
Abbreviations dictionary: abbreviations, acronyms, airlines and airports, appellations, astronomical terminology ... / Ralph De Sola. – 8th ed. - Boca Raton, FLA (etc.): RC press, 1992. – XX, 1300 p. – ISBN 0-8493-4247-3. – Oorspr. uitg.: 1958

Uitgebreid woordenboek met 250.000 afkortingen, letterwoorden e.d. Een bijzonder kenmerk: 65 overzichten van onder meer 'corrections facilities and organizations, railroads of the world, steamship lines, earthquake data (Richter scale)' en 'weather symbols (Beaufort scale)'.

ITA: Internationale Titelabkürzungen von Zeitschriften, Zeitungen, wichtigen Handbüchern, Wörterbüchern, Gesetzen, Institutionen usw. = International title abbreviations of periodicals, newspapers, important handbooks, dictionaries, laws, institutions etc. / Otto Leistner, Heike Becker. – 5e erw. Aufl. – Osnabrück: Dietrich, 1993. – 2 dl. (XI, 1496 p.). – ISBN 3-89186-011-0. – Oorspr. uitg.: 1967-1970

Overzicht van ruim 66.000 afkortingen van m.n. tijdschrifttitels. Afkortingen alfabetisch, daarachter de betekenis. Gegevens bij de afkortingen: titel, ondertitel, plaats van uitg., beginjaar en (vaak) praktische gegevens over jaargangnummers, bv.: A Sci = American Scientist. – Burlington 1913 ff (44, 1956); nuttig bij verificatiewerk. In deze editie meer aandacht voor afkortingen van instellingen en verenigingen en de door hen uitgegeven publs.

5.4 *Organisaties, instellingen*

5.40 *Internationaal*

The WORLD of learning. – 1st ed. (1947)- . – London: Europa publications, 1947- . – ISSN 0084-2117

Jaarlijks verschijnend, zeer volledig en up-to-date standaardwerk; internationaal adresboek van bibliotheken, archieven, musea, universiteiten, geleerde genootschappen enz. Behalve de adressen ook lijsten van aan die instellingen verbonden personen. Deze laatsten kunnen echter *niet* via de index worden gevonden. Vermelding van door de opgenomen instanties uitgegeven publs. Indeling alfabetisch op de (Engelse) namen van de landen, daarbinnen op typen organisaties. Naast dit hoofddl. waarin ook adres, telefoonnummer, namen van bestuurderen en stichtingsjaar worden vermeld, een sectie Internationale organisaties (in de 45e editie meer dan 400) en een uitgebreid register (102 p.) dat alfabetisch de instellingen ordent. In 1994 verscheen de 45e (1995) editie (XVI, 2123 p. – ISBN 0-85743-002-6) met gegevens over ruim 26.000 instellingen en meer dan 150.000 daarmee verbonden personen.

INTERNATIONAL organizations: a guide to over 8.000 international non-profit membership organizations ... concerned with all subjects of activity. - 23th ed. (1989)- . – Detroit, MI (etc.): Gale research, 1988- . – ISSN 1041-0023

Maakt deel uit van de *ENCYCLOPEDIA of associations*, waarbinnen behalve deze publ., ook verschijnen: *NATIONAL organizations of the U.S.* en *REGIONAL, state and local organizations.*

De 28e editie van *INTERNATIONAL organizations* (1994) bevat gegevens over ruim 13.500 organisaties, gevestigd binnen en buiten de V.S. Dl. 1 (Descriptive listings) vermeldt, binnen de in 15 groepen gerangschikte instellingen, naam, afkorting, adres, telefoon-, fax- en telexnummer, stichtingsjaar, leden, staf, afdelingen, geautomatiseerde dienstverlening en de door de instelling verzorgde publs. (naam, oplage, prijs, ISSN, online beschikbaarheid). Dl. 2 geeft indexen: Geographic index (instellingen naar landen); Executive index (naar leidende personen) en een Name and keyword index. Een Supplement verschaft tussentijdse aanvulling. In 1994 gaf dit ruim 850 nieuwe instellingen.

*ENCYCLOPEDIA of associations [CD-ROM bestand]
Uitgever: Gale research / Zoektaal: SPIRS / Updates: halfjaarlijks

Biedt gegevens van lokale, regionale en nationale instellingen binnen de V.S., maar ook van vele internationale organisaties.

*ENCYCLOPEDIA of associations (EA) [Online bestand]

Uitgever: Gale research / Taal: Engels / Periode: actuele informatie / V.S. en internationaal / Updates: 2x per jaar / Online via: DIALOG; OCLC First Search

Bevat ca. 119.000 instellingen en organisaties, waarvan 15.000 internationaal, gevestigd binnen en buiten de V.S.

YEARBOOK of international organizations = Annuaire des Organisations Internationales. – 1st ed. (1948)- . Brussels (etc.): UIA; München (etc.): Saur, 1948- . – ISSN 0084-3814

Algemeen overzicht en informatie over internationale organisaties. Vanaf 20e ed. (1983-84) in drie dln.: I (1994-95) geeft per organisatie naam, afkorting, adres, historische gegevens, activiteiten, publs. Indexen o.a. op publs. II ''Geographic volume: international organization participation; country directory of secretariats and membership'', met index op landen. III ''Subject volume: global action networks; classified directory by subject and region'', met index op publ. Alfabetische ordening naar onderwerpen.

5.41 *Nederland*

PYTTERSEN'S Nederlandse almanak: jaarlijks verschijnend handboek van personen en instellingen in Nederland en de Nederlandse Antillen. – Jrg. 57(1958)- . – Zaltbommel: Van de Garde: Deventer: Van Loghum Slaterus, 1958- . – ISSN 0079-8223

Nuttig en betrouwbaar naslagwerk. Huidige ondertitel: *jaarlijks verschijnend handboek van instellingen en personen in Nederland.* In 1994 verscheen de 93e jaargang (ISBN 90-313-1725-X). Indeling systematisch, in zes onderdelen: A) Organisaties, stichtingen en verenigingen; B) Overheid; C) Rechtspraktijk; D) Onderwijs; E) Gezondheidszorg en Oudenzorg; F) Kunst en Cultuur. De inhoudsopgave geeft een verdere onderverdeling. In het eigenlijke naslaggedeelte worden van de (6.650) instellingen gegevens verstrekt als: naam en afkorting, adres, telefoon, bestuursleden, doelstelling, 'overige informatie' en eventuele publs. en/of verenigingsorganen. Uitgebreid register (206 p.) op de namen der verenigingen, met verwijzing naar de diverse rubrieken. Het hoofddl. verschijnt in september; vanaf 1994 komt in maart een supplement uit met tussentijdse wijzigingen en aanvullingen.

5.5 *Encyclopedieën*

5.50 *Inleiding*

Het (bibliografisch) belang van goede grote encyclopedieën is aanzienlijk, zoals in hoofdstuk V al nader werd toegelicht. Dit belang ligt niet alleen in de literatuuropgaven aan het einde van de artikelen (van en over personen; over zaken), maar ook in de onderwerps- en biografische informatie die zij bieden. Naast universele encyclopedieën die het gehele terrein van kennis, kunst en wetenschap bestrijken, zijn er ook encyclopedieën voor afzonderlijke vakgebieden, beroepen of thema's. Een recent en goed overzicht van beide typen treft men aan in: KISTER, Kenneth F.: *Kister's best encyclopedias: a comparative guide to general and specialized encyclopedias*. – 2nd ed. – Phoenix, AR: Oryx press, 1994. - XII, 506 p. – ISBN 0-89774-744-5. Dit werk beschrijft overigens wel voornamelijk de Amerikaanse situatie, waar voor encyclopedieën, mede ook door de 'continuous revision'-methode, een grotere markt is dan bij voorbeeld in Nederland. In ons land is na toppen in de omzet (vooral 1976, 1977 en 1979) vanaf het begin van de 80er jaren de markt voor grote algemene encyclopedieën aanzienlijk ingekrompen. De enige Nederlandse uitgeverijen die nu nog activiteiten ontplooien op dit gebied zijn Bonaventura (Grote Winkler Prins) en Het Spectrum (Grote Spectrum Encyclopedie), maar zij aarzelen wat betreft het uitbrengen van elektronische versies (zie: Stiller, Louis: 'CD-ROM te beperkt voor encyclopedie: Winkler Prins en Het Spectrum sceptisch'. In: *Thema multimedia*, bijlage bij *Automatisering Gids, weekblad over informatietechnologie*, nr. 9; 3 maart 1995; p. 2).

Encyclopedieën zijn soms online beschikbaar, maar vooral de hierboven al aangeduide versies op CD-ROM staan in de belangstelling en dan met name de multimedia(le) encyclopedieën, die behalve tekst ook beeld, geluid, video, animatie bevatten. Amerikaanse en Engelse produkten geven hier de toon aan. De kwaliteit van deze uitgaven laat nog te wensen over (zie o.a.: Blankesteijn, Herbert: 'Een encyclopedie van 16 gram: vergelijkende warentest van multimediale naslagwerken'. In: *NRC Handelsblad*, 26 jan. 1995; bijvoegsel Wetenschap & Onderwijs; p. 1.) Een gedegen toelichting op het genre, waarin tevens een vergelijkend onderzoek, is: *MULTIMEDIA-Enzyklopädien auf CD-ROM: eine vergleichende Analyse von Allgemeinenzyklopädien* / Winfried Gödert. – Berlin: Bibliotheksinstitut, 1994. – 125 p. – (Informationsmittel für Bibliotheken: Beiheft 1). – ISBN 3-87068-541-7. Enkele voorbeelden van multimedia-encyclopedieën komen in het hiernavolgende gedeelte kort ter sprake.

Voor een inventarisatie van (gedrukte) encyclopedieën kunnen de volgende drie werken dienen (de eerste twee voor oudere titels en voor historische details):

COLLISON, ROBERT L.
Encyclopedias: their history throughout the ages: a bibliographical guide with extensive historical notes to the general encyclopedias issued throughout the world from 350 BC to the present day / by Robert Collison. - 2nd ed. – New York (etc.): Hafner, 1966. – XVI, 334 p. – Oorspr. uitg.: New York: Hafner, 1964

Een uitvoerige verhandeling over de geschiedenis van de algemene encyclopedie, waarin vele belangrijke werken worden besproken, gevolgd door verschillende bijvoegsels, waaronder een tekst van Samuel Taylor Coleridge 'Scientific method', over de filosofie van het plannen en vervaardigen van encyclopedieën. Literatuuropgave en een lijst van niet in het hoofdgedeelte genoemde werken. Index op persoonsnamen, titels en ondertitels. Nog steeds interessant door nadruk op historische aspecten.

ZISCHKA, GERT A.
Index lexicorum: Bibliographie der lexikalischen Nachschlagewerke / Gert A. Zischka. – Wien: Hollinek, 1959. – XLIV, 290 p.

Internationaal naslagwerk van encyclopedieën en encyclopedische woordenboeken. Nadruk op Duitse werken. Ca. 7.000 titels, verdeeld over 21 onderwerpsgebieden. Vermeldt speciale woordenboeken (geen taalwoordenboeken), encyclopedieën, handboeken, biografische woordenboeken, jaarboeken enz. Korte annotaties. Geen onderwerpsbgf. Index op auteurs en trefwoorden. Gedateerd, maar van belang door onder meer de inleiding (XI-XLIII) over de geschiedenis van de encyclopedie.

DICTIONARIES, encyclopedias and other word-related books: a classed guide to dictionaries, encyclopedias and similar works, based on Library of Congress MARC records ... / ed. by Annie M. Brewer. – 4th ed. – Detroit, MI: Gale, 1988. – 2 dl. – ISBN 0-8103-0440-6. – Oorspr. uitg.: Detroit. MI: Gale research, 1975

Overzicht van woordenboeken (ook taalwoordenboeken) en encyclopedieën (algemene en ook naar onderwerp/vakgebied). Geeft ruim 35.000 titels; kopieën van LoC kaarten. Systematische indeling naar de LoC-classificatie, met eerst meer algemene werken (ook binnen een onderwerpsgebied) en daarna meer specifieke. Deze editie met een index op onderwerpen en titels.

5.51 *Nederland en België*

EERSTE Nederlandse systematisch ingerichte encyclopedie / samengest. onder leiding van H.J. Pos ... (et al.). – Amsterdam: E.N.S.I.E., 1946-1960. – 12 dl., ill., krt.

Een encyclopedie die een samenhangend beeld geeft van de (toenmalige) stand van kennis op alle gebieden van wetenschap en techniek. Dl. 10 is lexikon en register, dl. 11 supplement en dl. 12 index op dl. 11 en tegelijkertijd bijgewerkt lexikon. Met een overzicht van de wereldgeschiedenis in synchronische tabellen. De kwaliteit van de bijdragen in de verschillende dln. loopt nogal uiteen. Soms uitvoerige bgf., echter ook wel eens onvolledig (titelbeschrijvingen!).

GROTE Winkler Prins encyclopedie in 25 delen. – 8e geh. nieuwe druk / hoofdred. R.C. van Caenegem ... (et al.) – Amsterdam (etc.): Elsevier, 1979-1984. – 25 dl. + suppl. – ISBN 90-10-02300-1

Deze editie heeft een sterk gewijzigde opzet in vergelijking met de 7e druk (1966-1975), waarvan 180.000 sets werden verkocht, een sindsdien in Nederland niet meer geëvenaarde oplage. Uiterlijk vallen het grotere formaat en het gebruik van drie kolommen tekst per pagina op. Alle artikelen zijn nieuw of op zijn minst herzien. Diverse nieuwe elementen, die een systematische ordening toevoegen aan het alfabetisch gerangschikte materiaal, de informatie verruimen en van extra dimensies voorzien. De encyclopedie bestaat uit drie onderdelen: 1) het alfabetisch gedeelte (ca. 150.000 artikelen); 2) de historioscoop: een overzicht van 20 eeuwen wereldgeschiedenis vanaf de 1e eeuw na Christus; 3) de registers (60.000 ingangen) achterin dl. 25. De Historioscoop is een van de nieuwe elementen, andere zijn de verwijstableaus, de tijdbalken, de tijdgenootbalken en de leeswijzers. Er zijn bijgewerkte literatuuropgaven en veel nieuwe illustraties, waarvan een groot deel in kleur. In 1984 verscheen een *Supplement 1984* met verslagperiode 1976-1983, met necrologie en index. Het decennium 1983-1993 in *Supplement 1994* (1994. – ISBN 90-10-06156-6). Elk jaar het *WINKLER Prins Jaarboek*.

GROTE Winkler Prins: encyclopedie in 26 delen. – 9e geh. nieuwe dr. (hoofd- en eindred. L.C.M. Röst). – Amsterdam (etc.): Elsevier, 1990-1993. – 26 dl. – ISBN 90-10-09000-0

Voor het eerst speelde bij het samenstellen van de W.P. de computer een belangrijke rol, niet alleen door de mogelijkheid sneller informatie te verwerken, maar ook konden nu in alle stadia van de produktie fouten/spelling worden gecorrigeerd; tevens werden trefwoordenlijsten en registers met de computer gemaakt. In deze editie een aantal veranderingen: zo zijn alle geografische kaarten met bijbehorend register in een apart atlasdl. verenigd, waarin tevens een tekstregister van deze GWP met 120.000 ingangen. Hierin staan behalve de registerwoorden (namen van personen, instellingen en onderwerpen die niet als trefwoorden voorkomen, maar wel in de tekst) ook alle trefwoorden met betrekking tot alle artikelen. De encyclopedie bevat 700 tabellen, 1.700 verwijstableaus (die een extra systematische ingang geven) en ca. 13.000 illustraties. Tevens de 'Euroscoop' (80 p.): een chronologische samenvatting van de geschiedenis van Europa tot het eind van de 20e eeuw; te vergelijken met de Historioscoop uit de 8e editie. Voor aanvullingen zie hierboven bij de 8e druk.

OOSTHOEKS encyclopedie / onder hoofdredactie van Jac. L. Griep en J.A. van Houtte. – 6e dr. – Utrecht: Oosthoek's uitg. mij., 1968-1973. – 15 dl.; ill. – Oorspr. uitg.: 1916-1925, o.d.t.: 'Oosthoek's geïllustreerde encyclopaedie'.

Supplementen verschenen als dl. 16 t/m 19 in 1975-1985. Alfabetisch op onderwerp. Bij een aantal artikelen (met name filosofische, historische en literaire) goede literatuuropgaven.

De GROTE Oosthoek: encyclopedie en woordenboek. – 7e uitg. – Utrecht: Oosthoek's uitg. mij., 1976-1981. – 21 dl.; ill., krt., prtr. – Met suppl. 1- . – ISBN 90-6046-200-9

Vooral in deze uitg. werd de encyclopedie een 'Konversationslexikon' met de nadruk op een grote hoeveelheid kleine artikelen. Alfabetisch op onderwerp. In deze 7e editie is het Van Dale woordenboek verwerkt. Bijzondere aandacht voor de humaniora, maar ook voor nieuwe ontwikkelingen in de natuurwetenschappen en techniek. Een nieuw element vormen de 'margeverwijzingen', waarmee men inzicht wil verschaffen in de systematische samenhang (cf. de nieuwe aanpak van de W.P.). Door het samenstellen van een afzonderlijke atlas (dl. 21) voerde men een kenmerk van de eerste uitg. weer in. In dit laatste dl. tevens een overzicht van de wereldgeschiedenis in 140 kaarten. De atlas zelf bestaat uit 350 kaarten. Register op beide gedeelten. In 1981 en 1986 de supplementen 1 en 2, waarin ook naar het basiswerk wordt verwezen. Verdere aanvullingen: *JAARBOEK over* ... (t/m 1986); vanaf 1987: *De WERELD in* ..., waarvan jaardl. 1993 uitkwam in 1994 (ISBN 90-6211-505-5).

GROTE Nederlandse Larousse encyclopedie in vijfentwintig delen / samengest. door: L. Nagels (et al.). – Hasselt: Heideland-Orbis; 's-Gravenhage: Scheltens & Giltay, 1972-1979. – 25 dl.; ill. – ISBN 90-291-1000-7 (Heideland-Orbis). – ISBN 90-6158-001-3 (Scheltens & Giltay) Bewerking van: Grand Larousse encyclopédique. – Met suppl. – Met atlasdl. (ISBN 90-6158-001-3)

Nederlandse uitg. van de *Grand Larousse encyclopédique*, waarvan uiteraard het Franse aandeel is teruggebracht ten behoeve van informatie over Nederlandse en Belgische aangelegenheden. Binnen de alfabetische ordening systematisch van opzet. De trefwoorden zijn gegroepeerd in 20 takken van wetenschappen die weer zijn onderverdeeld in 1066 kleinere

rubrieken. Elk dl. eindigt met een gedeelte bgf. dat de al bij de betreffende ingangen gegeven relevante literatuur aanvult. Naar deze bibliografische gedeelten wordt in de encyclopedie ook verwezen. Ook als woordenboek is de GNLE bruikbaar: hiervoor is het *Verklarend handwoordenboek der Nederlandse taal* (Koenen-Endepols) in de encyclopedie verwerkt. Op de aan dit werk ontleende 'taal'-betekenissen van een lemma volgen eventuele 'rubriek'-betekenissen, die pas op hun beurt worden gevolgd door het encyclopedisch gedeelte (encyc.). De GNLE bevat veel illustraties (veel foto's klein en in de marge geplaatst): 44.000 illustraties in zwart-wit en 520 pagina's in kleur. Bij dezelfde uitgevers het aanvullende *LAROUSSE jaarboek over ...*, dat vanaf 1987 uitkomt o.d.t.: *De WERELD in ...* In 1994 verscheen jaardl. 1993.
In 1982-1983 een vier dln. tellende 'decenniumserie': De jaren '40, '50, '60 en '70 (rugtitel: SONOBOEK: woord, beeld en geluid); een en ander kan als aanvulling op de encyclopedie worden gezien. (ISBN 90-6158-8100-1). Deze uitg. verscheen eveneens bij de Grote Oosthoek en bij de Summa.

GROTE Spectrum encyclopedie. – Utrecht (etc.): Spectrum, 1974-1979. – 24 dl.; ill. – Met suppl. 1- , – ISBN 90-274-8951-3

Een encyclopedie die door een thematische opzet de onderwerpen in breder verband behandelt: in samenhang met andere onderwerpen die voor de gezochte informatie van belang kunnen zijn. De eigenlijke encyclopedie bestaat uit de eerste 20 dln.; de dln. 21 tot en met 24 vormen een grote index, die ook als oriëntatie bij het zoeken goede diensten kan bewijzen. Deze index-artikelen bevatten vooral feitelijke informatie die kan worden gevolgd door verwijzing naar artikelen in de encyclopedie. Achter de zoekterm in de index een verwijzing naar artikelen in de eigenlijke encyclopedie. Dl. 24 geeft een uitgebreide bgf. (p. 458-560) waarnaar vaak verwezen wordt. Deze bgf. bevat gegevens aangaande een groot aantal bgf., handboeken en naslagwerken, zowel algemeen als vakgericht. Artikelen in de encyclopedie beginnen met een korte inleiding of samenvatting. Daarna volgt de eigenlijke tekst. Trefwoorden uit de indexdln. zijn onderstreept. Lange artikelen zijn verdeeld in genummerde onderdelen. Deze indeling staat zowel boven het artikel als in de index. Ruim 2.500 pagina's in kleur, met ca. 20.000 illustraties. Van dezelfde uitgever komt het *SPECTRUM jaarboek* uit, de eerste band in 1980, handelend over 1979. In 1994 verscheen *De WERELD in 1993* (ISBN 90-274-4041-7), waarvan de rugtitel luidt: SPECTRUM jaarboek 1994 (inhoud identiek aan het WINKLER Prins Jaarboek).

SUMMA: encyclopedie en woordenboek in kleur. – Antwerpen (etc.): Standaard (etc.), 1973-1982. – 22 dl. + suppl.: ill.

Zowel woordenboek als encyclopedie, die in luxe en 'reguliere' editie verscheen. De encyclopedische behandeling van een onderwerp volgt altijd op de taalkundige betekenis van de term en wordt apart aangegeven. In het taalkundige gedeelte wordt zonodig naar het encyclopedisch dl. verwezen met de aanduiding (enc.). Behoeft een trefwoord meer dan één encyclopedische behandeling dan wordt elke daarvan ingeleid door de naam van het vakgebied. In 1978 verscheen dl. 20 (VERDR-ZZ), het laatste dl. van de eigenlijke encyclopedie. Dl. 21 geeft door middel van chronologische tabellen een overzicht van de wereldgeschiedenis. Dl. 22 is een wereldatlas. In 1980 verscheen een eerste supplement; in 1982 een tweede. In 1979 begon een serie: *SUMMA jaarboek*; jaardl. 1993 verscheen in 1994 (ISBN 90-71889-25-4).

5.52 *Duitsland*

BROCKHAUS Enzyklopädie in 24 Bänden. – 19. völlig neu bearb. Aufl. - Mannheim: Brockhaus, 1986-1994. – 24 dl.; ill. – ISBN 3-7653-1100-6. - Oorspr. uitg.: 1796-1810

De oudste Duitse 'Konversations-Lexikon', die vele andere encyclopedieën in dit opzicht heeft beïnvloed. Alfabetisch op scherp begrensde trefwoorden (ca. 260.000). Meer dan

35.000 illustraties, kaarten, tabellen en 150.000 verwijzingen. Elk dl. tot het moment van uitg. zo veel mogelijk bijgewerkt ('gleitende Berichtszeit'). Om lacunes in al verschenen dln. te compenseren zijn in de dln. 6, 12, 18 en 24 aanvullende gedeelten opgenomen. Veel biografisch materiaal, ook over nog levende personen. Op de 24 dln. van het basiswerk zullen 6 dln. met aanvullingen volgen, waarvan dl. 25 het personenregister zal bevatten (ook met personen aan wie geen artikel is gewijd, maar die wel in de tekst worden genoemd). Apart verscheen: WELTATLAS. – 2., neu bearb. Aufl. – 1993. – 538 p. – ISBN 3-7653-1132-4

5.53 *Frankrijk*

La GRANDE encyclopédie: inventaire raisonné des sciences, des lettres et des arts ... / sous la direction de Berthelot ... (et al.). – Paris: Lamirault, 1885-1902. – 3 dl.; ill.

Zeer wetenschappelijk opgezette encyclopedie met omvangrijke, gesigneerde artikelen en goede bgf. Door hoge kwaliteit nog van betekenis voor onderwerpen in de literaire, historische en vooral biografische sfeer.

La GRANDE encyclopédie. – Éd. rev. et corr. – Paris: Librairie Larousse, 1971-1976. – 20 dl.; ill. – ISBN 2-03-000900-8. – Oorspr. titel: Grand Larousse encyclopédique

Een nieuw opgezet werk dat vooral de nadruk legt op de nieuwste ontwikkelingen in de verschillende wetenschapsgebieden in de 20e eeuw. Ongeveer 8.000 artikelen belichten onderwerpen op het terrein van de techniek, de sociale wetenschappen en de humaniora. Belangrijke thema's worden behandeld in zogenaamde 'articles-dossiers', waarin algemene lijnen worden gevolgd door aanvullende informatie en uitvoerige bgf. (Deze zijn in de supplementen overigens aanzienlijk minder groot). De index uit 1978 heeft 150.000 ingangen. Een eerste supplement verscheen in 1981; een tweede in 1985.

ENCYCLOPAEDIA universalis. – 3e éd. – Paris: Encyclopaedia universalis, 1989-1990. – 30 dl. – ill. – Corpus: 23 dl. – Thesaurus, index: 4 dl. - Symposium: 3 dl. – Oorspr. uitg.: 1968-1976.

Na 1974 werd de eerste editie van deze encyclopedie bijgehouden door jaarlijkse aanvullingen (UNIVERSALIA; 1974-) en een serie atlassen. Later verschenen een 2e en een 3e uitg. en tenslotte bovengenoemde editie. De encyclopedie bestaat uit drie delen: *Corpus* (23 dl.) met uitvoerige artikelen, veelal gesigneerd en onder brede trefwoorden. Verwijzingen naar verwante onderwerpen. Veel nieuwe illustraties en bijgewerkte literatuuropgaven. De *Thesaurus* (4 dl.), die tegelijkertijd de functie van woordenboek en index vervult. Het *Symposium* (3 dl.), dat thematisch met elkaar verbonden artikelen bevat en waarin ook onderling verwezen wordt of naar het Corpus. Als meest recente in de serie jaarboeken verscheen *UNIVERSALIA* 1994: la politique, les connaissances, la culture en 1993 (ISBN 2-85229-321-8), met een auteursregister en een cumulatief onderwerpenregister voor de jaren 1984-1994.

5.54 *Groot-Brittannië*

ENCYCLOPAEDIA Britannica. – 14th ed. – Chicago: Encyclopaedia Britannica, 1929-1973. – 24 dl.; ill. – ISBN 0-85229-173-6 (1973). – Oorspr. uitg.: 1768-1771

Een van de beroemdste en grootste encyclopedieën. De eerste druk verscheen in Londen (1768-1771). De negende (1875-1889) en de elfde editie (1910-1911) volgens Collison (1966) "... the finest edition of the Britannica ever issued"), gelden nog steeds als waardevol. De Encyclopaedia Britannica geeft vaak uitvoerige artikelen met soms zeer goede bgf. Met de komst van de 14e editie (1929) gaf men de traditie van lange artikelen voor een deel op, ten gunste van kortere. De encyclopedie is nu in Amerikaanse handen, maar de Britse

origine is nog te herkennen in bij voorbeeld de lengte van artikelen over Engelse onderwerpen. Sinds 1929 alleen gedeeltelijke herzieningen (continuous revision). De verschillende edities werden niet meer genummerd, tot aan de uitg. van de hieronder behandelde 15e druk. De continuous revision methode is niet altijd een succes gebleken. Dit leidde tot achterlopen en hier en daar minder grote betrouwbaarheid.
Jaarlijkse aanvullingen: *The BRITANNICA book of the year.* – 1938- . - ISSN 0068-1156.

NEW Encyclopaedia Britannica. – 15th. ed. – Chicago, IL (etc.): Encyclopaedia Britannica, 1994. – 32 dl.; ill.; krtn. – ISBN 0-85229-591-X. – Oorspr. uitg.: 1768-1771

Inhoud: Propaedia: outline of knowledge and guide to the Britannica (1 dl.); Micropaedia: ready reference (12 dl.); Macropaedia: knowledge in depth (17 dl.); Index (2 dl.). Sinds 1985 in 32 dln. Deze sterk afwijkende editie brengt in de Macropaedia de langere, gesigneerde en van bgf. voorziene artikelen (680 artikelen van in totaal 23 miljoen woorden met daarbij 7000 illustraties). De Micropaedia bevat 83.000 artikelen en verwijzingen (18 miljoen woorden) en 19.000 illustraties, waarvan ongeveer de helft in kleur. Veel verwijzingen vanuit de Micropaedia naar artikelen in de Macropaedia. De Propaedia geeft in dl. 1 een systematisch overzicht van de menselijke kennis, noemt daarin de onderwerpen die in de Macropaedia worden behandeld en verwijst daarnaar. Er zijn diverse veranderingen doorgevoerd *na* de eerste versie van de 15e druk (1974-1984), waarop namelijk veel kritiek kwam (geen efficiënt naslagwerk, te moeilijk, geen index, enz.). De daarna aangebrachte verbeteringen zijn in de nieuwste bewerking gehandhaafd. De Propaedia is wat vereenvoudigd en er is een facet toegevoegd in de vorm van een twee dln. tellende index, met meer dan 400.000 ingangen. De Micropaedia is in omvang toegenomen van tien naar twaalf dln., met gemiddeld wat langere artikelen, terwijl de Macropaedia iets kleiner werd: van 19 naar 17 dln. Enigszins lastig blijft wel het naast elkaar voorkomen van twee grote afzonderlijke verzamelingen artikelen (Micropaedia en Macropaedia). Wanneer staat een onderwerp in de ene, wanneer in de andere afdeling? De lopende aanvulling op de encyclopedie wordt gevormd door *BRITANNICA book of the year*, waarvan de belangrijkste bestanddelen zijn: *The year in review*; *Britannica update* (dat een keuze geeft uit herziene artikelen uit de Macropaedia) en *World data* (statistische gegevens). Ook een *YEARBOOK of science and the future* en een *MEDICAL and Health annual.*

*BRITANNICA CD (Version 1.01) [CD-ROM bestand]

Uitgever: Encyclopaedia Britannica / Zoektaal : IDEA SEARCH / Periode: prehistorie- / Updates: jaarlijks

Bevat de volledige tekst van de artikelen uit Micropaedia en Macropaedia van de boekuitg. Deze versie (1.01) nog zonder illustraties en geluid, maar met uitsluitend informatie. Een multimedia CD-ROM versie zal verschijnen in de loop van 1995. Opgenomen is ook de *Merriam-Webster's collegiate dictionary.*

5.55 *Verenigde Staten*

The ENCYCLOPEDIA Americana. – International edition / Mark Cummings ed. in chief. – Danbury, Conn.: Grolier, 1992. – 30 dl.; ill.; krt.; index. – ISBN 0-7172-0123-6. – Oorspr. uitg.: 1829-1833

De grootste Engelstalige encyclopedie, op de *New Encyclopaedia Britannica* na. Het werk telt momenteel circa 52.000 ingangen en ruim 22.000 illustraties (waarvan 14% in kleur), verdeeld over bijna 27.000 pagina's. De gemiddelde lengte van de artikelen is circa 600 woorden. Alfabetische ordening. Ongeveer 75% van de artikelen is gesigneerd. Het laatste dl. is een index op het geheel. De nadruk ligt op Amerikaanse geschiedenis, cultuur en biografie, hoewel het werk internationaal van opzet is. Vrij veel materiaal over beroemde kunstwerken, boeken, muzikale composities e.d. Voor deze editie werden ruim 700 artikelen en meer dan 400 bgf. bijgewerkt. Nieuwe artikelen (Persian Gulf War; Germany reunited) werden toegevoegd. Bijgehouden met de continuous revision methode. Index met ca. 350.000 ingangen. Jaarlijkse aanvullingen in *The AMERICANA annual*. – 1923- . – ISSN 0196-0180. Een van de betere encyclopedieën.

COLLIER's encyclopedia: with bibliography and index / William D. Halsey, ed. dir.; Bernard Johnston, ed. in chief. – New York: Macmillan; London (etc.): Collier, 1991. – 24 dl.; ill.; krtn. – Oorspr. uitg.: 1949-1951

Behoort met de beide vorige tot de vooraanstaande encyclopedieën in de Engelse taal. De Collier's is de kleinste van de drie (24 dl., 21 miljoen woorden, verdeeld over ca. 25.000 artikelen). Alfabetische ordening. Veel gesigneerde artikelen. Over het algemeen niet zo gedetailleerd als de beide andere werken, met een wat bredere benadering van de onderwerpen, wat gebruik van de index (400.000 ingangen) zeer aanbevelenswaardig maakt. Illustraties (nu 17.000) in deze editie beter dan in vroegere. Goede literatuuropgaven. Continuous revision. Nieuwe artikelen (o.a. Aids, Havel, Iraq, Roemenië) toegevoegd. Uitvoerige bgf., evenals de index in dl. 24. Aanvullingen door *COLLIER's international yearbook*. – 1939- . – ISSN 0069-5793

*NEW Grolier multimedia encyclopedia 1995 [CD-ROM bestand]

Uitgever: Grolier electronic publishing / Internationaal / Periode: prehistorie- / Updates: jaarlijks / Versies: Macintosh, MS-DOS of Windows

Bevat de volledige tekst van de 21 dln. van de *ACADEMIC American encyclopedia*. De nieuwste versie bevat 7.000 nieuwe of nieuw bewerkte artikelen. In totaal 33.000 artikelen (10 miljoen woorden), 250 kaarten en 8.000 illustraties. Video's en animatie; verder o.a. een 'Knowledge tree' waarmee brede onderwerpsgebieden kunnen worden doorzocht, voordat men naar meer gerichte thema's gaat. In vergelijkende overzichten maakt deze multimedia encyclopedie, samen met de ENCARTA '95 een goede indruk.

*ACADEMIC American Encyclopedia (AAE) [Online bestand]

Uitgever: Grolier electronic publ. / Internationaal / Taal: Engels / Periode: aktuele informatie / Updates: per kwartaal / Online via: (o.a.) CompuServe Information service; Delphi Internet Services Corporation (Grolier). Bevat de ruim 33.000 artikelen van de gedrukte, 21 dln. tellende, gelijknamige encyclopedie.

*ENCARTA '95: the complete interactive multimedia encyclopedia.

[CD-ROM bestand] (Verenigde Staten): Microsoft, cop. 1992-1994. - (Microsoft Home). Het equivalent van de gelijknamige 28-delige encyclopedie; bevat 26.000 artikelen (9 miljoen woorden); animaties, video's en bijna 1.000 geluidsfragmenten. Van de verschillende op de markt zijnde multimedia encyclopedieën wordt deze door diverse recensenten als de beste ervaren.

*COMPTON's interactive encyclopedia: for Windows. Versie 2.01VW (1994)

[CD-ROM bestand]. Uitgever: Compton's NewsMedia / Zoektaal: Smartrieve / Internationaal / Periode: prehistorie- / Updates: jaarlijks

Bevat de complete inhoud van de 26-delige gedrukte *Compton's encyclopedia* en tevens *Merriam-Webster Online Dictionary and Thesaurus*. Telt 9 miljoen woorden, verdeeld over 32.000 artikelen. Illustraties en video's, atlas (die trouwens veel tekortkomingen vertoont). Enkele onderdelen: Idea Search / Picture tour / Timeline (chronologisch geordend overzicht van belangrijke gebeurtenissen in de Amerikaanse geschiedenis) / Multimedia / Topic tree (die alle artikelen in thema's en sub-thema's verdeelt). In vergelijking met andere elektronische encyclopedieën wordt Compton's doorgaans minder goed beoordeeld.

XI SPECIALE BIBLIOGRAFIEËN

INLEIDING

Het belang van de speciale of vakbibliografie kan moeilijk overschat worden. Van alle nieuwe bibliografische uitgaven behoort ongeveer negentig procent tot deze categorie. De speciale bibliografie heeft ook een lange geschiedenis: reeds vóór het jaar 1500 verscheen een theologische bibliografie; spoedig daarna volgden er meer, ook op het terrein van de geneeskunde en van de rechtsgeleerdheid.

Een speciale bibliografie registreert geschriften die naar hun inhoud bijeen horen, ongeacht hun vorm. Kenmerkend is dan ook dat in dit kader veel meer gemengde bibliografieën voorkomen dan bij de algemene. Monografieën, tijdschriften, tijdschriftartikelen, rapporten, bijdragen aan verzamelbundels zijn, mits handelend over eenzelfde onderwerp, opgenomen. Daarnaast echter zijn er ook speciale bibliografieën die zich beperken tot bij voorbeeld tijdschriftartikelen, dissertaties en dergelijke van een bepaald vakgebied. Hoewel het gebruikelijk is te spreken van speciale of vakbibliografie, als synoniem, waarbij gedacht wordt aan de bibliografie van een bepaald wetenschapsgebied, zoals de geneeskunde, de filosofie of de economie, moet ook de bibliografie van een min of meer beperkt onderwerp er toe gerekend worden, dus bij voorbeeld van 'migraine', 'het positivisme' of 'economische groei'. Hiervoor wordt wel de term 'themabibliografie' gebruikt. De speciale bibliografie omvat dan zowel de vakbibliografie als de themabibliografie. Ook van de laatste soort bestaan grote aantallen; de enorme groei van bibliografische publikaties heeft zich met name ook langs die lijn voltrokken. Verwonderlijk is dat niet. De speciale bibliografie volgde vanzelfsprekend de ontwikkeling van de vakwetenschappen en zoals daar met de uitbreiding van kennis zich een proces van specialisering voltrok, gebeurde dat ook bij de bibliografie. Aanvankelijk kon een individuele auteur nog wel een retrospectieve bibliografie van een enkel wetenschapsgebied samenstellen. Allengs echter was dit eenmanswerk alleen nog mogelijk als de onderwerpen inhoudelijk nauwer omgrensd werden en als de periode waarop de bibliografie betrekking had steeds korter werd genomen. De echte vakbibliografie in volle omvang werd een onderneming die nog slechts op coöperatieve wijze en steunend op initiatieven, begeleiding en financiering van wetenschappelijke organen kon worden volbracht. Ook dan echter was het lang niet altijd mogelijk een voldoende bibliografische beheersing van de publikatielawines te bereiken. Hiaten, achterstanden, onnauwkeurigheden en dergelijke komen in veel vakbibliografieën voor.

Menige vakbibliografie werd opgesplitst in secties, parallel aan de specialisering die zich in een wetenschapsgebied voltrok. Een van de oudere voorbeelden is *Science Abstracts*, dat bij het begin van deze eeuw in twee en later (1966) in drie afzonderlijke secties werd gedeeld. Maar ook bij nieuwere periodieke bibliografieën als het *Bulletin Signalétique* of bij *Excerpta Medica* was een steeds verdergaande segmentering te constateren. Ontegenzeglijk zijn hieraan grote bezwaren verbonden. Evenals in de wetenschap is in de bibliografie sprake van versnippering, met als gevolg onbedoelde dupliceringen. Aan de andere kant is er een toenemende roep om integratie. Nieuwe onderwerpen in de wetenschap zijn veelal inter- of multidisciplinair, zoals milieukunde, ontwikkelingsvraagstukken, oorlog en vrede, energieproblematiek, verkeer- en vervoer en dergelijke. Speciale bibliografieën zijn weliswaar ook op die terreinen inmiddels aanwezig of in opbouw, maar dat betekent vrijwel steeds nieuwe overlapping van delen van reeds bestaande voorzieningen. Reeds E.H.Boehm (*Blueprint for bibliography*, 1965) wees op de problemen van hiaten en overlappingen in de sociaal-wetenschappelijke bibliografieën en bepleitte een geïntegreerd bibliografisch systeem voor zelfs het gehele gebied van de humaniora en de sociale wetenschappen, om aan de behoeften van het moderne onderzoek te kunnen voldoen.

Inmiddels worden thans speciale bibliografieën uit vrijwel alle vakgebieden via elektronische dragers vervaardigd. Naast de gedrukte versie bestaat veelal een equivalent in de vorm van een moderner medium en kan tevens online toegang worden verkregen. In een aantal gevallen is de gedrukte versie geheel vervangen door een elektronische. De integratie van bestanden is meer een organisatorisch en commercieel dan een technisch probleem.

Vakbibliografieën zijn veel vaker *secundair* dan de algemene bibliografieën, volledige autopsie is bij de samenstelling ervan geen regel. Dit betekent dat de graad van nauwkeurigheid in de beschrijvingen doorgaans lager is. Soms worden vertaalde in plaats van originele titels gegeven (b.v. in *Chemical Abstracts*). De beschrijvingsregels zijn niet steeds gestandaardizeerd. Niet zelden wordt een tijdschriftartikel als een zelfstandige publikatie gesignaleerd, worden niet alle auteurs van een bijdrage genoemd of wordt de titel belangrijker geacht dan de auteur. Gebruikers moeten dus kritisch omgaan met deze werken, waarvan overigens vele tot het dagelijks gereedschap van onderzoekers behoren.

Juist op het terrein van de speciale bibliografie hebben zich verschillende nieuwe vormen ontwikkeld, vooral ten aanzien van de tijdschriftenliteratuur: referaattijdschriften, citatenindexen, KWIC-indexen en dergelijke, zoals nader behandeld is in hoofdstuk V.

In de volgende rubrieken wordt vooral aan de vakbibliografieën met brede dekking aandacht besteed. De gevolgde rubrieksindeling behoeft nauwelijks toelichting: de drie grote velden van wetenschapsbeoefening, de alfa-, bèta- en gammavakken, zijn als groeperingskader genomen. Daaraan vooraf gaan nog de boek-, bibliotheek- en informatiewetenschappen, die voor de overige sectoren van gelijk belang zijn. Binnen de wetenschapsrubrieken is zoveel mogelijk een vast patroon gevolgd, dat een afspiegeling is van de indeling in hoofdstuk X inzake de algemene bibliografieën. De daar gebruikte notatie is hier toegepast in de vorm van hulpgetallen bij de rubrieksaanduidingen. Zo is bij voorbeeld 8.0 (41) de notatie bij een bibliografie van tijdschriften op het gehele gebied van de sociale wetenschappen.

6 BOEK, BIBLIOTHEEKWEZEN, INFORMATIEVERZORGING (DOCUMENTAIRE INFORMATIE)

Inleiding

Onderwerpen als boekproduktie, boekhandel, bibliotheek, documentatie, archief en informatieverzorging zijn in één rubriek samengevoegd omdat de literatuur van deze gebieden een sterke onderlinge overlap laat zien. Alle hebben met *documenten* te maken. Ook het onderwerp bibliografie behoort hiertoe, maar is in deze rubriek minder pregnant aanwezig omdat de literatuur daarover reeds uitgebreid is besproken in het eerste deel van dit boek.

Het aantal titelvermeldingen in dit onderdeel is relatief groot, wat zijn rechtvaardiging vindt in het feit dat dit boek zich in het bijzonder richt op de beheerders van documentaire informatie.

6.0 *Bibliografische inleidingen*

PRYTHERCH, R.
Information management and library science : a guide to the literature / Ray Prytherch. – 3rd. rev. ed. - Aldershot [etc.] : Gower, 1994. – vii, 323 p. - Oorspr. titel: Sources of information science. - 1983. - ISBN 0-566-07467-2

INFORMATION sources in information technology / ed. David Hayes. - London [etc.] : Bowker-Saur, 1990. - xviii, 350 p. - (guides to information sources). - 0-408-03285-5

Ook de betreffende rubrieken in *Walford's guide to reference material* en *Guide to reference books / ed. by E.G. Sheehy* vermelden veel bibliografisch materiaal.

6.1 *Internationale bibliografieën*

INTERNATIONALE Bibliographie des Buch- und Bibliothekswesens mit besonderer Berücksichtigung der Bibliographie. – N.F. Jg. 1-15 (1916-1940). - Leipzig, 1928-1941

Voorgangers: *Anzeiger für Literatur der Bibliothekswissenschaft* / Hrsg. von J. Petzholdt. – Leipzig, 1841-1845; *Literatur für Bibliothekswissenschaft*. – Leipzig/Halle, 1846-1850; *Anzeiger für Bibliographie und Bibliothekswissenschaft*. – Halle, 1851-1856; *Neuer Anzeiger für Literatur und Bibliothekswissenschaft*. - Dresden/Berlin/Stuttgart, 1856-1886. Voor de periode 1884-1925 zie de bibliografische rubriek in het nog bestaande *Zentralblatt für*

Bibliothekswesen. Deze rubriek ging in de genoemde zelfstandige bgf. op. Voor oudere literatuur is ook bruikbaar: *A bibliography of librarianship*: classified and annotated guide to the library literature of the world (excluding slavonic and oriental languages) / M. Burton and M.E. Vosburgh. – New York, 1934. – Reprint: New York, 1975

ANNUAL bibliography of the history of the printed book and libraries / under ausp. of the Committee on rare and precious books and documents of the International Federation of Library Associations. - Deventer : Kluwer, 1973 - .

Met: Cumulative subject index 1/17. - 1970/86.

Signalering van monografieën en tijdschriftartikelen; internationaal. Ordening is systematisch naar een beperkt aantal onderwerpen. Binnen de onderwerpen naar land en eeuw. Ruim 3000 titels per jaar. Met auteursregister en een gecombineerd personen- en geografisch register.

KILPATRICK, TH.L.
Microcomputers and libraries : a bibliographic sourcebook / by Thomas L. Kilpatrick. – Metuchen, N.J. : Scarecrow, 1987. - 726 p. – ISBN 0-8108-1977-5

KILPATRICK, TH.L.
Microcomputers and libraries : a bibliographic sourcebook 1986-1989 / by Thomas L. Kilpatrick. – Metuchen, N.J. : Scarecrow, 1990. - x, 1090 p. - ISBN 0-8108-2392-6

WELLISCH, H.H.
Indexing and abstracting 1977-1981: an international bibliography. / H.H. Wellisch. – Santa Barbara, Calif.: ABC-Clio, 1984. – 276 p. – ISBN 0-87436-398-5

Uitgebreide bgf. over onderwerpsontsluiting met woorden. Verdere aanvullingen in het tijdschrift *The Indexer* (de laatste jaren door Jean Wheeler).

KARP, R.S.
The academic library of the 90's: an annotated bibliography / Rashelle S. Karp. – Westport: Greenwood Press, 1995. – (Bibliographies and indexes in library and information science; no. 9). – ISBN 0-313-29301-5.

INTERNATIONAL classification and indexing bibliography / comp. and ed. by I. Dahlberg. – Frankfurt: INDEKS Verlag, 1982- .

[1] Classification systems and thesauri, 1950-1982. – 143 p. – ISBN 3-88672-300-3. [2] Reference tools and conferences in classification and indexing. – 1984. – 140 p. – ISBN 3-88672-301-1. [3] Classification and indexing systems – theory – structure – methodology. – 1985. – 211 p. - ISBN 3-88672-302-x. Drie verdere dln. zijn aangekondigd. Zeer uitgebreide titelbgf., met auteurs- en trefwoordenregisters en een systematisch register. Voor aanvullingen zie het tijdschrift *Knowledge Organization*.

6.2 *Bibliotheekcatalogi*

CATALOGUS der Bibliotheek van de Vereeniging ter bevordering van de belangen des boekhandels te Amsterdam. 's-Gravenhage: Nijhoff, 1920-1990. 9 dl.

Bevat algemene en speciale bgf., monografieën en tijdschriftartikelen op het gebied van boek- en bibliotheekwezen. De ordening is systematisch. Dl. 3 is een supplement en bevat tevens een alfabetisch register op de eerste drie dln. (auteurs, instellingen, titels van anoniemen en tijdschriften, enz. in één alfabet). Dl. 4 bevat antiquariaats- en veilingcatalogi, met register op onderwerpen. De overige dln. zijn supplementen, met registers als in dl. 3.

DICTIONARY catalogue of the history of printing from the John M. Wing Foundation. – Boston: Hall, 1962. – 6 vol. – Supplement, 1970. 3 vol.

DICTIONARY catalog of the Library of the School of library service. - Boston: Hall, 1962. – 7 vol.

6.41 *Tijdschriften*

BOWMAN, M.A.
Library and information science journals and serials: an analytical guide / comp. by M.A. Bowman. - Westport : Greenwood, 1985. - xxiii, 137 p. - ISBN 0-313-23807-3. - (Annotated bibliographies of serials ; vol. 1)

Beschrijft uitvoerig 311 Engelstalige tijdschriften, is verouderd.

Een selectie van een aantal *belangrijke tijdschriften*, regionaal geordend, volgt hieronder.

Internationaal:

IFLA-journal. - München [etc.], 1975- . - ISSN 0340-0352
Information processing & management. - Amsterdam, 1984- . - ISSN 0306-4573
International information & library review. - London, 1969- . - ISSN 1057-2317
Journal of information science. - Amsterdam, 1979- . - ISSN 0165-5515
Knowledge organization : international journal devoted to concept theory, classification, indexing and knowledge represenation. - Frankfurt, 1974- . - ISSN 0943-7444 (Met een uitgebreid overzicht van nieuwe literatuur)
Library and information science research : an international journal. -Norwood, 1979- . - ISSN 0740-8188 (Gewijd aan research)
Libri. - Copenhagen, 1950- . - ISSN 0024-2667

Nederland:

Bibliotheek en samenleving. - Den Haag, 1973- . - ISSN 0165-1048
Boekblad : nieuwsblad voor het boekenvak. – Amsterdam : Kon. Ver. BBB; enz., 1980- .
De Boekenwereld : tijdschrift voor boek en prent. – Utrecht : Matrijs, 1993- . – ISSN 0168-8391
I & I. – Amsterdam : Cramwinckel; enz., 1983- . – ISSN 0167-9740
Login. - Delft, 1977- . - ISSN 0920-0290
Nederlands archievenblad. - Tilburg, 1982- . - ISSN 0028-2049
Open. - Groningen, 1969- . - ISSN 0030-3372
Quaerendo : a quarterly journal from the low countries devoted to manuscripts and printed books. - Leiden, 1971- . - ISSN 0014-9257

België:

Bibliotheek- en archiefgids. - Antwerpen, 1922- . - ISSN 0772-7003

Duitsland:

ABI-Technik. - Wiesbaden, 1981- . - ISSN 0720-6763
Bibliothek : Forschung und Praxis. - München, 1977- . - ISSN 0341-4183 (Bevat overzicht van elders gepubliceerde boekbesprekingen)
Nachrichten für Dokumentation. - München, 1950- . - ISSN 0027-7436
Zeitschrift für Bibliothekswesen und Bibliographie. - Frankfurt, 1954- . - ISSN 0044-2380

Frankrijk:

Bulletin des bibliothèques de France. – Paris, 1956- . ISSN 0006-2006
Documentaliste: science de l'information. – Paris, 1964- . ISSN 0012-4508

Groot-Brittannië:

ASLIB-Proceedings. – London, 1950- . – ISSN 0001-253X
British Journal of academic librarianship. – London, 1986- . – ISSN 0269-0497
Journal of documentation. – London, 1945- . – ISSN 0022-0418
Program : automated library and information systems. – London, 1967- . - ISSN 0033-0337

Verenigde Staten:

College and research libraries. – Cleveland, 1950- . – ISSN 0099-0086
Information technology and libraries. – Chicago, 1982- . – ISSN 0730-9295
Journal of academic libraries. – Ann Arbor, 1965- . – ISSN 0099-1333 (Met uittreksels van elders verschenen boekrecensies)
Journal of the American society for information science. – New York, 1950- . – ISSN 0002-8231
Library journal. – New York, 1876- . – ISSN 0363-0277
Library quarterly. – Chicago, 1931- . – ISSN 0024-2519
Library resources & technical services. – Chicago, 1957- . – ISSN 0024-2527 (Bevat geregeld overzichtsartikelen)
Library trends. - Urbana, 1952- . – ISSN 0024-2594 (Elk nummer is aan een speciaal onderwerp gewijd)

Jaarboeken met overzichtsartikelen:

Advances in librarianship. – New York, 1970- . – ISSN 0065-2830
Zes tot acht uitgebreide overzichtsartikelen per jaar. Relatief veel aandacht voor sociaalwetenschappelijke aspecten van bibliotheekwerk.
Annual review of information science and technology. – White Plains, 1966- . – ISSN 0066-4200
Acht tot tien overzichtsartikelen per jaar. Relatief sterk gericht op technische aspecten van documentaire informatiewetenschap.

Tijdschriften speciaal gewijd aan online information retrieval:

Multimedia world. – Vol. 1 (1994) – . San Francisco : PC World Communication, 1994- ... – Hierin opgenomen: CD-ROM World, – ISSN 1073-4759
Database: the magazine of database reference and review. – Weston, 1978- . ISSN 0162-4105 (Gebruik en evaluatie van databases)
Online : the magazine of online information system. – Wilton, 1977- . - ISSN 0146-5422 (Naast artikelen ook besprekingen van produkten)
Online & CD-ROM review : the international journal of online & optical information systems. - Oxford, 1977- . – ISSN 1353-2642
Artikelen, nieuws en tests van bestanden en software.

6.42 *Bibliografieën van tijdschriftartikelen* [zie ook bij rubriek 6.1]

Lopende bibliografieën:

DOKUMENTATIONSDIENST Bibliothekswesen (DOBI). Berlin : Deutsches Bibliotheksinstitut, 1984- . – ISSN 0176-781x
Literatuur verschenen in de Bondsrepubliek Duitsland op het gebied der bibliotheekwetenschap. Halfjaarlijks. Ca. 2000 titels per jaar.

INFORMATION science abstracts. – New York : Plenum, 1966- . – ISSN 0020-0239
Maandelijks. Internationaal van opzet met nadruk op Engelstalige literatuur. Beslaat gehele gebied der documentaire informatiewetenschap, met nadruk op technische aspecten. Neemt ook monografieën en rapporten op. Systematisch geordend, met auteurs- en onderwerpsregisters. Registers cumuleren per jaar. De maandelijkse onderwerpsregisters hebben context, de cum. niet. Ca. 8500 titels per jaar.

LIBRARY and information science abstracts (LISA). – London : Library Association, 1969- . – ISSN 0024-2179
Verschijnt maandelijks. Internationaal van opzet met accent op Europese literatuur. Bredere scope dan *Information science abstracts* en *Library literature*. Vermeldt ook monografieën en rapporten. Ordening is systematisch, met registers op auteur en onderwerp. Registers cumuleren jaarlijks. Er zijn ook meerjaarregisters. Circa 6500 titels per jaar uit ca. 500 tijdschriften. Voorloper: *Library science abstracts* dat sinds 1950 verscheen. LISA is ook online te raadplegen bij meerdere hosts. Ook op *CD-ROM beschikbaar.

LIBRARY literature : an index to library and information science. – New York : Wilson, 1936- . – ISSN 0024-2373
Tweemaandelijks met jaarlijkse cums. Internationaal van opzet, met accent op de Verenigde Staten. Indexeert ca. 250 tijdschriften. Veel nieuwere tijdschriften ontbreken; de kracht ligt in de geringe achterstand. Geordend op alfabet met auteurs en onderwerpen in een alfabet. Voorlopers: Cannons, H.G.T.: *Bibliography of library economy. A classified index to the professional literature relating to library economy, printing, methods of publishing 1876 to 1920.* Chicago, 1927 (680 p.) en *A supplement to Cannons: 1921-1934.* Chicago, 1934.

PASCAL : bibliographie internationale. 205. Sciences de l'information. Documentation. = PASCAL : international bibliography. 205. Information science. Documentation. – Vandoeuvre-lès-Nancy, 1940-1995. ISSN 1146-5026
Maandelijks. Internationaal van opzet met accent op Franstalige literatuur. Systematisch geordend met auteurs- en onderwerpsregister. Classificatie en registers in Engels en Frans. Registers cumuleren jaarlijks. Ook online beschikbaar. Niet verder verschenen in gedrukte vorm.

Attendering:

CURRENT contents : Social an behavioral sciences. – Philadelphia : ISIS, 1969- . – ISSN 0092-6361
Verschijnt wekelijks. Reprodukties van inhoudsopgaven. Heeft een rubriek Library & Information Sciences. Internationaal, met nadruk op Engelstalige tijdschriften. Met registers op auteur en titelwoord. Ook op wekelijks verschijnende *diskettes.

RIJSTEBRIJ. – 's-Gravenhage : NBLC, 1982- . – ISSN 0168-0005
Reprodukties van inhoudsopgaven van ca. 140 tijdschriften. Tweewekelijks.

6.53 *Afkortingen*

SAWONIAK, H.
New international dictionary of acronyms in library and information science and related fields /

H. Sawoniak & M. Witt. - 3d. rev. and enlarg. ed. - München : Saur, 1994. – x, 497 p. - ISBN 3-598-11171-1

MONTGOMERY, A.C.
Acronyms and abbreviations in library and information work / Alan C. Montgomery. - 4th. ed. - London : Library Association Publishing, 1990. IV, 250 p. – ISBN 0-85365-989-3

6.54 *Adresboeken*

WHO's who in the European information world 1994. – London : IFPL publ., 1993. – 729 p. – ISBN 1-87088-936-3

Bibliotheken:

BROGAN, M.L.
Research guide to libraries and archives in the Low Countries / comp. by Martha L. Brogan. – New York [etc.] : Greenwood Press, 1991. - x, 547 p. - (Bibliographies and indexes in Library and Information Science : ISSN 0742-6879 ; Number 5). - ISBN 0-313-25466-4

Uitgebreide beschrijvingen van ca 225 bibliotheken en archieven in de Benelux (123 in Nederland); alleen humaniora en sociale wetenschappen.

WORLD guide to libraries = Internationales Bibliotheks-Handbuch. – 11th ed. – München [etc.] : Saur, 1993. – ISBN 3-598-20720-4

Uitvoerig overzicht van ca. 37.000 bibliotheken in ruim 150 landen. Rangschikking per continent, daarbinnen naar land, naar type bibliotheek en plaats (alfabetisch). Vermeldt nationale bibliotheken, universiteitsbibliotheken en openbare bibliotheken met meer dan 30.000 banden en speciale bibliotheken met meer dan 5000 banden. Geeft per bibliotheek stichtingsjaar, collectioneringsgebied en omvang.

WORLD guide to special libraries = Internationales Handbuch der Spezialbibliotheken. – 3rd ed. – München [etc.] : Saur, 1995. – 2 dl. - ISBN 3-598-22234-3

Overzicht van ca. 32.000 speciale bibliotheken met meer dan 3000 banden. Rangschikking in vijf grote vakgebieden, daarbinnen per land en op naam (alfabetisch).

NEDERLANDSE bibliotheek- en documentatiegids : adresboek van in Nederland gevestigde bibliotheken en documentatieinstellingen. 1994-1995 / FOBID. - Den Haag : NBLC, 1994. – xxix, 397 p. Registers op naam, personen en onderwerpen.

VLAAMSE archief-, bibliotheek- en documentatiegids : adresboek van in Vlaanderen en Brussel gevestigde archieven, bibliotheken en documentatie-instellingen. – 1993/95. – Antwerpen, VVBAD, 1993.

Verenigingen:

FANG, J.R.
International guide to library, archival, and information science associations / J.R. Fang and A.H. Songe. München [etc.] : Saur, 1990. - xxviii, 516 p. – IFLA-publications ; 52(53). – ISBN 3-598-10814-1

Circa 50 internationale en 350 nationale verenigingen en organisaties. Ordening is geografisch.

Uitgeverij en boekhandel: [Zie voor adressen van uitgevers de 'Books in print' (zie hoofdstuk X, rubriek 3.6)]

INTERNATIONAL directory of antiquarian booksellers – Répertoire international de la librairie ancienne. – Copenhagen: International league of antiquarian booksellers, 1986. – 843 p.

SHEPPARD's book dealers in Europe : a directory of antiquarian and second hand bookdealers on the continent of Europe. – 8th ed. – Farnham : Joseph, 1991.

Bibliografische databanken:

COMPUTER-READABLE databases : a directory and data source book. – 8th ed. K.Y. Marcaccis, ed. – Detroit : Gale, 1992. – xxvii, 1691 p.

ENCYCLOPEDIA of information systems and services. – 10th ed. – Detroit [etc.] : Gale, 1990. – 2 dln. – ISBN 0-8103-4745-8

OPAC directory ... : an annual guide to internet-accessible online public access catalogs / Andrew Shriver . – Westport [etc.] : Meckler, 1993 - ... – Jaarlijks. – ISSN 1066-1425

6.55 *Encyclopedieën, woordenboeken, handboeken*

Encyclopedieën:

ENCYCLOPEDIA of library and information science / ed. by a. Kent [et al.]. - Vol.1-35. - New York : Dekker, 1968-1983.

Met supplementen: Vol. 36 - . - New York : Dekker, 1983 - .

Alfabetische ordening van onderwerpen. De artikelen zijn gesigneerd en meestal uitvoerig en voorzien van literatuuropgaven. De kwaliteit van de artikelen is wisselend. Dln. 46 en 47 bevatten registers over de eerste 45 dln. Tot begin 1995 zijn 55 dln. verschenen.

WORLD encyclopedia of library and information sciences. - 3rd. ed. Chicago : American library association, 1993. - xvii, 905 p. - ISBN 0-8389-0609-5

LEXIKON des Bibliothekswesens / Hrsg. von H. Kunze und G. Rückl. – 2. neubearb. Aufl. – 2 Bd. (2112 Kol.) – Leipzig : Verlag für Buch und Bibliothekswesen, 1974-1975. – In 1986 ongewijzigd herdrukt (München : Saur)

Woordenboeken, vakterminologie:

HARROD, L.M.
Harrod's librarians' glossary of 9.200 terms used in information mangement, library science, publishing, the book trades and archive management. – 8th. ed. / rev. and updated by R. Prytherch. – Aldershot : Gower-Saur, 1995. - ISBN 0-566-07533-4

The ALA glossary of library and information science / H. Young, editor ; with the assistance of T. Belanger [et al.]. - Chicago : American library association, 1983. - 245 p. - ISBN 0-83890-371-1

BDI-terminologie : verklarend woordenboek van Nederlandse termen op het gebied van bibliotheek en documentaire informatie : met vertalingen in het Engels, Frans, Duits, Spaans / redactie: P.J. van Swigchem en E.J. Slot. - Den Haag : NBLC, 1990. – xlvii, 493 p.

Uitgebreid woordenboek met definities en vermelding van synoniemen in de vijf talen.

DICTIONARIUM bibliothecarii practicum ad usum internationalem in XXII linguis = The librarian's practical dictionary in 22 languages – Wörterbuch des Bibliothekars in 22 Sprachen /

ed. by Z. Pipics. – 7th ed. – München : Saur, 1977. – 385 p.

DICTIONARY of archival terminology = Dictionnaire de terminologie archivistique : English and French : with equivalents in Dutch, German, Italian, Russian and Spanish / ed. by P. Walne ; comp. by F.B. Evans, F.-J. Himly and P. Walne. – München : Saur, 1984. – 226 p. – ISBN 3-5982-027-5

DICTIONARY of the graphic arts industry in eight languages : English, German, French, Russian, Spanish, Polish, Hungarian, Slowak / ed. by W. Müller. – Amsterdam : Elsevier, 1981. – 1020 p. – ISBN 0-4449-9745-8

GARLAND, K.
Grafisch woordenboek : termen en technieken / K. Garland. – Amerongen : Gaade, 1985. – 158 p. – ISBN 90-6017-331-7

POLL, L. VAN DE
Bibliografie van lijsten met Nederlandse vakterminologie / L. van de Poll - 's-Gravenhage; Stichting Bibliographia Neerlandica, 1988. – 179 p. – ISBN 90-71313-17-4 (Voorzetten / Nederlandse Taalunie, ISSN 0921-5719; 18)

Samengest. i.o.v. Samenwerkingsverband Nederlandstalige Terminologie (SaNT). Indeling op onderwerp volgens BSO, daarbinnen chronologisch, vervolgens alfabetisch op hoofdwoord. Gescheiden registers op auteurs en zaken. Hier genoemd als hulpmiddel bij de voorbereiding van classificaties en thesauri.

REHM, M.
Lexikon Buch – Bibliothek – Neue Medien / Margarete Rehm. - München [etc.] : Saur, 1991. - 294 p.

SAUPPE, E.
Dictionary of librarianship : including a selection from the terminology of information science, bibliology, reprography, and data processing : German – English : English – German. / E. Sauppe. – München : Saur, 1988. - xx,428 p. – ISBN 3-598-10618-1

Vertaalwoordenboek met circa 7500 termen in Duits-Engelse dl. en ca. 8000 in Engels-Duitse dl. Noemt in de literatuurlijst een groot aantal vakwoordenboeken.

VITALE, P.H.
Bibliography, historical and bibliothecal : a handbook of terms and names. / P.H. Vitale. – Chicago : Loyola University Press, 1971. – 251 p. – ISBN 0-8294-0206-3 (Woordenboek hoofdzakelijk voor boekwetenschap)

Handboeken:

BASISBOEK documentaire informatieverzorging / onder red. van A.H. Ligthart Schenk .. [et al.]. – Den Haag: NBLC, 1993. – 411 p. ISBN 90-5483-051-4

ENCYCLOPEDIA of library history / ed. by W.A. Wiegand and D.G. Davis. – New York : Garland, 1994. – xxxi, 707 p. – ISBN 0-8240-5787-2

HACKER, R.
Bibliothekarisches Grundwissen. / R. Hacker. – 6. neubearb. Aufl. - München, Saur 1992. – 406 p. – ISBN 3-598-11078-2

6.56 *Lopend onderzoek*

CURRENT research in library & information science. – London : Library Asociation, 1983- . – ISSN 0263-9254

Kwartaaluitg. Internationaal van opzet, maar in de praktijk overheerst Brits onderzoek. Ook in het tijdschrift *International classification* wordt regelmatig lopend onderzoek vermeld.

7 HUMANIORA

Inleiding

Het begrip humaniora heeft naar tijd en plaats gerekend een nogal wisselende inhoud. Oorspronkelijk had het betrekking op de wetenschappen die men moest bestuderen wilde men 'tot mens gevormd' worden. Later is het begrip wel opgevat als de verzamelnaam van alle vakgebieden waarin de mens, zijn geest en zijn cultuur centraal staan. In die opvatting behoren ook de sociale wetenschappen ertoe. Strikt genomen zouden dan echter alle wetenschappen er op een of andere wijze onder gerangschikt kunnen worden (wetenschap als produkt van de menselijke geest). Hier is gekozen voor een smallere betekenis, zoals uit de onderscheiden subrubrieken blijkt. Daarmee wordt aangesloten bij de Angelsaksische interpretatie. De omvang van het humaniorагebied komt dan vrijwel overeen met dat van de aloude alfavakken. De rechtswetenschappen zijn er niet onder gerekend. Deze zijn zo sterk betrokken op maatschappelijke structuren en processen, dat ze bij de groep sociale wetenschappen werden behandeld. Inzake de bibliografische voorzieningen voor de humaniora moet opgemerkt worden dat daarbij in hoge mate ook teruggegrepen moet en kan worden op de algemene bibliografieën. Vele daaronder zijn juist sterk op de alfawetenschappen gericht, vooral waar het de monografieën betreft die in deze wetenschappen nog een vooraanstaande positie innemen. Het bibliografisch apparaat van de humaniora is in de vermelde algemene bibliografieën van bibliografieën goed ontsloten, reden waarom hier slechts enkele belangrijke basisbibliografieën en andere hulpmiddelen genoemd worden.
Niet alleen voor de bèta-wetenschappen, maar ook voor de humaniora geldt dat bibliografische naslagwerken steeds meer in elektronische vorm beschikbaar komen, zowel als online bestand als bestand op CD-ROM of diskette.

7.0 Humaniora algemeen

ARTS & humanities citation index. – Jan./Apr. 1978- . – Philadelphia, Pa. : Institute for Scientific Information, 1978- . – ISSN 0162-8445

Verschijnt sinds 1978 in 3 afl. per jaar, waarvan de laatste een jaarcum. is. Retrospectief zullen voorafgaande jaren worden ingevoerd. De jaardln. 1976 en 1977 verschenen later. In 1987 verscheen een vijfjaarcum. over de jaren 1975-1979. Heeft een 'Source index', 'Citation index', 'Permuterm index' een 'Corporate index' en een 'Guide & journal lists'. Geeft beschrijvingen van alle artikelen in ruim 1100 belangrijke tijdschriften uit de gehele wereld

en ook verzamelbundels op het gebied van de 'arts and humanities', waartoe gerekend worden: archeologie, architectuur, kunst, oudheid, dans, toneel, film, t.v., radio, muziek, folklore, geschiedenis, taal- en letterkunde, filosofie en godsdienstwetenschappen. Tevens de gegevens van een selectie van artikelen uit ruim 5800 belangrijke tijdschriften op het gebied van de exacte- en sociale wetenschappen, van belang geacht voor de humaniora.
De *CD-ROM editie van de A&HCI verschijnt drie keer per jaar. Jaarcums. op CD-ROM vanaf het jaar 1990. Ook een 10-jaar cum. die de periode 1980-1989 bestrijkt. Tevens online raadpleegbaar voor de periode vanaf 1980 onder de naam **Arts & Humanities Search*. De update voor de online versie is wekelijks.

CURRENT contents. Arts & humanities. – Vol. 1, no. 1 – . – Philadelphia, Pa. : Institute for Scientific Information, 1979- . – ISSN 0163-3155 Veertiendaags tijdschrift. Reprodukties van inhoudsopgaven van (in 1995) meer dan 1100 recente tijdschriftafleveringen (met 'Title word index'). Ook een afdeling 'Current book contents'. Online raadpleegbaar onder de naam **Current Contents Search*. Van de online versie is de update wekelijks. In 1995 is deze sectie de enige uit de serie die nog geen versie op diskette heeft.

*FRANCIS. – 1984 – . – Nancy : Centre National de la Recherche Scientifique, 1991- . – CD-ROM .
FRANCIS (French Retrieval Automated Network for Current Information in Social and Human Sciences) verschijnt 1x per jaar en is de CD-ROM uitg. van de secties van FRANCIS op het gebied van de geesteswetenschappen, sociale wetenschappen en economie. Het bestand verschijnt op 2 discs: 1984/91 en 1991- .
Internationale bgf. met 1.300.000 verwijzingen, (waarvan de meeste met abstracts) op het gebied van de humaniora, de sociale wetenschappen en de economie. 80% van het bestand is gebaseerd op 9.000 tijdschriften. Overige bronnen zijn boeken (15%), proefschriften, congresverslagen en rapporten. *FRANCIS is ook online raadpleegbaar (via Questel); hier is de bestreken periode vanaf 1972.
De gedrukte versie (de serie *Bulletin signalétique*, later *FRANCIS*) verscheen m.i.v. 1995 niet meer. Het bestand is alleen nog online te raadplegen, en verder verkrijgbaar op magnetic tape en op *CD-ROM.

HUMANITIES index. – Vol. 1 (1974/75)- . – New York : Wilson, 1975- . – ISSN 0095-5981
Is een gedeeltelijke voortzetting van: *Social sciences and humanities index*. – Vol. 19 (1965/66)-vol. 27 (1973/74).
Vol. 1 (1907/15)-vol. 18 (1964/65) verschenen o.d.t.: *International index to periodicals.* Vermeldt artikelen en boekbesprekingen uit 260 Engelstalige tijdschriften op het gehele terrein van de humaniora. Auteurs en onderwerpen in één alfabet. Voorin een lijst van geïndexeerde tijdschriften en hun afkortingen. Ook op *CD-ROM: hier leveren bijna 350 tijdschriften de bibliografische gegevens van tijdschriftartikelen en boekbesprekingen vanaf de periode 1984.
Het bestand is ook *online raadpleegbaar via Wilsonline.

7.1 Filosofie

7.1 (0) *Bibliografische inleidingen en bibliografieën van bibliografieën*

DETEMPLE, Siegfried
Wie finde ich philosophische Literatur / Siegfried Detemple ; in Zusammenarbeit mit Frank Heidtmann. – Berlin : Berlin Verlag, 1986. – 182 p. – (Orientierungshilfen ; Bd. 24) (Veröffentlichungen des Instituts für Bibliothekarwissenschaft und Bibliothekarausbildung der Freien Universität Berlin). – ISBN 3-87061-208-8

In 1988 verscheen een herdruk.

FOLLON, Jacques
Guide bibliographique des études de philosophie / par Jacques Follon. - Louvain-la-Neuve : Éditions de l'Institut Supérieure de Philosophie; Paris : Librairie Philosophique; Louvain-la-Neuve : Librairie Peeters, 1993. - 220 p. – (Bibliothèque philosophique de Louvain, 37). – ISBN 9-06831-485-8

GUERRY, Herbert
A bibliography of philosophical bibliographies / ed. and comp. by Herbert Guerry. – Westport, Conn. [etc.] : Greenwood, 1977. – 332 p. – ISBN 0- 8371-9542-x
Bevat 2.353 genummerde beschrijvingen over de periode 1450-1974.

PIEPER, Annemarie
Was sollen Philosophen lesen? / von Annemarie Pieper, Urs Thurnherr. - Berlin: Erich Schmidt, 1994. – 192 p. – ISBN 3-503-030794

SCRUTON, Roger
Modern philosophy: a survey / Roger Scruton. – London : Sinclair-Stevenson, 1994. – 611 p. – ISBN 1-85619-392-6

TICE, Terrence N.
Research guide to philosophy / Terrence N. Tice and Thomas P. Slavens. - Chicago : American Library Association, 1983. – 608 p. – (Sources of information in the humanities ; no. 3). – ISBN 0-8389-0333-9

7.1 (1) *Internationale bibliografieën*

BIBLIOGRAPHIE de la philosophie : bulletin trimestriel / Institut international de philosophie = Bibliography of philosophy : a quarterly bulletin / International Institute of Philosophy. – Vol. 1 (1954)- . - Paris : Vrin, 1954- . – ISSN 0006-1352
Systematisch overzicht van nieuwe boeken, met korte inhoudsvermelding. Is een voortzetting van *Bibliographie de philosophie.* Année 1 (1937)-10 (1952/53). (Paris, 1937-58) waarin alleen titels van boeken en tijdschriftartikelen opgenomen werden.

BURR, John R.
World philosophy: a contemporary bibliography / edited by John R. Burr; Charlotte A. Burr, research editor. – Westport, Conn. ; London : Greenwood Press, 1993. – 380 p. – (Bibliographies and indexes in philosophy, ISSN 0742-6887; no.3). – ISBN 0-313-24032-9.
Suppl. op: *Handbook of world philosophy : contemporary developments since 1945.* – 1980. Bijna 4000 monografieën op alle terreinen van de filosofie vanaf 1976. De geciteerde werken zijn afkomstig van filosofen uit 58 landen en hebben annotaties waar de titel vaag blijft omtrent de inhoud.

TOTOK, Wilhelm
Handbuch der Geschichte der Philosophie / Wilhelm Totok ; unter Mitarb. von Helmut Schrör ... [et al.] – Frankfurt a. M. : Klostermann, 1964-1990. – 6 Bde.
Kompleet in 6 banden. Band VI verscheen in 1990. Titel enigszins misleidend. Het is een zeer uitgebreid en internationaal *bibliografisch* handboek. Publs. vanaf 1920.

TIJDSCHRIFT voor filosofie : bibliographisch repertorium. – 1939 – . - Leuven, 1939- . – ISSN 0040-750X
Ondertitel vanaf 1985: Bibliografisch repertorium van de wijsbegeerte = International phi-

losophical bibliography. Verschijnt 4 maal per jaar in het *Tijdschrift voor filosofie*. In aflevering 1-3: boeken en tijdschriftartikelen, in aflevering 4: recensies en auteursregister. Verschijnt sinds 1949 ook o.d.t.: *Répertoire bibliographique de la philosophie* (ISSN 0034-4567). Dit verscheen oorspronkelijk als supplement van *Revue philosophique de Louvain* (1934-48). Vanaf 1991 voortgezet als: *International philosophical bibliography*.

7.1 (41) *Tijdschriften*

CATALOGUS van filosofische tijdschriften / samengest. door M.D. Bremmer ... [et al.] ; eindred.: Marie José Vlaanderen. – Herz. en verm. dr. - Rotterdam : Erasmus Universiteit, 1985. – 97 p. – ISBN 90-7011-629-4
1e dr.: 1984.

HOGREBE, Wolfram
Periodica philosophica : eine internationale Bibliographie philosophischer Zeitschriften, von den Anfängen bis zur Gegenwart / von Wolfram Hogrebe, Rudolf Kamp, Gert König. – Düsseldorf : Philosophia Verlag, cop. 1972. - 728 kol. – (Kleine philosophische Bibliographien aus dem Philosophischen Institut der Universität Düsseldorf ; Bd. 2).

LISTE mondiale des périodiques spécialisés : philosophie = World list of specialized periodicals : philosophy. – Paris [etc.] : Mouton, 1967. – 124 p. – (Maison des sciences de l'homme, Service d'échange d'informations scientifiques. Publications. Série C, Catalogues et inventaires ; 1)

RUBEN, Douglas H.
Philosophy journals and serials: an analytical guide / compiled by Douglas H. Ruben. – Westport, London : Greenwood, 1985. – 147 p. – (Annotated bibliographies of serials, ISSN 0748-5190, no.2.)

7.1 (42) *Tijdschriftartikelen*

BULLETIN signalétique. 519, Philosophie : revue trimestrielle / Centre national de la recherche scientifique. – Vol. 24-44. – Paris : Centre de documentation du C.N.R.S., 1970-90. – ISSN 0007-554x

Voortgezet als: FRANCIS : bulletin signalétique. 519, Philosophie. Vol. 45-48. – Vanoeuvre-lès-Nancy : INIST, 1991-1994

Bestaat vanaf 1947. Eerdere jaargangen tezamen met andere disciplines onder afwijkende titels. Vanaf 1995 zijn alle disciplines gezamenlijk alleen nog in elektronische vorm te raadplegen, namelijk *online en op magnetic tape en *CD-ROM.

The PHILOSOPHER's index : an international index to philosophical periodicals / publ. by Philosophy Documentation Center. – Vol.1, no. 1 (Spring 1967)- . – Bowling Green : Bowling Green University, 1967- . – ISSN 0031-7993

Verschijnt 4 maal per jaar met jaarlijkse cum. Auteurs- en onderwerpsindex voor alle belangrijke Amerikaanse en Britse filosofische tijdschriften en een aantal in andere talen. Vanaf 1969 met samenvattingen.

Als retrospectieve aanvullingen hierop verschenen:

The PHILOSOPHER's index : a retrospective index to U.S. publications from 1940 / [Richard H. Lineback, editor]. – Bowling Green : Philosophy Documentation Center, Bowling Green State University, cop. 1978. – 3 dl. (1619 p.) – ISBN 0-91263-209-7
I,II: Subject index. III: Author index.

Behandelt tijdschriftartikelen van voor 1967 en boeken van 1940-1976 verschenen in de USA.

The PHILOSOPHER's index : a retrospective index to non-U.S. English language publications from 1940 / [Richard H. Lineback, editor]. – Bowling Green : Philosophy Documentation Center, Bowling Green State University, cop. 1980. – 3 dl. (1265 p.). – ISBN 0-91263-212-7
I,II: Subject index. III: Author index.

Als boven, maar dan voor Engelstalige publs. verschenen buiten de VS. Behandelt boeken tot 1978.

Naast de gedrukte uitg. is *Philosopher's Index ook als online bestand raadpleegbaar via Dialog en tevens verkrijgbaar op *CD-ROM. De elektronische versie bevat abstracts van en referenties aan monografieën en tijdschriftartikelen uit meer dan 270 tijdschriften op het gebied van de filosofie uit de Verenigde Staten en Europa. Deze databank is een belangrijke bron van informatie op het gebied van esthetica, kennistheorie, ethiek, logica, en metafysica. Bevat tevens materiaal over de filosofie van de verschillende disciplines zoals onderwijs en opvoeding, geschiedenis, recht, religie en wetenschap.

Update: elk kwartaal. Periode vanaf 1940.

7.1 (51) *Biografie*

DICTIONNAIRE des philosophes / dir. de la publication Denis Huisman ; secrétariat de réd. Marie-Agnès Malfray ; préf. de Ferdinand Alquié ; introd. de Marcel Conche ; avant-propos de Bernard Bourgeois. – 2e éd. revue et augm. – Paris : Presses Univ. de France, 1993. – 2 dl. – ISBN 2-13-045524-7. 1e uitg.: 1984

INTERNATIONAL directory of philosophy and philosophers / ed. by Richard H. Lineback. – 8th ed. – Bowling Green, Ohio : Bowling Green State University, Philosophy Documentation Center, 1994. – 336 p. – ISBN 0-91263-294-1. 1e uitg.: 1965

KRITISCH denkerslexicon / [onder red. van: H.J. Achterhuis ... et al.]. - Alphen a.d. Rijn [etc.] : Samsom, 1986- . – ISBN 90-6500-734-2

Losbladige uitg.

PHILOSOPHENLEXIKON / von einem Autorenkollektiv ; hrsg. von Erhard Lange und Dietrich Alexander. – 4. Aufl. – Berlin : Dietz, 1987. – 973 p. – ISBN 3-320-00529-4. 1e uitg.: 1982

7.1 (55) *Encyclopedieën, lexica*

ANGELES, Peter A.
The HarperCollins dictionary of philosophy / Peter A. Angeles. . – New York : HarperPerennial, 1992. – 342 p. – ISBN 0-06-271564-x

Eerder verschenen: A dictionary of philosophy, 1981.

BLACKBURN, Simon
The Oxford dictionary of philosophy / Simon Blackburn. – Oxford [etc.] : Oxford Univ. Press, 1994. – 408 p. – ISBN 0-19-211694-0

An ENCYCLOPEDIA of philosophy / general editor G.H.R. Parkinson ; associate editors T.E. Burke [et al.]. – Repr. – London : Routledge, 1993. – 935 p. ISBN 0-415-00323-7. 1e druk 1988

HISTORISCHES Wörterbuch der Philosophie / unter Mitw. von mehr als 700 Fachgelehrten in Verb. mit Günter Bien ... [et al.] hrsg. von Joachim Ritter ... [et al.]. – Basel [etc.] : Schwabe, 1971- . – dl. – ISBN 3-7965-0115-x

Loopt nog steeds. Er zijn plannen voor 10 dln. en een index. Dl. VIII (R-Sc) verscheen in 1992. Bestrijkt het gehele terrein van de filosofie, ook randgebieden zoals wetenschapsleer. Volledig herziene uitg. van: *Wörterbuch der philosophischen Begriffe* door Rudolf Eisler.

Les NOTIONS philosophiques : dictionnaire / dir. par Sylvain Auroux. - secrétaire scientifique: Jacques Deschamps ; conseiller scientifique: François Duchesneau. – Paris : Presses universitaires de France, 1990. – 2 dl. (3297 p.). – (Encyclopédie philosophique universelle. II.). – T.1: Philosophie occidentale : A-L. T.2: Philosophie occidentale : M-Z ; Pensées asiatiques ; Conceptualisation des sociétés traditionelles ; Tables analytiques. – ISBN 2-13-041442-7

Les OEUVRES philosophiques : dictionnaire / dir. par Jean-François Mattéi ; secrétaire scientifique: Reynal Sorel ; secrétaire de réd.: Noëlla Baraquin. – Paris : Presses universitaires de France, 1992. – 2 dl. (4616 p.). – (Encyclopédie philosophique universelle. III.). T.1: Philosophie occidentale: IIIe millénaire av. J.-C.-1889. T.2: Philosophie occidentale: 1889-1990 ; Pensées asiatiques ; Conceptualisation des sociétés traditionelles ; Répertoires, Index, tables. – ISBN 2-13-0414435

7.2 Godsdienstwetenschappen

7.2 (0) *Bibliografische inleidingen en bibliografieën van bibliografieën*

BARROW, John G.
A bibliography of bibliographies in religion / by John G. Barrow. – Ann Arbor : Edwards, cop. 1955. – 489 p.

Gedateerd maar nog steeds waardevol overzicht van ruim 2000 zelfstandig verschenen bgf. Systematisch gerangschikt onder 16 rubrieken met auteursindex.

GORMAN, G.E.
Theological & religious reference materials / G.E. Gorman and Lyn Gorman; with the assistance of Donald N. Matthews and an introductory chapter by John B. Trotti. – Westport, Conn. : Greenwood, 1984- . – dl. - (Bibliographies and indexes in religious studies)

[1:] General resources & biblical studies. – 1984. – 526 p. – ISBN 0-313- 20924-3. [2:] Theology & church history. – 1985. – 401 p. – ISBN 0-313- 24779-x. [3:] Practical theology. – 1986. – 402 p. – ISBN 0-313-25397-8

Zal uit 4 dln. bestaan; dl. 4 zal verschijnen o.d.t.: *Comparative and non-Christian religions.*

HOLM, Jean
Keyguide to information sources on world religions / Jean Holm. -London: Mansell, 1991. – 259 p. – ISBN 0-7201-2083-7.

KEPPLE, Robert J.
Reference works for theological research : an annotated selective bibliographical guide / Robert J. Kepple and John R. Muether. – 3rd ed. - Washington : Univ. Press of America, 1992. – 250 p. – ISBN 0-8191-8564-7. 1e uitg.: 1978

MELTON, J. Gordon
Religious information sources ; a worldwide guide / by J. Gordon Melton and Michael A. Köszegi. – New York : Garland, 1992. – 569 p. – (Religious information systems series ; Vol. 2). – (Garland reference library of the humanities; Vol. 1593). – ISBN 0-8153-0859-0

SCHWINGE, Gerhard
Wie finde ich theologische Literatur? / Gerhard Schwinge. – 3., völlig neu bearb. Aufl. – Berlin : Berlin Verlag, 1994. – 207 p. - (Orientierungshilfen ; Bd. 16). – ISBN 3- 87061-367-x. 1e uitg.: 1979

7.2 (1) *Internationale bibliografieën*

EPHEMERIDES theologicae lovanienses : commentarii de re theologica et canonica. – 1 (1924)- . – Lovanii [etc.] : Universitas Catholica Lovaniensis, 1924- . – ISSN 0013-9513

Van dit kwartaalblad is de jaarlijkse afl. 2/3 o.d.t. *Elenchus Bibliographicus* gewijd aan de bgf., zowel van de katholieke als de protestantse theologie en de godsdienstwetenschappen in ruimere zin. Geen kerkgeschiedenis. Zeer omvangrijk.

INTERNATIONAL bibliography of the history of religions = Bibliographie internationale de l'histoire des religions / publ ... by the International Association for the History of Religions. – 1952-73. – Leiden : Brill, 1954-79

Omvat boeken en artikelen vanaf 1952. Geografisch en naar godsdienst geordend. Alleen werken in Europese talen. Inzake bijbelstudies en kerkgeschiedenis slechts een kleine selectie. Niet verder verschenen.

Inhoudelijk voortgezet door:

SCIENCE of religion : abstracts and index of recent articles / Free University, Institute for the Study of Religion ; University of Leeds, Department of Theology and Religious Studies. – Vol. 5 (1980)- . - Amsterdam [etc.] : VU [etc.], 1980- . – ISSN 0165-8794

Vol. 1-4 (1976-79) o.d.t.: *Science of religion bulletin : abstracts and index of recent articles.* (ISSN 0166-0519).

RELIGIOUS books, 1876-1982 : subject index, author index, title index. - New York : Bowker, cop. 1983. – 4 dl. (4389 p.) – ISBN 0-8352-1602-0

RELIGIOUS books and serials in print : books: sacred works index, subject index, title index : serials: subject index, title index / R.R. Bowker Company's Department of Bibliography ; in collab. with the Serials Bibliography Department, the Product Development and Marketing Department and the Publication Systems Department. – 1978/79-1984. – New York [etc.] : Bowker, 1978-84. – ISSN 0000-0612

Voortgezet als:

RELIGIOUS & inspirational books and serials in print : books: sacred works index, subject index, author index, title index : serials: subject index, title index / R.R. Bowker Company's Data Services Division ; in collab. with the Publication Systems Department. – 1985- . – New York [etc.] : Bowker, 1985- . – ISSN 0000-0868

7.2 (41) *Tijdschriften*

DAWSEY, James
A scholar's guide to academic journals in religion / by James Dawsey. - Metuchen ; London : Scarecrow, 1988. – 290 p. – (ATLA bibliography series; no.23). – ISBN 0-8108-2135-4.

FIEG, Eugene C.
Religion journals and serials : an analytical guide / comp. by Eugene C. Fieg, Jr. – New York : Greenwood Press, 1988. – 232 p. – (Annotated bibliographies of serials : a subject approach; 13). – ISBN 0-313-24513-4

Meer dan 300 Engelstalige titels.

RELIGIOUS periodicals directory / Graham Cornish, editor. – Santa Barbara [etc.] : ABC-Clio, cop. 1986. – 330 p. – (Clio Periodicals directories). - ISBN 0-87436-365-9
Vermeldt 1763 tijdschriften.

7.2 (42) *Tijdschriftartikelen*

BULLETIN signalétique. 527, Sciences religieuses : revue trimestrielle / Centre national de la recherche scientifique. – Vol. 24-44. – Paris : Centre de documentation du C.N.R.S., 1970-1990. – ISSN 0180-9296
Voortgezet als:
FRANCIS : bulletin signalétique. 527, Histoire et sciences des religions. Vol. 45-48. – Vanoeuvre-lès-Nancy : INIST, 1991-1994
Bestaat vanaf 1947. Eerdere jaargangen verschenen tezamen met andere disciplines onder afwijkende titels. Vanaf 1995 zijn alle disciplines gezamenlijk alleen nog in elektronische vorm te raadplegen, namelijk *online en op magnetic tap en *CD-ROM.

INDEX to religious periodical literature : an author and subject index to periodical literature including an author index to book reviews. – Vol.1 (1949/52)-vol.12 (1975/76). – Chicago : American Theological Library Association, 1953-77. – ISSN 0019-4107
Ondertitel varieert. Voortgezet door:

RELIGION index one : periodicals : a subject index to periodical literature, including an author index, with abstracts and a book review index. – Vol.13 (1977/78)- . – Evanston, Ill. : American Theological Library Association, 1979- . – ISSN 0149-8428

RELIGION index two : multi-author works. – 1976- . – Evanston, Ill. : American Theological Library Association, 1978- . – ISSN 0149-8436
Verkrijgbaar op CD-ROM als **Religion indexes: RIO/RIT/IBRR 1975- on CD-ROM*. De CD-ROM bevat 'Religion index one (RIO): periodicals' met jaarlijks meer dan 12.000 tijdschriftartikelen uit ruim 500 internationale tijdschriften op het gebied van de godsdienstwetenschappen, 'Religion index two (RIT): multi-author works' met o.a. congresverslagen en festschriften en 'Index to book reviews in religion (IBRR)' met jaarlijks ruim 14.500 boekrecensies in meer dan 450 internationale tijdschriften. De CD-ROM bestrijkt de periode na 1975 en wordt jaarlijks bijgewerkt. Ook *online raadpleegbaar via Dialog, de bestreken periode is vanaf 1949 en de update vindt maandelijks plaats.

RELIGIOUS and theological abstracts. – Vol. 1(1958)- . – Youngstown, Ohio : Theological Publications, 1958- . – ISSN 0034-4044
Verschijnt driemaandelijks. Ook verkrijgbaar op *CD-ROM, die jaarlijks wordt bijgewerkt. Meer dan 80.000 referenties met abstracts uit ruim 300 tijdschriften op het gebied van theologie en religie over de hele wereld.

THEOLOGISCHE Literaturzeitung. – Jg. 1(1876)- . – Leipzig [etc.] : Hinrich, 1876- . – ISSN 0040-5671
Jrg. 1-63: 26 afl. per jaar. Vanaf jrg. 64 (1939) met de ondertitel: Monatsschrift für das gesamte Gebiet der Theologie und Religionswissenschaft.

7.2 (51) *Biografie, hagiografie, patrologie*

ALTANER, Berthold
Patrologie : Leben, Schriften und Lehre der Kirchenväter / Berthold Altaner, Alfred Stuiber. – 9. Aufl. – Freiburg [etc.] : Herder, 1980. – 672 p. – ISBN 3-451-13580-9.
1e uitg. o.d.t.: *Grundriss der Patrologie*, 1903
In 1993 verscheen bij dezelfde uitgever een 'Sonderausgabe' van dit werk.

BAUTZ, Friedrich Wilhelm
Biographisch-bibliographisches Kirchenlexikon / bearb. und hrsg. von Friedrich Wilhelm Bautz. – Hamm (Westf.) : Verlag Traugott Bautz, 1975- . dl.
I. Aalders, Willem Jan bis Faustus von Byzanz. (1975.) II. Faustus von Mileve bis Jeanne d'Arc. (1990.) III. Jedin, Hubert – Kleinschmidt, Beda. (1992.) IV. Kleist, Heinrich von – Leyden, Lucas von. (1992.) V. Leyden, Nikolaus bis Münch, Antonius. (1993.) VI. Moenius, Georg bis Patijn, Constantijn Leopold. (1993.) VII. Patócka, Jan bis Remachus. (1994.). - Titel v.a. dl III: Begr. und hrsg. von F.W. Bautz; fortgef. von T. Bautz. De dln I en II verschenen in afleveringen (1e afl. 1970). Betreft personen uit de gehele kerkgeschiedenis en van alle denominaties.

HINNELLS, J.R.
Who's who of world religions / J.R. Hinnells. – New York: Simon & Schuster, 1992. – 656 p. – ISBN 0-13-952946-2
Biografische studies van 1500 prominente religieuze leiders uit alle delen van de wereld.

QUASTEN, Johannes
Patrology / by Johannes Quasten. – 6th pbk. pr. – Westminster, Maryland : Christian Classics, 1992. – 3 Vols.
Vol. 1: The beginnings of patristic literature. – ISBN 0-87061-084-8. – Vol. 2: The Ante-Nicene literature after Irenaeus. – ISBN 0-87061-085-6. – Vol.3: The Golden Age of Greek patristic literature from the Council of Nicae to the Council of Chalcedon. – ISBN 0-87061-086-4. Oorspr. uitg.: 1950

WIMMER, Otto
Lexikon der Namen und Heiligen / Otto Wimmer, Hartmann Melzer. – 6. verb. Aufl. / bearb. und ergänzt von Josef Gelmi. – Innsbruck [etc.] : Tyrolia- Verlag, 1988. – 991 p. – ISBN 3-7022-1657-x
1e-3e dr. (1956-66) o.d.t.: *Handbuch der Namen und Heiligen.*

7.2 (55) *Encyclopedieën, lexica, handboeken*

DICTIONNAIRE des religions / directeur de la publication, Paul Poupard ; comité de réd. Paul Poupard ... [et al.]. – 3e éd. revue et augm. – Paris : Presses Universitaires de France, 1993. – 2 dl. (2218 p.). – ISBN 2-13-045112-8. 1e uitg.: 1984

ELIADE, Mircea
Wereldreligies in kaart gebracht / Mircea Eliade, Ioan P. Couliano; met medew. van H.S. Wiesner ; [vert. uit het Frans door Peter Diderich ... et al.]. – Utrecht : Het Spectrum, cop. 1992. – 398 p. – (Aula-boeken).
Vert. van: *Dictionnaire des religions.* – Paris : Plon, 1990. – ISBN 90-274-2702-x

The ENCYCLOPEDIA of religion / editor in chief, Mircea Eliade ; editors, Charles J. Adams ... [et al.] – New York : Macmillan, 1987. – 16 dl. – ISBN 0-02-909480-1

In 1992 verscheen bij Harper (San Francisco) een verkorte uitg. o.d.t.: *Eliade guide to world religions: an authorative, up-to-date compendium of the thirty-three major religious traditions.*

HAUCK, Friedrich
Theologisches Fach- und Fremdwörterbuch : mit einem Verzeichnis von Abkürzungen aus Theologie und Kirche / Friedrich Hauck, Gerhard Schwinge. - 7., durchges. und erg. Aufl. – Göttingen : Vandenhoeck und Ruprecht, 1992. – 240 p. – (Kleine Vandenhoeck-Reihe ; 1480). – ISBN 3-525-33585-7
1e uitg. o.d.t.: *Theologisches Fremdwörterbuch*, 1950

Die RELIGION in Geschichte und Gegenwart : Handwörterbuch für Theologie und Religionswissenschaft. – 3., neu bearb. Aufl. / in Gemeinschaft mit Hans v. Campenhausen ... [et al.] hrsg. von Kurt Galling. – Tübingen : Mohr, 1957-65. – 7 dl. Dl. 7: Registerband.
In 1987 verscheen een 'ungekürzte Studienausgabe' (ISBN 3-16-145098-1).
1e uitg.: 1903-13

7.3 Geschiedenis

7.3 (0) *Bibliografische inleidingen en bibliografieën van bibliografieën*

BIBLIOGRAPHIES in history / foreword by Eric H. Boehm. – Santa Barbara, Calif. etc. : ABC-Clio, 1988. – 2 dl. – ISBN 0-87436-521-x
I: An index to bibliographies in history journals and dissertations covering the U.S. and Canada. II: An index to bibliographies in history journals and dissertations covering all countries of the world except the U.S. and Canada

FELDMANN, Reinhard
Wie finde ich Literatur zur Geschichte / Reinhard Feldmann ; Klaus Schultze. – 2. überarb. Aufl. – Berlin : Berlin Verlag, 1994. – 472 p. - (Orientierungshilfen ; Bd. 8). – ISBN 3-87061-397-1. 1e uitg. 1987

FRITZE, R.H.
Reference sources in history: an introductory guide / Ronald H. Fritze, Brian E. Coutts, Louis A. Vyhnanek. – Santa Barbara, Calif. etc.: ABC-Clio, 1990. – 319 p. – ISBN 0-87436-164-8
Dekt alle perioden en gebieden, hoewel de nadruk ligt op de Anglo-Amerikaanse en Europese geschiedenis.

HENIGE, David
Serial bibliographies and abstracts in history : an annotated guide / comp. by David Henige. – Westport, Conn. [etc.] : Greenwood, 1986. – 220 p. - (Bibliographies and indexes in world history ; 2). – ISBN 0-313- 25070-7

LUYKX, Paul
De ware geschiedschrijver : apparaat voor de nieuwste geschiedenis / P. Luykx, H.J.C. Termeer, J.P.A. van Vugt. – Groningen : Wolters-Noordhoff, 1982. – 283 p. – ISBN 90-01-55780-5

MOSTERD, Marco
Apparaat voor de studie van de middeleeuwen / Marco Mosterd. – 2e, geheel herz. ed. – Amsterdam : Historisch Seminarium van de Universiteit van Amsterdam, [1994]. – 96 p. – (Amsterdamse historische reeks, ISSN 0168-0528. Kleine Serie ; dl. 28)

ROMEIN, Jan Marius
Apparaat voor de studie der geschiedenis / J.M. Romein, J. Haak. – 9e dr. / herz. door J.G.F. Hasekamp. – Groningen : Wolters-Noordhoff, 1979. – 222 p. – ISBN 90-01-76160-7. 1e dr.: 1949

SLAVENS, Thomas P.
Sources of information for historical research / Thomas P. Slavens. – New York [etc.] : Neal-Schuman, 1994. – 577 p. – ISBN 1-55570-093-4

7.3 (1) *Internationale bibliografieën*

ANNUAL bulletin of historical literature : publications of the year ... / The Historical Association. – 1 (1911)- . – London : The Historical Association, 1911- . – ISSN 0066-3832

BIBLIOGRAPHIE internationale de l'Humanisme et de la Renaissance / dressée sous le patronage de la Fédération internationale des sociétés et instituts pour l'étude de la Renaissance. – 1 (1965)- . Genève : Droz, 1966- . – ISSN 0067-7000

Das HISTORISCH-politische Buch : ein Wegweiser durch das Schrifttum / hrsg. im Auftrag der Ranke-Gesellschaft, Vereinigung für Geschichte im öffentlichen Leben, Hamburg. – Jg. 1(1953)- . – Göttingen : Musterschmidt, 1953- . – ISSN 0018-2613
Oorspr. 8, later 12 afl. per jaar.

INTERNATIONAL bibliography of historical sciences = Internationale Bibliographie der Geschichtswissenschaften = Bibliografiá internacional de ciencias históricas = Bibliographie internationale des sciences historiques = Bibliografia internazionale delle scienze storiche / ed. by the International Committee of Historical Sciences. – 1 (1926)- . – Washington [etc.] ; Paris [etc.] : Colin [etc.], 1930- . – ISSN 0074-2015
Noemt monografieën en artikelen op alle terreinen van de geschiedwetenschappen. Systematisch geordend, met een auteurs- en personenregister en een geografisch register. Niet verschenen in de periode 1940-1946.

INTERNATIONAL medieval bibliography. – 1967- . – Leeds [etc.] : International Medieval Bibliography, 1968- . – ISSN 0020-7950
Verschijnt 2 maal per jaar.

7.3 (3) *Nationale bibliografieën*

Nederland en België:

BUCK, H. de
Bibliografie der geschiedenis van Nederland / samengest. in opdracht van het Nederlands Comité voor Geschiedkundige Wetenschappen door H. de Buck ; met medew. van E.M. Smit. – Leiden : Brill, 1968. – 712 p.
Herdr.: Utrecht : HES, 1979. – ISBN 90-6194-242-x.

REPERTORIUM van boeken en tijdschriftartikelen betreffende de geschiedenis van Nederland verschenen in het jaar ... / samengest. in opdracht van het Nederlandsch Comité voor Geschiedkundige Wetenschappen door Aleide Gast ... [et al.]. – 1940- . – Groningen [etc.] : Noordhoff [etc.], 1943- .
Systematisch ingericht met register op auteurs, personen, plaatsnamen. Is een voortzetting van : *Repertorium der verhandelingen en bijdragen betreffende de geschiedenis des vaderlands in tijdschriften en mengelwerken tot op 1900 (1939) verschenen* / in opdracht van de

Commissie voor Geschied- en Oudheidkunde van de Maatschappij der Nederlandsche Letterkunde te Leiden bew. door Louis D. Petit ... [et al.]. – Leiden : Brill, 1907-53. – 5 dl.

REPERTORIUM van boeken en tijdschriftartikelen betreffende de geschiedenis van Nederland : lijst met geraadpleegde tijdschriften en miscellanea & cumulatieve indices, 1940-1974 / samengest. door Th.S.H. Bos en M.J.E. van Weert-Gaalman ; met medew. van M.T.A. Schouten en A.H. Slings. - 's-Gravenhage : Instituut voor Nederlandse Geschiedenis, 1994. – 527 p. - (Rijks geschiedkundige publicatiën). – ISBN 90-5216-057-0

BIBLIOGRAPHIE de l'histoire de Belgique = Bibliografie van de geschiedenis van België. – 1952- .

Systematisch geordende omvangrijke rubriek in: *Revue belge de philologie et d'histoire* = Belgisch tijdschrift voor filologie en geschiedenis. – 31- . – Bruxelles : Falk [etc.], 1953- . – ISSN 0035-0818.

PIRENNE, Henri
Bibliographie de l'histoire de Belgique : catalogue méthodique et chronologique des sources et des ouvrages principaux relatifs à l'histoire de tous les Pays-Bas jusquén 1598 et à l'histoire de Belgique jusquén 1914 / Henri Pirenne. – 3e éd. / rev. et complétée avec la collab. de Henri Nowé et Henri Obreen. – Bruxelles : Lamertin, 1931. – 440 p. 1e uitg.: 1893.

Herdr. v.d. 3e uitg.: Hildesheim [etc.] : Olms, 1979. – ISBN 3-487-06722-6.

7.3 (41) *Tijdschriften*

FYFE, Janet
History journals and serials : an analytical guide / comp. by Janet Fyfe. - New York [etc.] : Greenwood, 1986. – 351 p. – (Annotated bibliographies of serials : a subject approach ; 8). – ISBN 0-313-23999-1

HISTORICAL periodicals directory / Eric H. Boehm, Barbara H. Pope and Marie S. Ensign, editors. – Santa Barbara, Calif. [etc.] : ABC-Clio, 1981-86. – 5 dl. – (Clio Periodicals directories). – ISBN 0-87436-167 2

Vol. 1: USA and Canada. Vol. 2: Europe: West, North, Central, South. Vol. 3: Europe: East and Southeast, USSR. Vol. 4: Latin America and the West Indies. Vol. 5: Australia and New Zealand; cumulative subject and title indexes.

STEINER, Dale R.
Historical journals : a handbook for writers and reviewers / Dale R. Steiner, Casey R. Phillips. – 2nd ed. – Jefferson etc.: McFarland, 1993. - 274 p. – ISBN 0-89950-801-4. 1e uitg.: 1981

7.3 (42) *Tijdschriftartikelen*

HISTORICAL abstracts, 1775-1945 : a quarterly of abstracts of historical articles appearing currently in periodicals the world over. – Vol. 1 (1955)-vol. 16 (1970). – New York : Historical Abstracts, 1955-70. – ISSN 0363-2725

Ondertitel vanaf vol. 2: 'Bibliography of the world's periodical literature'. (Ondertitel ook i.h. Frans, Duits, Spaans en Russisch). Met vijfjaarlijkse cumulatieve indexen. Vanaf vol. 17 (1971) gesplitst in:

HISTORICAL abstracts. Part A : Modern history abstracts, 1775-1914 : bibliography of the world's historical literature – Vol. 17- . – Santa Barbara, Calif. [etc.] : ABC-Clio, 1971- . – ISSN 0363-2717

Vanaf vol. 19 over de periode 1450-1914.

HISTORICAL abstracts. Part B : Twentieth century abstracts, 1914- : bibliography of the world's historical literature. – Vol. 17- . – Santa Barbara, Calif. [etc.] : ABC-Clio, 1971- . ISSN 0363-2725

Voor zowel part A als ook part B geldt dat er elke vijf jaar een cumulatieve index verschijnt. Ook *online raadpleegbaar via Dialog voor publs. vanaf 1973. Tevens sinds 1991 verkrijgbaar op *CD-ROM voor publs. vanaf 1982.

7.3 (55) *Encyclopedieën, lexica, atlas*

COOK, Chris
Macmillan dictionary of historical terms / Chris Cook. – 2nd ed. – London [etc.] : Macmillan Press, 1990. – 350 p. – (Macmillan reference books). - ISBN 0-333-46051-0
1e uitg.: 1983

CHAMBERS dictionary of world history / consultant ed. Bruce P. Lenman ; managing ed. Katharine Boyd. – Edinburgh : Chambers, 1993. – 996 p. – ISBN 0-550-15005-6

LANGER, W.L.
An encyclopedia of world history: ancient, medieval and modern chronologically arranged / comp. and ed. by W.L. Langer. – London: Harrap/Galley Press, 1987. – 1609 p. – ISBN 0-86136-647-6. 1e uitg.: 1940.

Geeft de tekst van *The new illustrated encyclopedia of world history* (Boston, Houghton Mifflin, 5e uitg. 1972) met een nieuw hoofdstuk over de periode 1971-1986.

The TIMES atlas of world history / ed. by Geoffrey Barraclough. – 4th [rev.] ed. / ed. by Geoffrey Parker. – London: Times Books, 1993. – 360 p.- ISBN 0-7230-0534-6. 1e uitg.: 1978

7.4 Taal- en letterkunde

7.40 *Inleiding*

De wetenschapsgebieden onder de noemer 'taal- en letterkunde' vormden oorspronkelijk veel meer een eenheid dan tegenwoordig. In de oude filologie was van specialisering nauwelijks sprake. Thans echter zijn er voor veel taalgroepen afzonderlijke opleidingen en het onderzoek is in soms ver uiteenlopende richtingen gedivergeerd. Ook de bibliografie draagt daarvan de sporen. De volgende subrubrieken zijn hier onderscheiden: *algemene taal- en literatuurwetenschap, klassieke filologie, romaanse taal- en letterkunde, germaanse taal- en letterkunde.* Voor bibliografieën met betrekking tot andere talen (slavische, oosterse) wordt verwezen naar de in hoofdstuk X (rubriek 0.1) genoemde werken. Zoals voor het gehele terrein der humaniora geldt eveneens voor dit onderdeel dat, naast de speciale, ook de algemene bibliografieën er een belangrijke bron vormen.

7.41 *Algemene en vergelijkende taal- en letterkunde*

7.41 (0) *Bibliografische inleidingen en bibliografieën van bibliografieën*

MARTINET, André.
Éléments de linguistique générale / André Martinet. – 3e éd. – Paris : Colin, 1991. – 224 p. – (U-Prisme). – ISBN 2-200-32208-9. 1e uitg.: 1960
Behalve algemene inleiding tot de linguistiek ook een bibliografisch gedeelte.

THOMPSON, George A.
Key sources in comparative and world literature : an annotated guide to reference materials / George A. Thompson, Jr. ; with the assistance of Margaret M. Thompson. – New York : Ungar, cop. 1982. – 383 p. – ISBN 0-8044-3281-3
Hoewel nogal oud, toch nog steeds waardevol naslagwerk.

TROIKE, Rudolph C.
Bibliography of bibliographies of the languages of the world / comp. by Rudolph C. Troike. – Amsterdam [etc.] : Benjamins, 1990- . – dl. - (Amsterdam studies in the theory of linguistic science. Series V, Library information sources in linguistics)
Vol. 1: General and Indo-European languages of Europe. – 1990. -ISBN 90-272-3743-3
Is vnl. een bgf. over talen, maar behandelt ook taalkunde.

7.41 (1) *Internationale bibliografieën*

ANALECTA linguistica : informational bulletin of linguistics. – Vol. 1-22. – Budapest : Akadémiai Kiadó, 1971-92. – ISSN 0044-8176.
Niet verder verschenen.

BALDENSPERGER, Fernand
Bibliography of comparative literature / by Fernand Baldensperger and Werner P. Friederich. – Chapel Hill : University of North Carolina, 1950. - 701 p. – (University of North Carolina studies in comparative literature).
Herdr.: New York : Russell & Russell, 1978
Vergelijkende literatuurwetenschap vanaf de vroegste tijden. Korte annotaties. Systematisch. Gedetailleerde inhoudsopgave maar geen index. Wordt gedeeltelijk voortgezet door een jaarlijkse bgf. in de eerste 19 jaargangen van: *Yearbook of comparative and general literature*. – Vol. 1 (1952)- . – Chapel Hill, N.C. : University of North Carolina, 1952- . - ISSN 0084- 3695

BIBLIOGRAPHIE linguistique de l'année ... et complément des années précédentes / publ. par le Comité international permanent de linguistes = Linguistic bibliography for the year ... and supplement for previous years / publ. by the Permanent International Committee of linguists. – Vol. 1 (1939/47)- . – Utrecht : Spectrum [etc.], 1949- . – ISSN 0378-4592
Jaarbgf. van boeken en tijdschriftartikelen naar taalgroepen geordend.

7.41 (41) *Tijdschriften*

MLA directory of periodicals : a guide to journals and series in languages and literatures. – 1978/79- . – New York : Modern Language Association of America, 1979- . – ISSN 0197-0380
"A companion to the *MLA international bibliography*". Verscheen tot nu toe om het jaar. De nieuwste (7e) uitg. 1993/95 geeft informatie over 3277 tijdschriften en series.

WORTMAN, William A.
A guide to serial bibliographies for modern literatures / William A. Wortman. – New York : Modern Language Association of America, 1982. – 124 p. – (Selected bibliographies in language and literature ; 3). – ISBN 0- 87352-952-9

7.41 (42) *Tijdschriftartikelen en recensies*

BIBLIOGRAPHIE linguistischer Literatur (BLL) : Bibliographie zur allgemeinen Linguistik und zur anglistischen, germanistischen und romanistischen Linguistik. – Bd. 4 (1978)- . – Frankfurt a.M. : Klostermann, 1979- . – ISSN 0172-3960
Vanaf Bd. 7 (1981) titel ook i.h. Eng.: Bibliography of linguistic literature
Voortzetting van: BIBLIOGRAPHIE unselbständiger Literatur. Linguistik. – Bd. 1 (191/75)-3 (1977). – Frankfurt a.M. : Klostermann, 1976-78. – ISSN 0343-0030

BULLETIN signalétique. 524, Sciences du langage : revue trimestrielle / Centre national de la recherche scientifique. – Vol. 23-44. – Paris : Centre de documentation du C.N.R.S., 1969-1990. – ISSN 0007-5590
Voortgezet als:
FRANCIS : bulletin signalétique. 524, Sciences du langage. – Vol. 45-48. - Vandoeuvre-lès-Nancy : INIST, 1991-94. – ISSN 1157-3740.
Bestaat vanaf 1947. Eerdere jaargangen verschenen tezamen met andere disciplines onder afwijkende titels.
Vanaf 1995 zijn alle disciplines gezamenlijk alleen in elektronische vorm te raadplegen, nl. *online, op magnetic tape en *CD-ROM.
Op precies dezelfde wijze verscheen en verschijnt:
BULLETIN signalétique. 523, Histoire et science de la littérature

LLBA : Language and language behavior abstracts / ed. at the Univ. of Michigan Center for Research on Language and Language Behavior in collab. with Bureau pour l'enseignement de la langue et de la civilisation françaises à l'étranger. – Vol. 1- . – New York [etc.] : Appleton-Century-Crofts [etc.], 1967- . – ISSN 0023-8925
Vanaf vol. 19 (1985) o.d.t.: LLBA : Linguistics and language behavior abstracts (ISSN 0888-8027)
Verschijnt 4 maal per jaar, met jaarlijkse cumulatieve index. Ongeveer 1200 tijdschriften, rapporten e.d. vormden de bron. Nu ook op *CD-ROM (periode vanaf 1973). *Online raadpleegbaar.

MLA international bibliography of books and articles in the modern languages and literatures. – 1969- . – New York : Modern Language Association of America, 1970- . – ISSN 0024-8215
Van 1921-68 verschenen in: PMLA : Publications of the Modern Language Association of America.
Zeer waardevolle bgf. voor boeken en vooral tijdschriftartikelen (uit meer dan 3000 tijdschriften) voor taal- en letterkunde. Periode 1921- 1968 herdrukt door Kraus te New York. *Online raadpleegbaar. Ook op *CD-ROM (periode vanaf 1981).

The YEAR's work in modern language studies / ed. for the Modern Humanities Research Association. – Vol. 1 (year ending 30 June 1930)- . – London [etc.] : Cambridge University Press, 1930- . – ISSN 0084-4152

7.41 (55) *Encyclopedieën, lexica, handboeken*

DICTIONARY of literary biography. – Detroit : Gale, 1978- . – dl.
Zeer uitgebreid internationaal naslagwerk over letterkundigen, in de vorm van een reeks

monografieën. Tot nu toe ca. 150 dln. Sinds 1980 verschijnt daarnaast 'Dictionary of literary biography yearbook'.

DICTIONNAIRE international des termes littéraires / sous la dir. scientifique de Robert Escarpit. – Berne : Francke, 1979- . – dl. – ISBN 3-7720-1475-5

Fasc. 6 (t/m Emblème) verscheen in 1989. Bevat ook bibliografische gegevens. Teksten i. h. Eng. of Frans.

DICTIONNAIRE universel des littératures / publ. sous la dir. de Béatrice Didier. – Paris : Presses Univ. de France, cop. 1994. – 3 dl. (4393 p). - ISBN 2-13-043013-9

ENCYCLOPEDIA of world literature in the 20th century. – Rev. ed. / Leonard S. Klein, general ed. – New York : Ungar, 1981-1993. – 5 dl. – ISBN 0-8044- 3153-3 (v. 1).

De 1e uitg. (3 dl. 1967-71) uitg. door W.B. Fleischmann

HOLMAN, C. Hugh
A handbook to literature. – 6th ed. / by C. Hugh Holman, William Harmon. - New York [etc.] : Macmillan [etc.], cop. 1992 – 615 p. – ISBN 0-02-356420-2

De 1e uitg. (1936) door W.F. Thrall en A. Hibbard; vanaf de 3e uitg. (1972) op naam van C.H. Holman.

INTERNATIONAL encyclopedia of linguistics / William Bright, editor in chief. – New York : Oxford Univ. Press, 1992. – 4 dl. – ISBN 0-19-505196-3

KINDLERS neues Literatur Lexikon / hrsg. von Walter Jens. – München : Kindler, cop. 1988-1992. – 20 dl. – ISBN 3-463-43001-0 (v. 1)

Nieuwe uitg. van: Kindlers Literatur Lexikon. – Zürich : Kindler, 1965-72. – 7 dl.

LAFFONT, Robert
Le Nouveau dictionnaire des oeuvres de tous les temps et de tous les pays / Laffont-Bompiani. – Nouv. éd., actualisée. – Paris : Laffont, 1994. – 7 dl. – ISBN 2-221-06887-4

1e uitg. (5 dl. 1952-1955) o.d.t.: Dictionnaire des oeuvres de tous les temps et de tous les pays

The LINGUISTICS encyclopedia / ed. by Kirsten Malmkjaer ; North American consultant editor James M. Anderson. – London [etc.] : Routledge, 1991. - 575 p. – (Routledge language reference). – ISBN 0-415-02942-2

SPRACHWISSENSCHAFTLICHES Wörterbuch / hrsg. von Johann Knobloch ; in Verb. mit Olga S. Akhmova ... [et al.]. – Heidelberg : Winter, 1961- . – dl. - (Indogermanische Bibliothek. II. Reihe, Wörterbücher)

Verschijnt in afleveringen. Bd I (A-E) compleet in 1986. (ISBN 3-533-00646-6). Van Bd II zijn 2 afl. verschenen. Met literatuurverwijzingen.

7.42 *Klassieke filologie. Oudheidkunde*

7.42 (0) *Bibliografische inleidingen*

GULLATH, Brigitte
Wie finde ich altertumswissenschaftliche Literatur : klassische Philologie, Mittel- und Neulatein, Byzantinistik, alte Geschichte und Archaeologie / Brigitte Gullath und Frank Heidtmann. – Berlin : Berlin-Verlag, cop. 1992. – 346 p. – (Orientierungshilfen ; Bd. 23). – ISBN 3-87061-207-x

JÄGER, Gerhard
Einführung in die klassische Philologie / Gerhard Jäger. – 3., überarb. Aufl. – München : Beck, 1990. – 239 p. – ISBN 3-406-34264-7. 1e uitg.: 1975.

7.42 (1) *Internationale bibliografieën*

L'ANNÉE philologique : bibliographie critique et analytique de l'antiquité gréco-latine / publ. par J. Marouzeau ... [et al.]. – Année 1 (1924/26)- . – Paris : Les Belles Lettres, 1928- . – (Collection de bibliographie classique ; 3). – ISSN 0184-6949

Jaarlijks. Boeken en tijdschriftartikelen. Geordend op auteur en onderwerp.

Aan deze lopende bgf. gingen vooraf:

1. BIBLIOTHECA scriptorum classicorum / hrsg. von Wilhelm Engelmann. – 8. Aufl. umfassend die Literatur von 1700-1878 / neu bearb. von E. Preuss. - Leipzig [etc.] : W. Engelmann [etc.], 1880-82. – 2 dl.

I: Scriptores graeci. II: Scriptores latini.

2. BIBLIOTHECA scriptorum classicorum et graecorum et latinorum : die Literatur von 1878 bis 1896 einschliesslich umfassend / hrsg. von Rudolf Klussmann. – Leipzig : Reisland, 1909-13. – 2 dl. (4 bd.)

I: Scriptores graeci. II: Scriptores latini.

Herdr.: Hildesheim: Olms, 1976. – ISBN 3-482-06253-4

3. LAMBRINO, Scarlat
Bibliographie de l'antiquité classique, 1896-1914 / par Scarlat Lambrino. - Paris : Belles Lettres, 1951. – 761 p. – (Collection de bibliographie classique ; 1)

I: Auteurs et textes. Het aangekondigde dl II is nooit verschenen

4. DIX années de bibliographie classique : bibliographie critique et analytique de l'antiquité gréco-latine pour la période 1914-1924 / publ. par J. Marouzeau. – Paris : Les Belles Lettres, 1927-28. – 2 dl. - (Collection de bibliographie classique ; 2)

1: Auteurs et textes. 2: Matières et disciplines.

7.42 (55) *Biografie, lexica, handboeken*

GRANT, Michael
Greek and Latin authors, 800 B.C.-A.D. 1000 / by Michael Grant. – New York : Wilson, 1980. – 490 p. – (Wilson Authors series) – ISBN 0-8242-0640-1

HANDBUCH der klassischen Altertums-Wissenschaft in systematischer Darstellung : mit besonderer Rücksicht auf Geschichte und Methodik der einzelnen Disziplinen / hrsg. von Iwan Müller ... [et al.]. – Nördlingen [etc.] : Beck, 1886- . – dl.

Vanaf 1923 o.d.t.: *Handbuch der Altertumswissenschaft.* Bestaat uit verschillende afdelingen, die elk uit een groot aantal banden bestaan. Nog steeds niet afgesloten, samenvattend handboek inzake de klassieke en middeleeuwse Griekse en Latijnse wereld. Veel bibliografische gegevens.

The OXFORD companion to classical literature. – 2nd ed. / ed. by M.C. Howatson. – Oxford : Oxford Univ. Press, 1989. – 615 p. – ISBN 0-19-866121-5. 1e uitg.: 1937

PAULY, August Friedrich von
Pauly's Real-Encyclopädie der classischen Altertumswissenschaft. – Neue Bearbeitung / unter Mitw. zahlreicher Fachgenossen hrsg. von Georg Wissowa ... [et al.]. – Stuttgart : Metzler, 1894-1978. – 49 dl.

Bestaat uit: Reihe 1: A-Q (24 Bd.); Reihe 2: R-Z. (10 Bd.); 15 Supplementbd. Herdr.: München : Artemis, 1981. – In 1991 een uitg. op microfiche. (ISBN 3-598-33221-1). Voor namen en begrippen het grootste en belangrijkste hulpmiddel.

Een kleinere, geactualiseerde uitg. is:
PAULY, August Friedrich von
Der kleine Pauly : Lexikon der Antike / auf der Grundlage von Pauly's Realencyclopädie der classischen Altertumswissenschaft unter Mitw. zahlreicher Fachgelehrter bearb. und hrsg. von Konrad Ziegler ... [et al.]. – Stuttgart [etc.] : Druckenmüller, 1964-75. – 5 dl.
Herdr.: München : Deutscher Taschenbücherverlag, 1979. – ISBN 3-423-05963-x.

7.43 *Romaanse taal- en letterkunde*

7.43 (0) *Bibliografische inleidingen en bibliografieën van bibliografieën*

BACH, Kathryn F.
Romance linguistics and the Romance languages : a bibliography of bibliographies / by Kathryn F. Bach and Glanville Price. – London : Grant & Cutler, 1977. – 194 p. – (Research bibliographies & checklists ; 22). - ISBN 0-7293-0055-2

BAL, Willy
Guide bibliographique de linguistique romane / par Willy Bal, Jean Germain. – Louvain : Peeters, 1978. – 267 p. – (Bibliothèque des Cahiers de l'Institut de linguistique de Louvain ; 12). – ISBN 2-8017-0099-1

7.43 (1) *Internationale bibliografieën*

ROMANISCHE Bibliographie = Bibliographie romane = Romance bibliography / bearb. und hrsg. von Kurt Reichenberger. – 1(1961/62)- . – Tübingen : Niemeyer, 1965- . – ISSN 0080-388x
Is een jaarlijks supplement bij het *Zeitschrift für romanische Philologie*. (ISSN 0049-8661). Streeft naar volledigheid en geldt als de belangrijkste lopende bgf. van de Romanistiek. Indeling systematisch, per taal, daarbinnen per genre en schrijver. Eerdere afl. verschenen als: Zeitschrift für romanische Philologie. Supplementheft Bibliographie 1 (1875/76)-76 (1960). – 1878-1964.

7.43 (55) *Encyclopedieën, lexica, handboeken*

LEXIKON der romanistischen Linguistik (LRL) / hrsg. von Günter Holtus ... [et al.]. – Tübingen : Niemeyer, 1988- . – dl. – ISBN 3-484-50250-9
Zal in totaal uit 8 dln. bestaan

7.43 (3) *Afzonderlijke talen*

Frans:

BASSAN, Fernande
French language and literature : an annotated bibliography / Fernande Bassan, Donald C. Spinelli, Howard A. Sullivan. – [2nd ed.] – New York : Garland, 1989. – 365 p. – (Garland reference library of the humanities ; 954). – ISBN 0- 8240-4798-2.
De 1e uitg. (1976) o.d.t.: An annotated bibliography of French language and literature

BEAUMARCHAIS, Jean-Pierre de
Dictionnaire des littératures de langue française / J.-P. de Beaumarchais, Daniel Couty, Alain Rey. – Paris : Bordas, cop. 1994. – 4 dl. – ISBN 2-04-018550-x (v. 1). 1e uitg. (3 dl.): 1984

BEAUMARCHAIS, Jean-Pierre de
Dictionnaire des oeuvres littéraires de langue française / Jean-Pierre de Beaumarchais, Daniel Couty. – Paris : Bordas, 1994. – 4 dl.- ISBN 2-04-027031-0 (v. 1)

BIBLIOGRAPHIE de la littérature française du moyen-âge à nos jours / René Rancoeur. – Année 1966-1979. – Paris : Colin, 1967-80. – ISSN 0067-6942

Voortzetting van: *Bibliographie littéraire* (1953-61) en *Bibliographie de la littérature française moderne (XVIe-XXe siècles)* (1962-65).
Verscheen vanaf 1947 als rubriek in de *Revue d'histoire littéraire de la France*. Sinds 1981 jaarlijks als afl. 3/4 van: *Revue d'histoire littéraire de la France*. Indeling naar periode.

BIBLIOGRAPHIE der französischen Literaturwissenschaft / bearb und hrsg. von Otto Klapp = Bibliographie d'histoire littéraire française / par Otto Klapp. – Bd. 1 (1956/58)- . – Frankfurt a. M. : Klostermann, 1960- . – ISSN 0523-2465

Chronologisch geordende lopende bgf. van boeken, proefschriften en tijdschriftartikelen met index op auteur en onderwerp.

BIBLIOGRAPHIE des écrivains français de Belgique (1881-1950) / établie par J.M. Culot ... [et al.]. – Bruxelles : Académie royale de langue et de littérature françaises de Belgique, 1958- . – dl.

Vanaf dl. II: Bibliographie des écrivains français de Belgique (1881-1960). Zal uit 6 dln. bestaan. Dl. V (O-P-Q) verscheen in 1988.

A CRITICAL bibliography of French literature / D.C. Cabeen, general ed. - Syracuse, N.Y. : Syracuse Univ. press, 1974-1994. – 6 dl. (11 bd.)

KEMPTON, Richard
French literature : an annotated guide to selected bibliographies / Richard Kempton. – New York : Modern Language Association of America, 1981. – 42 p. – (Selected bibliographies in language and literature ; 2). – ISBN 0-87352-951-0

OSBURN, Charles B.
Research and reference guide to French studies / Charles B. Osburn. – 2nd ed. – Metuchen, N.J. [etc.] : Scarecrow Press, 1981. – 532 p. – ISBN 0- 8108-1440-4

1e uitg.: 1968; een suppl. met cumulatieve indexen verscheen in 1972 o.d.t.: Guide to French studies.

Spaans:

BLEZNICK, Donald W.
A sourcebook for Hispanic literature and language : a selected, annotated guide to Spanish, Spanish-American, and Chicano bibliography, literature, linguistics, journals and other source materials / by Donald W. Bleznick. - 2nd ed. – Metuchen, N.J. [etc.] : Scarecrow Press, 1983. – 304 p. – ISBN 0-8108-1616-4. 1e uitg.: 1974

DICTIONARY of the literature of the Iberian peninsula / ed. by German Bleiberg, Maureen Ihrie and Janet Pérez. – Westport, Conn. [etc.] : Greenwood Press, 1993. – 2 dl. (1806 p.) – ISBN 0-313-21302 x

FOSTER, David William
Manual of Hispanic bibliography / comp. by David William Foster, Virginia Ramos Foster. – 2nd ed., rev. and expanded. – New York : Garland, 1977. - 329 p. – (Garland reference library of the humanities ; 85). – ISBN 0-8240-9888-9. 1e uitg.: 1970

SIMÓN Díaz, José
Bibliografía de la literatura hispánica / José Simón Díaz. – Madrid : Consejo Superior de Investigaciones Científicas, Inst. 'Miguel de Cervantes' de Filología Hispánica, 1950-92. – 15 dl. (17 bd.). – ISBN 84-00-05202-1

Zeer uitgebreide bgf. van boeken en tijdschriftartikelen betreffende de letterkunde van Spanje en Zuid-Amerika. De afzonderlijke dln. worden regelmatig herzien. (3e uitg. dl. 1: 1983; dl 2: 1986.)

Italiaans:

BIBLIOGRAFIA generale della lingua e della letteratura italiana (BiGLLI) / Centro Pio Rajna. – Vol. 1 (1991)- . – Roma : Salerno, 1993 – . -(Pubblicazioni del Centro Pio Rajna. Periodici). – ISSN 1122-2220

Verschijnt jaarlijks.

HALL, Robert A.
Bibliografia della linguistica italiana / Robert A. Hall, Jr. – 2a ed. riv. e aggiornata. – Firenze : Sansoni, 1958. – 3 dl. – (Biblioteca bibliografica italica ; 13-15)

Met tienjaarlijkse supplementen: 1: 1956-1966. – 1969. 2: 1966-1976. - 1980. 3: 1976-1986. – 1988. 1e uitg. (Baltimore : Linguistic Society of America, 1941) onder de titel: Bibliography of Italian linguistics.

PUPPO, Mario
Manuale critico-bibliografico per lo studio della letteratura italiana / Mario Puppo. – 13a ed. riv. e aggiornata. – Torino : Società Editrice Internazionale, 1987. – 462 p. – ISBN 88-05-01919-4. 1e uitg.: 1954.

7.44 *Germaanse taal- en letterkunde*

7.44 (0) *Bibliografische inleiding*

HANSEL, Johannes
Bücherkunde für Germanisten / von Johannes Hansel. – Studienausg. 9., neubearb. Aufl. / bearb. von Lydia Tschakert. – Berlin : Schmidt, 1991. - 232 p. – ISBN 3-503-03019-0. 1e uitg.: 1961

Gids voor basiswerken op het gebied van voornamelijk de Duitse taal- en letterkunde.

7.44 (1) *Internationale bibliografieën*

GERMANISTIK: internationales Referatenorgan mit bibliographischen Hinweisen. – Jg. 1 (Jan. 1960)- . – Tübingen : Niemeyer, 1960- . – ISSN 0016-8912

Systematisch geordend. Verschijnt per kwartaal. Omvat zowel boeken (geannoteerd) als tijdschriftartikelen.

INTERNATIONALE germanistische Bibliographie : IGB / Hans-Albrecht Koch, Uta Koch. – [1] (1980)-3 (1982). – München [etc.] : Saur, 1981-84. – ISSN 0721-4561.

Niet verder verschenen

JAHRESBERICHT über die Erscheinungen auf dem Gebiete der germanischen Philologie / hrsg. von der Gesellschaft für deutsche Philologie in Berlin. – Jg. 1 (1879)-42 (1920); N.F. 1 (1921)-16/19 (1936/39). – Berlin : Calvary [etc.], 1880-1954

7.44 (3) *Afzonderlijke talen*

Duits:

BIBLIOGRAPHIE der deutschen Literaturwissenschaft / bearb. von Hanns W. Eppelsheimer ... [et al.] – Bd 1 (1945/53)- . – Frankfurt a. M. : Klostermann, 1957- . – ISSN 0341-9363

Vanaf Bd 9 (1969) o.d.t.: Bibliographie der deutschen Sprach- und Literaturwissenschaft. De eerste dln. zijn gecumuleerd o.d.t.: *Bibliographisches Handbuch der deutschen Literaturwissenschaft, 1945-1969* / hrsg. von Clemens Köttelwesch ; Mitarb. H. Hüttermann ... [et al.]. - Frankfurt a.M. : Klostermann, 1973-79. – 3 dl. Bd. 1: Von den Anfängen bis zur Romantik. Bd. 2: 1830 bis zur Gegenwart. Bd. 3: Register. Titel van de dln. 2 en 3: *Bibliographisches Handbuch der deutschen Literaturwissenschaft, 1945-1972.*

DEUTSCHES Literatur-Lexikon : biographisch-bibliographisches Handbuch / begr. von Wilhelm Kosch ; hrsg. von Bruno Berger ... [et. al.]. – 3., völlig neu bearb. Aufl. – Bern [etc.] : Francke [etc.], 1968- . – dl. - ISBN 3-907820-00-2

Dl. 15 (t/m Schnydrig) verscheen in 1993. Hierbij: Erg.bd. I: A-Bernfeld. – 1993. II: Bernfeld-Christen. – 1994

LEXIKON deutschsprachiger Schriftsteller : von den Anfängen bis zur Gegenwart / begr. von Günter Albrecht ... [et al.] ; Leitung und Gesamtred.: Kurt Böttcher. – Leipzig [etc.] : Bibliographisches Institut [etc.], 1987-1993. – 2 dl.

LITERATUR Lexikon : Autoren und Werke deutscher Sprache / hrsg. von Walther Killy ; unter Mitarb. von Hans Fromm ... [et al.]. – Gütersloh [etc.] : Bertelsmann Lexikon Verlag, cop. 1988-1993. – 15 dl.

RAABE, Paul
Einführung in die Bücherkunde zur deutschen Literaturwissenschaft / Paul Raabe. – 11. völlig neubearb. Aufl. – Stuttgart : Metzler, 1994. – 148 p. - (Sammlung Metzler ; Bd 1). – ISBN 3-476-11001-x
1e uitg.: 1961

Bruikbare basisgids met tabellen en register.

Nederlands:

BIBLIOGRAFIE van de Nederlandse taal- en literatuurwetenschap : aangevuld met de bibliografie van de Friese taal- en literatuurwetenschap / onder verantwoordelijkheid van de Werkgroep voor de Documentatie der Nederlandse Letteren. – Vol. 24 (1970/74)- . – 's-Gravenhage [etc.] : Koninklijke Bibliotheek [etc.], 1970- . – ISSN 0045-186x

Naar volledigheid strevende lopende bgf. Verschijnt in jaarlijkse afleveringen, met vijfjaarcums. in 2 dln.: 'Systematisch deel' en 'Register'. Met terugwerkende kracht worden de dln. 1-23 gepubliceerd. Reeds verschenen: Dl. 23 (1965/69). – 1979; dl. 22 (1960/64). – 1986; dl. 18 (1940/45) – 1992. *Online raadpleegbaar.

BUUREN, A.M.J. van
Vermakelijk bibliografisch ganzenbord : een eerste handleiding bij systematisch-bibliografisch onderzoek op het gebied van de Nederlandse letterkunde / samengest. door A.M.J. van Buuren, W.P. Gerretsen en A. N. Paasman. – 5e herz. en verm. uitg. – Groningen : Wolters-Noordhoff, 1983. - 139 p. – (De nieuwe taalgids cahiers ; 1). – ISBN 90-01-18577-0. 1e uitg.: 1969

Overzichtelijke bibliografische inleiding met een aantal oefeningen. Het bibliografische gedeelte is systematisch geordend en bevat ook taalkundige bibliografieën. Index op auteur, titel en onderwerp.

Scandinavische talen:

ACTA philologica Scandinavica = Tidsskrift for nordisk sprogforskning. - Vol. 1-34/35. – Copenhagen : Gyldendal, 1926-88. – ISSN 0001-6691
Hierin opgenomen: Bibliography of Scandinavian philology (ISSN 0900-7849). – Niet verder verschenen.

A BIBLIOGRAPHY of Scandinavian languages and linguistics 1900-1970 / editor-in-chief Einar Haugen ; assistant ed. Tove Kangas ... [et al.]. - Oslo : Universitetsforlaget, cop. 1974. – 527 p. – (Scandinavian University books). – ISBN 82-00-08997-5

DICTIONARY of Scandinavian literature / Virpi Zuck, editor-in-chief. - London : St. James, 1990. – 792 p. – ISBN 1-558-62114-8

MUNCH-Petersen, Erland
Nordisk litteraturvidenskab : håndbog til informationssøgning / Erland Munch-Petersen. – Esbo, Finland : NORDINFO, [1993]. – 212 p. – (NORDINFO-publikation ; 25) – ISBN 951-47-7830-8

Engels en Amerikaans:

ANNUAL bibliography of English language and literature. – Vol. 1 (1920)- . – London : Modern Humanities Research Association, 1921- . – ISSN 0066-3786
Belangrijkste lopende bgf. voor de Anglistiek. Zowel boeken als tijdschriftartikelen. Systematisch en chronologisch geordend.

BLANCK, Jacob N.
Bibliography of American literature / comp. by Jacob Blanck for the Bibliographical Society of America. – New Haven : Yale University Press, 1955-91. – 9 dl.
Bio-bgf. Bevat het werk van ongeveer 300 literaire auteurs uit de periode 1787-1930.

BRACKEN, James K.
Reference works in British and American literature / James K. Bracken. - Englewoord, Colo : Libraries Unlimited, 1990-1991. – 2 dl. – (Reference sources in the humanities series). – ISBN 0-87287-699-3

GOHDES, Clarence
Bibliographical guide to the study of the literature of the U.S.A. / Clarence Gohdes and Sanford E. Marovitz. – 5th ed., completely rev. and enl. – Durham : Duke University Press, 1984. – 256 p. – ISBN 0-8223-0592- 5. [1e uitg.: 1959]
Standaard gids voor de Amerikaanse letterkunde.

HARNER, James L.
Literary research guide : a guide to reference sources for the study of literatures in English and related topics / James L. Harner. – 2nd ed. - New York : Modern Language Association of America, 1993. – 766 p. – ISBN 0-87352-558-2. 1e uitg.: 1989
Is de opvolger van:

PATTERSON, Margaret C.
Literary research guide : an evaluative, annotated bibliography of books and periodicals on English, Scottish ... / Margaret C. Patterson. – 2nd rev. ed. – New York : Modern Language Association of America, 1983. – 559 p. – ISBN 0-87352-128-5. 1e uitg.: 1976

OUSBY, Ian
The Cambridge guide to literature in English / Ian Ousby ; forew. by Doris Lessing. – [Rev. ed.] – Cambridge [etc.] : Cambridge Univ. Press, 1993. - 1054 p. – ISBN 0-521-44086-6. Oorspr. uitg.: 1988

REFERENCE guide to English literature / ed. by D.L. Kirkpatrick. – 2nd ed. – Chicago [etc.] : St. James Press, cop. 1991. – 3 dl. (2143 p.) – (St. James reference guides). – ISBN 1-558620-78-8 (vol. 1). 1e uitg. 1984

The WRITERS directory. – 1st ed. (1971/73)- . – London [etc.] : Macmillan [etc.], 1971- . – ISSN 0084-2699

The YEAR's work in English studies. – Vol. 1 (1919/20)- . – Oxford [etc.] : Oxford Univ. Press for the English Association [etc.], 1919- . – ISSN 0084-4144

7.5 Kunst, muziek, theater, film, radio, tv, dans

7.5 (0) *Bibliografische inleidingen en bibliografieën van bibliografieën*

Kunst:

ARNTZEN, Etta
Guide to the literature of art history / Etta Arntzen, Robert Rainwater. - Chicago : American Library Association, 1980. – 616 p. – ISBN 0-8389-0263- 4

EHRESMANN, Donald L.
Fine arts : a bibliographic guide to basic reference works, histories, and handbooks / Donald L. Ehresmann. – 3rd ed. – Littleton, Colo. : Libraries Unlimited, 1990. – 373 p. – ISBN 0-87287-640-3. 1e uitg.: 1975

JONES, Lois Swan
Art information : research methods and resources / Lois Swan Jones ; forew. by Caroline H. Backlund. – 3rd ed. – Dubuque, Iowa : Kendall/Hunt, cop. 1990. – 373 p. – ISBN 0-8403-5713-3.
1e en 2e uitg. (1978,84) o.d.t.: Art research methods and reources

WILK-Mincu, Barbara
Wie finde ich Kunstwissenschaftliche Literatur / Barbara Wilk-Mincu ; unter Mitarb. von Frank Heidtmann. – 3., auf den neuesten Stand gebrachte Aufl. - Berlin : Berlin-Verlag, 1992. – 415 p. – (Orientierungshilfen ; Bd. 21). - ISBN 3-87061-388-27. 1e uitg.: 1983

Muziek en toneel:

BAILEY, Claudia Jean
A guide to reference and bibliography for theatre research / by Claudia Jean Bailey. – 2nd ed., rev. and expanded. – Columbus, Ohio : Ohio State University Libraries, Publications Committee, 1983. – 149 p. – ISBN 0-88215-049-9. [1e uitg.: 1971]

BESTERMAN, Theodore
Music and drama : a bibliography of bibliographies / by Theodore Besterman. – Totowa, N.J. : Rowman and Littlefield, 1971. – 365 p. – (The Besterman world bibliographies). – ISBN 0-87471-046-4

Gebaseerd op de 4e uitg. van schrijvers werk: A world bibliography of bibliographies. (5 vol. 1965-66.)

BROCKMAN, William S.
Music : a guide to the reference literature / William S. Brockman. - Littleton, Colo. : Libraries Unlimited, 1987. – 254 p. – (Reference sources in the humanities series). – ISBN 0-87287-526-1

DUCKLES, Vincent H.
Music reference and research materials : an annotated bibliography / Vincent H. Duckles, Michael A. Keller. – 4th ed., rev. – New York [etc.] : Schirmer [etc.], cop. 1994. – 740 p. – ISBN 0-02-870822-9. 1e uitg.: 1964

HEIDTMANN, Frank
Wie finde ich film- und theaterwissenschaftliche Literatur / Frank Heidtmann, Paul S. Ulrich. – 2., völlig überarb. Aufl. – Berlin : Berlin-Verlag, 1988. – 428 p. – (Orientierungshilfen ; Bd. 11). – ISBN 3-87061-331-9. 1e uitg.: 1978

LANZKE, Heinz
Wo finde ich Informationen über Musik, Noten, Tonträger, Musikliteratur / Heinz Lanzke. – Berlin : Berlin Verlag, 1990- . – dl. - (Orientierungshilfen ; Bd 22). – ISBN 3-87061-206-1 (v 1)

I: Musikdokumente und musiksammlungen, Musiklexika, Musikgeschichte, Musikleben. – 1990. IIa: Musikbibliographie : Bibliographie der Bibliographien. – Musikverzeichnisse (musikalische Werke und ihre Ausgabe). – 1992. Zal in 3 dln verschijnen

7.5 (1) *Internationale bibliografieën*

Kunst:

ART books 1876-1949 : including an international index of current serial publications : books: subject index, author index, title index : serials: subject index, title index. – New York [etc.] : Bowker, cop. 1981. – 780 p. – ISBN 0-8352-1370-6

ART books 1950-1979 : including an international directory of museum permanent collection catalogs : subject index, author index, title index, art books in print index, geographic guide to museums, permanent collection catalog index. – New York [etc.] : Bowker, cop. 1979. – 1500 p. – ISBN 0-8352-1189-4

ART books 1980-1984 : including an international index of current and ceased serial publications : books: subject index, author index, title index : serials: subject index, cessations index, title index. – New York [etc.] : Bowker, cop. 1985. – 571 p. – ISBN 0-8352-1819-8

ARTBIBLIOGRAPHIES modern. – Vol. 3 (1971)- . – Oxford [etc.] : Clio, 1973- . – ISSN 0300-466x

Voortzetting van: *LOMA : Literature on modern art* (1969-70). Jaarlijks; m.i.v. vol. 4 (1973) 2 maal per jaar. Met: Five year index, vol. 6-10 (1975-1979). – 1982; vol. 11-15 (1980-1984). – 1987. *Online raadpleegbaar. Verschijnt ook op *CD-ROM (periode vanaf 1984).

BHA : bibliography of the history of art = bibliographie d'histoire de l'art. – Vol. 1 (1991)- . – Vandoeuvre-lès-Nancy [etc.] : INIST [etc.], 1991- . – ISSN 1150-1588

Samensmelting van:

RÉPERTOIRE d'art et archéologie. N.S. – Vol. 1 (1965)-25 (1989). – Paris : Centre national de la recherche scientifique, Comité français d'histoire de l'art, 1965-1989. – ISSN 0080-0953

en:

RILA : répertoire international de la littérature de l'art = international repertory of the literature of art . – Vol. 1 (1975)-15 (1989). - Williamstown, Mass. : RILA, 1975-1989. – ISSN 0145-5982

*Online raadpleegbaar.

ZEITSCHRIFT für Kunstgeschichte / begr. von Wilh. Wätzoldt und Ernst Gall. – Bd. 1 (1932)- . – München [etc.] : Deutscher Kunstverlag, 1932- . – ISSN 0044-2992

Voortzetting van : *Repertorium für Kunstwissenschaft*, *Zeitschrift für bildende Kunst*, en *Jahrbuch für Kunstwissenschaft*. Hierin een lopende kunsthistorische bgf. over de periode tot 1850.

Muziek en theater:

BAKER, Blanch M.

Theatre and allied arts : a guide to books dealing with the history, criticism, and technic of the drama and theatre and related arts and crafts / by Blanch M. Baker. – New York : Wilson, 1952. – 536 p.

Vermeldt ongeveer 6.000 titels uit de periode 1885-1948, voornamelijk in het Engels. Herdr.: New York : Blom, 1967

BIBLIOGRAPHIE des Musikschrifttums. – Jg. 1- . – Leipzig [etc.], 1936- . - ISSN 0340-2169

INTERNATIONAL bibliography of theatre. – 1982- . – New York : Theatre Research Data Center, 1985- . – ISSN 0882-9446

Film, radio, tv.:

ARMOUR, Robert A.

Film : a reference guide / Robert A. Armour. – Westport, Conn. [etc.] : Greenwood, 1980. – 251 p. – (American popular culture). – ISBN 0-31322- 241-x

Basisgids in de vorm van een bibliografisch essay met zeer gedetailleerde annotaties. Bgf. aan het eind van elk hoofdstuk.

BLUM, Eleanor

Mass media bibliography : an annotated guide to books and journals for research and reference / Eleanor Blum and Frances Goins Wilhoit. – 3rd ed. – Urbana [etc.] : Univ. of Illinois press, cop. 1990. – 344 p. – ISBN 0-252-01706-4

1e en 2e uitg. (1972,80) o.d.t.: Basic books in the mass media

*FILM index international

Een CD-ROM die de periode vanaf 1930 bestrijkt

FILM literature index / a quarterly author-subject periodical index to the international literature of film / ed. Vincent J. Aceto ... [et al.]. - Vol. 1 (1973)- . – Albany, N.Y. : Filmdex, 1974- . – ISSN 0093-6758

INTERNATIONALE Filmbibliographie = Bibliographie internationale du cinéma = International motion-picture bibliography / [ed. by] H.P. Manz. – N.F. Bd. 1 (1979-80)- . – München : Filmland-Presse, 1981- .

MACCAVITT, William E.
Radio and television : a selected, annotated bibliography / comp. by William E. MacCavitt. – Metuchen, N.J. : Scarecrow, 1978. – 229 p. – ISBN 0-8108-1113-8
Hierbij: Suppl. 1: 1977-1981. – 1982. Suppl. 2: 1982-1986.

REHRAUER, George
The Macmillan film bibliography / by George Rehrauer. – New York : Macmillan, cop. 1982. – 2 dl. (1472 p.). – ISBN 0-026-96400-7
Uitvoerig geannoteerde lijst van boeken over film.

Dans:

DICTIONARY catalog of the Dance Collection : a list of authors, titles, and subjects of multi-media materials in the Dance Collection of the Performing Art Research Center of the New York Public Library. – [New York] : New York Public Library, Astor, Lenox, and Tilden Foundations, 1974. – 10 dl. (6970 p.). – ISBN 0-8161-1124-3
Met jaarlijkse supplementen:

BIBLIOGRAPHIC guide to dance / Performing Arts Center, The Research Libraries of the New York Public Library. – 1975- . Boston, Mass. : Hall, 1976- . – ISSN 0360-2737

7.5 (3) *Kunstgeschiedenis Nederland en België*

BIBLIOGRAPHY of the Netherlands Institute for Art History. – Vol. 1 (1943/45)-17 (1973/74). – 's-Gravenhage : Rijksbureau voor Kunsthistorische Documentatie, 1943-[1985]. – ISSN 0923-0297
Niet verder verschenen. Betreft boeken, tijdschriftartikelen en catalogi over Noord- en Zuidnederlandse kunst. Beoogt een voortzetting te zijn van H. van Hall's *Repertorium voor de geschiedenis der Nederlandse schilder- en graveerkunst.* (2 dln. 's- Gravenhage, 1936-49.)

7.5 (42) *Tijdschriftartikelen*

The ART index : a cumulative author and subject index to a selected list of fine arts periodicals. – Vol. 1(1929)- . – New York : Wilson, 1929- . - ISSN 0004-3222
Bestrijkt ongeveer 190 Amerikaanse en Europese tijdschriften. Verschijnt per kwartaal, met jaarlijkse cum. Omvat ook archeologie, architectuur, film en fotografie. Tentoonstellingen op naam van de kunstenaar. Ook op *CD-ROM (periode vanaf 1984).

BULLETIN signalétique. 526, Art et archéologie : revue trimestrielle / Centre national de la recherche scientifique. – Vol. 24-44. – Paris : Centre de documentation du C.N.R.S., 1970-1990. – ISSN 0007-5612
Voortgezet als:
FRANCIS : bulletin signalétique. 526, Art et archéologie. – Vol. 45-48. - Vandoeuvre-lès-Nancy : INIST, 1991-1994. – ISSN 1157-3767
Bestaat sinds 1947. Eerdere jaargangen verschenen tezamen met andere disciplines onder afwijkende titels. Vanaf 1995 zijn alle disciplines gezamenlijk alleen nog in elektronische vorm te raadplegen, nl. *online en op magnetic tape en *CD-ROM.

The MUSIC index : the key to current music periodical literature. – Vol. 1 (1949)- . – Detroit, Mich. : Information Service, 1949- . – ISSN 0027-4348
Verschijnt 1 maal per maand, met jaarlijkse cum. Ook op *CD-ROM verkrijgbaar (periode vanaf 1981).

RILM abstracts of music literature : répertoire international de littérature musicale = international repertory of music literature = internationales Repertorium der Musikliteratur / International Musicological Society, International Association of Music Libraries, American Council of Learned Societies. – Vol. 1(1967)- . – New York : RILM, cop. 1969- . – ISSN 0033-6955

Verschijnt in 4 afl. per jaar, waarvan de laatste een 'Cumulative author-subject index' is. Met vijfjaarlijkse cumulatieve indexen. *Online raadpleegbaar. Er is een CD-ROM, getiteld: **Muse*, waarop RILM abstracts 1970-1987 voorkomen, naast records uit de Music catalog van de Library of Congress uit de periode 1981-1992

7.5 (51) *Biografie*

ALLGEMEINES Lexikon der bildenden Künstler von der Antike bis zur Gegenwart / unter Mitw. von 300 Fachgelehrten des In- und Auslandes hrsg. von Ulrich Thieme ... [et al.]. – Leipzig : Wilhelm Engelmann, 1907-50. – 37 Bde.

FREITAG, Wolfgang M.
Art books : a basic bibliography of monographs on artists / Wolfgang M. Freitag. – New York [etc.] : Garland, 1985. – 351 p. – (Garland reference library of the humanities ; vol. 574). – ISBN 0-8240-8763-1

SCHEEN, Pieter A.
Lexicon Nederlandse beeldende kunstenaars 1750-1880 / Pieter A. Scheen. - [Nieuwe uitg.] / herz. door P. Scheen. – 's-Gravenhage : Pieter A. Scheen, 1981. – 686 p. : 889 afb.

1e uitg. 2 dl. (1969,70) o.d.t.: Lexicon Nederlandse beeldende kunstenaars 1750-1950.

VOLLMER, Hans
Allgemeines Lexikon der bildenden Künstler des XX. Jahrhunderts / unter Mitw. von Fachgelehrten des In- und Auslandes bearb., redigiert und hrsg. von Hans Vollmer. – Leipzig : Seemann, 1953-62. – 6 dl.

Vervolg op: *Allgemeines Lexikon der bildende Künstler von der Antike bis zur Gegenwart* van Ulrich Thieme. Deze twee samen vormen het grootste naslagwerk op kunsthistorisch terrein. Ongeveer 150.000 personen en hun werken worden genoemd. Er is een CD-ROM versie van deze twee naslagwerken o.d.t.: **Internationale Künstlerdatenbank (IKD).*

7.5 (54) *Gidsen, adresboeken*

INTERNATIONAL directory of arts = Internationales Kunst-Adreszbuch. – 1st ed. (1952/53)- . – Frankfurt a.M. : Art Adress Verlag Müller [etc.], 1952- . – ISSN 0074-4565

Titel ook in het Frans, Italiaans en Spaans.

MUSEUMS of the world. – 4th rev. and enl. ed. – München [etc]. : Saur, 1992. – 642 p. – (Handbook of international documentation and information ; vol. 16). – ISBN 3-598-20533-3. 1e uitg.: 1973.

De NEDERLANDSE museumgids : musea, oudheidkamers, bezoekerscentra, planten- en dierentuinen / inl. van Ruud Spruit. – 4e, herz. dr. – 's-Gravenhage : Staatsuitgeverij, 1987. – 206 p. – ISBN 90-12-05421-4. 1e dr.: 1980.

7.5 (55) *Encyclopedieën*

The CAMBRIDGE guide to world theatre / ed. by Martin Banham. – Cambridge [etd.] : Cambrdige Univ. Press, 1988. – 1104 p. – ISBN 0-521-26595-9

ENCYCLOPEDIA of world art = Enciclopedia universale dell'arte. – New York [etc.] : McGraw-Hill, 1959-87. – 17 dl.
Dl. 15: Index. Dl. 16,17: Suppl.

GROVE, George
The new Grove dictionary of music and musicians / ed. by Stanley Sadie. - London [etc]. : Macmillan, cop. 1980. – 20 dl. – ISBN 0-333-23111-2
1e uitg. (5 dl. 1879-90) o.d.t.: A dictionary of music and musicians.

Die MUSIK in Geschichte und Gegenwart : allgemeine Enzyklopädie der Musik / unter Mitarb. zahlreicher Musikforscher des In- und Auslandes hrsg. von Friedrich Blume. – Kassel [etc]. : Bärenreiter, 1951-86. – 17 dl.
Bd.17: Register. – ISBN 3-7618-0788-0.
De eerste dln. van een '2., neubearb. Aufl.' zijn inmiddels verschenen: Dl 1: 1994. Dl 2: 1995.

8 SOCIALE WETENSCHAPPEN

Inleiding

Evenals dat het geval is bij de humaniora (zie de inleiding bij rubriek 7) is de terreinafbakening van de sociale wetenschappen variabel naar periode, land en opvattingen van degene die zich er mee bezig houdt. Vergelijking van verschillende sociaal-wetenschappelijke handboeken en encyclopedieën op dit punt levert soms grote verschillen op; er zijn zeer ruime maar ook zeer smalle opvattingen van het domein der sociale wetenschappen. Duidelijk is wel dat gedurende de anderhalve eeuw waarin deze gebieden tot ontwikkeling zijn gekomen zich enerzijds een verruiming van de grenzen heeft voorgedaan richting typische alfa- en bètavakken en anderzijds door het ontstaan van allerlei inter- en multidisciplinaire studierichtingen (vrouwenstudies, culturele studies, strategische studies, etc.) de grenzen tussen de verschillende sociale wetenschappen ook aan het vervagen zijn. De sociale of 'gedrags- en maatschappijwetenschappen' hebben dan ook niet alleen in toenemende mate onderling sterke relaties en overlappingen, ook de interdisciplinaire banden met alfa- en bètavakken worden steeds belangrijker.

Dit heeft vanzelfsprekend grote consequenties voor de bibliografie. Sociaal-wetenschappelijke onderzoekers vertonen in veel gevallen een ruim gespreid literatuurgebruik, waarbij de grenzen van de eigen discipline veelvuldig worden overschreden. De bibliografie van de sociale wetenschappen is wat die spreiding betreft zeker niet toereikend. Voor literatuuronderzoek op dit ruime veld zal ook gebruik moeten worden gemaakt van algemene bibliografieën en van sommige speciale bibliografieën uit alfa- en bètasectoren. De roep om integratie is hier bijkans sterker dan in andere wetenschappen (vergelijk de inleiding van hoofdstuk XI). Inmiddels zijn heel wat bibliografische bestanden op sociaal-wetenschappelijk gebied in machineleesbare vorm verschenen en online of op CD-ROM te raadplegen. In de annotaties bij de opgenomen titels van de volgende rubrieken is daarop zoveel mogelijk geattendeerd.

Aan de behandeling van de sociaal-wetenschappelijke bibliografieën in elf sub-rubrieken gaat vooraf een overzicht van werken die voor alle of meerdere van de onderscheiden vakgebieden van belang zijn.

8.0 Sociale wetenschappen algemeen:

8.0 (0) *Bibliografische inleidingen*

HEIDTMANN, FRANK.
Wie finde ich Literatur zur Volkswirtschaft, Betriebswirtschaft, Psychologie, Soziologie, Politologie, Publizistik, Statistik; unter Berücksichtigung von Pädagogik, Recht, Anthropologie, Demographie, Geographie, Umwelt u.a.m.: ein Führer zu wichtigen Nachschlagewerken und Bibliographien und zur effektiven Benutzung der Bibliotheksbestände für alle Studenten und Dozenten sozialwissenschaftlicher Fächer / Frank Heidtmann. – 2., völlig umgearb. Aufl. – Berlin: Berlin Verlag Arno Spitz, 1985. – 345 p. – (Orientierungshilfen; Bd. 13). -ISBN 3-87061-171-5

Herziene uitg. van: *Wie finde ich sozialwissenschaftliche Literatur?* (1977). Nu wel met register. Sterk gericht op de praktijk van literatuuronderzoek.

VORST, HARRIE C.M.
Gids voor literatuuronderzoek in de sociale wetenschappen / Harrie C.M. Vorst. – Meppel: Boom, 1982. – 242 p. – ISBN 90-6009-490-5

Geeft een uitgebreide opsomming van informatiebronnen en hun vindplaatsen, met ruime aandacht voor geautomatiseerd literatuuronderzoek. Uitvoerig register.

EECKHOUT, PATRICIA VAN DEN
Naslagwerken voor de studie van de hedendaagse samenleving / Patricia Van den Eeckhout, met indexen van L. François en een bijdrage van E. Pairon. - 2e voll. herz. en uitgebr. ed. – Brussel: VUB-Press, 1991. – 557 p. – ISBN 90-70289-86-5

Herziene uitg. van: *Referentiewerken voor de studie van de hedendaagse samenleving* (1982). Geannoteerde literatuurgids van 2786 naar type naslagwerk geordende titels betreffende alle sociale wetenschappen. Gecombineerd auteurs-/titelregister alsmede een onderwerpsindex.

THE SOCIAL sciences: a cross-disciplinary guide to selected sources / general editor: Nancy L. Herron. – Englewood, Colo.: Libraries Unlimited, 1989. – XIV, 287 p. – (Library science text series). – ISBN 0-87287-725-6

Uitvoerig geannoteerde gids van 790 titels. In 12 hoofdstukken komen alle sociale wetenschappen aan de orde. Registers op auteur, titel en onderwerp.

LI, TZE-CHUNG
Social science reference sources: a practical guide / Tze-chung Li. – rev. and enl. 2nd ed. – New York, N.Y.: Greenwood Press, 1990. – XXX, 590 p. - (Contributions in librarianship and information science; 68). – ISBN 0-313-25539-3

Biedt een beredeneerde selectie van bijna 2150 titels. Dl. 1 behandelt in 9 hoofdstukken informatiebronnen voor de sociale wetenschappen als geheel. Vervolgens aparte hoofdstukken gewijd aan de afzonderlijke sociale wetenschappen. Elk hoofdstuk kent een identieke opbouw. Registers op auteur, titel en onderwerp.

SOURCES of information in the social sciences: a guide to the literature / William H. Webb and associates. – 3rd ed. – Chicago, IL: American Library Association, 1986. – X, 777 p. – ISBN 0-8389-0405-X

Uitgebreid selectief overzicht van primaire en secundaire literatuur verdeeld over sociale wetenschappen algemeen en de afzonderlijke disciplines. Internationaal van opzet. Annotaties met kritische inslag. Gecombineerd register (192 p.!) op auteur, titel en onderwerp.

8.0 (1) *Internationale bibliografieën*

BIBLIOGRAPHIE der Sozialwissenschaften: internationale Dokumentation der Buch- und Zeitschriftenliteratur des Gesamtgebietes der Sozialwissenschaften. – Jg. 1-39. – Göttingen: Vandenhoeck & Ruprecht, 1906-1943.

De titel is enkele keren veranderd. Vanaf 1950 voortgezet, maar steeds verder beperkt tot economische literatuur. Voor de genoemde periode echter een belangrijke bron voor het gehele gebied der sociale wetenschappen. Systematische indeling, met jaarlijks een auteurs- en titelregister alsmede een trefwoordenindex.

GRANDIN, A.
Bibliographie générale des sciences juridiques, politiques, économiques et sociales: de 1800 à 1925-1926 / A. Grandin. – Paris: La Société anonyme du Recueil Sirey, 1926 – 3 dl. – Suppl. 1-19

Bgf. van Franstalige sociaal-wetenschappelijke, m.n. juridische, literatuur. De eerste drie dln. vormen het hoofdwerk; dl. 3 bestaat uit een uitvoerige onderwerpsindex en een gecombineerde auteurs-/tijdschrifttitelindex (samen 691 p.!). De negentien supplementen dekken de jaren 1926-1950.

INTERNATIONAL bibliography of the social sciences. – Vol. 1 (1952)- . - Paris: UNESCO (later London: Routledge), 1952- .

Dit is een verzameltitel voor vier afzonderlijk verschijnende lopende bgf. voor: culturele antropologie, economie, politicologie en sociologie. Oorspronkelijk verschenen onder de verantwoordelijkheid van de Fondation Nationale des Sciences Politiques te Parijs. Sinds 1991 geproduceerd door de British Library of Political and Economic Science van de London School of Economics. Voor verdere informatie zie onder de afzonderlijke vakken.

A LONDON bibliography of the social sciences. – Vol. 1-4 London 1931-1932, vol. 5-47 (= suppl.) London: Mansell, 1934-1990. – ISSN 0076-051X

Gezaghebbende internationale bgf. van zelfstandig verschenen sociaal-wetenschappelijke literatuur, vooral op het gebied van de economie, politicologie en sociologie. De eerste vier dln. vormen het basiswerk: eigenlijk een centrale catalogus van een aantal gespecialiseerde Londense bibliotheken (m.n. de British Library of Political and Economic Science van de London School of Economics). Met vol. 5 beginnen de supplementen, die van 1974 tot en met 1989 jaarlijks verschenen. Sindsdien worden relevante titels opgenomen in de *International bibliography of the social sciences*. Alfabetisch ingericht op trefwoorden; tot vol. 6 met auteursregister.

8.0 (3) *Nationale bibliografie*

BIBLIOGRAFIE Nederlandse sociale wetenschappen. – Utrecht: Bureau BNSW, 1980- . – ISSN 0167-8272

Vanaf 1990 de voortzetting van de *Bibliografie Nederlandse sociologie* (deze bgf. dekt de perioden 1939-1952, 1968-1975 en 1979-1989). Documenteert Nederlandse en Vlaamse sociaal-wetenschappelijke boeken, artikelen en rapporten. Circa 4000 titels per jaar, systematisch. Registers op auteur, trefwoord, instelling en dissertaties. Vanaf 1979 *online raadpleegbaar

8.0 (41) *Tijdschriften*

WORLD list of social science periodicals / prepared by the Unesco Social Science Documentation Centre with the co-operation of the International Committee for Social Science Information and Documentation. – 8th ed. - Paris: Unesco, 1991. – XVIII, 1264 p. – ISBN 92-3-002734-0

Titel ook in het Frans en Spaans. Bijgewerkt tot voorjaar 1991. Per land alfabetisch overzicht van meer dan 4400 tijdschriften, waarvan worden vermeld de uitgever, het adres, het aantal afleveringen per jaar, de redactie en het ISSN. Met registers op titel, onderwerp en geografisch gebied.

WEPSIEC, JAN
Social sciences: an international bibliography of serial literature, 1830-1985 / Jan Wepsiec. – London: Mansell, 1992. – X, 486 p. – ISBN 0-7201-2109-4

Alfabetisch overzicht van meer dan 5250 tijdschriften op het gehele terrein van de sociale wetenschappen. Per tijdschrift worden vermeld de verschijningsjaren, de uitgever, het aantal afleveringen per jaar en de bgf. waarin de inhoud van het betreffende tijdschrift werd geïndexeerd of samengevat.

8.0 (42) *Tijdschriftartikelen en boekbesprekingen*

CURRENT contents: social & behavioral sciences. – Philadelphia, Pa.: Institute for Scientific Information, 1958- . – ISSN 0092-6361

Voor de algemene beschrijving zie rubriek 4.21. Systematisch overzicht van de inhoudsopgaven van circa 1340 tijdschriften. Internationaal, zij het met sterk Angelsaksische nadruk. De informatie is actueel. Verschijnt wekelijks. Met onderwerps- en auteursindex. Vanaf 1992 ook op *diskette (ISSN 1062-3140).

SOCIAL sciences citation index: an international, multidisciplinary index to the literature of the social, behavioral and related sciences. – 1956- . – Philadelphia, Pa.: Institute for Scientific Information, 1969- . – ISSN 0091-3707

In principe dezelfde opzet als de *Science citation index* (zie voor de beschrijving rubriek 9.0). Verschijnt in drie afleveringen per jaar. De laatste is de jaarcum. Ook online raadpleegbaar o.d.t. **Social Scisearch* (1972-) en vanaf 1986 ook op CD-ROM (ISSN 1061-1282). 'Social sciences' wordt zeer ruim opgevat.

SOCIAL sciences index. – Vol. 1- . – New York, N.Y.: Wilson, 1974- . – ISSN 0094-4920

Afzonderlijke voortzetting van de *Social sciences and humanities index* (van 1907-1965 o.d.t. *International index to periodicals*). Kwartaaluitg. Vermeldt artikelen en boekbesprekingen uit ongeveer 350 Engelstalige tijdschriften. Auteurs en onderwerpen in één alfabet. Ook *online en op *CD-ROM (1984-).

Voor Nederlandse tijdschriften:

PERIODIEKENPARADE: maandelijks overzicht van inhoudsopgaven tijdschriften maatschappijwetenschappen. – Jrg. 1- . – Amsterdam: SWIDOC, 1973- . – ISSN 0166-1388

Maandelijks attenderingsbulletin met de inhoudsopgaven van circa 170 Nederlandse tijdschriften. Vergelijkbaar met *Current contents*. Sinds 1977 afzonderlijke KWIC-index (in gedrukte vorm en jaarcum. op microfiche). Vanaf 1981 ook *online .

8.0 (43) *Congresverslagen*

INDEX to social sciences & humanities proceedings. – Vol. 1 (1979)- . - Philadelphia, Pa.: Institute for Scientific Information, 1979- . – ISSN 0191-0574

Verschijnt 4x per jaar, met jaarcums. Registers op onderwerp, redacteur, sponsor, locatie, trefwoord en instelling. Volledige inhoudsopgaven van de opgenomen congresverslagen. Vanaf 1990 ook op *CD-ROM (ISSN 1076-9765).

8.0 (54) *Organisaties, instellingen, diensten*

Internationaal:

WORLD directory of social science institutions. – 5th ed. – Paris: Unesco, 1990. – XV, 1211 p. – ISBN 92-3-002552-6

Titel ook in het Frans en Spaans. Gebaseerd op gegevens van Unesco's DARE databank en bijgewerkt tot 1990. Gegevens over onderzoek, opleiding, namen van sociaal-wetenschappelijke onderzoekers, onderzoekspubls. en tijdschriften. Gerangschikt in alfabetische volgorde op de officiële naam van de organisatie of instelling, eerst de internationale, dan per land. Betreft bijna 2100 instellingen en organisaties in 199 landen. Met index op hoofd van de betreffende instelling en een onderwerpsindex.

SELECTIVE inventory of social science information and documentation services. – 4th ed. – Oxford: Blackwell, 1993. – XVIII, 388 p. – ISBN 0-631-18965-3

Titel ook in het Frans en Spaans. Gebaseerd op gegevens van Unesco's DARE databank. Geeft van 1200 instellingen uit 126 landen het adres, een aanduiding van het soort materiaal dat verzameld wordt en de manier waarop het (gedrukt of elektronisch) beschikbaar wordt gesteld. Alfabetisch per land met indexen op instelling, hoofd van de instelling, onderwerp, land en databank.

Nederland:

HOGEWEG-DE HAART, H.P.
Bibliotheken met belangrijke collecties maatschappijwetenschappen / H.P. Hogeweg-de Haart. – Amsterdam: Noord-Hollandse U.M., 1979. – 58 p. – ISBN 0-7204-8485-5

Inmiddels enigszins gedateerde beschrijving van collecties per deelgebied van de sociale wetenschappen, met gegevens over aard, omvang, toegankelijkheid. Alleen collecties groter dan 10.000 dln. zijn opgenomen.

COHEN, E.Z.R.
Documentatie van sociale wetenschappen in Nederland: een inventarisatie van de documentatie van Nederlandse sociaal-wetenschappelijke tijdschriften en een gids van instellingen die deze tijdschriften ontsluiten / samengesteld door E.Z.R. Cohen. – Amsterdam: Noord-Hollandse U.M., 1986. – 76 p. – ISBN 0-444-85650-1

Informatie over de documenten die de genoemde instellingen ontsluiten, over de wijze waarop de ontsluiting plaatsvindt, over de vorm waarin de documentatie ter beschikking wordt gesteld en over de toegankelijkheid van de documentatie.

ADRESBOEK: register van sociaal-wetenschappelijke onderzoekers / SISWO. - Amsterdam: SISWO, 1991. – 155 p. – (SISWO publikatie; 356). – ISBN 90-6706-095-X

SOCIAAL-WETENSCHAPPELIJK adresboek: adressen van personen en instituten. - Rotterdam: Nederlandse Vereniging voor Maatschappij- en Cultuurwetenschappen, 1993.

SWIDOC gids 1995: diensten, databases en publikaties van het Sociaal-Wetenschappelijk Informatie- en Documentatiecentrum. – Amsterdam: SWIDOC, 1995. – 111 p. – ISBN 90-71684-44-X

Geeft o.m. uitgebreide informatie over elektronische bestanden en zoekmogelijkheden, documentleverantie, lijst van SWIDOC-publs.

8.0 (55) *Encyclopedieën, woordenboeken*

INTERNATIONAL encyclopedia of the social sciences / ed. by David L. Sills. – New York, N.Y.: Free Press/Macmillan, 1968. – 17 dl.

Gezaghebbend naslagwerk, dat de stand van de sociaal-wetenschappelijke kennis tot ca. 1966 omvat. Tot de sociale wetenschappen worden gerekend: antropologie, economie, (sociale) geografie, geschiedenis, rechtswetenschap, politicologie, psychiatrie, psychologie, pedagogiek, sociologie (incl. demografie) en statistiek, alsmede een aantal hiermee samenhangende vakgebieden. De vele, soms uitvoerige, artikelen, geschreven door vooraanstaande geleerden, zijn onder ruime trefwoorden alfabetisch gerangschikt en bevatten veel literatuuropgaven. Dl. 17 is registerdeel en bevat, naast een overzicht van medewerkers, een alfabetisch en systematisch overzicht van de artikelen en een gemengde index op onderwerpen en auteurs. In 1979 verscheen een *Biographical supplement* en in 1991 een dl. *Social science quotations*. De IESS werd opgezet als een complement, niet als vervanging, van de oudere *Encyclopaedia of the social sciences* (1930-1936, 15 dl.). Deze is nog steeds waardevol, met name door de uitvoerige biografische artikelen en voor de geschiedenis van de sociale wetenschappen.

A DICTIONARY of the social sciences / ed. by Julius Gould and William L. Kolb. – New York, N.Y.: Free Press of Glencoe, 1964. – XVI, 761 p.

Definieert ongeveer 1000 algemene en basisbegrippen, vooral die waarover weinig eenduidigheid bestond. De begripsomschrijvingen zijn van de hand van erkende specialisten uit de verschillende vakgebieden. De historische achtergronden en ontwikkelingen van begrippen worden belicht.

HANDWÖRTERBUCH der Sozialwissenschaften / hrsg. von Erwin von Beckerath ... [et al.]. – Stuttgart: Fischer, 1956-1968. – 12 dl. & registerdeel.

Internationaal van opzet. Bijdragen over antropologie, economie, pedagogiek, politicologie, psychologie en sociologie. Lange gesigneerde artikelen met veel literatuurvermeldingen.

THE SOCIAL science encyclopedia / ed. by Adam Kuper and Jessica Kuper. - London: Routledge & Kegan Paul, 1985. – XXVIII, 916 p. – ISBN 0-7102-0008-0

Eendelige encyclopedie met internationale lijst van medewerkers. Beknopte artikelen. Naast de gebruikelijke onderwerpen worden ook o.a. linguïstiek, communicatiewetenschap, psychiatrie en filosofie behandeld. Veel literatuurverwijzingen, geen index.

8.1 Rechtswetenschappen

8.1 (0) *Bibliografische inleidingen*

GOKKEL, H.R.W.
Juridische literatuurgids / samengest. door H.R.W. Gokkel. – 3e geheel herz. dr. – Zwolle: Tjeenk Willink, 1981. – 151 p. – ISBN 90-271-2643-7

Beknopte gids, toegespitst op de Nederlandse juridische literatuur en documentatie.

WESSELS, B.
Juridische vaardigheden / B. Wessels. – 5e, herz. dr. – Deventer: Kluwer, 1992. – XVIII, 223 p. – ISBN 90-268-2285-5

Actueler en uitgebreider dan de vorige titel. Eveneens sterk gericht op de Nederlandse situatie. Met studie- en scriptietips.

WALTER, RAIMUND E.
Wie finde ich juristische Literatur? / Raimund E. Walter & Frank Heidtmann. – 2. verb. und akt. Aufl. – Berlin: Berlin Verlag Arno Spitz, 1984. – 270 p. – (Orientierungshilfen; Bd. 7). – ISBN 3-87061-281-9

Internationaal, zij het met sterke nadruk op Duits. Gecombineerd titel- en personenregister.

LANSKY, RALPH
Bibliographisches Handbuch der Rechts- und Verwaltungswissenschaften: erläuternde Bibliographie nationaler und internationaler Bibliographien und anderer Nachschlagewerke und Informationsmittel / Ralph Lansky. – Frankfurt a.M.: Klostermann, 1987- . – 3 dl. – ISBN 3-465-01726-9

Geannoteerde bgf. van juridische bgf.; geografisch geordend. Tot nu toe is alleen nog dl. 1 (algemeen en Europa) verschenen (1987). Dl. 3 vormt de index.

GOEDAN, JÜRGEN CHRISTOPH
International legal bibliographies: a worldwide guide and critique / Jürgen Christoph Goedan, trans. from the German by John E. Pickron. – Ardsley-on-Hudson, N.Y.: Transnational Publishers, 1992. – XX, 388 p. – ISBN 0-941320-09-X

Bewerkte vertaling van *Die internationale allgemeinjuristischen Fachbibliographien* (1975). Uitvoerige bespreking van de 17 belangrijkste juridische vakbgf. Onderwerpsregister.

8.1 (1) *Internationale bibliografieën*

ANNUAL legal bibliography: a selected list of books and articles received by the Harvard Law School Library / Harvard Law School Library. – Vol. 1-21. – Cambridge, Mass.: Langdell Hall, 1961-1981

Systematisch naar landen en onderwerpen. Voortgezet als *National legal bibliography* (1984-1988) en sinds 1989 opgesplitst in drie dln.: *Catalog of current law titles* (ISSN 1049-796X), *Lawyer's monthly catalog* (ISSN 1049-7978) en *Catalog of new foreign and international law titles* (ISSN 1043-4852).

BIBLIOGRAPHIC guide to law. – Vol. 1- . – Boston, Mass.: G.K. Hall, 1976- . – ISSN 0360-2745

Alfabetische lijst van publs. (auteurs, titels en onderwerpen door elkaar). Verschijnt jaarlijks. Het betreft de aanwinsten van de Library of Congress. Publs. in alle talen.

8.1 (42) *Tijdschriftartikelen*

INDEX to foreign legal periodicals and collections of essays / American Association of Law Libraries. – Vol. 1- . – Berkeley, CA: University of California Press, 1961- . – ISSN 0019-400X

Een gezamenlijk Engels-Amerikaanse kwartaaluitg. waarin bijna 450 juridische tijdschriften worden geïndexeerd. Geordend op trefwoorden; met landen- en auteursregister. Onregelmatige meerjarencums. Vanaf 1985 op *CD-ROM. Bestrijkt niet het Anglo-Amerikaanse recht, daar de artikelen hierover worden geïndexeerd in de reeds langer bestaande

Index to legal periodicals (New York: Wilson, 1908- , ISSN 0019-4077), welke vanaf 1981 ook *online en op *CD-ROM toegankelijk is

Nederland:

DATA juridica: documentatie van juridische literatuur. – Deventer: Kluwer, 1973- . – ISSN 0165-277X

Referaattijdschrift van Nederlandse literatuur met ca. 3500 referaten per jaar. Sinds 1987 driemaandelijks (daarvoor maandelijks); de vierde aflevering is een cumulatief jaarboek. Ook online en op CD-ROM als onderdeel van Kluwer Datalex'**Juridische bibliotheek*.

8.2 Politicologie [N.B. zie ook rubriek 8.0]

8.2 (0) *Bibliografische inleidingen*

INFORMATION sources in politics and political science: a survey worldwide / editors: Dermot Englefield, Gavin Drewry. – London: Butterworths, 1984. - XVIII, 509 p. – (Butterworths guides to information sources). – ISBN 0-408-11470-3

Kritisch overzicht van de Engelstalige politicologische literatuur. Niet alleen naslagwerken, maar ook veel monografieën en belangrijke tijdschriftartikelen worden genoemd. Ordening zowel naar onderwerp als (in de 2e helft van het boek) naar geografisch gebied. Index.

HOLLER, FREDERICK L.
Information sources of political science / Frederick L. Holler. – 4th ed. - Santa Barbara, CA: ABC-CLIO, 1986. – XVII, 417 p. – ISBN 0-87436-375-6

Sterke nadruk op naslagwerken en op Amerikaanse bronnen. Onderwerps-, auteurs- en titelregister. Veel aandacht voor online databanken.

HEER, DIK DE
Politicologische literatuurgids / Dik de Heer. – Deventer: Van Loghum Slaterus, 1981. – 216 p. – (Reeks bibliotheek en documentatie; 4). – ISBN 90-6009-649-1

Geordend naar onderwerp. Noemt ruim 1200 titels (verreweg de meeste geannoteerd), waaronder ook veel monografieën. Register op auteur, tijdschrifttitels en overige anonieme titels.

YORK, HENRY E.
Political science: a guide to reference and information sources / Henry E. York. – Englewood, Colo.: Libraries Unlimited, 1990. – XV, 249 p. - (Reference sources in the social sciences series; 4). – ISBN 0-87287-794-9

Geannoteerd overzicht van ruim 800 Engelstalige titels, waaronder online en CD-ROM bestanden. Ordening zowel naar onderwerp als naar geografisch gebied. Gecombineerd auteurs/titel- en apart onderwerpsregister.

8.2 (1) *Internationale bibliografieën*

INTERNATIONAL bibliography of political science. – Vol. 1 (1952)- . - Paris: Unesco (later London: Routledge), 1953- . – ISSN 0085-2058

Verschijnt vanaf vol. 9 als onderdeel van de *International bibliography of the social sciences*. Jaarlijks. De verwerkingstijd is thans 2 jaar. Selectieve signalering van monografieën, tijdschriftartikelen en andere documenten, zoals rapporten, die van belang zijn voor de politieke wetenschappen. Ruim 6000 titels per dl. Systematische indeling met registers op auteur, plaats en onderwerp. Titel en index ook in het Frans. In 1989 verscheen de *Thematic list of descriptors – political science* (ISBN 0-415-01778-5), de thesaurus van trefwoorden die bij het samenstellen van de bgf. wordt gehanteerd.

POLITICAL science abstracts: annual supplement / IFI/Plenum Data Company. - New York, N.Y.: IFI/Plenum, 1980- .

Voortzetting van *The Universal reference system: political science, government, and public policy* (1967, 10 dl.) en de jaarlijkse supplementen daarop o.d.t. *Political science series* (1967-1979). Verschijnt jaarlijks in drie dln. Dl. 1 bevat referaten van ca. 10000 monografieën en tijdschriftartikelen; dln. 2 en 3 bieden een zeer uitvoerige onderwerpsindex (ruim 1100 p.!), een auteursregister en een lijst van tijdschriften.

8.2 (42) *Tijdschriftartikelen*

INTERNATIONAL political science abstracts / Documentation politique internationale. – Paris: I.P.S.A., 1952- . – ISSN 0020-8345

Tweemaandelijks verschijnend referaattijdschrift. Index per dl., met cumulatief jaarregister (op auteur en onderwerp). De referaten zijn in het Engels voor Engelstalige artikelen en in het Frans voor artikelen in de overige talen. Ruim 5000 referaten per jaar, van artikelen uit ca. 650 geselecteerde periodieken uit de gehele wereld.

ABC Pol Sci: a bibliography of contents: political science & government. - Vol. 1- . – Santa Barbara, CA: ABC-CLIO, 1969- . – ISSN 0001-0456

Overzicht van inhoudsopgaven van meer dan 300 tijdschriften, zes maal per jaar (de laatste aflevering is een jaarregister). Alle artikelen ontsloten met trefwoorden. Auteurs- en onderwerpsregister.

C.R.I.S.: the combined retrospective index to journals in political science, 1886-1974 / executive editor: Annadel N. Wile. – Washington, D.C.: Carrollton Press, 1977-1978. – 8 dl. – ISBN 0-8408-0186-6

Op onderwerp geordende index op artikelen uit meer dan 170 toonaangevende tijdschriften. Van belang voor de oudere literatuur. Auteursregister (2 dl.).

8.2 (55) *Encyclopedieën*

THE BLACKWELL encyclopaedia of political institutions / ed. by Vernon Bogdanor. – Oxford: Blackwell, 1987. – XVI, 667 p. – ISBN 0-631-13841-2

THE BLACKWELL encyclopaedia of political thought / ed. by David Miller. - Oxford: Blackwell, 1987. – XIII, 570 p. – ISBN 0-631-14011-5

Alfabetisch geordende naslagwerken waarin de belangrijkste ideeën, concepten en denkers behandeld worden. Met literatuuropgaven en onderwerpsregisters.

ENCYCLOPEDIA of government and politics / ed. by Mary Hawkesworth and Maurice Kogan. – London: Routledge, 1992. – XXX, 1404 p. – 2 dl. – ISBN 0-415-03092-7

Thematisch. Langere artikelen (84 in totaal) waarin de belangrijkste concepten en theorieën; met veel literatuurverwijzingen. Register.

PIPERS Wörterbuch zur Politik / hrsg. von Dieter Nohlen. – München: Piper, 1983-1987. – 6 dl.

Per thematisch dl. alfabetisch overzicht van de belangrijkste concepten en theorieën (totaal 1340). Met literatuurverwijzingen. Per dl. een onderwerpsregister; dl. 6 geeft een register voor het geheel. Vanaf 1992 publ. van een herziene editie o.d.t. *Lexikon der Politik* (ISBN 3-406-36904-9).

Nederland:

COMPENDIUM voor politiek en samenleving in Nederland / kernredactie: H. Daalder, C.J.M. Schuyt. – Alphen aan den Rijn: Samsom, 1986- . – ISBN 90-6500-763-6

Losbladig (nog niet voltooid) naslagwerk, vol feiten, cijfers, namen, jaartallen, bibliografische gegevens. Bestaat uit drie hoofdonderdelen: Politiek, Samenleving, Nederland en de wereld.

8.3 Sociologie [N.B.: zie ook rubrieken 8.0 en 8.2]

8.3 (0) *Bibliografische inleidingen*

ABY, STEPHEN H.
Sociology: a guide to reference and information sources / Stephen H. Aby. - Littleton, Colo.: Libraries Unlimited, 1987. – XV, 231 p. – (Reference sources in the social sciences series; 1). – ISBN 0-87287-498-2

Noemt 659 titels (online databanken inbegrepen), gedeeltelijk ook uit de andere sociale wetenschappen, met uitvoerige annotaties. Overwegend Engelstalige titels. Auteurs/titel- en onderwerpsregister.

KLEINE sociologische literatuurgids / onder redactie van L. Rademaker & R.J.P. van Hoorn. – Utrecht: Het Spectrum, 1980. – 118 p. – ISBN 90-274-5434-5

Ongeannoteerde, systematisch geordende lijst van titels, waaronder ook veel monografieën. Met name van belang voor Nederlandstalige literatuur. Titels vormen een selectie uit dl. 4 van de *Sociologische encyclopedie* (1978). Onderwerpsregister.

HEIDTMANN, FRANK
Wie finde ich soziologische Literatur / Frank Heidtmann. – 2., überarb. und erw. Aufl. – Berlin: Berlin Verlag, 1976. – 187 p. – (Orientierungshilfen; Bd. 1). – ISBN 3-87061-089-1

Op de praktijk gerichte gids voor literatuuronderzoek. Noemt niet alleen de belangrijkste naslagwerken voor de sociologie in enge zin, maar ook voor aanverwante wetenschappen. Geannoteerd. Titelregister.

8.3 (1) *Internationale bibliografieën*

INTERNATIONAL bibliography of sociology. – Vol. 1 (1952)- . – Paris: Unesco (later London: Routledge), 1953- . – ISSN 0085-2066

Opzet dezelfde als bij de *International bibliography of political science*. Voor de beschrijving zie aldaar. In 1989 verscheen de *Thematic list of descriptors – sociology* (ISBN 0-415-01779-3).

L'ANNÉE sociologique. – Paris: P.U.F., 1898- . – ISSN 0066-8272

Bevat naast sociologische opstellen een bibliografisch gedeelte met daarin kritische besprekingen van sociologische publs., systematisch ingedeeld. Register op auteurs en periodieken en een overzicht van recensenten.

CURRENT sociology = La sociologie contemporaine. – London: Sage, 1952- . - ISSN 0011-3912

Bevat een groot aantal overzichtsartikelen over de ontwikkeling van onderdelen uit de sociologie, met daarbij uitgebreide literatuuropgaven. Verschijnt driemaal per jaar. De literatuuropgaven per onderwerp over een aantal jaren kunnen worden gezien als een lopende selectieve bgf.

ANNUAL review of sociology. – Vol. 1 (1975)- . – Palo Alto, CA: Annual Reviews, Inc., 1975- . – ISSN 0360-0572

Bevat overzichtsartikelen van per jaar wisselende onderwerpen uit de sociologie. Uitvoerige, internationale literatuuropgaven. Onderwerps- en auteursregister.

8.3 (41) *Tijdschriften en series*

WEPSIEC, JAN
Sociology: an international bibliography of serial publications 1880-1980 / Jan Wepsiec. – London: Mansell, 1983. – XII, 183 p. – ISBN 0-7201-1652-X

Geeft 2311 titels van tijdschriften en series in 29 talen, alfabetisch. Met jaar en plaats van uitg., verschijningsfrequentie en titelvarianten. Onderwerpsindex.

8.3 (42) *Tijdschriftartikelen*

SOCIOLOGICAL abstracts. – San Diego, CA: Sociological Abstracts, Inc., 1953- . – ISSN 0038-0202

Refereert ongeveer 9000 tijdschriftartikelen per jaar; internationaal. Verschijnt zes maal per jaar. De zesde aflevering, een register op auteur (gecumuleerd), tijdschrift en onderwerp, verschijnt circa 9 maanden na aflevering 5. Ordening naar 31 hoofdrubrieken; daarbinnen alfabetisch op auteur. Bevat tevens papers van bijeenkomsten van sociologische verenigingen en genootschappen, die als supplement zijn opgenomen. Online van 1963; op CD-ROM vanaf 1974 o.d.t. **Sociofile*. *Sociofile* biedt als extra *Social Planning Policy and Development Abstracts (SOPODA)* vanaf 1980.

C.R.I.S.: the combined retrospective index to journals in sociology, 1895-1974 / executive editor: Annadel N. Wile. – Washington, D.C.: Carrollton Press, 1978. – 6 dl. – ISBN 0-8408-0194-7

Op onderwerp geordende index van artikelen uit meer dan 100 toonaangevende tijdschriften. Van belang voor de oudere literatuur. Auteursregister.

8.3 (55) *Encyclopedieën*

ENCYCLOPEDIA of sociology / ed.-in-chief Edgar F. Borgatta, manag.ed. Marie L. Borgatta. – New York, N.Y.: Macmillan Reference, 1992. – XLVII, 2359 p. – 4 dl. – ISBN 0-02-897051-9

Alfabetisch overzicht van de belangrijkste ideeën, theorieën, begrippen, denkers en stromingen. Met literatuurverwijzingen en uitvoerig register.

8.4 Culturele antropologie, Volkenkunde

[N.B.: Zie ook rubrieken 8.0, 8.2, 8.3, 8.5 en 8.10 waarvan de bgf. elkaar soms gedeeltelijk overlappen of aanvullen. Voor taalkundige studies zie rubriek 7.41]

8.4 (0) *Bibliografische inleidingen*

ANTHROPOLOGICAL bibliographies: a selected guide / Margo L. Smith & Yvonne M. Damien, editors. – South Salem, N.Y.: Redgrave, 1981. – VII, 307 p. - ISBN 0-913178-63-2

Noemt 8030 titels, grotendeels geografisch geordend en af en toe geannoteerd. Veel onzelfstandige bgf. (vnl. tijdschriftartikelen). Gecombineerde auteurs-/onderwerpsindex.

WEEKS, JOHN M.
Introduction to library research in anthropology / John M. Weeks. - Boulder, Colo.: Westview Press, 1991. – VIII, 281 p. – (Westview guides to library research). – ISBN 0-8133-7454-5

Voorafgegaan door enkele hoofdstukken over literatuuronderzoek, worden in 18 hoofdstukken de belangrijkste naslagwerken voor de antropologie naar soort opgesomd (deels geannoteerd). Apart hoofdstuk gewijd aan online databanken. Naast een auteurs- en een geografisch register, ook een register naar etnische groep.

JUNGE, PETER
Wie finde ich ethnologische Literatur? / Peter Junge und Frank Heidtmann. - Berlin: Berlin Verlag Arno Spitz, 1989. – 380 p. – (Orientierungshilfen; Bd. 31). – ISBN 3-87061-181-2

Een inleidend hoofdstuk over de praktijk van literatuuronderzoek wordt gevolgd door een deels ongeannoteerd overzicht van 1114 titels. Geografisch geordend. Gecombineerd auteurs-/titel-/onderwerpsregister.

KIBBEE, JOSEPHINE Z.
Cultural anthropology: a guide to reference and information sources / Josephine Z. Kibbee. – Englewood, Colo.: Libraries Unlimited, 1991. – XXI, 205 p. – (Reference sources in the social sciences series; 5). – ISBN 0-87287-739-6

Vermeldt 668 titels (inclusief online databanken), gedeeltelijk ook uit de andere sociale wetenschappen, met uitvoerige annotaties. Overwegend Engelstalige titels. Auteurs/titel- en onderwerpsindex.

8.4 (1) *Internationale bibliografieën*

INTERNATIONAL bibliography of social and cultural anthropology. – Vol. 1 (1955)- . – Paris: Unesco (later London: Routledge), 1958- . – ISSN 0085-2074

Opzet dezelfde als bij de *International bibliography of political science*. Voor de beschrijving zie aldaar. In 1989 verscheen de *Thematic list of descriptors – social and cultural anthropology* (ISBN 0-415-0177-6).

ANNUAL review of anthropology. – Vol. 1 (1972)- . – Palo Alto, CA: Annual Reviews, Inc., 1972- . – ISSN 0084-6570

Bevat overzichtsartikelen van per jaar wisselende onderwerpen uit de antropologie. Uitvoerige literatuuropgaven. Onderwerps- en auteursregister.

8.4 (41) *Tijdschriften en series*

SERIAL publications in anthropology / F.X. Grollig & Sol Tax, editors. - 2nd ed. – South Salem, N.Y.: Redgrave, 1982. – 177 p. – ISBN 0-913178-64-0

Vermeldt 4387 titels uit de hele wereld, alfabetisch. Met adres, eerste verschijningsjaar en frequentie. Verder geen annotaties. Register op onderwerp.

WILLIAMS, JOHN T.
Anthropology journals and serials: an analytical guide / John T. Williams. – Westport, Conn.: Greenwood Press, 1986. – XIX, 182 p. - (Annotated bibliographies of serials; 10). – ISBN 0-313-23834-0

Geannoteerde lijst van 404 tijdschriften, onderverdeeld in archeologie, culturele antropologie, linguïstiek, fysische antropologie en referaattijdschriften. Per titel worden 21 kenmerken behandeld (w.o. verschijningsjaren, frequentie, redactie, selectiemethode, opname in databanken). Titel-, onderwerps- en geografische index.

8.4 (42) *Tijdschriftartikelen*

ANTHROPOLOGICAL index to current periodicals received in the Museum of Mankind Library. – Vol. 1- . – London: Royal Anthropological Institute Library, 1963- . – ISSN 0003-5467

Indexeert ongeveer 550 antropologische tijdschriften uit de gehele wereld. Per kwartaal. Regionaal ingedeeld, daarbinnen enkele brede thematische rubrieken. Een vergelijkbaar Amerikaans tijdschrift is *Anthropological literature* (1979-), sinds 1984 nog uitsluitend op microfiche.

8.4 (55) *Encyclopedieën*

WINTHROP, ROBERT H.
Dictionary of concepts in cultural anthropology / Robert H. Winthrop. – New York, N.Y.: Greenwood Press, 1991. – XIV, 347 p. – (Reference sources for the social sciences and humanities; 11). – ISBN 0-313-24280-1

Behandelt in alfabetische volgorde de belangrijkste begrippen en concepten. Met literatuurverwijzingen en onderwerpsregister.

8.5 Geografie, Planologie, Kartografie

[N.B.: Zie ook de rubrieken 8.0 en 9.42. De geografische wetenschappen zijn slechts ten dele tot de sociale wetenschappen te rekenen (sociale geografie). De fysische geografie behoort, met een aantal andere *aardwetenschappen*, meer thuis in rubriek 9. De bibliografische voorzieningen voor deze vakgebieden zijn echter veelal gemeenschappelijk. In een aantal gevallen zijn ook planologie (ruimtelijke ordening) en kartografie in die gemeenschappelijke voorzieningen betrokken. In deze rubriek is daarom aan een gecombineerde behandeling de voorkeur gegeven. In Nederland is sinds de jaren tachtig de term 'ruimtelijke wetenschappen' in gebruik.]

8.5 (0) *Bibliografische inleidingen*

BIBLIOGRAPHIE zum Geographiestudium / bearb. und kommentiert von H.H. Blotevogel und H. Heineberg. – Paderborn: Schöningh, 1976-1981. – 4 dl. - ISBN 3-506-71117-2

Omvangrijk en ruim geannoteerd. Alle onderdelen van de sociale en fysische geografie. Systematisch opgezet. Dln. 3 en 4 betreffen regionale geografie. Elk dl. heeft een auteursregister. In dl. 2 een index op geografische namen uit beide eerste dln. Internationaal met veel aandacht voor Duitstalige publs. hetgeen een goede aanvulling is op de hierna volgende werken.

BREWER, J. GORDON
The literature of geography: a guide to its organisation and use / J. Gordon Brewer. – 2nd ed. – London: Clive Bingley, 1978. – 264 p. – ISBN 0-8515-7280-4

Systematisch ingedeeld naar rubrieken: algemene, fysische, sociale en regionale geografie. Hoofdstukken over publ.typen: tijdschriften, monografieën, bibliografieën, statistische bronnen, overheidspubls. Index op auteurs en titels.

HARRIS, CHAUNCY D.
Bibliography of geography. Part I: introduction to general aids / Chauncy D. Harris. – Chicago, IL: University of Chicago, Department of Geography, 1976. – IX, 276 p. – ISBN 0-89065-086-1

Gedetailleerd en ruim geannoteerd overzicht van bronnen en hulpmiddelen. Primair naar typen materiaal. Zeer waardevol door uitvoerige analyse van de grote internationale bgf. Gemengd register op auteurs en titels. Sluit aan bij een oudere, maar voor de literatuur van voor 1945 nog steeds onmisbare bgf.: Wright, J.K. and E.T. Platt, *Aids to geographical research*. – New York, N.Y.: Columbia University Press, 1947. – 331 p.

A GEOGRAPHICAL bibliography for American libraries / ed. by Chauncy D. Harris ... [et al.]. – Washington, D.C.: Association of American Geographers, 1985. – XXIII, 437 p. – ISBN 0-89291-193-X

Vermeldt 2903 geannoteerde titels, met nadruk op Engelstalige werken. Richt zich met name op de publs. uit de periode 1970-1984. Gecombineerd register van auteurs, titels en onderwerpen.

LOCK, C.B. MURIEL
Geography and cartography: a reference handbook / C.B. Muriel Lock. – 3rd rev. and enl. ed. – London: Clive Bingley, 1976. – 762 p. – ISBN 0-8515-7217-0

Alfabetisch op trefwoorden. Literatuurgegevens en annotaties per trefwoord in doorlopende tekst. Uitvoerig register op auteurs, titels en onderwerpen. Bevat ook veel biografische gegevens.

HODGKISS, A.G.
Keyguide to information sources in cartography / A.G. Hodgkiss and A.F. Tatham. – London: Mansell, 1986. – X, 253 p. – (Keyguides). – ISBN 0-7201-1768-2

Na een algemeen inleidend dl. een systematisch overzicht van 796 titels, meestal geannoteerd. Daarnaast informatie over 600 instellingen. Gedetailleerd register.

8.5 (1) *Internationale bibliografieën*

BIBLIOGRAPHIE géographique internationale. – vol. 1 (1891)- . Paris: Armand Colin, 1891-1953; CNRS, 1954- . – ISSN 1157-3805

Langdurigst continu lopende bgf. van boeken en tijdschriftartikelen. Systematisch. Index op auteurs en op onderwerpen. Weinig annotaties, maar erkend goede kwalitatieve selectie. Verscheen van 1891-1914 als supplement van het tijdschrift *Annales de géographie*. Oorspronkelijk jaarlijks, m.i.v. 1977 elk kwartaal. De bgf. vormt onderdeel van de *FRANCIS-databank.

PROGRESS in geography: international review of current research / Ed. by Chr. Board ...[et al.]. – Vol. 1-9. – London: Edward Arnold, 1969-1976.

Voortgezet in twee reeksen als:

PROGRESS in human geography. – Vol. 1 (1977)- . – London: Edward Arnold, 1977- . – ISSN 0309-1325

en:

PROGRESS in physical geography. – Vol. 1 (1977)- . – London: Edward Arnold, 1977- . – ISSN 0309-1333

Beide reeksen verschijnen per kwartaal. Gezaghebbende overzichtsartikelen met ruime bibliografische verantwoording.

BIBLIOGRAPHIA cartographica: internationale Dokumentation kartographischen Schrifttums. – Jg. 1 (1974)- . – München: Saur, 1975- . – ISSN 0340-0409

Verschijnt jaarlijks met ca. 3000 verwijzingen. Systematisch ingericht. Ook over theorie en geschiedenis van de kartografie, instituten en organisaties. Ondertitel ook in Frans en Engels. Verscheen van 1957-1973 als *Bibliotheca cartographica*.

8.5 (3) *Nationale bibliografie*

BIBLIOGRAFIE van in Nederland verschenen kaarten. – 's-Gravenhage: Koninklijke Bibliotheek, 1975- . – ISSN 0377-8975

Jaarlijks. Thans op basis van de Centrale Catalogus Kartografie (CCK). Gerangschikt naar uitgever. Registers op regio, thema en titel.

8.5 (41) *Tijdschriften*

HARRIS, CHAUNCY D.
International list of geographical serials / Chauncy D. Harris and Jerome D. Fellmann. – 3rd ed. – Chicago, IL: University of Chicago, Department of Geography, 1980. – VI, 457 p. – ISBN 0-89065-100-0

Vrijwel volledige lijst (1980). Alfabetisch naar land. Register op titels en namen van uitgevende instanties. Geeft bijna 3500 titels uit 107 landen in 55 talen.

HARRIS, CHAUNCY D.
Annotated world list of selected current geographical serials / Chauncy D. Harris. – 4th ed. – Chicago, IL: University of Chicago, Department of Geography, 1980. – IV, 165 p. – ISBN 0-89065-101-9

Geannoteerde lijst van de 443 belangrijkste geografische tijdschriften (uit 72 landen in 31 talen). Alfabetisch naar land. Register op titels en namen van uitgevende instantie.

8.5 (42) *Tijdschriftartikelen*

GEOGRAPHICAL abstracts: human geography. – Norwich: Elsevier/Geo Abstracts, 1989- . – ISSN 0953-9611

en:

GEOGRAPHICAL abstracts: physical geography. – Norwich: Elsevier/Geo Abstracts, 1989- . – ISSN 0954-0504

Maandelijks verschijnende referaattijdschriften. Dekken meer dan 1000 tijdschriften, boeken, congresverslagen, rapporten en proefschriften. Maandelijks een onderwerps- en een geografische index; jaarlijks een auteursregister. Voortzetting van 7 afzonderlijke secties die van 1960 tot en met 1988 onder de namen *Geographical abstracts* en *Geo abstracts* verschenen. Het bestand is sinds 1980 online te raadplegen als **Geobase* en onder dezelfde titel tevens op CD-ROM.

8.5 (43) *Congresverslagen*

BIBLIOGRAPHY of international geographical congresses 1871-1976 / ed. by George Kish. – Boston: G.K. Hall, 1979. – VIII, 540 p. – ISBN 0-8161-8226-4

Chronologische presentatie van bijna 7000 papers. Met auteurs- en onderwerpsregister.

8.5 (54) *Adresboeken, organisaties*

ORBIS geographicus 1992/93: world directory of geography / comp. and ed. by Eckart Ehlers. – Wiesbaden: Steiner, 1992. – XVI, 656 p. – ISBN 3-515-05940-7

Geeft internationaal en per land informatie over personen en instellingen (verenigingen, genootschappen, instituten) zowel voor geografie als kartografie. Alfabetische index op personen. Verschijnt onregelmatig.

WORLD directory of map collections / ed. by Lorraine Dubreuil. – 3rd ed. - München: Saur, 1993. – IX, 310 p. – ISBN 3-598-21791-9

Herziene uitg. van de *World directory of map collections* (red. W.W. Ristow, 1976). Geordend volgens de namen van de collecties.

Nederland:

GIDS voor kaartenverzamelingen in Nederland / samengest. door A.M. van Slobbe. – Amersfoort: Nederlandse Vereniging voor Kartografie; Alphen aan den Rijn: Canaletto, 1980. – 207 p. – ISBN 90-6469-543-1

Alfabetisch op plaats van de verzameling. Met gestructureerde beschrijving van de collecties. Geeft ook een overzicht van gidsen en catalogi. Alfabetisch register op naam van de beherende instelling.

8.5 (55) *Encyclopedieën, woordenboeken*

THE DICTIONARY of human geography / ed. by R.J. Johnston ... [et al.]. - 3rd rev. and upd. ed. – Oxford: Blackwell, 1994. – XX, 724 p. – ISBN 0-631-18141-5

Uitgebreide artikelen met veel literatuurverwijzingen. Onderwerpsregister.

LARKIN, ROBERT P.
Dictionary of concepts in human geography / Robert P. Larkin and Gary L. Peters. – Westport, Conn.: Greenwood Press, 1983. – IX, 286 p. – (Reference sources for the social sciences and humanities; 2). – ISBN 0-313-22729-2

HUBER, THOMAS P.
Dictionary of concepts in physical geography / Thomas P. Huber, Robert P. Larkin and Gary L. Peters. – Westport, Conn.: Greenwood Press, 1988. – X, 291 p. – (Reference sources for the social sciences and humanities; 5). - ISBN 0-313-25369-2

Behandelen alfabetisch de belangrijkste concepten en theorieën van resp. de sociale en fysische geografie, met literatuurverwijzingen. Onderwerpsregisters.

8.6 Economie [N.B.: Zie ook rubriek 8.0]

8.6 (0) *Bibliografische inleidingen*

INFORMATION sources in economics / editor: John Fletcher. – 2nd ed. - London: Butterworths, 1984. – XII, 339 p. – (Butterworths guides to information sources). – ISBN 0-408-11471-1

Herziene editie van *The use of economics literature* (1971). De eerste helft is geordend naar de aard van het materiaal, de tweede helft naar onderwerp. Nadruk op bibliografisch materiaal en tijdschriften, maar er zijn ook veel monografieën opgenomen. De index is (te) beknopt gehouden.

SCOTT, JULIE
Source guide to economic information / Julie Scott. – London: London Business School Information Service, 1990. – 96 p. – ISBN 0-9514401-2-8

Geannoteerde lijst van de 100 bekendste en meest toegankelijke informatiebronnen. Geordend naar de aard van het materiaal, met titel- en onderwerpsindex.

8.6 (1) *Internationale bibliografieën*

INTERNATIONAL bibliography of economics. – Vol. 1 (1952)- . – Paris: Unesco (later London: Routledge), 1955- . – ISSN 0085-204X

Opzet dezelfde als bij de *International bibliography of political science*. Voor de beschrijving zie aldaar. In 1989 verscheen de *Thematic list of descriptors – economics* (ISBN 0-415-01777-7).

BIBLIOGRAPHIE der Wirtschaftswissenschaften: internationale Dokumentation der Buch- und Zeitschriftenliteratur des Gesamtgebietes der Wirtschaftswissenschaften. – 60. Jhrg. (neue Folge, Jhrg. 19) 1968- . - Göttingen: Vandenhoeck & Ruprecht, 1971- . – ISSN 0340-6121

Voortzetting van de *Bibliographie der Sozialwissenschaften* (1905-1970). Verschijnt sinds 1979 tweemaal per jaar, daarvoor jaarlijks. Systematisch ingedeeld, met register op onderwerp en auteur.

The JOURNAL of economic literature. – Vol. 7 (1969)- . – Nashville, TN: American Economic Association, 1969- . – ISSN 0022-0515

Voortzetting van *Journal of economic abstracts* (1963-1968). Bevat overzichtsartikelen met uitgebreide literatuuropgaven, boekrecensies en referaten van monografieën en tijdschriftartikelen. Deze twee dln. zijn systematisch geordend. Jaarlijks met register op auteur van het recensie- en referaatgedeelte. Accent op Amerikaanse literatuur. *Online raadpleegbaar vanaf 1969; op CD-ROM o.d.t. **EconLit*.

8.6 (41) *Tijdschriften*

SICHEL, BEATRICE

Economic journals and serials: an analytical guide / Beatrice Sichel and Werner Sichel. – Westport, Conn.: Greenwood Press, 1986. – XXIII, 285 p. - (Annotated bibliographies of serials; 5). – ISBN 0-313-23810-3

Alfabetische lijst van 450 tijdschriften en seriewerken. Per titel worden 21 kenmerken behandeld (w.o. verschijningsjaren, frequentie, redactie, selectiemethoden, opname in databanken) plus een uitvoerige annotatie. Met geografische en onderwerpsindex en een index op uitgever. In dezelfde serie verscheen ook *Financial journals and serials* (1986; ISBN 0-313-24195-3).

EUROPEAN directory of trade and business journals. – London: Euromonitor Publications Limited, 1990. – XI, 339 p. – ISBN 0-86338-339-4

Vermeldt meer dan 2000 tijdschriften op het terrein van handel en industrie. Voorafgegaan door een hoofdstuk betreffende Europa-wijde en internationale publs., volgen 17 landenhoofdstukken waarbinnen de tijdschriften alfabetisch geordend zijn. Van elk tijdschrift worden de belangrijkste gegevens vermeld. Met titel- en onderwerpsregister.

8.6 (42) *Tijdschriftartikelen*

INDEX of economic articles in journals and collective volumes. – Vol. 8 (1966)- . – Homewood, IL: Irwin, 1969- . – ISSN 0536-647X

Voortzetting van *Index of economic journals* (1961-1967) en *Index of economic articles in collective volumes* (1969-1972). Jaarlijks. Bestrijkt 279 tijdschriften plus 'collective volumes' (congresverslagen, feestbundels, verzamelde opstellen, e.d.). De onderwerpsindex gebruikt hetzelfde classificatiesysteem als *The journal of economic literature*. Uitsluitend Engelstalige artikelen. Aparte auteursindex. Online en op CD-ROM vanaf 1969 (artikelen), resp. 1979 ('collective volumes') o.d.t. **EconLit*.

8.6 (55) *Encyclopedieën*

THE NEW Palgrave: a dictionary of economics / ed. by John Eatwell ... [et al.]. – London: Macmillan, 1987. – 4 dl. – ISBN 0-333-37235-2

Uitvoerig, alfabetisch naslagwerk van begrippen, theorieën, concepten en denkers. Veel literatuurverwijzingen. Met registers op auteurs en onderwerp. Tevens *The new Palgrave dictionary of money and finance* (London: Macmillan, 1992; 3 dl.; ISBN 0-333-52722-4).

8.7 Psychologie [N.B.: Zie ook rubriek 8.0]

8.7 (0) *Bibliografische inleidingen*

BORCHARDT, D.H.
How to find out in psychology: a guide to the literature and methods of research / by D.H. Borchardt and R.D. Francis. – Oxford: Pergamon, 1984. - XI, 189 p. – ISBN 0-08-031280-2

Beknopte literatuurgids met o.a. aandacht voor geautomatiseerd literatuuronderzoek.

REED, JEFFREY G.
Library use: a handbook for psychology / Jeffrey G. Reed and Pam M. Baxter. – Washington, D.C.: American Psychological Association, 1992. – 2nd ed. - XI, 179 p. – ISBN 1-55798-144-2

Sterk op de praktijk van literatuuronderzoek gerichte gids. Aan de hand van voorbeelden worden de belangrijkste bibliografische naslagwerken behandeld. Voor de beginnende onderzoeker. Gecombineerde index op auteur, titel en onderwerp.

MCINNIS, RAYMOND G.
Research guide for psychology / Raymond G. McInnis. – Westport, Conn.: Greenwood Press, 1982. – XXVI, 604 p. – (Reference sources for the social sciences and humanities; 1). – ISBN 0-313-21399-2

Ongeveer 1200 titels worden in bibliografische essays besproken. Voor de meer gevorderde onderzoeker. Gecombineerde index op auteur, titel en onderwerp.

BAXTER, PAM M.
Psychology: a guide to reference and information sources / Pam M. Baxter. - Englewood, Colo.: Libraries Unlimited, 1993. – XXI, 219 p. – (Reference sources in the social sciences series; 6). – ISBN 0-87287-708-6

Vermeldt 667 titels (online databanken inbegrepen), gedeeltelijk ook uit de andere sociale wetenschappen, met uitvoerige annotaties. Overwegend Engelstalige, na 1970 gepubliceerde titels. Gecombineerd auteurs-/titelregister en apart onderwerpsregister.

WILHELM, HORST
Informationshandbuch Psychologie / Horst Wilhelm. – Frankfurt am Main: Fischer, 1987. – 471 p. – ISBN 3-596-24533-8

Uit drie dln. bestaande onderzoeksgids. Na een algemeen inleidend-bibliografisch dl., geeft dl. 2 (ca. 230 p.) per materiaalsoort een geannoteerd overzicht van de belangrijkste literatuur. Dl. 3 (ca. 135 p.) bevat informatie over collecties, organisaties, instellingen, e.d. Gecombineerd register van auteurs, titels, onderwerpen en instellingen.

8.7 (1) *Internationale bibliografieën*

ANNUAL review of psychology. – Vol. 1 (1950)- . – Palo Alto, CA: Annual Reviews, Inc.,

1950- . – ISSN 0066-4308

Bevat overzichtsartikelen van per jaar wisselende onderwerpen uit de psychologie. Uitvoerige literatuuropgaven. Onderwerps- en auteursregister.

BIBLIOGRAPHIC guide to psychology. – Vol. 1 (1975)- . – Boston, Mass.: G.K. Hall, 1976- . – ISSN 0360-277X

Alfabetische lijst van publs. (auteurs, titels en onderwerpen doorelkaar). Verschijnt jaarlijks. Het betreft de aanwinsten van de New York Public Library met aanvullingen van de MARC-banden van de Library of Congress. Publs. in alle talen.

BIBLIOGRAPHIE der deutschsprachigen psychologischen Literatur / Hrsg. und bearb. von Josef Dambauer. – Bd. 1 (1971)- . – Frankfurt a.M.: Klostermann, 1972- . – ISSN 0303-5999

Systematisch jaarlijks overzicht van de Duitstalige literatuur. Omvat monografieën, proefschriften, tijdschriftartikelen, bijdragen aan bundels en recensies. Auteurs- en onderwerpsregister.

8.7 (41) *Tijdschriften*

OSIER, DONALD V.
A century of serial publications in psychology 1850-1950: an international bibliography / Donald V. Osier and Robert H. Wozniak. – Milwood, N.Y.: Kraus International Publications, 1984. – XXXIII, 805 p. – (Bibliographies in the history of psychology and psychiatry; 2). – ISBN 0-527-98196-6

Chronologisch overzicht van 1107 tijdschriften en reeksen met volledige bibliografische beschrijving. In appendix nog eens 750 titels uit verwante disciplines. Registers op titel en auteur/redacteur.

TOMPKINS, MARGARET
Serials in psychology and allied fields / by Margaret Tompkins and Norma Shirley. – 2nd rev. and enl. ed. – Troy, N.Y.: Whitston, 1976. – XI, 472 p. – ISBN 0-87875-083-5

Noemt ruim 900 tijdschriften en reeksen (vnl. Engelstalig), met annotaties.

PERSSON, DOROTHY M.
Psychology and psychiatry serials: a bibliographic aid for collection development / Dorothy M. Persson. – New York, N.Y.: Haworth Press, 1990. - XVI, 121 p. – ISBN 1-56024-048-2

Geannoteerde, alfabetische lijst van 305 titels. Per titel vermelding van publ.jaren, uitgever, opname in databanken en een aanduiding van de belangrijkste onderwerpen. Index op onderwerp en alfabetische lijst van uitgevers.

8.7 (42) *Tijdschriftartikelen*

PSYCHOLOGICAL abstracts: nonevaluative summaries of the serial literature in psychology and related disciplines. – Vol. 1 (1927)- . – Arlington, Va.: American Psychological Association, 1927- . – ISSN 0033-2887

Maandelijks (voor 1966 tweemaandelijks) verschijnend referaattijdschrift, met korte registers per aflevering en een jaarlijks cumulatief auteurs- en onderwerpsregister (van 1968-1983 halfjaarlijks). Systematisch geordend binnen 16 hoofdrubrieken. Ook online (*Psyc-INFO*, vanaf 1967) en op CD-ROM (vanaf 1974, op twee discs, o.d.t. *PsycLIT*). Voor oudere literatuur: *Psychological index* (1894-1935).

8.7 (55) *Encyclopedieën, woordenboeken*

POPPLESTONE, JOHN A.
Dictionary of concepts in general psychology / John A. Popplestone and Marion White McPherson. – New York, N.Y.: Greenwood Press, 1988. – XI, 380 p. – (Reference sources for the social sciences and humanities; 7). – ISBN 0-313-23190-7

Behandelt alfabetisch de belangrijkste begrippen en concepten met uitvoerige literatuurverwijzingen. Auteurs- en onderwerpsregister.

8.8 Pedagogische wetenschappen

8.8 (0) *Bibliografische inleidingen*

ARNOLD, C.A.
Omgaan met (wetenschappelijke) onderwijsliteratuur: een praktische gids voor onderwijs, onderzoek en beleid / C.A. Arnold en E.J. Boerma. – 2e herz. dr. – 's-Gravenhage: S.V.O., 1987. – 254 p. – ISBN 90-6472-114-9

Literatuurgids met praktische aanwijzingen voor literatuuronderzoek en een uitgebreide, geannoteerde opsomming van bronnen (ook voor de sociale wetenschappen in het algemeen). Het gecombineerde onderwerps- en titelregister is vrij beperkt.

WOODBURY, MARDA
A guide to sources of educational information / Marda Woodbury. – compl. rev. 2nd ed. – Arlington, Va.: Information Resources Press, 1982. – 430 p. – ISBN 0-87815-041-2

Behandelt zowel gedrukte als niet-gedrukte bronnen, met sterk Amerikaanse nadruk. Uitvoerige annotaties, uitgebreid register.

CLARKE, PETER B.
Finding out in education: a guide to sources of information / Peter B. Clarke. – Harlow: Longman, 1990. – IX, 217 p. – ISBN 0-582-06754-5

Naar aard van het materiaal geordend overzicht van de belangrijkste bronnen. Elk hoofdstuk voorzien van een inleiding; elke titel voorzien van een uitvoerige annotatie. Titel- en onderwerpsregister.

BUTTLAR, LOIS J.
Education: a guide to reference and information sources / Lois J. Buttlar. – Englewood, Colo.: Libraries Unlimited, 1989. – XIV, 258 p. - (Reference sources in the social sciences series; 2). – ISBN 0-87287-619-5

Vermeldt meer dan 900 titels (online databanken inbegrepen), gedeeltelijk ook uit de andere sociale wetenschappen, met uitvoerige annotaties. Overwegend Engelstalige, na 1980 gepubliceerde titels. Gecombineerd auteurs/titel/onderwerpsregister.

BERRY, DOROTHEA M.
A bibliographic guide to educational research / Dorothea M. Berry. – 3rd ed. – Metuchen, N.J.: Scarecrow Press, 1990. – VIII, 500 p. – ISBN 0-8108-2343-8

Geannoteerd overzicht van 1050 bronnen, geordend naar soort materiaal. Auteurs-, titel- en onderwerpsregister.

8.8 (1) *Internationale bibliografieën*

BIBLIOGRAPHIE Pädagogik = Educational bibliography / hrsg.: Dokumentationsring Pädagogik. – Bd. 1-16. – München: Saur, 1966-1981. - ISSN 0523-2678

De omvangrijkste internationale lopende bgf. voor de pedagogiek. Alfabetisch op auteur. Met trefwoordenregister. Vanaf 1982 gesplitst in drie onderdelen, die elk jaarlijks verschijnen: Reihe A, *Zeitschriftenaufsätze* (ISSN 0176-2567), Reihe B, *Bücher* (ISSN 0176-2575) en Reihe C, *Projekte Bildungsforschung* (ISSN 0176-2583). Verwerkingstijd drie jaar.

8.8 (3) *Nationale bibliografie*

ONDERWIJSLITERATUUR: maandelijks overzicht van publikaties over opvoeding, onderwijs en wetenschappen. – Jrg. 1- . – 's-Gravenhage: Ministerie van Onderwijs, Cultuur en Wetenschappen, 1983- . – ISSN 0167-6644

Verschijnt maandelijks, met registers en cumulatief jaarregister. Samensmelting van: *Pedagogische bibliografie* (1963-1982) en *Documentatieblad voor onderwijs en wetenschappen* (1947-1982). Ca. 4500 referaten per jaar, volgens de structuur van de ADION-thesaurus. De Nederlandse onderwijsliteratuur wordt op een aantal uitzonderingen na volledig gesignaleerd. Eveneens online raadpleegbaar (**ADION*) en op CD-ROM.

8.8 (41) *Tijdschriften*

COLLINS, MARY ELLEN
Education journals and serials: an analytical guide / Mary Ellen Collins. - Westport, Conn.: Greenwood Press, 1988. – XXIII, 355 p. – (Annotated bibliographies of serials; 12). – ISBN 0-313-24514-2

Geannoteerde lijst van 803 tijdschriften. Per titel worden 22 kenmerken behandeld (w.o. verschijningsjaren, frequentie, redactie, selectiemethode, opname in databanken) plus een uitvoerige annotatie. Uitgevers-, titel-, onderwerps- en geografisch register.

8.8 (42) *Tijdschriftartikelen*

CURRENT index to journals in education. – Vol. 1 (1969)- . – Phoenix, Ariz.: Oryx Press, 1969- . – ISSN 0011-3565

Maandelijks verschijnend referaattijdschrift. Internationaal van opzet met accent op literatuur uit de Verenigde Staten. Systematisch ingedeeld. Met registers op auteur en onderwerp, die per jaar cumuleren. Refereert ongeveer 800 tijdschriften. Ook online en op CD-ROM (vanaf 1966), in beide gevallen o.d.t. **ERIC* (Educational Resources Information Center), dat ook het referaattijdschrift *Resources in education* (voor grijze literatuur, ISSN 0098-0897) omvat.

CONTENT pages in education: monthly access to the world's education periodicals. – Vol. 1 (1986)- . – Oxford: Carfax, 1986- . – ISSN 0265-9220

Overzicht van inhoudsopgaven van meer dan 700 tijdschriften. Verschijnt maandelijks met auteurs- en onderwerpsregister (met gecumuleerde registers in december).

ZEUS: Zentralblatt für Erziehungswissenschaft und Schule. – Neue Folge, Jg. 1 (1985)- . – Duisburg: Verlag für Pädagogische Dokumentation, 1986- . - ISSN 0172-9357

Voortzetting van *Pädagogischer Jahresbericht* (1968-1982) en *BIB-reports* (1974-1985). Verschijnt tweemaandelijks. Bestaat uit 6 dln.: tijdschriftartikelen, boeken, recensies, onderwijsmateriaal, krantenartikelen en inhoudsopgaven. De eerste 5 dln. betreffen de Duitstalige literatuur; de inhoudsopgaven zijn van Westeuropese en Amerikaanse tijdschriften. Per aflevering cumulatieve auteurs- en onderwerpsregisters.

8.8 (55) *Encyclopedieën*

THE INTERNATIONAL encyclopedia of education / eds.-in-chief Torsten Husén and T. Neville Postlethwaite. – 2nd ed. – Oxford: Pergamon, 1994. – XL, 6821 en 488 p. – 12 dl. – ISBN 0-08-041046-4

Uitvoerig internationaal naslagwerk voor het gehele vakgebied. Met literatuurverwijzingen. Dl. 12 is registerdl. (met persoonsnamen- en onderwerpsregister).

ENZYKLOPÄDIE Erziehungswissenschaft: Handbuch und Lexikon der Erziehung in 11 Bänden und einem Registerband / hrsg. von Dieter Lenzen unter Mitarbeid von Agi Schründer. – Stuttgart: Klett-Cotta, 1983-1986. – 12 dl.

Systematisch ingedeeld overzicht bestaande uit uitvoerige artikelen met literatuurverwijzingen. Met samenvattingen in Engels, Frans en Duits. De registerband biedt o.m. een persoonsnamen- en een onderwerpsregister.

8.9 Communicatiewetenschap [N.B.: Zie ook rubriek 8.0]

8.9 (0) *Bibliografische inleidingen*

BLOCK, ELEANOR S.
Communication and the mass media: a guide to the reference literature / Eleanor S. Block and James K. Bracken. – Englewood, Colo.: Libraries Unlimited, 1991. – XII, 198 p. – (Reference sources in the humanities series). – ISBN 0-87287-810-4

Vermeldt 483 titels (online databanken inbegrepen) met uitvoerige annotaties. Overwegend Engelstalige, na 1970 gepubliceerde titels. Gecombineerd auteurs-/titelregister en apart onderwerpsregister.

BLUM, ELEANOR
Mass media bibliography: an annotated guide to books and journals for research and reference / Eleanor Blum and Frances Goins Wilhoit. – 3rd ed. – Urbana, IL: University of Illinois Press, 1990. – VIII, 344 p. – ISBN 0-252-01706-4

Naar onderwerp en aard van het materiaal ingedeeld overzicht van 1947 geannoteerde titels. Betreft hoofdzakelijk materiaal gepubliceerd tussen 1980 en 1988. Voor oudere titels dienen de eerdere edities gebruikt te worden, in 1972 en 1980 verschenen als *Basic books in the mass media*. Auteurs-, titel- en onderwerpsregister.

8.9 (1) *Internationale bibliografieën*

JAHRESBIBLIOGRAPHIE Massenkommunikation: systematisches Verzeichnis der im Jahre 19.. innerhalb und ausserhalb des Buchhandels veröffentlichten Literatur zur Presse, Rundfunk, Fernsehen, Film und angrenzenden Problemen / Zusamenstellung: Wilbert Ubbens. – Jhrg. 1 (1979)- . – Berlin: Spiess, 1981- . – ISSN 0721-166X

Internationale bibliografie van monografieën en verzamelwerken, systematisch geordend. Verwerkingstijd 2 jaar. Ruim 3500 titels per aflevering. Register op auteur en onderwerp.

8.9 (41) *Tijdschriften*

SOVA, HARRY W.
Communication serials: an international guide to periodicals in communication, popular culture and the performing arts / Harry W. Sova and Patricia L. Sova. – Virgina Beach, Va.: Sova-Comm Inc., 1992- . – ISSN 1041-7893

Alfabetische lijst van ca. 2700 geannoteerde titels van tijdschriften die tussen 1821 en nu verschenen zijn. Indexen op referaattijdschriften, organisaties, columnisten, speciale rubrieken, buiten de VS geproduceerde tijdschriften, ISSN, uitgevers, onderwerpen, ondertitels en titelvarianten.

8.9 (42) *Tijdschriftartikelen*

COMMUNICATION abstracts. – Vol. 1 (1978)- . – Newbury Park, CA: Sage, 1978- . – ISSN 0162-2811

Kwartaaltijdschrift met ca. 1200 referaten per jaar uit ongeveer 200 (bijna uitsluitend Engelstalige) tijdschriften. Per aflevering is er een auteurs- en onderwerpsregister, met jaarcum.

8.9 (55) *Encyclopedieën*

INTERNATIONAL encyclopedia of communications / Erik Barnouw, editor-in-chief. – New York, N.Y.: Oxford University Press, 1989. – 4 dl. – ISBN 0-19-504994-2

Brede, interdisciplinaire opzet. Ruim 2000 bladzijden en 550 artikelen, alle met bibliografische verwijzingen. Uitgebreid verwijzingssysteem plus een Analytic index.

8.10 Demografie [N.B.: Zie ook rubriek 8.0]

8.10 (1) *Internationale bibliografieën*

POPULATION index. – Vol. 1 (1935)- . – Princeton, N.J.: Office of Population Research, Princeton University / Washington, D.C.: Population Association of America, 1935- . – ISSN 0032-4701

Naast overzichtsartikelen over bijzondere onderwerpen bevat dit tijdschrift een lopende bgf. met referaten van boeken en artikelen op het gehele terrein van de bevolkingsleer. Niet-Engelse titels zijn in het Engels vertaald, met tussen haakjes de oorspronkelijke titel. Systematisch geordend in twintig hoofdrubrieken, met een geografische index en een alfabetisch auteursregister. Online en op CD-ROM vanaf 1970 o.d.t. **POPLINE*.

8.10 (3) *Nationale bibliografie*

MOORS, HEIN G.
National population bibliography of the Netherlands 1945-1979 / edited by Hein G. Moors. – The Hague: NIDI, 1981. – 647 p.

Geannoteerd overzicht van de belangrijkste literatuur. Systematisch volgens de indeling van de *Population index*. Auteurs- en geografisch register.

SELECTED annotated bibliography of population studies in the Netherlands, 1970- . – The Hague: NIDI/Netherlands Demographic Society, 1972- . – ISSN 0167-4757

Oorspronkelijk o.d.t.: *Bibliografie van in Nederland verschenen demografische studies*. Verschijnt jaarlijks. Met Engelse referaten. Systematisch, volgens dezelfde indeling als de *Population index*; auteursregister.

8.10 (55) *Encyclopedieën*

INTERNATIONAL encyclopedia of population / editor-in-chief: John A. Ross. - New York,

N.Y.: Free Press, 1982. – XXIII, 750 p. – 2 dl. – ISBN 0-02-927430-3
Uitgebreide gesigneerde artikelen met vele literatuurverwijzingen. Gecombineerd register.

PRESSAT, ROBERT
The dictionary of demography / Robert Pressat. – editor: Chr. Wilson. - Oxford: Blackwell, 1985. – XII, 243 p. – ISBN 0-631-12746-1
Aangepaste versie (met veel nieuwe bijdragen van Angelsaksische demografen) van: *Dictionnaire de démographie*. Over begrippen, methoden, theorieën. Ook enkele korte biografische artikelen. Literatuurgegevens per trefwoord. Index.

DICTIONARY of demography: biographies / William Petersen and Renee Petersen. – Westport, Conn.: Greenwood Press, 1985. – XX, 1365 p. – 2 dl. - ISBN 0-313-21419-0

DICTIONARY of demography: multilingual glossary / William Petersen and Renee Petersen. – Westport, Conn.: Greenwood Press, 1985. – VII, 259 p. - ISBN 0-313-25139-8

DICTIONARY of demography: terms, concepts, and institutions / William Petersen and Renee Petersen. – Westport, Conn.: Greenwood Press, 1986. - XVIII, 1154 p. – 2 dl. – ISBN 0-313-24134-1
Uit vijf dln. bestaand naslagwerk, dat is samengest. m.b.v. een internationale groep vakgenoten. Veel literatuurverwijzingen. Uitvoerige registers op auteurs, titels en onderwerpen.

8.11 Vrouwenstudies

8.11 (0) *Bibliografische inleidingen*

SEARING, SUSAN E.
Introduction to library research in women's studies / Susan E. Searing. - Boulder, Colo.: Westview Press, 1985. – XIII, 257 p. – (Westview guides to library research). – ISBN 0-86531-267-2
Geannoteerde gids van naslagwerken. Na algemene inleiding volgt een onderverdeling naar aard van het materiaal en discipline. Auteurs- en titelindex.

BALLOU, Patricia K.
Women: a bibliography of bibliographies / Patricia K. Ballou. – 2nd ed. - Boston, Mass.: G.K. Hall, 1986. – XV, 268 p. – ISBN 0-8161-8729-0
Geannoteerd overzicht van de belangrijkste bgf., geordend naar type materiaal, land en onderwerp. Totaal 906 titels, met auteurs-, titel- en onderwerpsregister.

CARTER, SARAH
Women's studies: a guide to information services / Sarah Carter and Maureen Ritchie. – London: Mansell, 1990. – XI, 278 p. – ISBN 0-7201-2058-6
Geannoteerd overzicht van 1076 titels in drie dln.: algemeen, geografisch en onderwerpen. Gecombineerd auteurs /titel /onderwerpsregister.

DRENTHE, G.
Literatuurwijzer vrouwenstudie sociale wetenschappen / samengest. door G. Drenthe. – Utrecht: Rijksuniversiteit, Interfacultaire Werkgroep Vrouwenstudies, 1988. – 131 p. – ISBN 90-72650-02-6
Deels ongeannoteerd overzicht van ruim 900 titels. Onderverdeeld naar algemene informatiebronnen en bronnen aanwezig in Utrecht. Auteurs- en instellingenregister.

8.11 (1) *Internationale bibliografieën*

LOEB, CATHERINE R.
Women's studies: a recommended core bibliography 1980-1985 / Catherine R. Loeb, Susan E. Searing and Esther F. Stineman, with the assistance of Meredith J. Ross. – Littleton, Colo.: Libraries Unlimited, 1987. – XVI, 538 p. – ISBN 0-87287-472-9

Sluit aan op Esther Stineman's *Women's studies: a recommended core bibliography* (1979). Naar discipline geordend; geannoteerde beschrijving van ruim 1200 publs. uit de periode 1980-1985. Auteurs-, titel- en onderwerpsregister.

NY litteratur om kvinnor: en bibliografi = New literature on women: a bibliography. – Göteborg: Göteborgs Universitetsbibliotek, 1980- . – ISSN 0348-7962

Systematisch overzicht van boeken, artikelen en papers voor de humaniora en de sociale wetenschappen. Kwartaaltijdschrift. Met auteurs- en onderwerpsregister (in Zweeds en Engels) per aflevering. Alle titels zijn met trefwoorden ontsloten. Online vanaf 1984 (**KVINNSAM*).

STUDIES on women abstracts. – Vol. 1 (1983)- . – Oxford: Carfax, 1983- . - ISSN 0262-5644

Tweemaandelijks verschijnend referaattijdschrift van artikelen en (bijdragen aan) boeken. Met auteurs- en onderwerpsregister, met jaarcum.

8.11 (41) *Tijdschriften*

DOUGHAN, DAVID
Feminist periodicals 1855-1984: an annotated critical bibliography of British, Irish, Commonwealth and international titles / David Doughan and Denise Sanchez. – Brighton: Harvester Press, 1987. – XIX, 316 p. – ISBN 0-7108-0992-1

Geannoteerde lijst van 920 titels (voornamelijk Engelstalig). Gecombineerde auteurs-/titelindex en apart onderwerpsregister.

DRENTHE, GUSTA
Lijst van tijdschriften relevant voor vrouwenstudies / samengest. door Gusta Drenthe. – 3e herz. dr. – Utrecht: Rijksuniversiteit, Interfacultaire Werkgroep Vrouwenstudies, 1988. – 41 p. – ISBN 90-72650-01-8

Overzicht van de belangrijkste, vooral wetenschappelijke tijdschriften. Op onderwerp; daarbinnen per land. Titelregister.

8.11 (42) *Tijdschriftartikelen*

WOMEN studies abstracts. – Vol. 1 (1972)- . – New Brunswick, NJ: Transaction Publishers, 1972- . – ISSN 0049-7835

Naar onderwerp geordend referaattijdschrift. Verschijnt per kwartaal met onderwerpsindex.

8.11 (54) *Adresboeken, organisaties*

W.I.S.H.: the international handbook of women's studies / ed. by Loulou Brown ... [et al.]. – New York, N.Y.: Harvester Wheatsheaf, 1993. – X, 449 p. – ISBN 0-7450-1413-5

Geeft voor onderwijs, vorming, onderzoek en publs. per land informatie over instellingen en organisaties.

ENCYCLOPEDIA of women's associations worldwide: a guide to over 3,400 national and

multinational nonprofit women's and women-related organizations / Jacqueline K. Barrett, editor. – London: Gale Research, 1993. – LXVI, 471 p. – ISBN 1-8734-77-25-2
Geografisch geordend overzicht van ruim 3400 instellingen en organisaties. Registers op naam en op onderwerp.

8.11 (55) *Encyclopedieën*

WOMEN'S studies encyclopedia / ed. by Helen Tierney. – New York, N.Y.: Greenwood Press, 1989-1991. – 3 dl. – ISBN 0-313-24646-7
Alfabetisch. Gesigneerde artikelen met literatuurverwijzingen. Onderwerpsregisters.

9 NATUURWETENSCHAPPEN, WISKUNDE, GENEESKUNDE, TECHNISCHE EN LANDBOUWWETENSCHAPPEN

Inleiding

Het gebied dat door deze wetenschappen bestreken wordt is zeer omvangrijk. Er is een groot aantal vakken met zeer diverse activiteiten van zuiver theoretisch tot puur toegepast onderzoek. Naast verregaande specialisatie is er ook een toename van interdisciplinaire onderzoeksgebieden. Dit alles leidt tot een zeer grote literatuurstroom, die een sterk internationaal karakter heeft. Belangrijke onderzoeksresultaten zijn in deze wetenschappen immers mondiaal van belang en in de regel niet plaats- of cultuurgebonden. De wetenschapper dient, ook al is hij zeer specialistisch bezig, alle relevante ontwikkelingen in de hele wereld te volgen. Het belangrijkste gedrukte communicatiemedium is dan ook het internationale wetenschappelijke tijdschrift met specialistische artikelen waarin recente vorderingen gerapporteerd worden. Er zijn enkele tienduizenden tijdschriften met enkele miljoenen artikelen per jaar. Daarnaast worden nieuwe vondsten vastgelegd in dissertaties, rapporten, octrooischriften, congresverslagen, etc. Boeken hebben in deze wetenschappen veel minder de functie van primaire publikatie, zij dienen meer om de in bovengenoemde publikaties gerapporteerde vorderingen samen te vatten in overzichtelijke vorm.

Om deze grote en gedifferentieerde stroom van publikaties te beheersen en te ordenen is een uitgebreid en complex bibliografisch apparaat noodzakelijk. Omdat actualiteit een grote rol speelt zijn vooral lopende bibliografieën van belang. Naast correcte bibliografische gegevens zijn korte samenvattingen van de inhoud, en verfijnde, op het vakgebied gerichte indexen, van belang. Omdat laatstgenoemde eisen moeilijk te combineren zijn met snelle publikatie is er een splitsing opgetreden in zogenaamde attenderingstijdschriften, waarbij snelheid voorop staat, bij voorbeeld *Current Contents*, en abstract-tijdschriften, waarin ontsluiting met samenvattingen en verfijnde indexering voorop staat. De abstract-tijdschriften zijn meestal internationaal van opzet. Men probeert zo goed mogelijk alle relevante literatuur van het vakgebied uit de gehele wereld op te nemen. In de praktijk ligt de nadruk meestal op Engelstalige tijdschriftartikelen. Andere talen en andere publikatievormen worden vaak veel minder volledig opgenomen. Voor die andere publikatievormen zijn er wel multidisciplinaire bibliografieën, zoals voor conferentieverslagen, rapporten, octrooischriften, dissertaties en boeken.

Er zijn twee vormen van bibliografische dekking van een groot vakgebied. Aan de ene kant het grote abstract-tijdschrift dat het gehele vakgebied dekt, aan de andere kant een familie van abstract-tijdschriften voor verschillende disciplines die gezamenlijk het gehele vakgebied dekken. De tweede vorm is meer afgestemd op gespecialiseerde instituten. Naast deze grote lopende vakbibliografieën, zijn er vele gespecialiseerde lopende bibliografieën voor allerlei deelgebieden en vaak zelfs specialistische onderwerpen. Soms zijn dat deelverzamelingen uit een of enkele grote vakbibliografieën. Een logische stap verder is dan het attenderingsbulletin dat op grond van een individueel of groepsprofiel uit een of enkele bestanden regelmatig geproduceerd wordt.

Een belangrijk type bibliografische bron dat hier niet onvermeld mag blijven zijn de kritische overzichtsartikelen (reviews). Dit type publikatie, vaak met honderden literatuurverwijzingen, biedt een uitstekende ingang op een specifiek onderwerp. Als voorbeelden kunnen hier de vele series worden genoemd waarvan de titels beginnen met: *Annual Review of ...*, *Advances in ...*, *Topics in ...*, of *Methods in ...*. Voor het opsporen van dit type overzichtsartikelen bestaat een aparte lopende bibliografie: *Index to scientific reviews*, die in zekere zin dus een bibliografie van bibliografieën over specialistische onderwerpen is.

In de hierna volgende overzichten worden per vakgebied een (of enkele) bibliografische gids(en) genoemd en verder de belangrijkste lopende bibliografieën die het gehele vakgebied of een belangrijk onderdeel daarvan dekken. De meeste grote lopende bibliografieën zijn tegenwoordig ook beschikbaar in de vorm van online computerbestanden. Voordelen t.o.v. de gedrukte versie zijn: de verfijndere zoekmogelijkheden, met ondermeer interactieve post-coördinatie mogelijkheden, meer indextermen per referentie, een sneller geactualiseerd bestand, cumulatie van een groot aantal jaren in een bestand en, in een aantal gevallen, ook meer referenties per jaar dan het gedrukte bestand. Daarnaast zijn in de afgelopen jaren steeds meer van deze bestanden (bibliografieën) tevens in de vorm van CD-ROM op de markt gekomen. Per vakgebied wordt van de verschillende bibliografieën ook de naam en de omvang van het online en CD-ROM bestand gegeven. Voor uitgebreidere informatie over deze bestanden (en nog 5.300 andere) wordt verwezen naar de laatste uitgave van:

GALE directory of databases. – 1993- . – Detroit : Gale Research, 1993 - . – ISSN 1066-8934 (Verschijnt twee maal per jaar, ook op *CD-ROM).

9.0 Natuurwetenschappen algemeen

9.0 (0) *Bibliografische inleidingen*

OWEN, Dolores B.
Abstracts and indexes in science and technology : a descriptive guide / Dolores B.Owen – 2nd ed. – Metuchen, N.J. : Scarecrow Press, 1985. – 235 p. – ISBN 0-8108-1712-8

PARKER, C.C.
Information sources in science and technology : a practical guide to traditional and online use / C.C.Parker, R.V. Turley. – 2nd ed. – London (etc.) : Butterworths, 1986. – 328 p. – ISBN 0-408-01467-9

CHEN, Ching-chih
Scientific and technical information sources / Ching-chih Chen. – 2nd ed. - Cambridge, Mass. : MIT Press, 1987. – 824 p. – ISBN 0-262-03120-5

MALINOWSKY, H.R.
Reference sources in science, engineering, medicine, and agriculture / H. Robert Malinowsky. – Phoenix, Ariz. : Oryx, 1994. – 355 p. – ISBN 0-89774-742-9

9.0 (1) *Internationale bibliografieën*

GENERAL science index. – Vol. 1 (1978)- . – New York : Wilson, 1978- . - ISSN 0162-1963
10x per jaar met jaarlijks een (gebonden) cumulatie. Een onderwerpsregister op 140 Amerikaanse en Engelse tijdschriften die ook artikelen bevatten die voor niet-specialisten nog leesbaar zijn. Het betreft tijdschriften als *Scientific American* en *New Scientist*. Deze bgf. is daarom met name geschikt voor belangstellenden voor wie de grote vakgerichte bgf. te specialistische artikelen opleveren. Online bestand **General Science Index* vanaf 1984. Groei ongeveer 40.000 referenties per jaar. Ook verkrijgbaar op CD-ROM.

De Amerikaanse onderneming Institute for Scientific Information (ISI) geeft een aantal grote bibliografische naslagwerken uit, die het hele gebied van de natuurwetenschappen bestrijken. Hoewel ze nagenoeg uitsluitend Engelstalige publikaties bevatten, zijn ze vanwege het internationale karakter van de natuurwetenschappen zeer bruikbaar. Een nadeel ten opzichte van de grote vakgerichte abstract-tijdschriften is dat ze geen typisch vakgerichte indexering hebben en in een aantal gevallen ook geen abstracts.
Hieronder volgen voor de verschillende publikatietypen (tijdschriftartikelen, overzichtsartikelen, boeken en congresverslagen), de specifieke ISI-uitgaven.

SCIENCE citation index. – 1961- . – Philadelphia : Institute for Scientific Information (ISI), 1961- . – ISSN 0162-1963
Elke 2 maanden met jaarlijkse en vijfjaarlijkse cums. vanaf 1965. In 1983 verscheen een tien-jaren index voor de periode 1955-1965, in 1988 voor de periode 1945-1954. Dekking: internationaal; alle natuurwetenschappen, wiskunde, geneeskunde en techniek; uitsluitend artikelen uit tijdschriften en seriewerken. Alle artikelen uit ongeveer 3.200 belangrijke tijdschriften worden geindexeerd. Elke aflevering bestaat uit 3 hoofdsecties:
1. De 'Source Index' is een op auteursnaam geordende lijst van alle artikelen uit de 3000 tijdschriften die in de betreffende periode verschenen zijn, met complete bibliografische gegevens.
2. De 'Citation Index' is een lijst van alle literatuurverwijzingen (citations), die voorkomen in de artikelen die in de 'Source Index' zijn opgenomen. De ordening is op auteursnaam

van de geciteerde publ., verder, als van een auteur meer publs. geciteerd zijn, op jaar en titel van de geciteerde publs. Bij elke geciteerde publ. wordt kort aangegeven in welke publ.(s) hij geciteerd is; verder wordt verwezen naar de 'Source Index'. De 'Citation Index' biedt aldus de mogelijkheid na te gaan of een (reeds bekende) publ. geciteerd wordt in een recente(re) publ. Een belangrijke overweging hierbij is dat er meestal een inhoudelijk verband is tussen een publ. en de daarin geciteerde publs. De 'Citation Index' kan daarom gezien worden als een bijzonder soort onderwerpsindex die het mogelijk maakt om uitgaande van bekende literatuur er recentere publs. bij te vinden.

3. De 'Permuterm Index' is een alfabetisch register op de betekenisvolle titelwoorden uit de artikelen van de 'Source Index'. Door een permutatieproces zijn alle combinaties van twee titelwoorden zoekbaar.

Voordelen t.o.v. de grote vakgerichte bgf. zijn: het multidisciplinaire karakter en de bijzondere manier van indexeren die aanvullende resultaten kan leveren.

Online bestand **SCISEARCH* vanaf 1974. De dekking van het online bestand is ongeveer 4500 tijdschriften. Groei ongeveer 700.000 referenties per jaar. Ook verkrijgbaar op CD-ROM. Op CD-ROM is ook een uitgave verkrijgbaar waarop van de artikelen abstracts zijn opgenomen.

CURRENT contents. – Philadelphia : Institute for Scientific Information (ISI), 1958- .

Dit is een familie van 7 wekelijks verschijnende attenderingstijdschriften, waarvan 5 voor de natuurwetenschappen:

CC – Life sciences
CC – Clinical medicine
CC – Agriculture, biology & environmental sciences
CC – Physical, chemical & earth sciences
CC – Engineering, technology & applied sciences

Hierin worden de inhoudsopgaven van recent verschenen tijdschriftafleveringen (per sectie worden ongeveer 1.000 internationale tijdschriften gedekt) en boeken weergegeven. Er zijn indexen op auteurs (met adressen) en titelwoorden. Door de snelle produktiewijze zijn de afleveringen zeer up-to-date. Zij bieden de mogelijkheid om snel te screenen of er recent relevante publs. verschenen zijn. Voor retrospectief literatuuronderzoek zijn ze minder geschikt; hiervoor kan b.v. beter de *Science Citation Index* gebruikt worden.

Online bestand **Current Contents Search.* Ook verkrijgbaar op wekelijks verschijnende *floppy disks en *CD-ROM's. Bij deze digitale media is het ook mogelijk de abstracts geleverd te krijgen.

INDEX to scientific reviews. – Philadelphia : Institute for Scientific Information, 1974- . – ISSN 0360-0661

Halfjaarlijks. Dekking: internationaal; overzichtsartikelen. De referenties zijn gerangschikt op auteur en er is een 'Permuterm Index' van titelwoorden (zie *Science Citation Index*). Vroeger was er ook een 'Citation Index' maar deze is vervangen door de 'Research Front Speciality Index' waarin artikelen op grond van hun citatie-patroon (automatisch) geclusterd worden. Online bestand **SCISEARCH* (zie bij *Science Citation Index*). De overzichtsartikelen zijn in het bestand te selecteren door het documenttype 'review' te gebruiken.

INDEX to scientific book contents. – 1985-... – Philadelphia : Institute for Scientific Information, 1985-... – ISSN 0884-8440

Verschijnt driemaandelijks, de vierde aflevering is de jaarcum. Dekking: internationaal; uitsluitend boeken en wel in het bijzonder 'multi-authored books', dat zijn boeken die meestal onder redactie van een 'editor' worden vervaardigd en waarvan elk hoofdstuk of artikel (een) eigen auteur(s) heeft. Dit type boek is sterk verbreid in de natuurwetenschappen vooral voor specialistische onderwerpen. De afzonderlijke artikelen, enigszins te vergelijken met tijdschriftartikelen, zijn vaak moeilijk te vinden met de vakbgf. Er zijn indexen op editors en auteurs, globale onderwerpen, titelwoorden, plaats en naam van het instituut van de auteur. Jaarlijks ongeveer 2.500 boeken met 36.000 artikelen. Online bestand **ISI/ISTP&B* vanaf 1978, bevat tevens *Index to scientific and technical proceedings*.

INDEX to scientific and technical proceedings. – Philadelphia : Institute for Scientific Information (ISI), 1978- . – ISSN 0149-8088

Maandelijks met jaarlijkse cum. Dekking: internationaal; het bevat de complete inhoudsopgaven van per jaar meer dan 4.000 belangrijke gepubliceerde conferentieverslagen. Via indexen op auteur, onderwerp en plaats worden de meer dan 140.000 hierin gepubliceerde afzonderlijke voordrachten toegankelijk gemaakt. Online bestand **ISI/ISTP&B* vanaf 1978. Bevat vanaf 1985 tevens *Index to Scientific Book Contents*. Groei ongeveer 196.000 referenties per jaar. (ISTP 160.000 en ISBC 36.000). Ook op CD-ROM verkrijgbaar.

PASCAL. – Paris : Centre National de la Recherche Scientifique, Institut de l'Information Scientifique et Technique, 1984- .

Dit is een familie van abstract-tijdschriften die gezamenlijk het hele gebied van de natuurwetenschappen, de geneeskunde en de techniek dekken. De dekking is internationaal met enige nadruk op Frankrijk; diverse publ.vormen. Systematische ordening, trefwoord-indexen. Voor 1984 verschenen de tijdschriften als secties van *Bulletin signalétique*. Online bestand **PASCAL* sinds 1973. Groei ongeveer 450.000 abstracts per jaar. Ook verkrijgbaar op CD-ROM.

REFERATIVNYI zhurnal / Akademiya Nauk, Institut Nauchnoi Informatsii. - Moskva : VINITI, 1953- .

Dit is een familie van meer dan 60 abstract-tijdschriften die gezamenlijk het hele gebied van de natuurwetenschappen, de geneeskunde en de techniek bestrijken. Met meer dan 1 miljoen (in het Russisch gestelde) abstracts per jaar is het de grootste familie van abstract-tijdschriften. De dekking is zeer internationaal; diverse publ.vormen.

ZAHLENWERTE und Funktionen aus Physik, Chemie, Astronomie, Geophysik und Technik / H. Landolt und R. Boernstein. – 6. Aufl. – Berlin : Springer, 1950-1980.

NUMERICAL data and functional relationships in science and technology. New series = Zahlenwerte und Funktionen aus Naturwissenschaften und Technik. Neue Serie / begr. von H. Landolt und R. Boernstein ; Gesamthrsg. Karl-Heinz Hellwege und O. Madelung. – Berlin : Springer, 1961- . – dl.

Dit enorme tabellenwerk, in 1883 door Landolt en Boernstein begonnen, bevat met bronverwijzingen numerieke gegevens en functies uit de natuurwetenschappen en de techniek. Inmiddels zijn meer dan 200 banden verschenen.

9.1 Geschiedenis en biografie van de natuurwetenschappen

9.1 (0) *Bibliografische inleidingen*

INFORMATION sources in the history of science and medicine / ed. Pietro Corsi, Paul Weindling. – London (etc.) : Butterworths, 1983. – 531 p. - ISBN 0-408-10764-2 (Butterworths guides to information sources)

WEISS, Burghard
Wie finde ich Informationen zum Geschichte der Naturwissenschaften und der Technik? – / Burghard Weiss. – 2. Aufl. – Berlin : Spitz, 1990. – 454 p. - ISBN 3-87061-349-1

9.1 (1) *Internationale bibliografieën*

ISIS cumulative bibliography : a bibliography of the history of science formed from ISIS critical bibliographies 1-90, 1913-65 / ed. Magda Whitrow. – London : Mansell, 1971-1984. – 6 dl. – ISBN 0-7201-0629-X

ISIS cumulative bibliography 1966-1975 : a bibliography of the history of science formed from ISIS critical bibliographies 91-100 indexing literature published from 1965 through 1974 / ed. John Neu, – London : Mansell, 1980-1985 – 2 dl. – ISBN 0-7201-0550-1

ISIS cumulative bibliography 1976-1985 : a bibliography of the history of science formed from ISIS critical bibliographies 101-110 indexing literature published from 1975 through 1984 / ed. John Neu. – London : Mansell, 1990. – 2 dl. – ISBN 0-7201-2014-4

ISIS is een belangrijk tijdschrift waarin ook jaarlijks een kritische bgf. verschijnt. Deze zijn in bovenstaande publs. gecumuleerd. Voor recentere literatuur dient men het tijdschrift te raadplegen.

CURRENT work in the history of medicine : an international bibliography. - 1953- . – London : Wellcome Historical Medical Library, 1954- . – ISSN 0011-3999 (Verschijnt per kwartaal.)

SUBJECT catalogue of the history of medicine and related sciences / Wellcome Institute for the History of Medicine and Related Sciences, London. – München : Kraus, 1980. – 18 dl. – ISBN 3-601-0000-8

Biographical section: 5 dl. Subject section: 9 dl. Topographical section: 4 dl. Het Wellcome Institute bezit een rijke bibliotheek. De gepubliceerde 'Subject catalogue' bevat ook tijdschriftartikelen en is gedeeltelijk een cum. van 'Current work...'

BIBLIOGRAPHY of the history of medicine. – 1965- . – Bethesda, Md. : National Library of Medicine, 1965- . – ISSN 0067-7280

Jaarlijks, met 5-jaar cums. Dekking: internationaal; diverse publ.vormen. De referenties zijn op trefwoorden geordend en er is een auteursindex. Online bestand **HISTLINE* vanaf 1965. Groei ongeveer 6.000 referenties per jaar.

MORTON's medical bibliography : an annotated check-list of texts illustrating the history of medicine (Garrison and Morton) / ed. J.M. Norman. – 5th ed. – Scolar Press, 1991. – 1243 p. – ISBN 0-85967-987-0

Gezaghebbende bgf. van 5.506 publs. waarin voor het eerst een belangrijke medische ontwikkeling of ontdekking bekend gemaakt werd.

9.1 (51) *Biografie*

POGGENDORFF, J.C.
Biografisch-literarisches Handwörterbuch (zur Geschichte) der exakten Wissenschaften / J.C.Poggendorff – Berlin : Akademie-Verlag, 1863- .

Het door Poggendorff in 1863 begonnen standaardwerk is in de loop der jaren onder verschillende titels, door verschillende redacteuren en door verschillende uitgevers voortgezet. Elke 'Band' (in meer banden) behandelt een bepaalde periode. In 1994 werd Band VIIb (periode 1932-1962) afgesloten. In 1995 start Band VIII (recente tijd). Van elke geleerde, naast de biografische gegevens, een uitgebreide bgf.

DICTIONARY of scientific biography / ed. C.C.Gillispie – New York : Scribner, 1970-1990. – 18 vols.

Ongeveer 5.000 geleerden uit alle perioden en vanuit de gehele wereld werden geselecteerd op hun buitengewone bijdrage aan de voortgang van de wetenschap. Naast de alfabetische ordening op naam zijn er indexen op uitvindingen, instrumenten en onderwerpen. Uitgebreide bgf.

9.2 Wiskunde en Informatica

9.2 (0) *Bibliografische inleiding*

USE of mathematical literature / ed. A.R.Dorling – London : Butterworths, 1977. – 272 p. – ISBN 0-408-70913-8

9.2 (1) *Internationale bibliografieën*

MATHEMATICAL reviews. – Vol. 1 (1940)- . – Lancaster, Pa. : American Mathematical Society, 1940- . – ISSN 0025-5629

Maandelijks. Dekking: internationaal; alle publikatievormen. Bevat vrij uitgebreide abstracts, die, zoals de titel aangeeft reviews worden genoemd omdat ze een evaluatie van de inhoud geven en gesigneerd zijn. Dit veroorzaakt wel een vertraging. Deze wordt ondervangen door *Current mathematical publications*, een attenderings-tijdschrift van AMS, waarin de publs., die later in *Mathematical reviews* komen, aangekondigd worden. Reviews gerangschikt volgens een eigen classificatie-schema. Aangezien een onderwerpsindex ontbreekt is het voor niet-ingewijden moeilijk te gebruiken. Online bestand **MathSci* vanaf 1940. Groei ongeveer 40.000 reviews per jaar. Ook op CD-ROM: **MathSci Disc.*

ZENTRALBLATT für Mathematik und ihre Grenzgebiete = Mathematics abstracts. – 1 (1931)- . – Berlin (etc) : Springer Verlag, 1931- . – ISSN 0044-4235

24 maal per jaar met periodieke cum. van de indexen. Dekking: internationaal; alle publikatievormen. Bevat Engelstalige abstracts die volgens de classificatie van *Mathematical reviews* geordend zijn. Bevat uniek materiaal ten opzichte van *Mathematical reviews* en is meer up-to-date. Online bestand *MATH (*Mathematics Abstracts*) vanaf 1972. Groei ongeveer 50.000 abstracts per jaar. CD-ROM bestand: **Compact-MATH.*

Informatica (computer science):

COMPUTER and control abstracts. – Hitchin, Hertfordshire, England : INSPEC, Institution of Electrical Engineers, 1966- . – ISSN 0036-8113

Maandelijks, met halfjaarlijkse cum. van de indexen. Dekking: internationaal; alle publikatievormen. De abstracts zijn geordend volgens een classificatie-schema. Indexering onder meer met de *Inspec thesaurus*. Online en CD-ROM bestand **INSPEC* vanaf 1969 (zie bij *Physics Abstracts*). Groei ongeveer 100.000 abstracts per jaar.

*COMPUTER select. – New York : Computer Library.

Dit is een CD-ROM, die maandelijks wordt aangevuld. Bevat abstracts van artikelen in 160 praktische computertijdschriften en de volledige tekst van 50 tijdschriften. Daarnaast specificaties van 75.000 hardware en software produkten en korte beschrijvingen van 13.000 computerfirma's.

9.3 Fysica en Chemie

9.31 Fysica

9.31 (0) *Bibliografische inleiding*

INFORMATION sources in physics / ed. Dennis F.Shaw. – 3rd ed. – London : Bowker-Saur, 1994. – 536 p. – ISBN 1-85739-012-1

9.31 (1) *Internationale bibliografieën*

PHYSICS abstracts – Hitchin, Herts, England : INSPEC, Institution of Electrical Engineers, 1898- . – ISSN 0036-8091

Verschijnt tweewekelijks met halfjaarlijkse en vierjaarlijkse cum. van de indexen. Dekking: internationaal; diverse publ.vormen. De abstracts zijn geordend volgens een classificatieschema. Voor de indexering wordt de *Inspec thesaurus* gebruikt.

Verscheen van 1898-1903 o.d.t. *Science abstracts*, van 1903-1947 o.d.t. *Science abstracts. Sect. A: Physics*. Daarnaast verscheen *Section B: Electrical and electronics abstracts* en sinds 1966: *Section C: Computer and control abstracts*. Online bestand **INSPEC* vanaf 1969. Het bestand omvat ook de andere secties en groeit met ongeveer 275.000 abstracts per jaar. (*Physics abstracts* ongeveer 170.000 abstracts per jaar.) *INSPEC* is ook verkrijgbaar op CD-ROM.

PHYSICS briefs. Physikalische Berichte. – Weinheim : Physik Verlag, 1979-1994. – ISSN 0170-7434

Tweewekelijks met halfjaarlijkse cum. van de indexen. Dekking: internationaal; diverse publ.vormen. In vergelijking met *Physics Abstracts* heeft deze Duits / Amerikaanse tegenhanger meer grijze (rapport-) en niet-Engels-talige literatuur. Gebruikt dezelfde classificatie als Physics Abstracts. Voorlopers zijn: *Fortschritte der Physik* (1845-1918) en *Physikalische Berichte* (1920-1978). Tot 1940 het belangrijkse referaatblad voor fysica. Online bestand **Physics Briefs* vanaf 1979. Groei ongeveer 120.000 abstracts per jaar. Vanaf 1 januari 1995 is *Physics Briefs* opgegaan in *Physics Abstracts.*

9.32 Chemie

9.32 (0) *Bibliografische inleiding*

INFORMATION sources in chemistry / ed. R.T. Bottle, J.F.B. Rowland. – 4th ed. – London : Bowker-Saur, 1993. – 357 p. – ISBN 1-85739-016-4

9.32 (1) *Internationale bibliografieën*

CHEMICAL abstracts – Vol 1 (1907)- . Columbus Oh. : Chemical Abstracts Service, 1907- . – ISSN 0009-2258

Wekelijks, met halfjaarlijkse en vijfjaarlijkse cum. van de indexen. Dekking: zeer internationaal; diverse publ.vormen inclusief octrooien. CA is het belangrijkste bibliografische tijdschrift voor de chemie en aanverwante gebieden. Niet alleen de pure chemie maar ook alle gebieden van andere wetenschappen die een relatie met de chemie hebben zoals biochemie, farmacologie, fysica, geologie, milieu, voeding, materialen, worden uitgebreid gedekt. De abstracts worden gerangschikt in 80 secties. De weekafleveringen hebben auteursen sleutelwoordindexen. De halfjaarlijkse volume-indexen zijn zeer gedifferentieerd en gestructureerd. Naast de auteurs-index en de octrooi-indexen, zijn er verschillende onderwerps-indexen: de *General Subject Index* voor algemene begrippen, de *Chemical Substance Index* en de *Formula Index* voor het zoeken op specifieke chemische verbindingen. Inzicht in de structuur van de indexen is vereist. De *Index Guide* is daarbij een noodzakelijk hulpmiddel. Online bestand **CA SEARCH* vanaf 1967. Groei ongeveer 650.000 abstracts per jaar. Met hulpbestanden, zoals *CAS Registry File*, waarin voor meer dan 13 miljoen chemische verbindingen structuurgegevens en namen zijn geregistreerd, en *CASREACT* waarin typen reacties zijn geregistreerd, kunnen verfijnde zoekacties uitgevoerd worden, waardoor het mogelijk wordt literatuur over verwante verbindingen resp. reacties te zoeken. Enkele secties en indexen zijn op CD-ROM verkrijgbaar.

CHEMICAL abstracts service source index (CASSI) : 1907-1994 cumulative. – 3 vols. – Columbus, Ohio : Chemical Abstracts Service. 1995. – ISSN 0001-0634

Per kwartaal en jaarlijks een supplement: *CASSI quarterly supplement*, ISSN 0738-6222. Bevat alle bronnen (tijdschriften, congresverslagen, series etc.) waaruit *Chemical abstracts* artikelen heeft gerefereerd sinds 1907, nog aangevuld met andere bronnen sinds 1830. Vanwege de brede dekking van Chemical abstracts is dit een belangrijk verificatiemiddel voor natuurwetenschappelijke en technische publs. Geeft ook de vindplaats in meer dan 350 grote bibliotheken. Online bestand **CASSI*. Ook verkrijgbaar op CD-ROM.

GMELINS Handbuch der anorganischen Chemie / Gmelin-Institut. – 8. völlig neu bearb. Aufl. – Berlin (etc.) : Springer, 1922- . (Sinds 1990 is de titel: GMELIN handbook of inorganic and organometallic chemistry).

en:

BEILSTEIN's Handbuch der organischen Chemie. – 4. Aufl. – Berlin : Springer, 1918- .

Deze werken trachten elk op hun gebied een compleet en systematisch overzicht te geven van al hetgeen bekend is over anorganische resp. organische verbindingen. Het zijn in feite systematische encyclopedieën, die voortdurend met supplementen worden aangevuld en die volledig met literatuurverwijzingen worden onderbouwd. Beide werken, in de negentiende eeuw gestart door individuen: Gmelin resp. Beilstein, worden nu door hele instituten voortgezet. Tegenwoordig zijn alle nieuwe delen in het Engels. Inmiddels zijn van Gmelin ongeveer 700, van Beilstein ongeveer 450 banden verschenen. Het voordeel t.o.v. de abstract-tijdschriften is de volledige compilatie in een systematische ordening. Een probleem is evenwel dat ondanks de grote inspanningen de gegevens van de laatste tientallen jaren vaak nog niet verwerkt zijn. Online bestand **BEILSTEIN ONLINE* is beschikbaar, maar wordt ook nog retrospectief aangevuld. Online bestand **Gmelin Online* bevat uitsluitend de numerieke en feitelijke gegevens, de inhoudsopgaven en de formule-index van de gepubliceerde delen, niet de volledige teksten.

9.4 Astronomie en Aardwetenschappen

9.41 Astronomie

9.41 (0) *Bibliografische inleiding*

SEAL, Robert A.

A guide to the literature of astronomy / Robert A.Seal. – Littleton, Colo. : Libraries Unlimited, 1977. – 306 p. – ISBN 0-87287-142-8

9.41 (1) *Internationale bibliografie*

ASTRONOMY and astrophysics abstracts. 1 (1969)- . – Berlin : Springer, 1969- . – ISSN 0067-0022

Halfjaarlijks; vijfjaarlijkse cumulatieve indexen. Dekking: internationaal, diverse publ.vormen. De abstracts zijn geordend volgens een classificatie-schema. Er zijn auteurs- en onderwerpsindexen. Vanwege de lage verschijningsfrequentie is het aan te raden voor de recente literatuur ook *Physics Abstracts*, dat ook veel astronomie opneemt, te raadplegen. De voorloper *Astronomischer Jahresberichte* (Berlin: de Gruyter) verscheen van 1899 tot 1968. (In 1994 nog geen online of CD-ROM bestand).

9.42 Aardwetenschappen

9.42 (0) *Bibliografische inleidingen*

INFORMATION sources in the earth sciences / ed. D.N. Wood, J.E. Hardy, A.P. Harvey. – 2nd ed. – London : Bowker-Saur, 1989. – 518 p. – ISBN 0-408-01406-7

WARD, Dederick C.
Geologic reference sources : a subject and regional bibliography of publications and maps in the geological sciences / Dederick C.Ward, Marjorie W.Wheeler, and Robert A.Bier, Jr.- 2nd ed. – Metuchen, N.J. : Scarecrow, 1981. – 560 p. – ISBN 0-8108-1428-5

9.42 (1) *Internationale bibliografieën*

BIBLIOGRAPHY and index of geology. – Alexandria, Va. : American Geological Institute, 1969- . – ISSN 0098-2784

Maandelijks; wordt jaarlijks gecumuleerd. Dekking: internationaal, diverse publ.vormen. In elke aflevering zijn de referenties geordend in 29 brede onderwerpsrubrieken en toegankelijk via gedetailleerde indexen (zie hiervoor: *GeoRef thesaurus and guide to indexing*, 4th ed. 1986). Slechts een beperkt aantal referenties heeft abstracts. De voorlopers gaan terug tot 1923. Online bestand **GeoRef* vanaf 1969, bevat ook referenties uit andere bronnen, waaronder oudere literatuur vanaf 1785. Groei: ongeveer 90.000 referenties per jaar. Ook op CD-ROM.

PASCAL : Sciences de la terre. – Vol. 1 (1984)- . – Paris : Centre National de la Recherche Scientifique, Institut de l'Information Scientifique et Technique (CNRS/INIST), 1984- .

Maandelijks, met jaarlijkse cum. van de indexen. Voortzetting van: *Bulletin signalétique : Sciences de la terre*, 1940-1983. Dekking: internationaal, zwaartepunt op Franse en (Oost-) Europese literatuur; diverse publ.vormen. Bevat abstracts die volgens een classificatie zijn geordend en met Engelse en Franse indexen ontsloten. Online bestand **PASCAL:GEODE* vanaf 1968 en voor literatuur over Frankrijk met oudere bronnen aangevuld vanaf 1750. Groei ongeveer 40.000 abstracts per jaar.

METEOROLOGICAL and geoastrophysical Abstracts. – Boston : American Meteorological Society, 1950- . – ISSN 0026-1130

Maandelijks met jaarlijkse cum. van de indexen. Dekking: internationaal; diverse publ.vormen. Abstracts in 6 secties. Onderwerps- en geografische index. Online bestand **Meteorological and geoastrophysical Abstracts* vanaf 1972. Groei ongeveer 10.000 abstracts per jaar. Ook op CD-ROM.

OCEANIC abstracts. – Bethesda, Md. : Cambridge Scientific Abstracts, 1964- . – ISSN 0093-6901

Tweemaandelijks met jaarlijkse cum. van de indexen. Dekking: internationaal; diverse publ.vormen. Abstracts in 8 secties met verdere onderverdeling. Betreft alle aspecten van de zee, ook biologie, scheepvaart, milieu, wetgeving, etc. Online bestand **Oceanic Abstracts* vanaf 1964. Groei ongeveer 12.000 abstracts per jaar.

9.5 Biologie

9.5 (0) *Bibliografische inleidingen*

INFORMATION sources in the life sciences / ed. H.V.Wyatt. – 4th ed. -London (etc.) : Bower-Saur, 1994. – 250 p. – ISBN 1-85739-070-9

ALSTON, Y.
Biosciences : information sources and services / Y. Alston, J. Coombs. - Basingstoke : MacMillan, 1992. – 407 p. – ISBN 0-333-57639-X

9.5 (1) *Internationale bibliografieën*

BIOLOGICAL abstracts. – Vol 1 (1926)- . – Philadelphia : Biosciences Information Service, 1926- . – ISSN 0006-3169

2x per maand; halfjaarlijkse cumulatieve indexen. Dekking: internationaal; uitsluitend tijdschriftartikelen (andere publikatievormen worden in *Biological Abstracts/RRM* opgenomen). BA en BA/RRM bieden tezamen een tamelijk volledige dekking van de biologische wetenschappen. Ook randgebieden als medische en landbouwkundige research, milieuhygiene en biotechnologie worden uitgebreid opgenomen. De abstracts zijn systematisch geordend in 84 hoofd-rubrieken. Naast de auteursindex en een KWIC-index op met sleutelwoorden verrijkte titels, zijn er 2 typische indexen op organismen. De 'Generic Index' biedt ingangen op de (latijnse) genus- species naam van aparte soorten; de 'Biosystematic Index' biedt ingangen op hogere taxonomische categorieën (geslacht, klasse, orde, familie). Online bestand **Biosis Previews* vanaf 1969. Bevat zowel *Biological Abstracts* als *Biological Abstracts/RRM*. Groei van het bestand: ongeveer 550.000 referenties per jaar. Bij het zoeken is een goed inzicht in de aard van de verschillende soorten index-termen van belang. Hierbij is de uitgebreide gids: *Biosis Search Guide* van groot nut. Ook op CD-ROM.

BIOLOGICAL abstracts/RRM. – Vol 18 (1980)- . – Philadelphia : Biosciences Information Service, 1980- . – ISSN 0192-6985

2x per maand met halfjaarlijkse cum. van de indexen. Voorlopers zijn de *Bioresearch titles* (Vol. 1 (1965) – Vol. 2 (1966) en de *Bioresearch index* (Vol. 3 (1967) – vol.17 (1979)). *Biological abstracts/RRM: Reports, Reviews and Meetings* is als het ware het complement van *Biological Abstracts*. Alle andere publikatievormen dan tijdschriftartikelen, zoals boeken, artikelen in boeken, congresverslagen, octrooien, rapporten en overzichtsartikelen worden hierin opgenomen. Bij de referenties geen abstracts, maar 'content summaries', die in feite de index-termen zijn waarmee de publ. geïndexeerd is. De systematische indeling en de indexen zijn gelijk aan die van *Biological Abstracts*. Ook op CD-ROM.

LIFE sciences collection. – Bethesda, Md. : Cambridge Scientific Abstracts

Dit is een familie van meer dan 20 abstract-tijdschriften voor verschillende biologische disciplines. Dit maakt het voor gespecialiseerde instituten mogelijk zich op een of enkele relevante series te abonneren. Dekking: internationaal; diverse publ.vormen. Online bestand **Life Sciences Collection* vanaf 1978. Groei ongeveer 130.000 abstracts per jaar. Ook verkrijgbaar op CD-ROM.

ZOOLOGICAL record. – London : Zoological Society of London, 1864- . – ISSN 0144-3607
Bestaat uit 27 secties, die corresponderen met de genera van het dierenrijk. Biedt een complete bgf. van de zoölogische literatuur. Uitgebreide indexering met een hiërarchische thesaurus. Online bestand **Zoological record online* groeit met ongeveer 70.000 referenties per jaar. Ook op CD-ROM.

9.6 Milieuwetenschappen

9.6 (0) *Bibliografische inleiding*

INFORMATION sources in environmental protection / ed. Selwyn Eagle, Judith Deschamps. – London : Bowker-Sauer, 1995. – 300 p. – ISBN 1-85739-062-8 (aangekondigd)

9.6 (1) *Internationale bibliografieën*

ENVIRONMENTAL periodicals bibliography. – Vol. 1(1972)- . – Santa Barbara : International Academy, 1972- . – ISSN 0145-3815
Verschijnt per 2 maanden. Dekking: internationaal; tijdschriftartikelen. Bevat geen abstracts maar is wel de meest uitgebreide bgf. Ook *online en op *CD-ROM. Ongeveer 35.000 referenties per jaar.

ENVIRONMENT abstracts. – Vol 1 (1971)- . – London : Bowker-Saur, 1971- . - ISSN 0093-3287
Dekking: internationaal; diverse publ.vormen. Neemt naast wetenschappelijke en technische ook populaire artikelen op. De abstracts zijn geordend in 21 rubrieken en toegankelijk gemaakt met indexen op onderwerp, auteur, bron, industrie en geografisch gebied. Online bestand **Enviroline* vanaf 1971. Groei ongeveer 6.000 abstracts per jaar. Ook op CD-ROM.

POLLUTION abstracts. – Vol. 1 (1970)- . – Bethesda, Md. : Cambridge Scientific Abstracts, 1970- . – ISSN 0032-3624
Maandelijks met jaarlijkse cum. van de indexen. Dekking: internationaal; diverse publ.-vormen. Alle vormen van milieuverontreiniging. De abstracts geordend in een tiental secties en toegankelijk via indexen op auteur en onderwerp. Online bestand **Pollution Abstracts* vanaf 1970. Groei: ongeveer 11.000 abstracts per jaar. Ook op CD-ROM.
Ondanks het bestaan van deze specifieke gegevensbestanden, die veel uniek materiaal bevatten, is het voor een volledig literatuuronderzoek op het gebied van milieu en milieuverontreiniging aan te raden ook grote vakgerichte bestanden als *Chemical Abstracts*, *Biological Abstracts* en *Excerpta Medica* te doorzoeken.

9.6 (3) *Nationale bibliografie*

*MILIEU-CD. – Alphen aan den Rijn : Samsom H.D. Tjeenk Willink, 1992- .
Dit is een CD-ROM uitgave die elke 3 maanden vernieuwd wordt. Naast meer dan 30.000 vooral Nederlandse publs. vanaf 1988 over milieuvraagstukken bevat de CD beschrijvingen van instellingen op dit gebied, modelvoorschriften voor milieuvergunningen en een milieuthesaurus.

9.7 Geneeskunde, Farmacie, Farmacologie, Toxicologie

9.71 Geneeskunde

9.71 (0) *Bibliografische inleiding*

INFORMATION sources in the medical sciences / ed. L.T. Morton, S.Godbolt. - 4th ed. – London (etc.) : Bowker-Saur, 1992. – 624 p. – ISBN 0-86291-596-1

9.71 (1) *Internationale bibliografieën*

INDEX medicus. Vol.1 (1960)- . – Bethesda, Md. : National Library of Medicine, 1960- . – ISSN 0019-3879

Maandelijks. Jaarcum. o.d.t.: *Cumulated index medicus* – ISSN 0090-1423. Dekking: internationaal; uitsluitend tijdschriftartikelen. De referenties (zonder abstracts) zijn geordend op trefwoorden die ontleend zijn aan een thesaurus: MESH: *Medical subject headings*. De voorlopers van *Index medicus* gaan terug tot 1879. Online bestand **Medline* of **Medlars* vanaf 1964. Groei ongeveer 360.000 referenties per jaar. Het online bestand bevat voor 60% van de referenties wel (auteurs-)abstracts. Ook verkrijgbaar op CD-ROM.

EXCERPTA medica.- Amsterdam : Excerpta Medica Foundation, Elsevier, 1947- .

Een familie van meer dan 40 afzonderlijke abstracttijdschriften voor de verschillende medische disciplines. Internationaal; tijdschriftartikelen en in mindere mate artikelen uit boeken en conferentieverslagen. Abstracts geordend volgens een classificatie en geïndexeerd met een uitgebreid vocabulaire (EMTREE-thesaurus). Uitgebreide dekking en indexering van informatie over geneesmiddelen. Online bestand **Embase* vanaf 1974. De database bevat 40% referenties (zonder abstracts) die niet in de gedrukte EM verschijnen. Groei ongeveer 350.000 referenties per jaar. Ook verkrijgbaar op CD-ROM. Ook aparte CD-ROM's voor verschillende secties.

NATIONAL Library of Medicine Current Catalog. – Bethesda, Md. : National Library of Medicine, 1966- . – ISSN 0090-3132

Verschijnt per kwartaal met jaarlijkse en vijfjaarlijkse cums.

NATIONAL Library of Medicine Audiovisuals Catalog. – Bethesda, Md. : National Library of Medicine, 1977- . – ISSN 0149-9939

Per kwartaal met jaarlijkse cum.

INDEX of NLM serial titles. – 5th ed. – Bethesda, Md. : National Library of Medicine, 1984. – 2 dl.

Omdat NLM een van de grootste en belangrijkste medische bibliotheken is, zijn de catalogusgegevens van groot belang bij het opsporen van boeken, audiovisuele middelen, tijdschriften en seriewerken. De hier genoemde publs. vormen een complement op *Index Medicus* die alleen tijdschriftartikelen bevat. Het online bestand van *Current Catalog* is *CATLINE; van *Audiovisuals Catalog* is het *AVLINE.

HOSPITAL literature index. – Vol. 1 (1945)- . – Chicago : American Hospital Association, in cooperation with the National Library of Medicine, 1945- . – ISSN 0018-5736

Driemaandelijks met jaarcums. Dekking: internationaal met een zwaartepunt in de Verenigde Staten; tijdschriftartikelen en boeken. Bevat referenties, met abstracts, over de organisatorische aspecten van de gezondheidszorg. De referenties zijn geordend op trefwoorden ontleend aan MESH (*Medical Subject Headings*) – het vocabulaire van *Index Medicus*.

Online bestand: **Health planning and administration* vanaf 1975. Groei: ongeveer 38.000 referenties per jaar. Ook op CD-ROM: *HealthPLAN-CD.

9.72 Farmacie, Farmacologie, Toxicologie

9.72(0) *Bibliografische inleidingen*

INFORMATION sources in pharmaceuticals / ed. W.R. Pickering. – London (etc.) : Bowker-Saur, 1990. – 583 p. – ISBN 1-408-02518-2

WEXLER, Philip
Information resources in toxicology / Philip Wexler. – 2nd ed. – Amsterdam : Elsevier, 1988. – 536 p. – ISBN 0-444-01214-1

9.72 (1) *Internationale bibliografie*

INTERNATIONAL pharmaceutical abstracts. – Vol.1 (1964)- . – Washington DC : American Society of Hospital Pharmacists, 1964- . – ISSN 0020-8284

Twee maal per maand; halfjaarlijkse cumulatieve indexen. Dekking: internationaal, tijdschriftartikelen. Abstracts geordend in rubrieken en ontsloten met auteurs- en onderwerpsindex. Online bestand **International Pharmaceutical Abstracts* vanaf 1970. Groei ongeveer 14.000 abstracts per jaar. Ook op CD-ROM.

Naast dit bestand, dat vooral pure farmacie betreft, is veel informatie over farmacie en farmacologie te vinden in de grote chemische, biologische en medische abstract-tijdschriften. Geldt ook voor de toxische effecten van chemische verbindingen. Er zijn echter ook enkele zeer nuttige specifiek toxicologische computerbestanden:

**Toxline* of **TOXALL*

Een samengesteld bestand waarin alle relevante referenties uit *Chemical Abstracts*, *Biological Abstracts* en een aantal andere bronnen bijeengebracht worden. Het online bestand groeit jaarlijks met ongeveer 170.000 abstracts. Een andere opzet heeft:

*RTECS (*Registry of Toxic Effects of Chemical Substances*).

Bestand met de toxische eigenschappen van chemische verbindingen (ongeveer 120.000, jaarlijks aangevuld met ongeveer 6.000) met vermelding van de literatuurbronnen.

Toxline en *RTECS* zijn beide verkrijgbaar op CD-ROM.

9.8 Landbouwwetenschappen

9.8 (0) *Bibliografische inleiding*

INFORMATION sources in agriculture and horticulture / ed. G.P. Lilley. - 2nd ed. – London : Bowker-Saur, 1995. – 580 p. – ISBN 0-86291-902-9 (aangekondigd)

9.8 (1) *Internationale bibliografieën*

BIBLIOGRAPHY of agriculture. – Vol. 1 (1942)- . – Phoenix : Oryx Press, 1942- . – ISSN 0006-1530

Maandelijks met jaarlijkse cum. van de indexen. Dekking: internationaal met nadruk op de Verenigde Staten. Is in feite het documentatie-systeem van de collecties van de U.S. National Agricultural Library. Diverse publ.vormen, waaronder ook veel Amerikaanse overheidspubls. en rapporten. De referenties, sommige met abstracts, zijn geordend in een beperkt aantal rubrieken en verder ontsloten met auteurs- en onderwerpsindex. Online bestand **Agricola* vanaf 1970. Groei: ongeveer 110.000 referenties per jaar. Ook verkrijgbaar op CD-ROM.

AGRINDEX. – Vol.1 (1975)- . Rome : AGRIS, Food and Agriculture Organization, 1975- . – ISSN 1010-3317

Maandelijks met jaarlijkse cum. van de indexen. Dekking: internationaal; diverse publ.-vormen. Gemeenschappelijk produkt van: AGRIS: International Information System for the Agricultural Sciences and Technology of the Food and Agriculture Organization (FAO) of the United Nations, met inbreng door deelnemende organisaties uit meer dan honderd landen. De referenties, sommige met abstracts, zijn geordend in onderwerpsrubrieken en verder ontsloten met indexen op auteurs, organisaties, produkten en geografische gebieden. Online bestand **AGRIS* vanaf 1975. Groei: ongeveer 130.000 referenties per jaar. Ook op CD-ROM.

CAB ABSTRACTS. – Farnham Royal, Slough, England : Commonwealth Agricultural Bureaux (CAB)

Een familie van 26 abstract-tijdschriften voor de verschillende landbouwkundige disciplines, waaronder ook diergeneeskunde, met eigen titels en verschillende beginjaren en verschijningsfrequenties. Dekking: internationaal, diverse publ.vormen. De abstracts zijn systematisch geordend in rubrieken en verder ontsloten met indexen op auteur, onderwerp en geografische gebieden. De indexen worden jaarlijks gecumuleerd. Online bestand **CAB Abstracts* vanaf 1972. Groei ongeveer 150.000 abstracts per jaar. Ook op CD-ROM: **CABCD*.

FOOD science and technology abstracts. – Vol 1 (1969)- . – Frankfurt am Main : International Food Information Service, 1969- . – ISSN 0015-6574

Maandelijks met jaarlijkse cum. van de indexen. Dekking: internationaal; diverse publ.-vormen, ook octrooien. De abstracts zijn geordend in 19 rubrieken en verder ontsloten met indexen op auteur en onderwerp. Online bestand **Food science and technology abstracts (FSTA)* vanaf 1969. Groei: ongeveer 20.000 abstracts per jaar. Ook op CD-ROM.

ABSTRACTS on tropical agriculture / Amsterdam : Koninklijk Instituut voor de Tropen. – Vol. 1 (1975)- . – Amsterdam : Koninklijk Instituut voor de Tropen, 1975- . – ISSN 0304-5951

Maandelijks; jaarlijkse cum. van de indexen. Dekking: internationaal, diverse publ.vormen. Abstracts in onderwerpsrubrieken geordend en verder ontsloten met indexen op auteur, onderwerp en geografisch gebied. Voorlopers gaan terug tot 1946. Online bestand **TROPAG* vanaf 1975. Groei: ongeveer 6.000 abstracts per jaar. Ook op CD-ROM: **TROPAG & RURAL*.

9.9 Technische wetenschappen

9.9 (0) *Bibliografische inleidingen*

INFORMATION sources in engineering / ed. K. Mildren, P. Hicks. – 3rd ed. - London : Bowker-Saur, 1995. – 600 p. – ISBN 1-85739-057-1 (aangekondigd)

INFORMATION sources in metallic materials / ed. M.N. Patten. – London : Bowker-Saur, 1989. – 415 p. – ISBN 0-408-01491-1

INFORMATION sources in energy technology / ed. L.J. Anthony. – London : Bowker-Saur, 1988. – 352 p. – ISBN 0-408-03050-X

NURCOMBE, Valerie
Information sources in architecture and construction / Valerie Nurcombe. - London : Bowker-Saur, 1995. – 500 p. – ISBN 1-85739-094-3 (aangekondigd)

INFORMATION sources in patents / ed. C.P. Auger. – London : Bowker-Saur, 1992. – 187 p. – ISBN 0-86291-906-1

ENGINEERS' guide to product information : sources and use / ed. R.A. Wall. – London : ASLIB, 1992. – 253 p. – ISBN 0-85142-291-8

9.9 (1) *Internationale bibliografieën*

ENGINEERING index. – New York : Engineering Information, 1884- . – ISSN 0162-3036
Maandelijks, met jaarlijkse cum. Dekking: internationaal; diverse publ.vormen. Nagenoeg alle gebieden van de techniek. Abstracts zijn geordend op trefwoorden (volgens SHE: *Subject Headings for Engineering*). Online bestand **COMPENDEX* vanaf 1970. Groei ongeveer 150.000 abstracts per jaar. Ook op CD-ROM.

*TECHROM. – Eindhoven : ODIS, 1993- .
CD-ROM met de geïntegreerde catalogi van de bibliotheken van TU Delft en TU Eindhoven en het Waterloopkundig Laboratorium Delft. Verschijnt eenmaal per jaar. Bevat meer dan 1 miljoen boeken en 20.000 tijdschriften en seriewerken. Ontsluiting met trefwoorden en onderwerpsrubrieken.

De literatuur van een aantal gebieden in de techniek is voor een belangrijk deel te vinden in de bibliografische bestanden van de verwante natuurwetenschappen:

informatietechniek	:	*Computer and control abstracts*
technische natuurkunde	:	*Physics abstracts*
chemische technologie	:	*Chemical abstracts*
biotechnologie	:	*Biological abstracts*; *Life sciences collection*
mijnbouw	:	*Bibliography and index of geology*
medische techniek	:	*Index medicus*; *Excerpta medica*

Daarnaast zijn er specifieke bestanden voor andere gebieden van de techniek:

APPLIED mechanics reviews. – New York : American Society of Mechanical Engineers, 1948- . – ISSN 0003-6900
Maandelijks. Dekking: internationaal; diverse publ.vormen. Biedt goede overzichten van de literatuur over mechanische techniek. Groei ongeveer 18.000 'reviews' per jaar.

ELECTRICAL and electronic abstracts. – Hitchin, Hertfordshire, England : INSPEC, Institution of Electrical Engineers, 1898- . – ISSN 0036-8105
Maandelijks met halfjaarlijkse cum. van indexen. Internationale dekking; alle publikatievormen. Abstracts zijn geordend volgens een classificatie-schema. Indexering onder meer met de *Inspec thesaurus*. Online bestand **INSPEC* vanaf 1969 (zie bij *Physics abstracts)*. Ook op CD-ROM. Groei ongeveer 100.000 abstracts per jaar.

METALS abstracts. – Vol. 1. (1968)- . – London en Ohio : Metals Information (The Metals Society en American Society for Metals), 1968- . – ISSN 0026-0924
Maandelijks met jaarlijkse cum. van de indexen. Dekking: internationaal; diverse publ.-vormen. Voorlopers gaan terug tot 1909. Abstracts geordend in brede onderwerpsrubrieken.

Er is een verfijnde trefwoordenindex als afzonderlijke publ.: *Metals abstracts index*. Online bestand **METADEX* vanaf 1966. Bevat naast *Metals abstracts* ook *Alloys index* en nog enkele andere bibliografische bronnen. Groei: ongeveer 50.000 abstracts per jaar (ongeveer 30.000 uit *Metals abstracts*). Ook op CD-ROM.

INTERNATIONAL aerospace abstracts (IAA). – New York : American Institute of Aeronautics and astronautics, 1961- . – ISSN 0020-5842

en:

SCIENTIFIC and technical aerospace reports (STAR). – Washington, D.C. : National Aeronautics and Space Administration (NASA), 1963- . – ISSN 0036- 8741

Verschijnen twee maal per maand; jaarlijkse cum. van de indexen. Deze twee publs. vullen elkaar aan, STAR dekt de rapportliteratuur, IAA de andere publikatievormen. De dekking is internationaal en omvat alle aspecten van lucht- en ruimtevaart. Online bestand **Aerospace database* of NASA vanaf 1962. Bevat de abstracts van beide publs. en groeit met ongeveer 70.000 abstracts per jaar. Ook op CD-ROM.

INIS atomindex : an international abstracting service. – Vol. 1 (1970)- . - Vienna : International Atomic Energy Agency (IAEA), 1970- . – ISSN 0004-7139

Twee maal per maand met halfjaarlijkse en jaarlijkse cum. van de indexen. Dekking: internationaal; diverse publ.vormen. INIS (International Nuclear Information System) wordt gevuld door alle deelnemende landen in IAEA. Het bevat alle (vreedzame) aspecten van kernenergie. De abstracts zijn geordend in rubrieken en ontsloten met verschillende typen indexen. Online bestand **INIS* vanaf 1970. Groei ongeveer 90.000 abstracts per jaar. Ook op CD-ROM.

*ETDE energy database. – Oak Ridge : ETDE of the International Energy Association.

De Energy Technology Data Exchange (ETDE) is een multilateraal informatiesysteem van 14 landen. Het is samengesteld uit verschillende bronnen die gezamenlijk het onderwerp energie uitputtend dekken. Het bevat de complete *INIS* database, *Coal Abstracts* en het bestand van het U.S. Department of Energy. Er is geen gedrukte versie, ETDE wordt uitgegeven op CD-ROM en correspondeert met het online bestand **Energy*, dat jaarlijks met ongeveer 350.000 abstracts groeit.

*ICONDA. – Stuttgart : Information Center for Regional Planning and Building Construction (IRB).

CD-ROM bestand op gebied van bouwkunde en stedebouw. Wordt met bijdragen uit 15 landen, die deelnemen in de International Council for Building Research, Studies and Documentation (CIB) en de International Union of Building Centres, samengesteld. Ook online bestand **ICONDA*. Groei ongeveer 25.000 abstracts per jaar. Geen gedrukte versie.

INTERNATIONAL civil engineering abstracts. – Dublin : CITIS, 1972- . – ISSN 0332-4095

Maandelijks. Dekking: internationaal; diverse publ.vormen; civiele techniek. Ook online en op CD-ROM: **CITIS*. Ongeveer 4.000 abstracts per jaar.

*CD-ROM Verkeer en waterstaat. – Amsterdam : Informatiebank.

Deze CD-ROM met meer dan 150.000 abstracts wordt vervaardigd in nauwe samenwerking met het Nederlandse Ministerie van Verkeer en Waterstaat. De CD wordt elke drie maanden cumulatief bijgewerkt.

9.9 (45) *Onderzoeksrapporten*

GOVERNMENT reports announcements and index. – Springfield. Va. : National Technical Information Service (NTIS), 1946- . – ISSN 0097-9007

Tweewekelijks, met jaarlijkse cum. van de indexen. Dekking: rapporten, voornamelijk over onderzoek dat door de Amerikaanse overheid gesubsidieerd werd. Hoewel veel van de gerefereerde rapporten over technische onderwerpen handelen, is het bereik ruimer: het betreft alle vormen van toegepast onderzoek.
Rapporten worden vaak niet of slechts zeer selectief opgenomen in vakbgf. Vaak zijn rapporten evenwel de eerste en soms de enige vastlegging van onderzoeksresultaten, daarom is snelle ontsluiting van dit materiaal van belang. NTIS zorgt niet alleen voor de ontsluiting, maar levert ook de volledige teksten van de rapporten (op bestelling).
De abstracts zijn ingedeeld in rubrieken en verder toegankelijk via indexen op auteur, trefwoord, organisatie en contract/subsidie-nummer. Online bestand **NTIS* vanaf 1964. Groei ongeveer 70.000 abstracts per jaar. Ook verkrijgbaar op CD-ROM.

9.9 (5) *Octrooischriften*

Octrooischriften zijn misschien wel de belangrijkste primaire publikaties in de technische wetenschappen. Voor veel uitvindingen wordt om het eigendomsrecht vast te leggen octrooi aangevraagd en de beschrijving wordt in een octrooischrift (patent) vastgelegd. Veel natuurwetenschappelijke en technische abstract-tijdschriften (b.v. *Chemical Abstracts*) nemen ook octrooischriften op, maar voor een vollediger overzicht dient men de gespecialiseerde bestanden te raadplegen. De belangrijkse *online* bestanden voor octrooien zijn:

*WORLD patents index – London : Derwent -
Abstracts van octrooien uit meer dan 30 landen, met verschillende classificaties en indexen toegankelijk gemaakt. Online bestand vanaf 1963. Groei: 300.000 abstracts per jaar.

*CLAIMS – Alexandria, Va. : IFI/PLENUM DATA CORP. -
Amerikaanse octrooien sinds 1950. Groei ongeveer 120.000 per jaar.

*INPADOC – Wenen : International Patent Documentation Center. -
Referenties (zonder abstracts) van alle octrooien uit meer dan 50 landen, d.w.z. 95% van alle octrooien van de wereld, vanaf 1968. Groei ongeveer 800.000 referenties per jaar.

VERKLARING VAN AFKORTINGEN

A.	=	Auflage
ABPR	=	American Book Publishing Record
Abt.	=	Abteilung
ADION	=	Automatisch Documentatie- en Informatiesysteem van Onderwijsliteratuur in Nederland
afl.	=	aflevering
ALA	=	American Library Association
ANTILOPE	=	Antwerpse Inventaris van Lopende Periodieken
a.o.	=	and others
ARBA	=	American Reference Books Annual
ASLIB	=	Association of Special Libraries and Information Bureaux
Aufl.	=	Auflage (soms ook A.)
augm.	=	augmenté
Ausg.	=	Ausgabe
Bd., Bde.	=	Band, Bände
Bearb.	=	Bearbeiter, bearbeitet
Begr.	=	Begründer, begründet
Beitr.	=	Beiträge, Beitrag
bgf.	=	bibliografie(ën)
BIOSIS	=	Biosciences Information Service
BLAISE	=	British Library Automated Information Service
BLDSC	=	British Library Document Supply Centre
BLLD	=	British Library Lending Division
blz.	=	bladzijde
BM	=	British Museum
BNB	=	British National Bibliography
BRD	=	Bundesrepublik Deutschland
BUCOP	=	British Union Catalogue of Periodicals
CA	=	Chemical Abstracts
ca.	=	circa
CAB	=	Commonwealth Agricultural Bureau
CASSI	=	Chemical Abstracts Service Source Index
CAVUB	=	Commissie Algemene Vraagstukken Universitair Bibliotheekwezen
CBI	=	Cumulative Book Index
CC	=	Centrale Catalogus
CC	=	Current Contents
CCC	=	Centrale Catalogus van Congresverslagen
CCD	=	Centrale Catalogus van Dag-, nieuws- en weekbladen
CCP	=	Centrale Catalogus van Periodieken
CD-ROM	=	Compact Disc – Read Only Memory
CD-I	=	Compact Disc – Interactive

CDST	=	Centre de Documentation Scientifique et Technique
cf.	=	confer
CILO	=	Coördinatiegroep Informatie Lopend Onderzoek
CIP	=	Cataloguing in publication
CLC	=	Centrale Landbouw Catalogus
CNRS	=	Centre National de la Recherche Scientifique
COBIDOC	=	Commissie voor Bibliografie en Documentatie
COM	=	Computer Output on Microfiche
comp.	=	compiler, compiled
CONSER	=	Cooperative Online Serials Program
COSATI	=	Committee on Scientific and Technical Information
CTC	=	Centrale Technische Catalogus
cum(s).	=	cumulatie(s)
DBI	=	Deutsches Bibliotheksinstitut
DIANE	=	Direct Information Network for Europe
DIMDI	=	Deutsches Institut fur Medizinische Dokumentation und Informormation
dl.	=	deel, delen
DNP	=	Depot Nederlandse Publikaties
DOBI	=	Dokumentationsdienst Bibliothekswesen
DOTA	=	Dokumentatie van Tijdschriftartikelen
dr.	=	druk
durchges.	=	durchgesehen(e)
e.a.	=	en anderen
e.d.	=	en dergelijke
E(E)G	=	Europese (Economische) Gemeenschap(pen)
e-mail	=	electronic mail
EARN	=	European Academic and Research Network
ECB	=	English Catalogue of Books
ed., eds.	=	edited, édition, edition, editors
EM	=	Excerpta Medica
Erg.	=	Ergänzung
ERIC	=	Educational Resources Information Centre
ESA-IRS	=	European Space Agency – Information Retrieval System
et al.	=	et alii
etc.	=	etcetera
EURONET	=	European Information Network
EUSIDIC	=	European Association of Scientific Information Dissemination Centres
FID	=	Fédération Internationale de Documentation
fig.	=	figuur, figuren
FOBID	=	Federatie van Organisaties op het gebied van Bibliotheek-, Informatie- en Documentatiewezen
fortgef.	=	fortgeführt
fortges.	=	fortgesetzt
Forts.	=	Fortsetzung
FRANCIS	=	Fichier de Recherches Automatisées sur les Nouveautés, la Communication et l'Information en Sciences Sociales et Humaines (French Retrieval Automated Network in Social and Human Sciences)
FTP	=	File Transfer Protocol
GAZS	=	Gesamtverzeichnis Ausländischer Zeitschriften und Serien
GDZS	=	Gesamtverzeichnis deutschsprachiger Zeitschriften und Serien
GGC	=	Gemeenschappelijk Geautomatiseerd Catalogiseersysteem
GLIN	=	Grijze Literatuur In Nederland
GU	=	Gemeentelijke Universiteit (= Universiteit van Amsterdam)

GV	=	Gesamtverzeichnis
GZS	=	Gesamtverzeichnis der Zeitschriften und Serien
H.	=	Heft(e)
herdr.	=	herdruk, herdrukt
herz.	=	herzien
Hrsg.	=	Herausgeber, herausgegeben
html	=	hypertext mark-up language
http	=	hypertext transfer protocol
IBL	=	Interbibliothecair Leenverkeer
IBR	=	Internationale Bibliographie der Rezensionen
IBZ	=	Internationale Bibliographie der Zeitschriftenliteratur
ICSU	=	International Council of Scientific Unions
IFLA	=	International Federation of Library Associations and Institutions
i.h.b.	=	in het bijzonder
IJBF	=	Internationale Jahresbibliographie der Festschriften
ill.	=	illustratie(s)
Incl.	=	inclusive, included
INIS	=	International Nuclear Information System
INIST	=	Institut de l'Information Scientifique et Technique
IPPEC	=	Inventaire Permanent des Périodiques Étrangers en Cours
ISBD	=	International Standard Bibliographic Description
ISBN	=	International Standard Book Number
ISDS	=	International Serials Data System
ISO	=	International Organization for Standardization
ISR	=	Index to Scientific Reviews
ISSN	=	International Standard Serial Number
ISTP	=	Index to Scientific and Technical Proceedings
i.t.t.	=	in tegenstelling tot
Jg., jg.	=	Jahrgang, jaargang
jr.	=	jaar
KB	=	Koninklijke Bibliotheek
KWIC	=	Key Word in Context
KWOC	=	Key Word Out of Context
LAN	=	Local Area Network
Lf.	=	Lieferung
LISA	=	Library and Information Science Abstracts
LoC	=	Library of Congress
MARC	=	Machine Readable Cataloguing
MEDLARS	=	Medical Literature Analysis and Retrieval System
MLA	=	Modern Language Association of America
NATIS	=	National Information System
NBBI	=	Nederlands Bureau voor Bibliotheekwezen en Informatieverzorging
NBC	=	Nederlands Bibliografisch Centrum
NBLC	=	Nederlands Bibliotheek- en Lectuurcentrum
NBOI	=	Nederlands Bureau voor Onderzoeksinformatie
NCC	=	Nederlandse Centrale Catalogus van boeken, periodieken en congresverslagen
N.F.	=	Neue Folge
NLM	=	National Library of Medicine
NOBIN	=	Nederlands Orgaan voor de Bevordering van de Informatieverzorging (voorganger van NBBI)
NOD	=	Nederlandse Onderzoeks Databank
ns	=	nieuwe serie, new series

NSF	=	National Science Foundation
NTIS	=	National Technical Information Service
NUC	=	National Union Catalog
NUGI	=	Nederlandse Uniforme Genre Indeling
NVB	=	Nederlandse Vereniging van Bibliothecarissen, Documentalisten en Literatuuronderzoekers
NWO	=	Nederlandse organisatie voor Wetenschappelijk Onderzoek
o.a.	=	onder andere
OBN	=	Open Bibliotheek Netwerk
OCLC	=	Online Computer Library Center
o.d.t.	=	onder de titel
o.l.v.	=	onder leiding van
oorspr.	=	oorspronkelijk
OPAC	=	Online Public Access Catalogue
OPC	=	Online Publiekscatalogus
ORS	=	Online Retrieval System
o.r.v.	=	onder redactie van
p.	=	pagina(s), page(s)
P.,pt(s).	=	Pars, part(s)
PASCAL	=	Programme Appliqué à la Sélection et à la Compilation Automatique de la Littérature
PC	=	Personal Computer
PICA	=	Project Integrated Catalogue Automation
PRECIS	=	Preserved Context Indexing System
prep.	=	prepared, preparé
publ(s).	=	publikatie(s)
R. & D.	=	Research and Development
RABIN	=	Raad van Advies voor Bibliotheekwezen en Informatieverzorging
RAPDOC	=	Rapid Documents
RCC	=	Rijks Computer Centrum
RECON	=	Retrospective Conversion
RECON	=	Remote Console
red.	=	redactie
reg.	=	register
repr.	=	reprint, reprinted
rev.	=	revised
SALINFO	=	Samenwerkingsverband voor de Nationale Literatuur- en Informatievoorziening in de bètasector
samengest.	=	samengesteld
SCAD	=	Service Central Automatisé de Documentation
SCI	=	Science Citation Index
SDI	=	Selective Dissemination of Information
sgml	=	standard general mark-up language
SIGLE	=	System of Information on Grey Literature in Europe
SISO	=	Schema Indeling Systematische Catalogus Openbare bibliotheken
SISWO	=	Stichting Interuniversitair Instituut voor Sociaal-Wetenschappelijk Onderzoek
SSCI	=	Social Sciences Citation Index
STCN	=	Short Title Catalogue Netherlands
STEP	=	Snelle Toegang Eindgebruikers naar Pica
suppl.	=	supplement
SURF	=	Samenwerking Universitaire Rekenfaciliteiten
SWIDOC	=	Sociaal-Wetenschappelijk Informatie en Documentatiecentrum

T., t.	=	Teil, tome
TACO	=	Tijdschrift- en Andere dokumentatie Centraal Online
t.d.v.	=	ten dienste van
t.g.v.	=	ter gelegenheid van
TNO	=	Nederlandse organisatie voor Toegepast Natuurwetenschappelijk Onderzoek
t.o.v.	=	ten opzichte van
transl.	=	translated, translation
TU	=	Technische Universiteit
UAP	=	Universal Availability of Publications
UB	=	universiteitsbibliotheek
UBC	=	Universal Bibliographic Control
UDC	=	Universele Decimale Classificatie
uitg.	=	uitgave, uitgegeven, uitgever
UK	=	United Kingdom
UNBIS	=	United Nations Bibliographic Information System
UNDEX	=	United Nations Documents Index (vóór 1974: UNDI)
UNDOC	=	United Nations Documents
UNESCO	=	United Nations Educational, Scientific and Cultural Organization (ook: Unesco)
UNISIST	=	United Nations World Science Information System
verb.	=	verbessert
verm.	=	vermehrt
vert.	=	vertaald
vgl.	=	vergelijk
VINITI	=	Vsesojuznyj Institut Naucnoj i Techniceskoj Informacij
VLACC	=	Vlaamse geAutomatiseerde Centrale Catalogus
vol.	=	volume(s)
voll.	=	volledig
VS	=	Verenigde Staten
VU	=	Vrije Universiteit
VVBAD	=	Vlaamse Vereniging voor Bibliotheek-, Archief- en Documentatiewezen
wais	=	wide area information server
WAN	=	Wide Area Network
WORM	=	Write Once Read Many (times)
WTI	=	Wetenschappelijke en Technische Informatie
www	=	world wide web
ZDB	=	Zeitschriften Datenbank
zgn.	=	zogenoemde

Alfabetisch register op auteurs, titels en onderwerpen

N.B. Lidwoorden aan het begin van titels zijn weggelaten. Sommige titels zijn enigszins bekort. Het register verwijst niet naar namen of titels in de alfabetisch geordende literatuurlijsten van deel 1.

50.=
MS